家康徹底解読

ここまでわかった本当の姿

堀新・井上泰至［編］

文学通信

【目次】

凡人の非凡
——序にかえて

律儀者か？　狸親父か？

元禄《げんろく》末年というから、徳川家康《とくがわいえやす》が亡くなって八十年ほど経った頃刊行された本に、『人国記《じんこくき》』というものがある。「国」とは今で言う都道府県にあたり、出身県別に各々の気風を、描いたものの走りと言ってよい。三河者《みかわもの》については、十人のうち七、八人は背が低く、言葉も訛《なま》りが強いが、人柄は義理堅く、物事の解決は速い、と言う。特に武士の風儀は、隣国の尾張《おわり》に比べてはるかに良いと強調してもいる。今さらこんなステレオタイプな見方に賛同するつもりはさらさらないが、家康と三河武士のイメージを考えるに当たって、この総括は切り口としては、いかにも興味深い。

家康のこういうイメージが出来上がる原因は、いくつか考えられるが、関ヶ原の戦いで西軍に担がれた豊《とよ》臣秀頼《とみひでより》を「許し」、「丁重」に扱ったにもかかわらず、大坂の陣で二度も「謀叛《むほん》」を起こしたので滅亡の憂き目にあったという、軍記での叙述（『慶長軍記』一六六三年序）が一つは作用していると考えられる。『慶長軍《けいちょうぐん》記《き》』と近い時期に書かれた林家『本朝通鑑《ほんちょうつがん》』も同様の家康像を提示しているし、各藩の旧蔵書には必ずあると言っていい『三河物語』の影響も、三河者のイメージの源流として想定しておくべきだろう。

大阪出身だった司馬遼太郎は、家康の「律儀」は所詮演技だったと描いて、政治的人間、俗にいう「狸親父」の家康像に、これを反転してみせた（『関ヶ原』）。

踊る信長、舞う秀吉、歴史に学ぶ家康

「律儀者」と「狸親父」という対極の家康像は、今でもドラマで再生産されている。本書は、そうしたイメージの揺れとその原因にもメスを入れているが、個人的には、家康の実像については、信長・秀吉との比較から考えている。例の「鳴かぬなら殺してしまえ」を繰り返したいのではない。この戦国末期の「三英傑」は何を好んだかという問題が、実態を照らしだしてくれるように思うのである。

本書の姉妹編『信長徹底解読』（文学通信、二〇二〇年）の序文で指摘したように、信長は幸若舞の、わけても「敦盛《あつもり》」の一曲ばかりを偏愛した（『信長公記』）という。ドラマで演じられる能楽と違って、幸若は群舞で、タップを踏む、自らを鼓舞するようなリズムがある。特に所詮「人間五十年」、遅かれ早かれ死ぬのならと唄いながら舞台を踏みしめ、グルグル回る踊りは、戦いというギャンブルを、楽しんでさえいたフシのある信長を彷彿とさせる。

対する秀吉は、能楽を愛し、自らもよく舞った（天野文雄『能に憑かれた権力者』）。天皇の御前で大名たちを引き連れて能や狂言を演じたり、「明智討」「柴田」「吉野詣」といった自身の事跡を新作能に仕立てたりという熱の入れようである。これは観客を意識した洗練された所作を要求されるから、信長の「敦盛」とは決定的に異なる。秀吉は常に周囲を意識して演じる事を好んだわけである。自分の生前に、自己の事績を誇大に描かせた（『天正記』）彼は、出自の低さを振り払うように、演じて見せたともいえよう。

こうした絵になる芸能に親しんだ二人に比べ、家康は地味である。史書、特に鎌倉幕府草創から安定までを描く『吾妻鏡《あづまかがみ》』を好んだ。『駿府記《すんぷき》』の一六一二（慶長十七）年二月十四日の記事には、「御前に於いて『東

鑑』『盛衰記』の異同、これを考へしめ給ふ」とあって、家康はブレーンに本書の記事の正しさを他書と比較して確認するよう命じることもあり、また、『羅山林先生集附録』巻四にも、同年同月「大神君、常に『東鑑』を読むことを好み、その検索を労するを以ての故に、先生（羅山）をしてこれを抄出せしむ」とやはり家康自身の愛読ぶりと、『東鑑綱要』の作成を命じた消息も伝える。さらに家康の侍医であった板坂卜斎《いたさかぼくさい》は、家康の学問好きに触れて、「詩歌・連歌はお嫌いで、漢籍では『論語』『中庸』『史記』『六韜《りくとう》』『三略』『貞観《じょうがん》政要《せいよう》』を好み、和書では『延喜式』と『吾妻鏡』を好んだ、また、中国の人物では漢の高祖を、日本では頼朝を第一に挙げておられた」と伝える（『慶長年中卜斎記』上）。

以上から推して、ことは単に源氏将軍の中興の祖家康が『吾妻鏡』を読んでいるという神話性・権威性の範囲で治まるレベルではなく、その内容把握にこれつとめていた点にも注意しておくべきことに気づかされる。確かに家康と頼朝は、境遇が似ている。少年期家康は今川の人質となり、頼朝は伊豆に配流《はいる》されていた。隠忍自重して天下を得た点も通い合うものがあった。家康は、自分が得た権力の継承に当然関心を持ったであろうし、源氏が三代で滅亡した事情を研究した結果、御三家という将軍の血筋のスペアを複数用意する周到な処置を歴史から学んだことも推察される。

本書の構成

本書は、14のテーマから家康の虚像と実像を追究しているが、その貫通するところ、経験と歴史に学ぶ学問好きの家康像を外してはならないように思う。松平姓と徳川姓を名乗った家康の背景には、源氏・新田氏の血統を意識した点がある。三河は足利の縁者吉良氏の領国であった（**第1章　松平氏の出自**）。人質としての苦難だけでなく、駿河での成長は、家康の学問の下地を作った。今川の軍師太原雪斎《たいげんせっさい》に学んだという（**第2

章　人質時代の家康）。桶狭間《おけはざま》の合戦で今川義元《いまがわよしもと》が討たれたことは、家康には転機であり、三河の独立と信長との同盟に舵を切る（**第3章　清須同盟**）。ただし、三河の統一には家臣団を巻き込んだ一向一揆との対決という試練が待ち受けていた（**第4章　三河一向一揆**）。

やがて、今川は武田に呑み込まれ、家康は新たな脅威にさらされる。長男信康《のぶやす》と妻築山殿《つきやまどの》を自らの手で葬ったのも、ここに原因がある（**第5章　築山殿と松平信康事件**）。武田信玄の到来は、最大の危機であった。三方《みかた》ヶ《が》原《はら》の敗戦は命からがら脱出するが、戦いを挑んだ気概と、信玄の強さを知ったことは、後の遺産となる（**第6章　三方ヶ原の戦い**）。家康は三河武士に支えられたが、四天王と呼ばれる家臣たちは、駿河や甲信の人材を得て立っていく面も忘れてはならない（**第7章　徳川家臣団**）。本能寺の変は、信長の近い所にいた家康にとっても危機だったが、辛くも凌いだ彼は、甲信を併呑して東国の大きな勢力となってゆく（**第8章　伊賀越えと天正壬午の乱**）。

秀吉との頂上決戦は、軍事的にも政略的にも秀吉に利があったが、家康は冷静に秀吉の懐に入って彼の天下取りを補う役割に転じた（**第9章　小牧・長久手の戦い**）。関東の覇者北条の滅亡を受けて、江戸に転出した彼は、町づくりもさることながら、北条の家臣団を抱えてさらに大きくなっていく。武田の人材は兵学へ、北条の人材は建築設計へと力を発揮していく（**第10章　家康と江戸**）。

秀吉死後の関ヶ原は、天下人継承の過程でもあるが、豊臣家を制圧する強硬手段には出ない（**第11章　関ヶ原の戦い**）。秀吉の旧領地や、故国の東海地方を押さえる実をまずとってから、朝廷を調略して徐々に「権威」を得ていく。この辺りから彼は歴史に学びだす（**第12章　徳川家康と天皇**）。

西国の要である大坂を最後に制圧して、天下の掌握を完成させるが、この時も家康は慎重である（**第13章　方広寺鐘銘事件と大坂の陣**）。戦国武将としては珍しく仏教に明るかった彼は、滅罪と家門の繁栄を課題とした。

その死後からレジェンド化が始まるのは大いなる逆説でもある（**第14章　家康の神格化**）。

信長・秀吉に比べ、家康は経験と学問に学ぶ「凡人」である。しかし、華やかな才能がないことを十分自覚したはずの家康が、降りかかる試練に弛まず、前進する「非凡」さも感得できよう。ここから「慎重」「忍耐」「信用」に集約される家康像の形成が用意されるのも、容易に想像できよう。信長・秀吉に配べ、学ぶ人家康の虚像と実像を追う旅は、信長・秀吉以上に、凡百の我々へのヒントに満ちているのである。

井上泰至

神話というものは、最も古い起源の部分こそ新しく書かれるものである。家康像も「神君」になる過程で、幕府や譜代・親藩などの要請によって膨らんでゆく。核は三河由来の松平姓より、徳川姓が太平記の時代の新田にさかのぼる問題であろう。家康の名乗りが、元康から変更されるのも源義家を意識したものだとすれば、家康神話は源氏神話なのである。

1 松平氏の出自

山田邦明×平野仁也

1 松平氏の出自

実像編

▼山田邦明

徳川家康は三河岡崎城主松平広忠の子で、松平元信・元康・家康と、何度か実名を変え、二十五歳の時に姓を松平から「徳川」に改めた。徳川は清和源氏の流れをくむ一族の名字で、家康も「自分は八幡太郎義家の子孫だ」と公言しているが、三河の松平郷にやって来た旅人が松平太郎左衛門尉の婿になり、これから松平氏が発展して家康につながるという伝承も残されている。家康のルーツはよくわからず、謎に満ちている。

元康から家康へ

徳川家康《とくがわいえやす》は三河岡崎城主松平広忠《まつだいらひろただ》の子で、幼名を竹千代《たけちよ》といった。駿河に拠点を置く戦国大名今川義元《いまがわよしもと》は、天文十五年（一五四六）から三河への侵攻を開始し、松平氏も結局今川に服従して、竹千代は三河を離れ、駿府の今川義元のもとで成長していくことになる。弘治元年（一五五五）、十四歳になった竹千代は元服して松平次郎三郎元信《まつだいらじろうさぶろうもとのぶ》と名乗った。元信の「元」の一字は今川義元から拝領したもので、義元の領国統治の担い手の一人として認められたことを意味していた。

その数年後、元信は自らの実名を「元康《もとやす》」に改めた。詳しい事情はわからないが、祖父にあたる松平清康《きよやす》の実名にある「康」の文字を受け継いで改名したものと推測され、松平氏の勢力を一時的にせよ拡大させた祖父の存在を彼が意識し、祖父にあやかろうという気持ちを抱いていたことがうかがえる。「次郎三郎」という仮名も清康と同じものだったが、しばらくあと、元康は「蔵人佐《くろうどのすけ》」という官途を得、「松平蔵人（蔵人佐）元康」と名乗ることになる。祖父清康も父広忠《ひろただ》も官途名を持たないまま逝去しているが、元康は今川義元の下でその存在を認められ、官途名も持つことになったのである（曽祖父の松平信忠《のぶただ》は蔵人佐を称しているので、元康もこれにならったのだろう）。

駿河・遠江・三河を領する今川義元のもとで成長した元康は、いずれは岡崎に戻って、今川氏の三河支配の一翼を担うはずだったと予想されるが、永禄三年（一五六〇）五月、桶狭間《おけはざま》の戦いで義元が討死したことにより、元康の運命も大きく転回することになる。織田信長《おだのぶなが》の軍勢の襲撃を受けて義元が討死した時、元康はすぐ近くの大高城《おおだかじょう》にいたが、報せを聞いて直ちに自身の出身地である岡崎城に入った。この段階では今川の部将であるという立場に変化はなく、駿府にいた今川氏真《うじざね》（義元の子）に従っていたが、岡崎を拠点としながら三河西部を押さえた元康は、永禄四年（一五六一）四月、東三河の牛久保《うしくぼ》城《じょう》に攻めこみ、今川氏と対決する姿勢を明らかにした。このあと三河東部を舞台にして今川方と松平方の戦いが展開されるが、そうした中、元康は自らの実名を「家康」と改めた。元康の「元」の

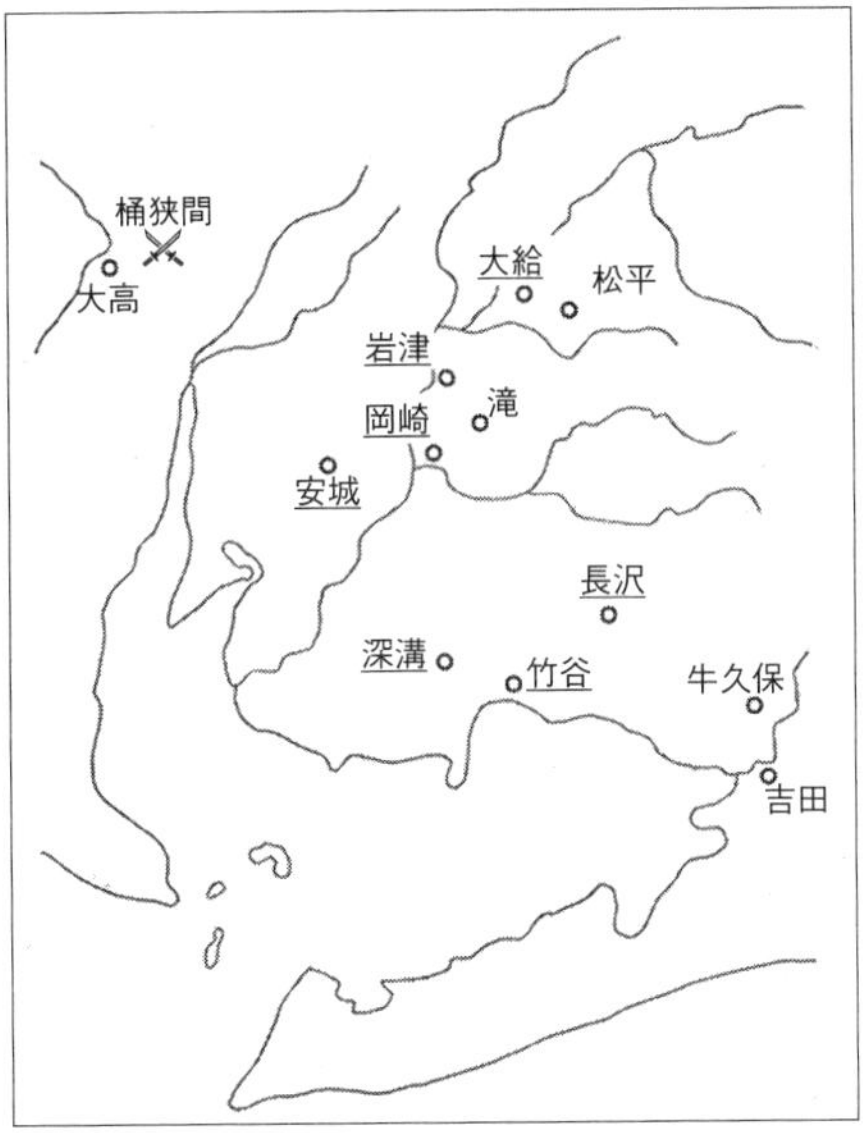

松平一門のひろがり
（下線を引いた地名は松平一門の本拠地）

字は今川義元から拝領したものなので、この文字を捨てることで、今川氏との関係を断つという姿勢を明確に示そうとしたものと考えられる。『徳川幕府家譜』には、この改名がなされたのは永禄六年（一五六三）七月六日のことと記されている。後世の書物の記載なので、確実な証拠とはいえないが、今に遺されている文書をみても、この頃に元康から家康に実名を変えていることが確認できるので、七月六日という日付も信用できるかもしれない。

「元康」から「家康」への実名変化は、今川氏との訣別を表明したものといえるが、それでは新たに実名の一字に加えることにした「家」の字には、どのような意味があるのか。もちろんこのことを直接伝えてくれる史料はないが、あとで記すように、家康は自分が「八幡太郎《はちまんたろう》源《みなもとの》義家《よしいえ》」の子孫にあたると表明しているので、家康の「家」の字は、自身の先祖と認識していた源義家の「家」の字を受け取ったものと考えるのが自然であろう。

松平から徳川へ

松平家康は今川氏との戦いを有利に進め、永禄八年（一五六五）三月に吉田城を接収、永禄九年（一五六六）五月には牛久保城主牧野《まきの》成定《なりさだ》を帰順させて、三河東部を領国に加えることに成功した。そしてこの年の十二月、家康は朝廷に奏請して従五位下三河守に叙任されるが、これと同時に、自らの姓（名字）を松平から徳川に改めている。

「徳川」という名字は、源義家の孫にあたる新田《にった》義重《よししげ》の子の義季《よしすえ》が、上野国新田郡得川郷《とくがわ》を領して「得川四郎」と称したことと関連するものとみられる。「得川」と「徳川」は同音なので、家康は自らをこの「得川四郎義季」につながるものと考え、姓を松平から「徳川」に改めたのである。

ここで注目したいのは、家康の祖父にあたる松平清康が「世良田《せらだ》次郎三郎」と称していたという事実である。天文四年（一五三五）四月、大樹寺《だいじゅじ》の多宝塔が造立された際に、これに関与した人々の名前が心柱に書き連ねられているが、その中に「大檀那世良田次郎三郎清康、安城四代、岡崎殿」という記載がみえる。岡崎を拠点としていた松平清康は、自らを「世良田次郎三郎」と称していたわけだが、この世良田氏は前記した得川氏につながる一門である。『尊卑分脈』によれば、得川義季の子の頼氏が「世良田弥四郎」を称し、世良田氏は新田一門の一流として続いていったという。この世良田も得川と同じく上野国新田郡内にあり、得川義季の子息が世良田を領して、世良田を名字としたものと推測される。

松平清康が「世良田次郎三郎」を名乗った事情は定かでないが、自分がこの「世良田氏」につながるという認識を彼が持っており、ほかの松平一門との違いを示すために、わざわざ「世良田」と称したのではないかと思われる（この頃、祖父長忠も父信忠も健在で、若い清康は彼らとは居所を異にし、岡崎に拠点を置いていた）。おそらく家康も祖父が「世良田」を名乗っていたことを知っていて、世良田の本家にあたる「得川」（徳川）を自らの新たな姓として選んだ、ということではないだろうか。そして祖父と同じように、自分だけが「徳川」という名字を持つことで、他の松平一門とは格が違うし、三河の統治者としてふさわしいことを内外に示そうとしたのではないかとも思えるのである。

「八幡太郎義家の子孫」という意識

徳川に改姓したちょうど二年後、家康に大きな転機が訪れる。これ以前の東国においては、北条・今川・武田という強大な戦国大名が婚姻を媒介としながら連携し、北条と武田が越後の上杉輝虎《うえすぎてるとら》と対峙するという状況が続いていたが、甲斐を拠点とする武田信玄《たけだしんげん》（晴信《はるのぶ》）が同盟を破棄して駿河に攻め入り、今川氏真は駿府を捨てて遠江の懸川城《かけがわじょう》に入った。永禄十一年（一五六八）十二月のことである。このとき家康は武田信玄と連携しながら遠江に攻め入り、翌永禄十二年（一五六九）春には遠江の大半を押さえることに成功した。そうした中、家康は武田信玄との断交を決意し、懸川城にいた今川氏真を北条氏のもとに送り届けて、遠江一国をわがものとすることに成功し、やがて居城を岡崎から遠江の浜松に移した。こうして家康は三河・遠江の二か国を領する大名に成長したが、武田信玄を敵に回したため、その怨みを買い、武田の軍勢の侵攻を受けることになる。元亀三年（一五七二）九月二十二日、武田軍が迫り来ることを覚悟した家康は、遠江一宮の小國《おくに》社にあてて長文の願文をしたため、自らの勝利のため力を貸してほしいと頼んでいるが、この願文の中に「家康、いやしくも八幡太郎義家の瓜瓞《から》として、生を弓馬の家に受け、わずかに箕裘《ききゅう》の業を継ぎて以来…」といった文言がみられる。「自分は八幡太郎義家につながるものとして、弓馬の家に生れ、なんとか先祖からの仕事を継承してきた」というわけだが（「瓞」は「瓜の実」「草の実」のことなので、「八幡太郎義家の瓜瓞」は「八幡太郎義家につながるもの」という意味だと思われる）、この願文で家康は、自分は「八幡太郎義家」の血統につながる人物なのだと、堂々と公言しているのである。

『三河物語』が語る伝承

三河の松平氏の「松平」という名字は、賀茂郡松平郷（現在の愛知県豊田市松平町）に由来するとみてまちがいないだろう。家康の先祖はこの「松平郷」を拠点として、自らが支配する場所の名前を名字にして「松平」を名乗ったものと考えられる。もしも家康が源義家の子孫だとすると（事実かどうかはともかく、そのように伝承されてきたとすると）、義家の子孫の誰かが三河の松平郷に住み着き、ここの領主的存在になって「松平」を称したというストーリーが思いつくが、事はそんな単純なものではないようで、家康の先祖をめぐる伝承については、後世の書物にいろいろな形で記載されている。

古くから注目されてきたのは、大久保彦左衛門忠教《おおくぼひこざえもんただたか》が著した『三河物語《みかわものがたり》』に記載されたことがらである。『三河物語』の記事は家康の先祖のことから始まり、清和源氏の源義家や、その孫の新田義重に至るまでの事績が書かれたあと、その子孫にあたる「徳阿弥《とくあみ》」という人物のことについて、詳しく書き記している。いまその要点をまとめると次のようになる（二十三頁も参照）。

・源義家の子孫にあたる者が、新田義貞に従い、新田の中にある「徳河の郷」にいて、「徳河殿」と名乗った。義貞が足利高氏《あしかがたかうじ》（尊氏）に敗れた時に、徳河を出て、十代ほどの間、各地を流浪した。

・この流れの人物が、時宗の僧となって「徳阿弥」と名乗った。彼は西三河の坂井郷に立ち寄ってしばらく滞在し、ここにいた女性との間に男子一人を儲けた。

・三河の松平郷に「太郎左衛門尉《たろうざえもんのじょう》」という富裕な人がいた。どういう縁があったのか、徳阿弥を自分の一人娘とめあわせて婿にし、跡つぎにした。

・徳阿弥は「太郎左衛門尉親氏」と名乗った。親氏は戦いが得意で、たちまちのうちに中山十七名を攻め取った。

家康の先祖として具体的な事績が記されるのはこの「徳阿弥」からだが、彼はもともと松平郷の領主ではなく、源氏の血を引く「旅の僧侶」で、松平郷の領主である松平太郎左衛門尉の婿となって松平家を相続した、ということである。源氏の子孫が松平郷に定着して松平を名字にしたという、一般的な話ではなくて、源氏の血筋の人物が松平家当主の婿になって家を継いだというわけで、松平家（松平太郎左衛門尉）の先祖については特段の記載がない。

『三河物語』が著されたのは寛永二年（一六二五）から翌三年にかけてのことのようで、家康の逝去から十年が経過し、徳川家光（家康の孫）が将軍になっていた。このころには家康が源氏の血筋を引くことは一般に認識されていたので、大久保忠教もこれに基づき、家康は源氏の子孫であるということにして話を書き連ねたものと思われるが、「松平親氏」という人物が直接の先祖にあたるという『三河物語』の言説は、幕府の認めるところでもあったようで、寛永二十年（一六四三）に完成をみた『寛永諸家系図伝《かんえいしょけけいずでん》』では、この親氏を得川義季の子孫として、この間の系譜を「義季―頼氏《よりうじ》―教氏《のりうじ》―家時《いえとき》―満義《みつよし》―政義《まさよし》―親季《ちかすえ》―有親《ありちか》―親氏《ちかうじ》」という形で示している。

『松平氏由緒書』が語る伝承

徳川家康の直接の先祖として認識されていたのは、「徳阿弥」という旅の僧であるというのが、『三河物語』が語る伝承だが、これに類似することが、『松平氏由緒書《まつだいらしゆいしょがき》』という書物にも書かれている。これは明治十四年（一八八一）に作成された『松平村誌』に収められている記録で、昭和五十一年（一九七六）刊行の『松平町誌』で紹介がなされ、平成元年（一九八九）に刊行された『新編岡崎市史2 中世』において、新行紀一が詳細な分析を行ったことで、一般に広く知られるようになったものである。いま『新編岡崎市史』の叙述をもとに、記事の概略をまとめると以下のようになる。

・松平郷に中桐《なかぎり》という屋敷があり、その乾（西北）には神蔵とも経堂ともいわれる屋敷があった。中桐屋敷に「末氏の尉信森《のぶもり》（信盛）」がおり、子息の「太郎左衛門尉信重」は近くの小庵にいた。信盛が没したあと、信重は中桐屋敷に移った。

・ある日、信重は神蔵屋敷で連歌を興行しようとしたが、筆役がいなくて困っていた。そのとき、どこからかやってきた見知らぬ人が座中を見物していた。この人物が徳翁斎信武《とくおうさいのぶたけ》である。信重が彼に「どこから来たか」と尋ねると、「私は東西南北を廻りまわっている旅の者です」と答えた。信重がこの人に連歌の筆役を依頼したところ、見事な筆跡だったので、先祖について尋ねたところ、「私の先祖はあちらこちらを流浪している者なので、よくわかりません」と答えた。

・信重は徳翁斎をしばらく屋敷に留めておき、彼が旅に出ようとした時、自分の先祖について語り、女子が二人いて、姉の海女は三河の酒井という所に縁づいているが、妹の水女が独身なので、その婿になってほしいと申し入れた。このとき信重が自らの先祖について語った内容は、「先祖は在原の流れとも、紀州熊野の筋ともいうが、詳しくはわからない。いまでは源家（源氏）の流れと申している（原文には「源家ふせうと申すなり」とある）」というものだった。

・信重の依頼を受けた徳翁斎は、松平の西南にあたる八幡に留めおいている弟（祐金斎）の面倒をみてほしいという条件を出した。信重はこれを承知して祐金斎を迎えたので、徳翁斎は信重の願いを受け入れて水女と結婚した。

『三河物語』では徳阿弥が松平太郎左衛門尉の婿になった経緯については語られていないが、この『松平氏由緒書』では、このことについて詳しい叙述がなされている。どこからか来た旅の者が、連歌の席で執筆役をつとめたことで太郎左衛門尉に気に入られ、その娘と結婚して家を継いだというわけだが、ここで注目したいのは、松平太郎左衛門尉とこの人物（徳翁斎）との間で交わされた、それぞれの先祖についての発言である。徳翁斎は「自分の先祖は代々旅の者なので、その由来はよくわかりません」と言い、一方の松平太郎左衛門尉は「在原の流れとも紀伊熊野の鈴木一門ともいうが、詳しくはわからない。いまでは源氏だと言っている」と発言している。先にみた『三河物語』では、旅の僧である徳阿弥が源義家の子孫にあたると記述しているが、この記録では徳翁斎が「先祖のことは知らない」と発言したことになっていて、松平太郎左衛門尉のほうが「今では源氏ということにしている」と話しているのである。

ある旅の僧がたまたま三河の松平郷を訪れ、ここの領主である松平太郎左衛門尉と出会い、その娘と結婚して家を継いだという伝承は、『三河物語』と『松平氏由緒書』に共通するもので、かなりの程度事実を伝えているものと思われる。『三河物語』と『松平氏由緒書』のどちらがより信用できるかが問題となるが、新行紀一が指摘しているように、この僧の先祖は不詳とする『松平氏由緒書』のほうが、古くからの言い伝えをそのまま記していると見るのが自然であろう。『三河物語』が著された頃には、家康が源氏の子孫であるというのは一般に認知される常識になっていて、家康に仕えてきた大久保忠教もこれに基づきながら、旅の僧が松平太郎左衛門尉の婿となったという伝承とからめて、この僧が源氏の子孫であるという形に話をまとめたのではないかと思われる。

松平清康は自らを「世良田次郎三郎」と称し、孫の家康も新田一門の「得川」とからめて自ら「徳川」と名乗っているから、いずれも自分が源氏（新田氏）と何らかの形でつながっていると考えていたことがうかがえる。ただ、新田の一門が松平郷に定着して松平を名乗ったというわけではなく、また、家康の先祖にかかわる伝承の中で登場する「旅の僧」が源氏の子孫であるという『三河物語』の記述も、事実を伝えるものとは考えにくい。『松平氏由緒書』の中で、松平太郎左衛門尉が「自分の先祖は在原氏とも鈴木の流れともいうが、最近では源氏ということにしている」というような発言をしているのが、家康の先祖と「源氏」との関わりを示すものといえなくもないが、これも詳しいことはわからない。いずれにせよ、松平氏が源氏（新田氏）に直接つながる名門であるという事実は確認できず（こうした事実は存在しないのだろう）、どういう根拠で家康が「自分は八幡太郎の子孫だ」と主張したかということも、今のところよくわからないのである。

松平太郎左衛門入道用金

前記したように、『松平氏由緒書』には、徳翁斎の弟にあたる「祐金斎《ゆうきんさい》」が松平太郎左衛門尉のもとに迎えられたという記載がみえるが、このあとの記事に、徳翁斎が死去した時に男子が幼かったので、弟の祐金斎が名代として家をまとめたと書かれている。『三河物語』では、この人物は「太郎左衛門尉泰親《やすちか》、御法名用金」としてみえ、徳阿弥（親氏）の子として位置づけられている。そしてこの「用金」という人物に関しては、当時の史料からその存在を確認できるのである。

三河国額田郡《ぬかたぐん》岩津（現在の岡崎市岩津町）の若一神社《にゃくいちじんじゃ》に、若一王子社を造営した際に作成された棟札の文面を記載した写が所蔵されている。写は二つあり、一つは応永三十三年（一四二六）十二月十三日のもので、「三河国額田郡巌津若一王子霊社一宇を造立し奉る」と記され、「大檀那《おおだんな》用金」「大工家重《いえしげ》」の名がみえる。もう一つは翌応永三十四年四月二十七日に、十一面観音の造立供養をした際にしたためたもので、「願主松平太郎左衛門入道用金」の子孫繁昌などを願うという文言があり、「沙弥《しゃみ》用金」「当禰宜三郎大夫」の署名がみえる。このとき岩津の若一王子社で社殿の造営と本尊の製作がなされたわけだが、「大壇那」としてこの事業を推し進めたのは「松平太郎左衛門入道用金」という人物だった。三河の松平氏で確実な史料にはじめてその名をみせるのは、この松平用金なのである。

松平用金は「大檀那」として岩津の神社造営に関わっているが、このことから当時すでに彼が岩津の領主として地域支配を進めていたことがうかがえる。松平氏は賀茂郡松平郷を本貫とする地域領主だったが、この時期にはその勢力を拡大し、額田郡の岩津を拠点としていたものと考えられる。

用金のあとを継いだのは、「松平和泉守信光《のぶみつ》」という人物だった。永享十二年（一四四〇）八月、額田郡滝川保（現在の岡崎市滝町）にある万松寺《ばんしょうじ》の鎮守八幡宮に雲版が奉納されたが、その銘文に「松平和泉守信光」の名がみえ、この時期には信光が活動しており、岩津の東南にあたる滝のあたりを領していたことがわかる。『松平氏由緒書』によれば、彼は用金（祐金斎）の兄徳翁斎の次男であるが、『三河物語』では用金（松平泰親）の次男ということになっている。寛正六年（一四六五）五月、室町幕府政所執事の伊勢貞親《いせさだちか》が、三河国額田郡の中にいる牢人たちの取り締まりを松平信光に命じているが、この頃になると信光は額田郡全体を統括しうる存在として認められていたことがうかがえる。信光には多くの子息がいたようで、三河の各地に拠点を持ち、松平一門は大きな広がりをみせる。そしてそのうちの一人、松平親忠が碧海郡《へきかいぐん》の安城を拠点とし、親忠―長忠―信忠―清康と続く一流が松平一門の中心的存在として活動を展開し、家康につながっていくのである。

三河国松平郷を本貫とする松平氏は、鎌倉幕府の御家人ではなく、室町時代になって勃興した新興の領主だった。室町から戦国にかけての時代、三河の各地では「国衆」とよばれる領主たちが現れ、並び立っていくが（牧野《まきの》・戸田《とだ》・奥平《おくだいら》・菅沼《すがぬま》・鵜殿《うどの》など）、こうした「国衆」の中でも、松平氏は特別に際だつ存在だったということができよう。松平用金が岩津の神社を造営したのは応永三十三年（一四二六）で、この段階ですでに地域領主としての地位を築いており、一般の国衆たちより歴史が古い。また信光の子息たちの子孫が各地に拠点をもち、松平の一門がおおきな広がりをみせたことも特筆すべきである。松平氏は並み居る国衆の中でも別格の存在だったのであり、家康が三河の統一をなしとげ、やがて天下人になっていくことができたのも、それなりの必然性があるように思えてならない。

●参考文献

『松平町誌』（松平町誌編纂委員会編、一九七六年）
『新編岡崎市史2　中世』（新編岡崎市史編集委員会編、一九八九年）
平野明夫『三河松平一族』（新人物往来社、二〇〇二年）
『愛知県史　通史編2　中世1』（愛知県史編さん委員会編、二〇一八年）
『新修豊田市史2　通史編　古代・中世』（新修豊田市史編さん専門委員会編、二〇二〇年）
『三河物語　葉隠』（日本思想大系26、岩波書店、一九七四年）
『新修豊田市史6　資料編　古代・中世』（「松平氏由緒書」を収録、新修豊田市史編さん専門委員会編、二〇一七年）
『寛永諸家系図伝　第一』（続群書類従完成会、一九八〇年）
『徳川諸家系譜　第一』（「徳川幕府家譜」を収録、続群書類従完成会、一九七〇年）
『尊卑分脈　第三篇』（新訂増補国史大系第六十巻上、吉川弘文館、一九六一年）

1. 松平氏の出自 × 実像編

1 松平氏の出自

虚像編

▼平野仁也

松平氏の歴史を叙述する上で問題となるのがその出自である。天下を支配する徳川将軍の祖先を三河の山間部の単なる土豪とするわけにはいかない。近世成立の歴史書において、松平氏は由緒正しい清和源氏の末裔とされた。それでは、その出自にまつわるストーリーは、どのように形成されていったのか、関係する諸書の記述を分析してみよう。

はじめに

松平《まつだいら》氏発祥の地松平郷（愛知県豊田市松平町）は、自動車産業で有名な豊田市の中心部から南東十キロほどのところに位置する山あいの地域である。

天下を統一し、江戸幕府を開いた徳川家康《とくがわいえやす》は、松平氏の九代目で、初代当主は親氏《ちかうじ》（徳阿弥《とくあみ》）という人物だったとされる。

江戸幕府は、松平氏（徳川氏）を、清和源氏の末裔で、上野国（現在の群馬県）を先祖の地とし、三河国に来住した一族とした。現在の学問の世界では、松平氏の出自を清和源氏とする説は否定されている。それは全国支配の頂点に君臨する徳川将軍家の先祖を高貴な血筋とするために創り上げられたものである。

それでは、そのようなフィクションは、いかなる過程を経て、形成されていったのだろうか。本稿では、『三河物語《みかわものがたり》』『三川記《みかわき》』『成功記《せいこうき》』『武徳大成記《ぶとくたいせいき》』など、江戸時代のうちでも比較的早い時期に書かれた歴史書をみていき、出自に関する言説がどのように叙述されたかを考えたい。また後世における展開などもあわせて考えたい。

『三河物語』の世界

松平氏の歴史を記した古い書物として、まず第一に挙げられるのが『三河物語』である。同書は、松平氏家臣の大久保忠教《おおくぼただたか》によって、元和末～寛永初年にかけての時期に執筆された。大久保氏は、松平氏に代々仕えてきた家柄である。松平氏の出自について、『三河物語』に記された内容を要約すると次のようになる。

①徳川氏は清和源氏の末裔で、源義家《みなもとのよしいえ》などを先祖にもつ武門の名家である。祖先は上野国新田郡の徳川郷に居住した。

②徳川氏と同族の新田義貞《にったよしさだ》が、足利尊氏《あしかがたかうじ》に敗れたため、徳川氏は、徳川郷を出て、十代ばかり諸国を流浪した。

③徳川氏の子孫で、時宗の僧であった徳阿弥（親氏）は、三河国坂井郷にたどりつき、その地に滞在した。坂井郷で身分の低い者（「イタラヌ者」）との間に男子一人をもうけた。

④三河国松平郷の太郎左衛門尉《たろうざえもんのじょう》は、大変裕福な人であった。徳阿弥は太郎左衛門尉の娘をめとり、その跡を継いだ。坂井郷でもうけた子どもは、代々、松平氏の家老を務める家の祖となった。

徳阿弥は、どのようなきっかけで太郎左衛門尉の家を継いだのだろうか。それについて、『三河物語』は「い

図　松平親氏像（豊田市松平町、筆者撮影）

かなる御縁にかあるやらん」（「どのようなご縁があったのだろうか」）と書くだけで詳細を記さない。

松平氏の出自に関するストーリーは、徳川氏の重臣酒井《さかい》氏の始まりに関する物語でもあった。坂井郷の場所については、幡豆郡《はずぐん》（現在の愛知西尾市酒井町）と碧海郡《へきかいぐん》（現在の愛知県刈谷市西境町・東境町付近）の二説が挙げられているが、今のところ確定されていない。坂井郷で男子をもうけた件についても、「ひまを持て余していた折に、身分の低い女性に情けをかけて」と記すのみで、細かい事情は書かれていない。

『三河物語』は続いて次のように記す。

⑤松平郷の土豪の家を継いだ親氏は、弓矢に優れ、近隣の地（額田郡山間部の中山十七名）を攻め取った。

⑥民百姓らに憐みをもって接し、山中の交通不便な道を整備して人馬の安全を図った。

⑦ある時、親氏は親しい者に「我が先祖は、十代ばかり前に、足利尊氏に追い払われて流浪の身となったが、三河に来て、なんとか身を落ち着けることができた。今後、子孫が代々少しずつあたりを攻め取ってゆくならば、いまから先十代のうちには、天下を手中にして、足利氏を絶やし、本望を遂げる

ともできるだろう」と語った。

⑧親氏の慈悲・情け・恩を受けた家来たちは、命を投げ出して主君のために奉公する決意を述べた。

右のうち、⑦は特に疑問が多いところである。『三河物語』は尊氏・義貞の争いの頃に、徳川氏の先祖が上野国徳川郷を出て、三河にたどり着くまで十代ほど諸国をさまよったとする。しかし、それだと世代数が多くなりすぎてしまう。かりに一世代を二十年とすると、親氏は建武年間の争いから二百年後――十六世紀前半の人になってしまう。松平氏三代目の信光《のぶみつ》は、十五世紀後半に活躍した人物であることが、信頼できる史料から確認できるので、それとの整合性がとれなくなる。

また、三河の山間部の一土豪の話として、「今後十代のうちに天下を手中におさめる」「足利氏を倒す」というセリフは大げさにすぎる。家康が天下を統一した事実をふまえて書かれたものであることは明白である。

大久保忠教はどのような情報源によって松平氏の出自や親氏の事跡を記したのだろうか。先行する書物――今は伝わらない書物――が当時存在していて、それを参照しつつ書いたのか、それとも三河以来の家臣のうちで語り継がれてきた話があって、それをもとに書いたのか、そのあたりの事情は判然としない。

ともあれ、『三河物語』は江戸時代に流布した書物であり、その後に書かれた徳川氏の創業に関する記述に大きな影響を与えた。松平氏の出自に関する物語は、『三河物語』を大元として捉えた上で、そこからの変化を考えると理解しやすい。

『三川記』――尾張藩で編纂された歴史書

尾張藩の初代藩主徳川義直《よしなお》は、家康の九男である。学問に深く関心を寄せた人物であった。各種の書物を、藩お抱えの学者に編纂させたことで知られる。

『三川記』は、義直の命を受けて、尾張藩に仕える儒者堀正意が編纂した歴史書である。徳川氏の始まりから家康の死去までをその内容とする。寛永年間（一六二四〜一六四四）の成立なので、江戸時代のうちでも比較的早い時期に書かれたものである。家康の息子義直の命によって編纂が行われたという点では、準公的な性格を有する歴史書といえる。『三川記』の松平氏の出自に関する内容は、全体的に『三河物語』を下敷きとしているが、若干の違いがある。徳川氏を清和源氏義家流、新田氏の一族とするあたりは両書ともに同じなのだが、徳川氏が上野国を離れた経緯が少し異なる。『三川記』には次のように書かれている。

①新田義貞は足利尊氏と戦い敗れた。松平氏の先祖世良田満氏《せらだみつうじ》も義貞を助けて戦ったが、尊氏にはかなわなかった。新田の一族は、新田・得川（徳川）の郷に身を隠して暮らした。

②永享年間（一四二九〜一四四一）、鎌倉公方の足利持氏が将軍足利義教と対立して敗死した。その後、足利氏による新田一族への圧迫が強くなったので、有親《ありちか》・親氏《ちかうじ》父子は得川郷を出て諸国を流浪した。

③父子は、途中、時宗の僧に姿を変えた。有親は長阿弥、親氏は徳阿弥と号した。有親はほどなく死去し、親氏は身を隠すために三河を訪れた。

上野を離れた時期について、『三河物語』は新田義貞が尊氏に敗れた時のこととし、『三川記』は永享十一年（一四三九）の足利持氏死亡後のこととするのである。『三河物語』に「徳川氏の先祖が十代ほど諸国を流浪した」とあるのは、世代数が合わないことを先に述べた。『三川記』編纂者の正意は、その点に気づいて、上野を出た時期や世代数を変えたのではないか。

坂井郷で男子をもうけた件も少し記述が異なる。そのくだりについて、『三川記』は「坂井郷の住人が徳阿弥をいたわって、数年が過ぎ、一人の子供が生まれた」とする。子を産んだ女性を『三河物語』は「イタラヌ者」としたが、『三川記』ではその文言が消えた。

なぜそのように変わったのだろうか。それは酒井家をはばかったからであろう。『三川記』が書かれた当時、酒井家は庄内藩・厩橋《うまやばし》藩・小浜藩などの藩主であり、幕府の要職を務める者もいた。その酒井家の祖を「イタラヌ者」から生まれた子とするのは、正意および尾張藩としては書きづらかった。またそう書かなくてはならない必要性もない。だから『三河物語』を参考としつつも一部改変したのだろう。他方、『三河物語』を書いた大久保忠教は歯に衣をきせぬ言動で知られる人物であった。

『成功記』——整えられる出自

尾張藩主徳川義直は、『三川記』ができた後、藩の儒者武野安斎《たけのあんさい》に命じて、『成功記』という歴史書を編纂させた（堀正意は寛永十九年に死去）。『成功記』はまず仮名本が作られ、ついでそれを漢文に書き改めた真名本が作られた。編纂が行われた正確な時期はわからないが、義直が死去した慶安三年（一六五〇）以前のことである。

『成功記』の内容は全体的にみて『三川記』とよく似ている。『三川記』をマイナーチェンジしたものが『成功記』といった感じである。両書の違いを挙げると、『三川記』はところどころに漢籍からの引用がみられるが、『成功記』ではそれらの多くが削られている。

さて、徳川氏の祖先が上野を離れた契機について、『成功記』は、『三河物語』とも『三川記』ともまた違った内容を記す。次に挙げてみよう。

①徳川氏は上杉禅秀《うえすぎぜんしゅう》の乱に際して、禅秀側についたため、禅秀が敗死した後、親季とその子有親は、将軍足利義持《あしかがよしもち》方から追われる身となった。

②親季・有親は、上野国を出て、相模国藤沢の清浄光寺《しょうじょうこうじ》に入り、時宗の僧に姿を変えた。親季は徳阿弥、

有親は長阿弥と名乗った。

③親季は東山道を行き、有親とその子親氏は東海道を進んだ。親季は信濃国浪合《なみあい》に至ったところで、追手が迫っていると聞き、自殺した。

④有親は旅の途上で病のため死去し、親氏は流浪の後、三河国酒井郷に至った。

『成功記』では、徳川氏が上杉禅秀に味方したことが原因で上野を出たとし、『三川記』とはきっかけが異なる。上杉禅秀の乱は応永二三年（一四一六）に発生した出来事である。また、『成功記』では親季が徳阿弥を名乗ったとする。これは他の本と異なるところである。

清浄光寺（神奈川県藤沢市）での出家が書かれるようになったのは、管見の限りでは『成功記』が最初である。それでは、その話は何を元に書かれたのだろうか。

清浄光寺は時宗の総本山である。これは推測だが、清浄光寺は、『三河物語』や『三川記』など成立が早い創業史に、徳川氏の先祖が「時宗の僧になった」という記述があることを知り、それを取り込み、時宗総本山たる自己の寺での出来事としたのではないか。地理的にも、上野を出て、関東を南に進み、東海道筋をたどって三河に赴く場合、清浄光寺は通り道となる。江戸時代、清浄光寺には有親の守り本尊といわれる宇《う》賀神《がじん》の像が伝来していた。それも清浄光寺を徳川氏ゆかりの寺院とする伝承が創られていく動きの中で生み出されたものと考えられる。

清浄光寺の遊行上人は、寛永十九年・慶安元年（一六四八）・同二年に、参勤交代で義直が藤沢を通った折に、御目見えしている（『源敬様御代御記録』）。清浄光寺と尾張徳川家との間に接触があったことは確かである。同家が、清浄光寺から徳川氏の先祖に関する伝承を得て、それを『成功記』に取り入れたと考えることは可能であろう。

『武徳大成記』――江戸幕府の公式見解

貞享三年(一六八六)の成立の『武徳大成記』は、五代将軍徳川綱吉《つなよし》の命によって編纂された歴史書である。徳川氏の天下統一に至る過程を記した幕府の公式見解とでもいうべきものである。

その『武徳大成記』は、実は尾張藩で編纂された『成功記』を元とし、それに肉付けしてできたような内容である。全体の構成、各小見出しの名称とその中身など、両書とも似通ったところが多い。松平氏の出自に関しても、『武徳大成記』と『成功記』の内容はほぼ同じである。例えば、先にみた清浄光寺での出家の記述なども『武徳大成記』にみえるところである。しかし、若干違うところもある。それについて二点述べる。

一点目は、『武徳大成記』は、『成功記』にあった「上野を出て東山道を進んだ親季が、信濃国浪合で自殺した」という記事を載せないことである。この件について、その理由は容易に想像できる。徳川氏にとって名誉な話ではないので削ったのだろう。

もう一点は、『武徳大成記』では、初代親氏を賛美する文言がみられることである。親氏に関する描写として「生まれつき慈悲深く、農民をいたわり、近隣・遠郷まで米や銭を惜しまず施し、返済しない者がいても催促しなかった」という一文が加わり、親氏の慈愛の精神が強調されている。

以上、ここまで諸書にみえる松平氏の出自や親氏の事跡に関して、幕府の公式見解(『武徳大成記』)ができあがっていく過程をみた。

諸書の関係は、どのようなものであったのだろうか。あらためて諸書の作成主体について考えると、『三河物語』は家康の家臣が執筆したもの、『三川記』『成功記』は家康の子義直の命で、家臣の学者が編んだもの、『武徳大成記』は将軍綱吉の命で、林家三代目の鳳岡《ほうこう》が編纂したものである。成立に携わったのは、いずれも徳川氏の関係者である。

義直は、林羅山のために先聖殿《せんせいでん》（湯島聖堂の前身）を建てて寄付するなど、儒学の理解者であり、林家とのつながりが深かった。堀正意も、藤原惺窩《ふじわらせいか》の下で儒学を学んだ人物であり、林家とは近い間柄である。『三川記』『成功記』『武徳大成記』については、編纂者間に儒学を媒介とした人間関係が存在した。

基本的に、徳川氏のような一般によく知られた家を題材とする場合、後に成立した書物は、先行する書物の内容を用いつつ、ある部分を付加あるいは改変するかたちで書いていくものであり、後の書物が、まったく根本から異なるストーリーで新たに書き直すという例はあまりみられない。

『三河物語』の時点で、出自に関する大まかな流れはできあがっていた。すなわち、①先祖が足利氏の圧迫で上野を離れる、②時宗の僧となる、③三河の坂井郷に至り、子をもうける、④松平郷で太郎左衛門尉の養子になる、以上のストーリーである。『三河物語』以降の書物は、ほとんどがその大枠の中で書かれたものである。その枠組みを継承しつつ、新しい書物が書かれ、物語の細部が変更されるうちに、だんだんと光輝ある徳川将軍家の先祖の姿が整えられていった感がある。

『改正三河後風土記』——後世における展開

ここまで江戸時代前期に書かれた歴史書を取り上げ検討してきた。それでは、それよりも後の時代に書かれた書物において、松平氏の出自はどのように記されたのだろうか。いわゆる徳川創業史は近世を通じて数多く作られた。それらに見える記述をすべて紹介することはできないが、後世における展開として、とりあえずひとつ挙げたい。

『改正三河後風土記《かいせいみかわごふどき》』は、幕府の奥儒者成島司直《なるしまもとなお》が、幕府から命を受けて編纂した徳川創業史である。全四二巻のうち、十五巻までが天保年間（一八三〇〜一八四四）に木活字によって刊行され、広く読まれた。司直は『御実紀《ごじっき》』（『徳川実紀《とくがわじっき》』）の編者として知られた人物でもある。『改正三河後風土記』の序文には、平岩親吉《ひらいわちかよし》の撰と伝わる『三河後風土記』は記事に間違った部分が多いので、誤りを削り正してこの本を編んだとある。

その『改正三河後風土記』における親氏の叙述をみてみよう。坂井郷に至ったところ以降の記事について、概要を示すと次のとおりである。

①坂井郷に五郎左衛門という「豪民」がいた。親氏の容貌が凡人ではないことをみて、娘の婿とし、家を継がせた。そして、男子（小五郎親清《こごろうちかきよ》）が生まれた。

②親氏は、仁心が深かったので、酒井家の富を用いて、飢えた者・貧しい者を助けた。それにより近郷の者は親氏に領主のように帰服した。

③酒井家の娘（親氏の妻）は、小五郎を生んだ後、病死したので、親氏は独り身となった。

④松平郷に太郎左衛門信重《のぶしげ》という富豪の庄屋があった。子どもは女子が一人いるだけであった。ある時、信重は親氏を家に招いて饗応した。信重が見るに、親氏の外見には「家を興し、国を治める」相があった。そこで娘とめあわせ、家を継いでもらった。

以上が『改正三河後風土記』が記すところである。一読して、先に挙げた書物と比較して、話が大きくふくらんでいることがわかる。さらに続きを要約して紹介しよう。

⑤その後、親氏は近隣の裕福な者や名のある武士たちの子女をことごとく自分の養子・養女とし、一族の勢力を広げた。貧民を救い、飢えた者を助けた。仁慈の精神にあふれる親氏の話を聞いて、その元

に集まってくる人の数は数えきれないほどであった。

⑥勢力を増した親氏は、「ひと合戦して、近くの村々を奪い取り、一族へ分け与え、おいおい手を広げて、三河一国を支配し、その後は機をみて隣国まで攻め込もう」と周囲の者に語り、兵を動かして三河のうち岩津・竹谷・形原・五井・大給・深溝・能美・岡崎あたりまでを勢力下におき、ついには三河の国中をおおかた従わせた。

親氏が周囲を攻め取ったという記述について、『三河物語』には、額田郡山間部の「中山十七名を攻め取った」とあるだけである。しかるに、『改正三河後風土記』では、松平氏が初代親氏の段階で三河の一大勢力となっているのである。後世における誇張や加筆の様子がよくわかる事例といえよう。

親氏の没年――江戸時代の諸説

江戸時代に成立した諸書において、初代親氏の没年はいつとされたのだろうか。

先にみた『三河物語』『三川記』『成功記』『武徳大成記』では死去の年は書かれていない。『改正三河後風土記』は応仁元年（一四六七年）のこととする。

幕府が編纂した『朝野旧聞裒藁《ちょうやきゅうぶんほうこう》』（天保十三年（一八四二）成立）は、膨大な量の本にあたって、家康に関する記事を抜き出し、それを年代順に並べたものである。家康に関する資料集の決定版といったおもむきの歴史書である。同書は、親氏の没年について諸書の異同を詳しく示している。列挙すると次の通りである。

康安元年（一三六一）…『塩尻《しおじり》』『治世元記《ちせいげんき》』

応永元年（一三九四）…『大樹寺旧記《だいじゅじきゅうき》』『関野済安聞書《せきのせいあんききがき》』『松平村高月院御由緒書《まつだいらむらこうげついんごゆいしょがき》』『武江披砂《ぶこうひさ》』

永享九年（一四三七）…『簗山妙昌寺由緒書《りょうさんみょうしょうじゆいしょがき》』『岩津村信光明寺由緒書《いわづむらしんこうみょうじゆいしょがき》』『三州八代記古伝集《さんしゅうはちだいきこでんしゅう》』『徳川世紀《とくがわせいき》』

康正二年（一四五六）…『家忠日記増補追加《いえただにっきぞうほついか》』

応仁元年（一四六七）…『清流記《せいりゅうき》』『神統譜《しんとうふ》』『小栗家譜《おぐりかふ》』『三州碧海郡光明寺記《さんしゅうへきかいぐんこうみょうじき》』

親氏の没年は、書物によって実にまちまちであったことがよくわかる。これは、『三河物語』など成立の古い書物で、何年に死去したか明記されなかったので、後発の書物が独自の説を盛り込む余地があり、そのためたくさんのバリエーションが生じたと理解するのがよい。

右の違いに対して、『朝野旧聞裒藁』の編纂者は、「永享九年説が妥当と考えるが、成立年次が古い『寛永諸家系図伝』や『三河物語』に没年が記されていないので安易に決断を下さないでおく」とする。『寛永諸《かんえいしょ》家系図伝《かけいずでん》』は、三代将軍徳川家光の命で編纂された大名・旗本の系図集である。同系図では、初代親氏・二代泰親が死去した年を「某年」とし、三代目の信光を長享二年（一四八八）没としている。

わからないものを、わからないままにする『朝野旧聞裒藁』の姿勢は慎重である。編纂の過程で、諸説をならべて検討することにより、この手の記述の不正確さに気づいたからであろう。

おわりに

以上、本稿では、どのような経緯で徳川氏の先祖が三河に至ったか、主要な書物にみえる記事を検討した。江戸時代の早い時期においては簡潔だった物語が、時を経るに従って、肉付けされ、話が長くなっていく。理屈っぽくなり、説明的になる。全体的にそのような傾向がみられる。後世付け加えられた部分は、基本的に信頼しがたい内容であることは言うまでもない。

松平氏の出自に関しては、本稿で挙げた『三河物語』以下の諸書とは系統が異なる物語、すなわち松平郷の松平太郎左衛門家に伝わった『松平氏由緒書』がある。今日では、清和源氏末裔説をとらない『松平氏由緒書』の内容こそ、実状に近いものという評価が与えられているが、本稿は虚像編なので検討の対象とはしなかった。ご了承を賜わりたい。

●参考文献

『岡崎市史別巻 徳川家康と其周囲 上』（岡崎市役所、一九三四年）
清浄光寺編集委員会『清浄光寺史』（清浄光寺、二〇〇七年）
『新修豊田市史 通史編 古代・中世』（新修豊田市史編さん専門委員会、二〇二〇年）
『新編岡崎市史 中世二』（新編岡崎市史編さん委員会、一九八九年）
平野明夫『三河松平一族』（新人物往来社、二〇〇二年）
平野仁也『江戸幕府の歴史編纂事業と創業史』（清文堂、二〇二〇年）
福井保『江戸幕府編纂物』（雄松堂出版、一九八三年）

2 人質時代の家康

英雄は子供時代からタダモノではなかったと言うのは、神話の常套である。問題は、家康の場合、不遇を耐えたというイメージが強調される点である。実際のところ、家康はその最後の地として駿府を選んだように、今川のレガシーを継いだという面を否めない。イメージの光の背後にある影の実態こそ、家康を解く鍵なのだ。

糟谷幸裕×丸井貴史

2 人質時代の家康

実像編 ▼糟谷幸裕

徳川家康の父・松平広忠と周辺諸勢力との関係について、こんにち、抜本的な構図の転換がなされつつある。それは同時に、従来説を根底において規定していた近世成立の諸史料の虚構性を改めて浮き彫りとした。「人質時代の家康」の実像に迫るためには、近世史料による先入観を排して極力同時代史料に依拠するという、至極当然でありながら困難な考察姿勢が求められる。自明の前提とされていた事柄も疑がってかからねばならない。たとえば、家康の〝尾張人質時代〟なるものは本当にあったのか？

父・松平広忠

徳川家康《とくがわいえやす》の父・松平広忠《まつだいらひろただ》について、読者はどのような人物像を描かれるだろうか。東に駿河の今川義元《いまがわよしもと》、西に尾張の織田信秀《おだのぶひで》という二大勢力の対立の狭間にあって翻弄された悲運の武将、あるいは、幼少の嫡子・竹千代《たけちよ》（のちの家康）を人質にとられても、妻（家康の生母でもある）と離別してでも、あくまで今川方を貫き通した義理堅い人物――このような認識が一般的ではなかろうか。

こうした広忠像は、近世初頭成立の『三河物語《みかわものがたり》』や『松平記《まつだいらき》』にまで遡りうるものである。しかし、こんにちでは大幅な描き替えが必要となっている。それは、天文十五年（一五四六）に始まる今川氏の三河侵攻における、広忠の立ち位置に顕著である。そしてこの広忠像の転換は、小論の主題である「人質時代の家康」の実像にも大きく波及する。

描き替えられる広忠像

通説的広忠像を見直す端緒となった史料が、越中国井田郷（富山市）の菩提心院《ぼだいしんいん》の日覚《にっかく》から越後国本成寺《ほんじょうじ》（新潟県三条市）に宛てられた、（年欠）九月二十二日付の書状である（『本成寺文書』）。「三州ハ駿河衆敗軍の様ニ候て、弾正忠先以一国を管領候」とあり、かつては「駿河衆敗軍」を桶狭間《おけはざま》合戦、「弾正忠《だんじょうのじょう》」を織田信長と解して、永禄三年（一五六〇）に比定されることもあった。

日覚書状は、こんにちでは天文十六年に比定されている。よって、「弾正忠」は信長の父・信秀となる。しかしこの書状には、「岡崎ハ弾江かう参之分にて、から〳〵の命にて候（岡崎〈＝広忠〉は信秀に降参して、命からがらであった）」とある。

松平広忠の織田信秀への降参――まさに従来の常識を覆す一節であるが、これを裏書きするかのような史料も指摘されている。（天文）十七年三月十一日付の織田信秀宛北条氏康《ほうじょううじやす》書状写（内閣文庫所蔵『古証文』）である。信秀が氏康に宛てた書状（現存せず）への返信で、往信で信秀は、現状に至る経緯を氏康に説明していたようである。

それによれば、この前年、信秀は「駿州へ被相談」、すなわち今川氏と示し合わせて、広忠方の要衝・安城（愛知県安城市、以下、三河国内の地名は国名・県名を省略）を攻略したという。一般に、織田氏と今川氏は不倶戴天の敵とみなされがちであるが、その両者が連携して三河に侵攻したという、これまた意外な内容である。

さらに、信秀が広忠の本拠・岡崎（岡崎市）を圧迫した結果（「岡崎之城自其国就相押候」）、今川氏も今橋（豊橋市）

の制圧に成功したという。しかしながらその後、今川氏と諍いが生じたために（「其以後万其国相違之刷候哉」）、信秀は現在、三河に在陣しているという。信秀は、北条氏と結ぶことで今川氏の挟撃を目論み、往信の書状を発したとみられる。

以上二点の史料により、〝今川義元と織田信秀の対立下、あくまでも今川方を貫いた〝とする近世初期以来の広忠像は、抜本的な修正を迫られているのである。

今川方の史料にみる広忠

日覚書状によれば、信秀は、広忠を屈服させて「三州平均」を果たした翌日、上洛したという。そして、同書状にみえる三河情勢は、十日ほど以前に京都から下向した楞厳坊《りょうごんぼう》なる僧がもたらしたものであった（「弾ハ三州平均、其翌日ニ京上候、其便宜候て楞厳物語も聞まいらせ候」）。よって、元を辿れば信秀周辺から発信された情報とみなされる。氏康書状もまた、情報源は信秀からの音信であった。一定のバイアスがかかっている可能性を想定するべきであろう。

では、今川方の史料からは、いかなる広忠像が描かれるのか。

今川氏の三河侵攻において最初の標的となったのが、先述の今橋城である。今橋は当時、いわゆる〝竹千代強奪事件〝を引き起こしたとされる、田原（田原市）戸田氏の勢力下にあった。しかしながら今川氏にとって、今橋の軍事的攻略は自明の方針ではなかった。

侵攻開始に先立つ天文十五年（一五四六）九月二十八日付で、牛久保（豊川市）の国衆・牧野《まきの》保成《やすなり》は、五ヵ条からなる服属条件を記した条目を今川氏に進上した（『松平奥平家古文書写』）。その第一条では、「今橋・田原御敵（戸田氏）」を屈服させた場合として、豊川以西の戸田氏領の一円給付を求めているが、第二条では、

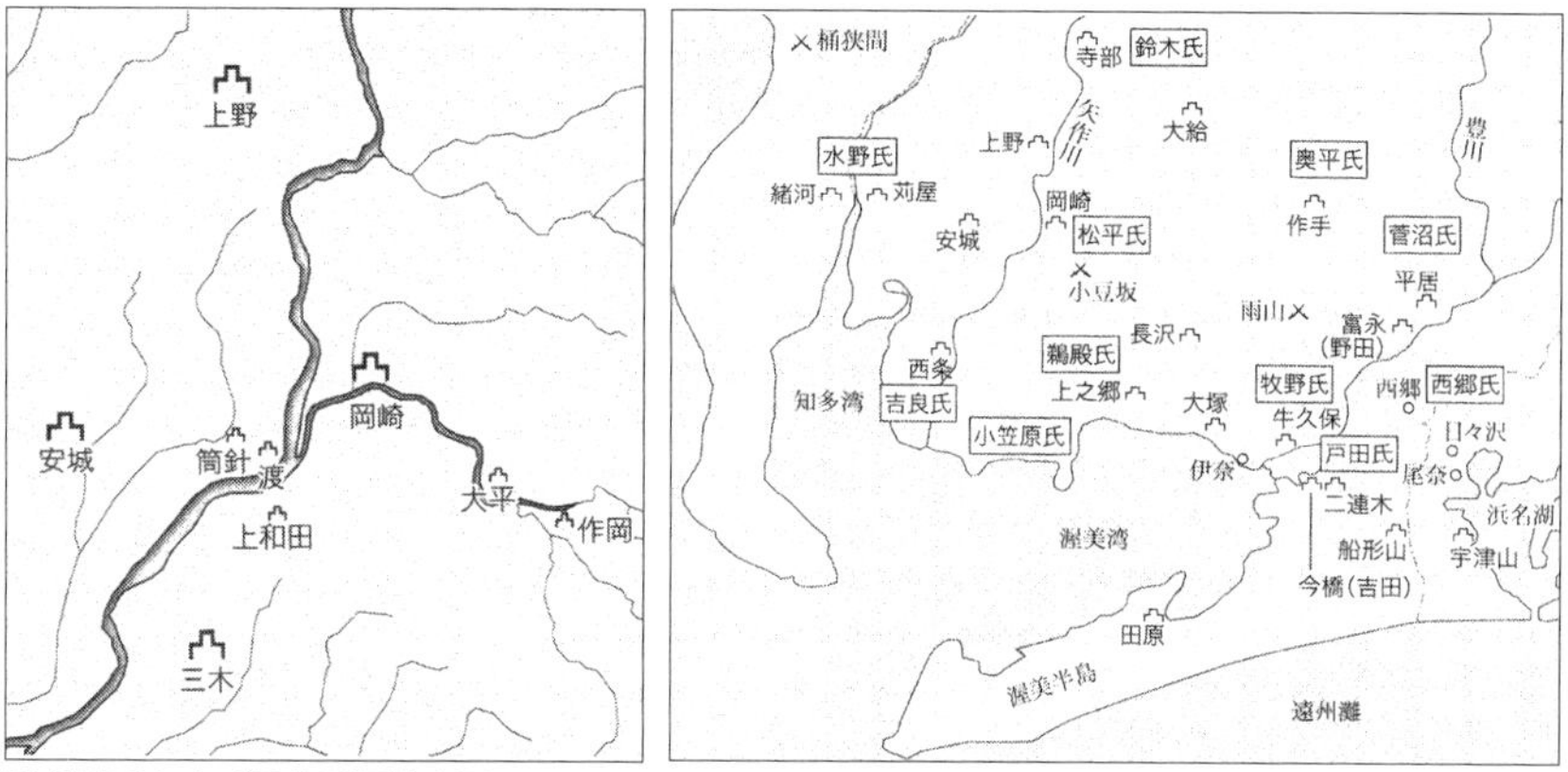

関係地図および岡崎周辺拡大図
右図：大石泰史『今川氏滅亡』（KADOKAWA、2018年）122頁。
左図：柴裕之『青年家康』（KADOKAWA、2022年）87頁。

戸田氏が敵対せず服属を申し出たならば、今川氏がそれを許容することを容認している。この時点では、戸田氏の無血開城も想定されていたのである。では、今川軍が討ち果たすべき敵はいずこにあったのか。第一条には、「西三河猶一篇之上、若又両所（今橋・田原）御成敗之時も」云々ともある。つまり、「西三河」平定こそが今川氏の主眼であった。

その「西三河」では天文十二年以来、広忠と三木《みつぎ》（岡崎市）松平氏の信孝《のぶたか》（広忠叔父）との角逐が顕在化していた。保成条目には、（天文十五年）十一月二十五日付で、今川方の回答として太原崇孚《たいげんそうふ》（雪斎《せっさい》）ら今川重臣が連署した裏書があり、それによれば先日、「松平蔵人佐（信孝）・安心軒《あんしんけん》」が駿河に在国し、義元の保成宛の証文発給に介在したという。すなわち、広忠と信孝の対立において今川氏は信孝方であった。

また安心軒は、家康生母（於大《おだい》の方）の実家として知られる尾張国緒川（愛知県東浦町）水野家の一員である。一般に広忠は、水野氏が信秀に通じたがため、今川氏への義理を貫くために於大の方と離別した、とされている。たしかに、広忠と水野氏の軋轢自体は一次史料により裏付けられる（「斎藤利政（道三）書状」『徳川美術館所蔵文書』）。しかし両者の対立のなかで、実際には水野氏は今川氏と通じていたのである。なお、『三河物語』などによれば、広忠の後妻は戸田氏の女であったという。

今川方の史料においても、広忠と今川氏の敵対関係が読み取れる。今川氏の三河侵攻は、広忠と対立する信孝や水野氏の支援を名分に開始された、とすらいえよう。それはその後の展開からも裏付けられる。結果的に戸田氏は服属を拒んだため、今川氏は今橋城を攻め落とし、その後、天文十六年（一五四七）七月までに、岡崎東南の医王山（岡崎市）に拠点を築いている。当初の対立構図は、《今川義元＝（松平信孝＋緒川水野氏）＝織田信秀 vs. 松平広忠＝田原戸田氏》というものであった。先述の氏康書状によれば、この年、信秀も岡崎西方の安城を攻略しているから（何月かは未詳）、岡崎は東西から挟撃されようとしていた。

そしてついに広忠は屈服する。天文十六年九月二日付の今川義元朱印状写（『松平奥平家古文書写』）は、今川氏から作手《つくで》（新城市）の国衆・奥平氏に給付されていた山中七郷（岡崎市）ほかにおいて、「去年一乱以前借物」の破棄を認める内容であるが、そこに「就敵筋者、縦雖有只今免許不及返弁」とある。おそらく「借物」とは年貢等の未進分が債務化したものであり、その返済を求める「敵筋者」とは、山中の前領主である広忠の被官らであろう。つまり、九月二日には「敵」＝広忠の赦免の可能性が取り沙汰されているのであり、この時点ですでに広忠は降伏し、処断を待つ身であったのではないか。こののち、今川氏は戸田氏の本拠・田原攻略へと方針を転じるが、このことも、今川氏にとって広忠こそがまず討伐すべき対象であったことを示していよう。

だれが最初に竹千代を人質としたのか？

日覚書状によれば、広忠は信秀に降参したという。しかし、この情報は信秀周辺から喧伝されたものであり、実際には信秀の軍事行動は単独ではなく、今川軍もまた岡崎に肉迫していた。広忠降伏の実態如何は、いわゆる〝竹千代強奪事件〟の存否を左右する。

信秀が広忠を降伏させたのであれば、人質として竹千代の身柄を直接確保すればよく、あえて戸田氏を経由する必然性はない。さらにいえば戸田氏は、広忠降伏時点では信秀と連携していた今川氏との敵対を選択している。広忠にとって、むしろ戸田氏は（最大の）味方であった。もともと、〝竹千代強奪事件〟には数多の疑義が呈されていたものの、そもそも存在しなかった、とする説がこんにちでは提示され、一定の支持を集めている。

一方、広忠は今川氏に降伏したとすればどうなるであろうか。小論はこちらの立場をとる。

天文十六年九月五日、田原城下に押し寄せた今川軍は一転して敗走を余儀なくされる。日覚書状にみえる「駿河衆敗軍」とは、この一戦を指すのであろう。これに前後して信孝が今川氏から離反し、信秀と結んで、今川氏と広忠との連絡を遮断する挙に出ている（『土佐国蠹簡集残編《とさのくにとかんしゅうざんぺん》』）。信孝は、父・信忠《のぶただ》（広忠祖父）と同じ「蔵人佐《くろうどのすけ》」の名乗りにうかがえるように、松平氏惣領の地位に並々ならぬ執着があったとみられる。その信孝にとって、広忠赦免はとうてい容認しかねる事態だったのだろう。かくして今川氏と信秀の連携は破綻し、《今川義元＝松平広忠 vs. 織田信秀＝松平信孝》という、こんにちの常識的な対立構図が、ここにようやく形成されたのである。

このとき、信孝が信秀にではなく今川氏に矛先を向けたことからすれば、広忠赦免の主体は今川氏とみるほかない。また、先述したように日覚書状によれば、広忠の降伏後、信秀は即座に上洛している。岡崎の戦後処理に信秀の関与がなかったことを示唆しよう。

この点を敷衍すれば、信孝に呼応しての今川氏との断交は、信秀の本意ではなかった可能性が高い。それが既定路線であれば、本拠を留守にして上洛するなどありえない選択であろう。日覚書状からは、得意気に〝大戦果〟を吹聴する信秀の姿を想像したくなるが、内心の困惑はいかばかりであったであろうか。信秀の存在を棚上げして外交路線の転換が生じたとすれば、当該期の尾張国の権力構造（今川氏に強い敵愾心を抱く斯波氏の影響力など）を考察するうえで興味深い。

〝竹千代の尾張人質時代〟は実在したのか？

いささか脱線したが、今川氏に降伏した広忠が人質として差し出すのであれば、竹千代の身柄は直接授受されたはずである。そこに戸田氏の介入する余地があったとは思われない。信秀が今川氏に先んじて竹千代を人質としていた、とする解釈も不可能ではないが、その場合、以後今川方となる広忠は信秀を裏切ったことになる。にもかかわらず竹千代が無事であったとは、やはり考え難い。こうして、そもそも〝竹千代の尾張人質時代〟なるものは実在したのか？という疑問に逢着する。発端である〝竹千代強奪事件〟をまったくの虚構とするのであれば、むしろ当然検証されるべき論点であろう。

この点にかかわり、ともに近世初期成立の『三河物語』と『松平記』には、〝竹千代の尾張人質時代〟からの〝解放〟に、興味深い相違がみられる。一般に竹千代は、今川氏の安城攻略（同時代史料からは天文十八年〔一五四九〕十一月に比定される）の際に織田信広《のぶひろ》（信秀子息）が捕虜となり、それとの人質交換によって今川方に渡ったとされる。この点では、『三河物語』『松平記』の記述は一致している。問題は、同年三月のこととされる広忠の死没との前後関係である。『三河物語』は、通説的理解どおり、広忠死没→安城攻略→人質交換の時系列で記す。これに対して『松平記』は、安城攻略と人質交換について、天文十八年のできごととはするものの、広忠死没以前に記事を配している。

これは、たんに叙述の前後関係を誤ったという次元の問題ではない。『松平記』の広忠死没記事においては、「御家督ノ竹千代殿駿府ニ御座候間、三河衆半分ハ皆今川殿へ出仕被申」と、明確に、広忠死没時に竹千代は駿府（静岡市）にいたとしているのである。主君を喪った家中にとって、後継たる竹千代の所在如何は、去就を大きく左右する要素であったはずである。おいそれと誤るべき事柄ではあるまい（なお、時系列的に齟齬のない『三河物語』は、この不都合な問題には言及しない）。

この点にかかわり注目すべき史料として、近年、再評価がなされている、いわゆる「駿遠軍中衆矢文写《すんえんぐんちゅうしゅうやぶみうつし》」（肥前島原松平文庫所蔵『士林証文《しりんしょうもん》』）がある。この文書は、安城攻略に先立つ天文十八年九月、今川氏が西条（西尾市）吉良氏を攻めた際の矢文を写したものとされ、今川氏には本家筋にあたる吉良氏への敵対を正当化するため、吉良方の背信行為が挙示されている。そこには、「義元数代之大敵」である斯波氏との通婚と並んで、「去比為可相助竹千代之出陣、渡・筒針発向之刻、御人数被移安城」云々とみえる。吉良氏が敵方に援軍を派遣した、との非難である。渡・筒針（いずれも岡崎市）への「発向」の時期は明確ではないが、あえて「竹千代之出陣」――広忠ではなく――とすることに鑑みれば、広忠死没の三月以降であろう。むろん、当時八歳にすぎない竹千代がみずから軍を率いることは現実的ではないが、家督継承後の最初の軍事行動であったがために、このような表現になったとみておく。矢文写の記述を信じるなら、竹千代はやはり、安城攻略以前からすでに今川方にあったこととなる。つまり、『松平記』の広忠死没記事はある意味「正しい」といえるのだが、〝安城攻略による人質交換〟を前提とするかぎり、時系列的には成り立たない（ただしこの問題は、広忠の死没時期を再検証する必要をも生じさせる。後考に俟ちたい）。

このように、〝竹千代の尾張人質時代〟は、その発端においても、結末においても、史料上、重大な疑義が生じているのである。尾張における竹千代にかんする同時代史料を欠く以上（ちなみに、信長研究の根本史料とされる太田牛一《おおたうしかず》『信長公記《しんちょうこうき》』にも言及はない）、〝尾張人質時代〟の実在は、少なくとも自明の前提とすることはできない。

駿河人質時代の家康

「人質時代の家康」の前史に、多くの紙幅を費やしてしまった。もっとも、駿河人質時代にかんする同時代史料は豊富とは言い難く、まして、大器たるを誇示する幼少期のもろもろの逸話については、まったく裏付けをえられない、という事情もあるのだが。

家康は天文二十四年（一五五五）三月の元服とされ、最初の実名として元信《もとのぶ》を称した。元服時期を裏付ける同時代史料はないが、齟齬もないため、通説に従っておく。元康《もとやす》を経て家康に改名するのは永禄六年（一五六三）であるが、煩雑となるため、本節以下では基本的に家康で統一する。

「人質時代の家康」として一般に想起されるのは、〝不遇と忍耐〟、そして譜代家臣の〝絶対的忠誠〟ではなかろうか。

前者の例として、所領を今川氏に押領され窮状極まった家臣を見かねた家康が、「山中（！）二千石余之所」の返還を懇願して拒否された逸話（『三河物語』）がある（仮に事実であれば、ずいぶん虫のよい主張をしたものである）。しかし今川氏の対応は、実際にはむしろ厚遇と評してよいものであった。実名の「元」が義元の偏諱であるのは無論のこと、妻も今川一門・関口刑部少輔《せきぐちぎょうぶのしょう》（氏純《うじずみ》）の女であり、一門に準ずる地位を付与するための縁組と目されている。そしてその処遇は、今川氏の松平諸家統制策と連動するものであった。

「十八松平」などと俗称されるように、家康以前から、松平一族は数多の家を分立させていたが、それらがみな、清康《きよやす》—広忠—家康のいわゆる松平〝宗家〟に従順であったわけではもちろんない。そのうちのひとつ、青野（岡崎市）松平氏では、天文二十年に内訌が生じた。織田方に転じようとした当主・甚二郎《じんじろう》に対し、家中の松井忠次《ただつぐ》らは今川方への残留を選択、忠茂《ただしげ》（甚二郎弟）を擁立して甚二郎を放逐してしまう。今川氏は、岡崎在番衆が連署して忠茂に甚二郎跡職を安堵するが、その血判起請文のなかで、忠茂の「御屋形様并竹千代丸江忠節」が称揚されている（『観泉寺文書』）。「竹千代丸」＝家康が義元とともに青野松平氏の忠節の対象とされているのは、今川氏が、家康を宗家と位置づけ、松平諸家の統合の核とすることを企図した反映ではなかったか。家康の官途名「蔵人」も、その文脈から理解されよう。

一方、譜代の〝絶対的忠誠〟についても、実態とはおよそ乖離していた。永禄二年五月十六日、家康は七ヵ条からなる家中掟を定めた（『桑原羊次郎氏所蔵文書』）。岡崎で「各」（宿老層）が下した裁決について、駿府の家康に再審の訴願があっても却下する（第二条）、「各」の決定に家康が従わない場合には申し出よ（第四条）、「各」に無断で証文は出さない（第五条）といった、家康の恣意的な当主権行使を制約する条文を含む。第四条ではさらに、なおも家康が承知しない場合には舅の氏純らに訴え出ることを容認している。戦国期の大名・国衆家中が一揆的構造をもち、当主権に一定の規制を及ぼしていたことはつとに指摘されているが（当主をすげかえた青野松平氏の事例は、その最たるものであろう）、家康の家中もまた例外ではなかったのである。

「今川殿御カケニテ」のジレンマ

『松平記』は広忠の死没記事において、「今川殿御カケニテ三河国大方治リ申候処ニ如此」と、その薄命を嘆じている。なぜ、広忠が今川氏から蒙った〝恩義〟が、かくも強調されねばならなかったのか。

今川氏らによって広忠がいわば「城下の盟」に追い込まれたこと、今川氏による信孝の松平氏惣領擁立の可能性は、いずれも、やがて武威の頂点に立つべき松平（徳川）氏にとって、はなはだ不都合な歴史である。

これらを隠蔽するために、広忠は一貫して今川方であり、今川氏もまた、広忠の松平〝宗家〟の地位を自明視してこれを支援した、とする虚構が必要とされたのではなかろうか。さきに、家康を中核に据えた今川氏の松平諸家統制策に触れたが、これを広忠の代にまで遡及させたのである。結果的には、むしろ今川氏によって家康の宗家の地位が確立したともいえようが、それが紆余曲折を経た末の産物であり、必然ではなかったことは、改めて強調しておきたい。

しかし、ここにジレンマが生じる。広忠時代における今川氏の〝恩義〟を強調すればするほど、これに背き、あまつさえ義元の仇敵である信長と結んだ家康の不義が浮き彫りとなる。このジレンマを糊塗するものが、家康の〝不遇〟をことさらに強調する数々の挿話といえよう。そして、〝竹千代の尾張人質時代〟にかかる近世初期以来の言説も、同様の文脈で理解しうるのではなかろうか。

『三河物語』『松平記』はともに、家康の身柄を盾に信秀が広忠に服属を迫ったところ、広忠は断固拒絶した、としている。これは、今川氏の〝恩義〟に報いんとする広忠の義理堅さを強調するための逸話であろうが、このとき、広忠の毅然とした態度に感銘をうけた信秀はついに家康を害しなかった、としている点も見逃せない。一命を救われた家康は、信秀からも〝恩義〟を蒙っていることとなる。

ところで、〝竹千代強奪事件〟を引き起こしたとされる戸田氏は、前述のとおり実際には、四面楚歌にあった広忠にとって貴重な盟邦であった。にもかかわらず、広忠の失態と家康の不義を覆い隠すために敵役に仕立てられた戸田氏こそ、「人質時代の家康」にかかわるなかで、もっとも不遇に見舞われたといえよう。

●参考文献
大石泰史編『今川氏年表』(高志書院、二〇一七年)

小川雄「今川氏の三河・尾張経略と水野一族」（戦国史研究会編『論集戦国大名今川氏』岩田書院、二〇二〇年）
糟谷幸裕「国衆の本領・家中と戦国大名」（戦国史研究会編『戦国時代の大名と国衆』戎光祥出版、二〇一八年）
小林輝久彦「「駿遠軍中衆矢文写」についての一考察」（『静岡県地域史研究』一一号、二〇二一年）
柴裕之『青年家康』（KADOKAWA、二〇二二年）
平野明夫編『家康研究の最前線』（洋泉社、二〇一六年）
村岡幹生「織田信秀岡崎攻落考証」（『中京大学文学会論叢』一号、二〇一五年）

2. 人質時代の家康 × 実像編

2　人質時代の家康

虚像編　▼丸井貴史

六歳から十代後半にかけての家康は、通説では尾張の織田家のもとで二年、さらに駿河の今川家のもとで十年ほどを人質として過ごしたとされている。この経験が家康の生涯にとって大きな意味を持つものであったことは疑い得ないが、では、人質時代の生活はどのように語られ、そして評されてきたのだろうか。尾張時代については信長との交流、駿府時代については才気と豪胆さを感じさせるいくつかの逸話を中心に、近世編纂物や近代以降の評論・小説を通観し、幼年期から青年期にかけての家康のイメージがいかにして作られてきたかを検討する。

人質となるまで

三歳にして慈母に別れ、六歳にして他国に人質となる。家康の幼年時代は誠に人間の惨事を極めたりと謂つべし。

山路愛山《やまじあいざん》がその著『徳川家康』（独立評論社、大正四年）においてこう評し、司馬遼太郎《しばりょうたろう》も「少年の運命としては、もっとも劇的である」と『覇王の家』（新潮社、昭和四十八年）に述べたとおり、家康は非常に厳しい環境の中で幼年時代を過ごしている。

家康が岡崎城主松平広忠《まつだいらひろただ》とその妻於大《おだい》の間に生まれたのは、天文十一年十二月二十六日（一五四三年一月三十一日）のことであった。そのころの岡崎は駿河の今川義元《いまがわよしもと》の庇護下にあり、義元の存在によって松平家は命脈を保っていたと言ってよい。しかし天文十二年（一五四三）、於大の父水野忠政《みずのただまさ》が歿すると、その跡を継いだ信元《のぶもと》は、義元と敵対していた尾張の織田信秀《おだのぶひで》と手を結ぶ。広忠はやむなく於大を離縁することとなり、家康は母と生き別れになる。そして天文十六年（一五四七）、信秀の攻撃を受けた広忠が義元に救援を求めると、義元はその見返りとして人質を要求した。その人質に選ばれたのが当時六歳の松平竹千代《たけちよ》、すなわち後の家康であった（その後の展開については、実像編に詳述されるとおり異説もあるが、以下、ひとまず通説に従って記述する）。

ところが駿河に向かう道中、思わぬ事態が発生する。広忠の後妻真喜姫《まきひめ》の父で田原《たはら》城主の戸田康光《とだやすみつ》が、広忠を裏切って竹千代を信秀に渡してしまうのである。こうして竹千代は思いがけずも尾張の人質となり、その地で二年を過ごすことになる。さらにその後は駿河に移り、永禄三年（一五六〇）に義元が桶狭間《おけはざま》の戦いで歿するまで、長い人質生活を余儀なくされる。

抑圧された環境の中で幼年期と青年期を生きたことは、家康の生涯においていかなる意味を持っていたのか。こうした関心のもと、これまでにも諸家によって様々な言及がなされてきた。そこで本章では、人質時代の家康がどのように記録され、どのように描かれ、そしてどのように語られてきたのかということを、近世から近代にかけての史料・言説を通覧しつつ確かめてみたい。それは、家康のイメージが作り上げられる過程の一端を窺うことにもなるはずである。

信長との交流

竹千代を手に入れた信秀は、広忠に降伏を勧告する。広忠にとって、それを拒否することは愛息を殺されることとほとんど同義であったはずだが、家康の伝記『武徳編年集成《ぶとくへんねんしゅうせい》』（元文五年〈一七四〇〉成）によれば、広忠は「駿府ニ送ル質ヲ戸田途中ニ侵シ奪フテ尾州へ遣ス処ナレバ、足下縦へ是ヲ害ストモ何ゾ今川ニ約スル旨ヲ変ジ尾州ニ属スベケンヤ」と信秀に返答したという。そしてひとまず竹千代は、熱田の加藤順盛《かとうのぶもり》に預けられることとなる。

ところでこのとき、信秀の嫡子信長《のぶなが》は十四歳。後に清須《きよす》同盟を結び、信長が本能寺の変に斃《たお》れるまでその同盟を維持した信長と家康だが、竹千代が織田家の人質であったこの時期、二人の交流はあったのだろうか。興味をひかれる問題であるが、遺憾なことにそのことを示す史料はない。しかし一方で、それは必ずしも二人が会っていないことを意味するわけではない。すなわちこの件に関しては、想像の余地が多く残されているということになる。

そこで少し注目してみたいのが、近現代の小説がこの点をいかに描いてきたかということである。前出の『覇王の家』が『小説新潮』に連載されていた昭和四十五～六年は、司馬が史料に多くを依拠して歴史小説を書くようになった時期にあたる。したがって、竹千代が織田家の人質であったころのことについて、多くの筆が費やされることはないのだが（新潮文庫版で、わずか一頁にも満たない）、それとは対照的に、想像力を駆使してこの時期のことを描くのが、山岡荘八《やまおかそうはち》の『徳川家康』（講談社、昭和二十八～四十二年）である。

織田方の武将である久松俊勝《ひさまつとしかつ》のもとに再嫁していた於大は、広忠が信秀の降伏勧告を拒否したことで竹千代の処刑が決まったようだと夫から聞くと、那古野《なごや》の天王社へ俊勝の子を身ごもったお礼参りに行く折に、一目竹千代に会おうとする。そして天王社参拝の許可を得るため那古野城主の信長と対面するが、信長はすでに於大の目的を察していた。

「ところでお許はこんどわしに何を土産《みやげ》に持って参った?」

「はい。母のこころ……それ一つでござりまする」

「よし、くれい！」

いきなりパッと片手をひらいて突きつけられて……於大はひと膝のり出した。必死だった。良人にかくしてこの人にすがるよりほか、竹千代を救う道はありそうに思えない。（第二巻・獅子の座の巻「孤囚の母」）

俊勝には「失うものを見舞うてやり、そのあとで産むものを産みとうござりまする」と話していた於大であったが、その心の内で考えていたのは、いかにすれば竹千代を救うことができるかということに他ならなかった。そして彼女は、「母のこころ」を携えて信長に会うことにしたのである。

その「土産」を受け取った信長は、於大を伴い熱田へ行く。無論、於大は自分が母だと名乗ることを許されてはいないが、そこには確かに我が子がいた。何も言えない於大を前に、信長は竹千代に話しかける。

「おぬしはおれが好きかきらいか」

「まだわからぬ」

（略）

「おぬし、母上を覚えておるかな」

「覚えておらぬ」

「会いとうないか」

「返事はせぬ」

「ハッハッハッハ……それが返事と申すものだ。なあ竹千代、おぬし、この信長が、おぬしの斬られないように計ろうてやっても好きにはならぬか」（同右）

実は於大は、このときまで一度も信長に竹千代の命乞いをしていない。織田家の家老で信長の師傅《しふ》でもある平手政秀《ひらてまさひで》に、「ご助命はわざわざなされぬがよい」「ご気性がご気性ゆえ、人に指図されると必ずつむじを曲げてござる。お委せするゆえ、よろしくとな」と助言されていたからである。そして政秀の言うとおり、直接的な助命の依頼は一切されていないにもかかわらず、信長は於大の願いを叶えてやる。

　しかしそもそも、史実において信秀はなぜ竹千代を処刑しなかったのであろうか。幕府編纂の徳川創業史である『武徳大成記《ぶとくたいせいき》』（貞享三年〈一六八六〉成）や前出の『武徳編年集成』は、それについて何も記していないが、これも幕府編纂の『徳川実紀』（天保十四年〈一八四三〉成）には、「一子の愛にひかれ、義元多年の旧好を変ずべからず。愚息が一命は、霜台《（信秀）》の思慮にまかせらるべしと返答し給へば、信秀もさすがに卿の義心にや感じけん、竹千代君をうしなひ奉らんともせず……」（傍点筆者）と、毅然とした広忠の態度に信秀が感じ入ったものと推測する。あるいは山路愛山が、「是は三河の士も此好意を聞伝へたらば途を改めて尾張に付くものもあるべく、頑固執拗なる今川信仰の広忠も我折るべき時節も来るべしと思ひしなるべし」と述べるようなことがあったのかもしれない。いずれにしても、様々な理由が考えられるところではあるが、山岡はそこに、我が子に寄せる於大の切なる思いと、竹千代に対する信長の親愛の情との介在を想定したのである。

　山岡はさらにその後も信長と竹千代の交流を描き、史実とフィクションとの接続を図っている。たとえば信長が美濃から濃姫《のうひめ》を迎える日、信長が竹千代のもとに行き婚礼祝いを要求すると、竹千代は物干し竿を与えると答える。そして訝《いぶか》しむ信長に対し、「あれは槍じゃ。あれは長い長い槍じゃ」と言う。それを聞いた信長は半ば呆れつつ、「これを槍じゃといいくるめる。この二間以上もある物干し竿を……」と言いかけたところで、急に眉を引き締める。そして「なるほどこれは実戦の武器になる。手槍でのうて、二間柄の槍隊を作ってみよう」と思いつく（第二巻・獅子の座の巻「雪月花」）。

　言うまでもなく、これはかの有名な長槍隊の誕生を示唆するものである（信長の長槍隊は三間柄として知られているが、ここでは「二間柄の槍隊」となっている）。太田牛一《おおたうしかず》の手になる信長の一代記『信長公記《しんちょうこうき》』の首巻「上総介形儀の事」には、「竹槍にて扣《たた》き合ひを御覧じ、兎角、鑓《やり》はみじかく候ては悪しく候はんと仰せられ候て、三間柄、三間々中柄などにさせられ……」とあり、当然ながらそこに竹千代の関与はまったくないのだが、山岡は信長が生み出したこの新しい戦法の背景に竹千代の存在を置いた。その一方で竹千代は、物干し竿の「槍」の返礼として馬一頭を要求する。「大将には馬がいるのじゃ。馬を下され」と懇願する竹千代は、人質の身であっても、また、岡崎城を今川家に支配されていても（このときすでに広忠は歿しており、岡崎城には今川家から遣わされた城代が入っていた）、自分は松平家の大将なのだという自負を持っている。そして信長はその心意気を正面から受け止め、馬を竹千代に贈るのである。

このようにして二人の「大将」が互いを認め合う様子を描くことで、山岡はこの先の時代を彼らが作っていくことを暗示しようとする。前述のとおり、当時の信長と竹千代にこれほどまでの深い交流があったことを示唆する史料は何もないが、山岡自身が桑田忠親《くわたただちか》との対談の中で、「二人があとであんなに仲よくなれるというのは、私は前から知っていたんじゃないかと思ったのです」と語っていることに鑑みれば、山岡はこれをまったくの作り話と考えて描いたわけではないようである。

しかし、竹千代の助命にまで信長が関わっていたとなると、これは単に「あり得た歴史」というだけでは済まされないように思われる。後に天下を動かすことになる二人の男が、少年時代の短い期間に、まさに生命をかけた交わりをしていたという構想は、作者によって「望まれた歴史」でもあると言えようか。史実であるか否かということとは別の次元において、二人の関係性の中にひとつのドラマが見出されているのである。

無論それは虚構以外の何ものでもない。しかし、歴史上の人物に対するイメージが形成されていく過程の一端が、おそらくここには示されている。

駿府での生活

天文十八年（一五四九）十一月、今川勢は信秀の子信広《のぶひろ》が守る安城《あんじょう》城を攻め落とし、信広を捕虜とする。そして織田方に信広と竹千代の人質交換を提案し、竹千代を駿府に引き取った。このとき八歳の竹千代は、永禄三年（一五六〇）に義元が桶狭間の戦いで討死するまで、実に十年もの長い期間を今川家の人質として過ごすこととなる。

織田家のもとにいたころとは対照的に、駿府時代の家康に関する逸話は多く伝えられている。中でもよく知られているもののひとつに、『武徳大成記』のほか『故老諸談《ころうしょだん》』『甲陽軍鑑《こうようぐんかん》』などに記事が載る、安倍河原の印地打《いんじうち》についてのエピソードがある。『武徳大成記』によって引用する。

五月五日、安倍河原ニ出テ、石戦《セキセン》ヲナス。石戦ハ俗ニインヂト云蓋《ケダシ》武《ブ》ヲ講《ナラハシ》、勇《ユウ》ヲ好《コノム》ノ一端也《タンナリ》。竹千代君時ニ纔《ワヅカ》ニ十歳、奴僕《ヌボク》ノ肩ニ駕《ノリ》テ、コレヲ観《ミ》サシメタマフ。一方ハ三百余人、一方ハコレニ半《ナカバ》セリ。観《ミル》者多衆ノ方勝ベシトテ、各赴《オモム》キケル。竹千代君奴僕《ヌボク》ニ命ジテ、寡少《クワセウ》ノ方ヘ往シム。怪《アヤシ》ンデ問《トヒ》奉レバ、君ノタマフハ、多衆《シウ》ハ衆ヲ恃《タノン》デ、其心一ナラズ、進退散乱《シンタイサンラン》ス。寡少《クワセウ》ハ寡ヲ知リテ、力ヲ専《モツハラ》ニシテ、勇《ユウ》ヲハゲマス。多衆ハ必ズ敗《ヤブ》ルベシトテ、寡少ノ方ニテ観《ミ》サシメタマフ。果《ハタ》シテ、多衆ノ方敗ニケリ。

数の多い集団と少ない集団とが石合戦をしていたところ、見物人の多くは数の多い方が勝つと予想したが、竹千代は、そちらは数を恃んでしまうがゆえに心を合わせられずに負け、数が少ない側は数に劣ることを知るがゆえに勇を奮って勝つと予見した。結果は竹千代の予想どおりとなったのだが、注目したいのはこの出来事を諸書がどのように評しているかということである。一例を示せば、『武徳大成記』は右の記述に続いて、「虎生《トラムマレ》テイマダ斑《マダラ》ナラザレドモ、牛ヲ食《クラ》フノ気《キ》アリトハ、此君ノ事ナルベシ」という人々の評判や、義元が

「将《シヤウ》門ニ将アリト云フハ信《マコト》ナリ」と感心したことを記す。そしてその他の文献も、大半がこれと同様の傾向を有している。

すなわちこのエピソードは、少年時代から家康の見識がいかに優れていたかを示す根拠として扱われているのである。『武徳大成記』は永禄三年（一五六〇）の記事において、元康《もとやす》（竹千代は天文二十四年〈一五五五〉に元服し、義元の一字をもらって「元信《もとのぶ》」と名乗る。その後、弘治四年〈一五五八〉ごろ、祖父清康《きよやす》から一字を借りて「元康」と改名する）が丸根《まるね》城を攻めた際、城兵が城から討って出るのを見て、「我ハ大軍、敵ハ寡少《クワセウ》ナリ。城ヲ守リテ防《フセ》グベキニ、却《カヘツ》テ進《ス》ミ来ルハ、有無《ウム》ヲ一戦ニ決《ケツ》セントナリ。率爾《ソツジ》ニ戦フベカラズ」と指示したと記す。これが印地打の記事における竹千代の発言とほぼ同じであることは容易に理解されよう。すなわち実際の戦に通用する考え方を、家康は十歳のころすでに身につけていたことになるのである。そして駿府時代の逸話の大半は、家康の非凡たることを示す文脈で語られている。

図　小林清親「教導立志基 徳川竹千代」（明治18年、東京都立図書館所蔵）

たとえば榊原忠次《さかきばらただつぐ》『御当家紀年《ごとうけきねん》録《ろく》』（寛文四年〈一六六四〉成）は、天文二十年（一五五一）正月の出来事として、次のような記事を載せる。

正月元日、義元の家臣等営に

2. 人質時代の家康 × 虚像編

入り、列坐し、歳初を賀すなり。竹千代君其の傍らに在り。衆誰の子かを知らず。或るひと曰く、此れ松平清康の孫なりと。衆之を信ぜず。時に竹千代君起ちて閾《しきみ》に立ち、裳《もすそ》を褰《かか》げ、階前に向けて尿《いばり》す。傍らに人無きがごとし。衆皆曰く、此れ実に清康の孫なりと。(原漢文)

諸将は当初、竹千代のことを松平清康の孫であるとは信じなかった。しかし、竹千代がまるで周囲に人無きがごとき態度で縁先から放尿したのを見て、その豪胆さに一同はみな、まさに清康の孫であると驚嘆したというのである。

また、『鳥居家譜《とりいかふ》』や『武徳編年集成』などによれば、竹千代が鳥居元忠《とりいもとただ》に対して鵙《もず》を鷹のように据えてみるよう命じたところ、その据え方が悪かったので、元忠を縁側から突き落としたという。元忠は松平家の重臣忠吉《ただよし》の子で、竹千代の供として駿府に同行していた者である。それゆえ周囲の人々は、松平家に忠誠を尽くして我が子までをも駿府に差し出した忠吉のことを思い、竹千代の行動を諫めたというが、当の忠吉はこの話を聞き、自分に遠慮することなくそのような行動を起こせる資質は、将来すぐれた君主になり得るものだと賞賛したらしい。

幼少期より家康が並の人物ではなかったことを強調するこうした記述は、近世の文献に数多く見られるものであるが、近代以降においてもなお、それを素直に受け取る者は少なくなかった。一例を挙げれば、大正から昭和にかけて家康研究の第一人者として活躍した中村孝也《なかむらこうや》は、その著『徳川家康公伝』において、「これらの逸話に現わされているものは、人為の磨きのかかっていない生地そのままの天稟であって、その中に豪放・闊達・聡明・堅実・温情等の先天的素因が、豊かに溢れ流れていることを知り得る」と述べている。いま少し具体的にいえば、印地打の際の判断は「母より遺伝せられた」すぐれた知性を示すもの、諸将の前での放尿は「胸もすくばかりに痛快なレジスタンス」ということになるようである。

もちろん、徳富蘇峰《とくとみそほう》が印地打の逸話について「彼としては、左程深き考へがあつての事でもあるまい」（『近世日本国民史　織田氏時代前篇』、民友社、大正七年）と評したように、あまりに華々しく作られた家康像に冷ややかな視線を向ける者もなかったわけではない。そうはいっても、逸話のひとつひとつに特別な意味づけをしたくなるのが、「物語」の作者と享受者に共通する心理であろう。かくして現代に至るまで、家康の「伝説」は語り伝えられてきているのである。

そしてまた、竹千代や松平家がいかに辛酸を舐め続けてきたかということも、家康の伝記では特に強調されている。

大久保忠教《おおくぼただたか》『三河物語《みかわものがたり》』（寛永年間〈一六二四～四四〉成）によれば、竹千代が鷹狩りをするとしばしば鷹が原見石《はらみいし》（孕石）主水《もんど》の屋敷へ入っていったため、主水から「三河ノ悴ニアキハテタリ」などと言われていたという。後に家康は高天神城《たかてんじん》を攻め落とした際、その城に主水が籠もっていたことを知ると、「我ニアキタル原見石ナレバ、トク〱腹《ハラ》ヲ戮申《キラセモウセ》」と言って切腹させた。その一方で、原見石と同じく高天神城にいた大河内某は、家康が駿府にいたころ親切に接していた者であったため、助命されたというのであるから、かつての不遇が家康の生涯にいかに影を落としていたかが窺われる。

『三河物語』にはさらに、三河の税収がすべて今川家に横領されるため、譜代の家臣たちがきわめて貧しい生活を強いられたことや、義元が戦のたび松平家に先陣を命じたため、多くの家臣が死ななければならなかったことなどが記されている。そうした状況下にあっても、三河の人々は竹千代が岡崎城に戻ってくる日のために、懸命に苦しい日々を耐えていた。鳥井忠吉がいつか主君の用に立つようにと、今川家に隠して米や銭を倉に蓄えていた逸話（『鳥居家譜』『武徳編年集成』など）は、人口に膾炙《かいしゃ》していよう。

こうした家中のあり方を、『武徳大成記』は「古人ノ胆《タン》ヲ嘗《ナメ》、雪《ユキ》ヲ喰《クラヘ》ル節義《セツギ》ニモ減《オトラ》ザリケル忠誠《セイ》ナリ」と評す。そしてこの忠誠心と連帯の強さこそが、家康にとって何よりの財産であった。「三河武士は斯様に何事も勘忍して属国の苦痛を甘じ、主人の成長を待ちければ上下の情合却て濃かにして家康帰城の時は恰《あたか》も久しく失ひたる家宝を取戻したるに似たらん心地して其後は君臣恰も水魚の如くなるを得たりき」と、山路愛山は述べている。

人質生活からの解放

当時元康と名乗っていた家康の初陣は、永禄元年（一五五八）のことである。このとき元康は、今川方から織田方に寝返った鈴木重辰《すずきしげたつ》の立てこもる寺部《てらべ》城を攻め、戦功を挙げる。さらに永禄三年（一五六〇）には、兵粮の欠乏が伝えられた大高《おおだか》城に食糧を運び入れた。いわゆる「大高兵粮入れ」であるが、その過程については文献によって記述が異なる。たとえば『武辺咄聞書《ぶへんばなしききがき》』によれば、織田方の鷲津《わしづ》城と丸根城の軍勢が城を包囲していたが、元康は寺部城に放火してこれらの軍勢をおびき出し、その隙に城に入ったとある。一方『三河物語』は、敵の布陣を見て戦意のないことを察し、兵粮入れを断行したと記す。史実がどちらであるかは不明だが、元康が今川軍の大きな危機を救ったことに変わりはない。

しかしこの翌日の五月十九日、義元は田楽狭間《でんがくはざま》において落命する。元康は大高城を脱出して岡崎に逃れるが、岡崎城を支配していた今川勢は、義元死去の報を受け、すでに駿府に引き上げていた。それによって元康は、期せずして再び岡崎城に入ることになったのである。人質となってこの城を後にしたときから、実に十二年に及ぶ歳月が経過していた。

徳富蘇峰は前出の『近世日本国民史 織田氏時代前篇』において、「駿河に於ける約十二年間は、家康の一生に取りて、最も不幸の時代であつたと与《とも》に、又た最も有益の時代であつた」と述べた。この期間の苦労はまさに筆舌に尽くしがたいものであったが、それによって「打てども壊《やぶ》れず、推せども倒れぬ、自力宗の一大信念」を発起したというのである。

ただしあえて一言すれば、必ずしも単に「不幸」であったがゆえに「有益」であったというわけではないだろう。紙幅の都合もあり、詳述することはかなわなかったが、幼い竹千代を世話した外祖母源応尼《げんおうに》や、義元の軍師的存在でもあった太原雪斎《たいげんせっさい》による教育は、駿府時代に限らず、その後の家康にとっても大きな支えとなったはずである（ただし司馬遼太郎は、「竹千代といったころの家康はこの臨済寺の雪斎について学問をまなんだとのちに伝承されたが、実際はそれほどの優遇を不幸にも竹千代はうけなかった」と『覇王の家』に述べ、通説とは異なる解釈をしている）。本章冒頭に掲げた山路愛山や司馬遼太郎の言葉に示されているとおり、人質時代の家康は確かに「不幸」ではあったろうが、その言葉だけでこの時期の家康を語ることは、やはりできないように思われる。

義元の死去から三年が経った永禄六年（一五六三）、元康は名を「家康」と改めた。義元の「元」の字を自らの名から除き、家康はようやく今川家の桎梏《しっこく》から解放されたのである。

●参考文献

太田満明「司馬遼太郎『覇王の家』とその依拠史料」（『兵庫教育大学近代文学雑志』第九十一巻第十九号、一九九八年）
笠谷和比古『徳川家康』（ミネルヴァ書房、二〇一六年）
柴裕之『徳川家康　境界の領主から天下人へ』（平凡社、二〇一七年）
谷口克広『信長と家康　清須同盟の実体』（学研パブリッシング、二〇一二年）
中村孝也『徳川家康公伝』（東照宮社務所、一九六五年）
藤井讓治『徳川家康』（吉川弘文館、二〇二〇年）
本多隆成『定本 徳川家康』（吉川弘文館、二〇一〇年）
山岡荘八・桑田忠親『歴史対談 徳川家康』（講談社、一九七二年）

2. 人質時代の家康 × 虚像編

三河は大国に囲まれる小国だった。小国は大国に帰属して生き残る道を得る。家康は今川に育てられた。その今川義元が桶狭間で敗死するや、家康は三河の独立に舵を切る。信長にとっても、東の憂いは無くして西の攻略をしたい。ここに同盟が生まれる。同盟は強敵を破るのにも、弱った敵を掃討するのにも機能した。互いの背後の盾となり、時には遠く出兵して連合軍となった。信長の肥大化とともに家康は帰属する役割になっていく。但し、同盟会議の実際は秘中の秘である。そこにドラマの芽がある。

3 清須同盟

和田裕弘×菊池庸介

3 清須同盟

実像編

▼和田裕弘

戦国時代を代表する織田信長と徳川家康が同盟を結んだ「清須同盟」。一度も破棄されることなく二十年以上にわたって継続した稀有の同盟である。ただ、その中味については不明なことばかりである。同盟を結んだ時期やその内容、また本当に清須城で締結されたのかなど、現状では一次史料で確認することは難しい。しかし、同盟の実体については、両者の交流や軍事支援などを追いかけることで浮かび上がってくる。

はじめに

桶狭間《おけはざま》の戦い後、敵同士であった、徳川家康《とくがわいえやす》（松平元康《まつだいらもとやす》）と織田信長《おだのぶなが》が和睦し、同盟を結んだことで戦国史が大きく転換していく。「清須同盟《きよすどうめい》」と呼ばれている出来事である。信長の居城である清須城で両者が会見して成立したことを根拠にこうした名称が使われているようである。最近では、両者の領国を冠した「尾三同盟」や名字の一字を拝借して「織徳同盟《しょくとくどうめい》」とも呼ばれている。

当時の記録に「清須同盟」という文言はないが、この稿では一般的に知られている「清須同盟」を使用する。締結から本能寺の変が起こる天正十年（一五八二）まで二十年以上の長きにわたって破られることがなかったという戦国時代でも稀有の同盟である。

しかし、その実体ははっきりしない。両者が相まみえて会見したというのは良質な史料からは確認できない。また、同盟の内容そのものも伝わっていない。

「清須同盟」は、信長に利するところ多く、家康は常に忍従を強いられていたという論調が多い。たしかにそうした側面があったかもしれないが、当然ながら、家康も自らに益するところがあったからこそ同盟を続けたはずである。同盟することで、信長は東方への気遣いなしに美濃攻めに専念することができた。家康も、西方からの脅威を軽減させて三河統一、さらには結果論的には遠江、駿河への侵攻が可能になった。天正三年（一五七五）五月の長篠《ながしの》の戦いでは信長の援軍を得て武田氏の脅威を大きく減退させることに成功し、さらに七年後には武田氏を滅亡に追い込み、信長から駿河国などを拝領した。すでに家臣に準ずる立場になっていたが、大きな恩恵を得ていたといえよう。

両者の関係も時の流れとともに変化していく。当初は対等に近い関係だったと思われるが、信長の軍事力の強大化に伴い、家康は従属するかたちになり、最終的には、家臣に準ずる立場にまで変化していく。その画期は天正元年（一五七三）の将軍足利義昭《あしかがよしあき》の追放という見方もあるが、やはり長篠の戦いの勝利後であろう。

同盟締結の時期

同盟締結の時期は、軍記物などでは、永禄五年（一五六二）正月（『岡崎領主古記《おかざきりょうしゅこき》』『伊東法師物語《いそくほうしものがたり》』）とあるが、良質な史料からは明らかにできない。また、家康が清須城を訪問したことも確認できない。

まずは同盟締結に至る背景を確認しよう。永禄三年（一五六〇）五月十九日、よく知られた桶狭間の戦いのあった日である。信長が敵の総大将今川義元《いまがわよしもと》を討ち取る大勝利を挙げたことで、信長はもとより家康の運命をも変えた日でもある。

家康は、この戦いには今川氏の一門衆として先鋒を任されて今川方の大高城に入城し、織田方の付城を攻略する手柄を立てていたが、桶狭間の本戦には参戦していない。今川の敗戦とともに、今川勢が本国への引き上げを開始し、家康は本城であった岡崎城への復帰を果たす。家康としては、今川氏の一大名として主君義元の復仇戦を遂げるか、三河で独立の地歩を固めるかの選択肢があった。三河で独立する道を選んだが、そのためには織田氏との和睦が必須でもあった。

従来、家康は義元の後継者氏真《うじざね》に復仇戦を要請したものの、軟弱な氏真が消極的だったため、織田氏と同盟することになったと解釈されてきた。これは家康贔屓のいわゆる徳川史観の産物でしかない。今川と織田を天秤に掛け、織田を選択したに過ぎない。

氏真は、敗戦直後、家康が岡崎城を占拠したことに対して咎めだてした気配はない。今川に対する謀叛とは認識していなかったと思われる。駿府に居る家康の妻子にも危害は及んでいない。もっとも、氏真としては関東方面を重視し、西方にまで力が及ばず、家康が織田からの防波堤になればいいという思いもあっただろう。

家康は、今川に対しては織田家との交戦を続けている素振りを見せ、織田家に対しては刺激しないように配慮しつつ、水面下で和睦の道を探っていたと思われる。

通説では、桶狭間の戦いの直後から和睦に向けた動きが始まり、清須城に会して和睦・同盟が締結され、その証として信長の息女「五徳《ごとく》」(徳姫《とくひめ》、見星院《けんしょういん》)と家康の嫡男「竹千代」(信康《のぶやす》)の婚姻が約され、のちに五徳が信康に嫁したという。

『織田軍記』では、永禄三年(一五六〇)に信長と家康が和睦し、翌年春、家康は清須城に参向したという。

『朝野旧聞裒藁《ちょうやきゅうぶんほうこう》』でも永禄四年（一五六一）二月七日条に、家康が氏真と絶ち、信長と和睦して誓文を取り交わした旨の綱文を掲げている。家康側は石川数正、信長側は家康の伯父でもある水野信元《みずののぶもと》が担当したという。同盟締結の時期は、後述の史料などを突き合わせると永禄四年春頃でいいだろう（谷口二〇一九）。

　氏真が表立って家康の謀叛を咎め立てした時には、手遅れであった。先行研究でも触れられているが、氏真は後年に振り返るかたちで、永禄十年（一五六七）八月五日付判物中に「去酉年四月十二日、岡崎逆心の刻」（永禄四年四月十二日、家康が逆心した時）と憤っており、同四年六月十一日付判物写では「今度松平蔵人逆心」、同年六月二十日付判物写でも「今度岡崎逆心の刻」と家康の反逆を非難している。

　永禄四年四月十二日の謀叛とは、同年四月十一日夜半の家康主導による三河国牛久保城《うしくぼじょう》の夜襲のことだろう。氏真は永禄四年四月十六日付で家康に味方した牧野平左衛門父子の所領を稲垣平右衛門尉（重宗《しげむね》）に与えているが、「去十一日の夜逆心せしめ、敵方へ相退くの上」と記し、敵となった家康への同心にも触れており、家康が逆心した四月十二日という認識はこの十一日の夜半の反逆、牛久保城の攻防を指している。常識的に考えれば、家康と信長との和睦はこれ以前になされていた可能性が高いだろう。

清須同盟の実体

「清須同盟」という会談（談合）がさなれたかどうかも、じつは定かではない。最初から本人同士が会見したというのは想定しにくい。やはり家臣同士、もしくは家康の家臣が清須城に赴いて和睦や領土協定について話し合いが持たれたのだろう。

　起請文を交わしたのかも知れないが、誓紙の交換があれば、それなりの史料が残存していそうだが、確認できない。同盟の内容そのものも伝わっていない。当時の常識から推測すると、まずは戦闘状態を解消して和睦し、領土の確定などがあったと思われる。ただ、軍事協力についての取り決めがあったというのは慎重に検討する必要がある。永禄六年（一五六三）に勃発した三河一向一揆に際し、信長が援軍を差し向けたことは確認できない。逆に、信長の美濃攻めに家康が援軍を送った気配もない。

具体的な同盟の実体を探っていこう。同盟維持を担保するためには、手っ取り早い方法の一つが姻戚関係を結ぶことである。婚姻や養子縁組などである。

家康の嫡男竹千代と信長の息女五徳が婚約し、のちに五徳が輿入れする。通説では、婚約は永禄六年三月二日、輿入れは同十年五月二十七日だが、これまた良質な史料からは確認できない。二人は永禄二年（一五五九）生まれの同い年であり、同四年に婚約したとすれば三歳、同十年に輿入れしたとすれば、ともに九歳に過ぎない。第一子と思われる登久姫《とくひめ》（のち小笠原秀政《おがさわらひでまさ》の正室）が生まれたのが九年後の天正四年（一五七六）であり、輿入れは通説よりも降るかもしれない。

同盟の最も重要な構成要素の一つである軍事協力については、当初は一方的に家康側からの協力である。最初に確認できるのは、信長が将軍候補の足利義昭を奉じて上洛した永禄十一年（一五六八）九月の上洛戦。上洛軍は、信長の領国である尾張・美濃、北伊勢に加え、家康の援軍である三河勢も加わっていた。

信長はこれ以前にも義昭からの要請で第一次上洛計画を進めていたが、諸般の事情で幻となった。その際、家康に対しても義昭からの要請があり、家康が受諾していたことが確認できる。第二次上洛作戦でも家康への要請があったと思われる。義昭の上洛に供奉するためであり、信長への直接的な軍事協力ではないという見方があるが、後年の軍事協力も含め、将軍義昭の下知によって参陣したというよりも、信長への軍事支援と理解した方が実情に近いだろう。

家康は独立した大名であり、義昭から直接御内書を受け取る立場ではあったが、義昭から家康への援軍要

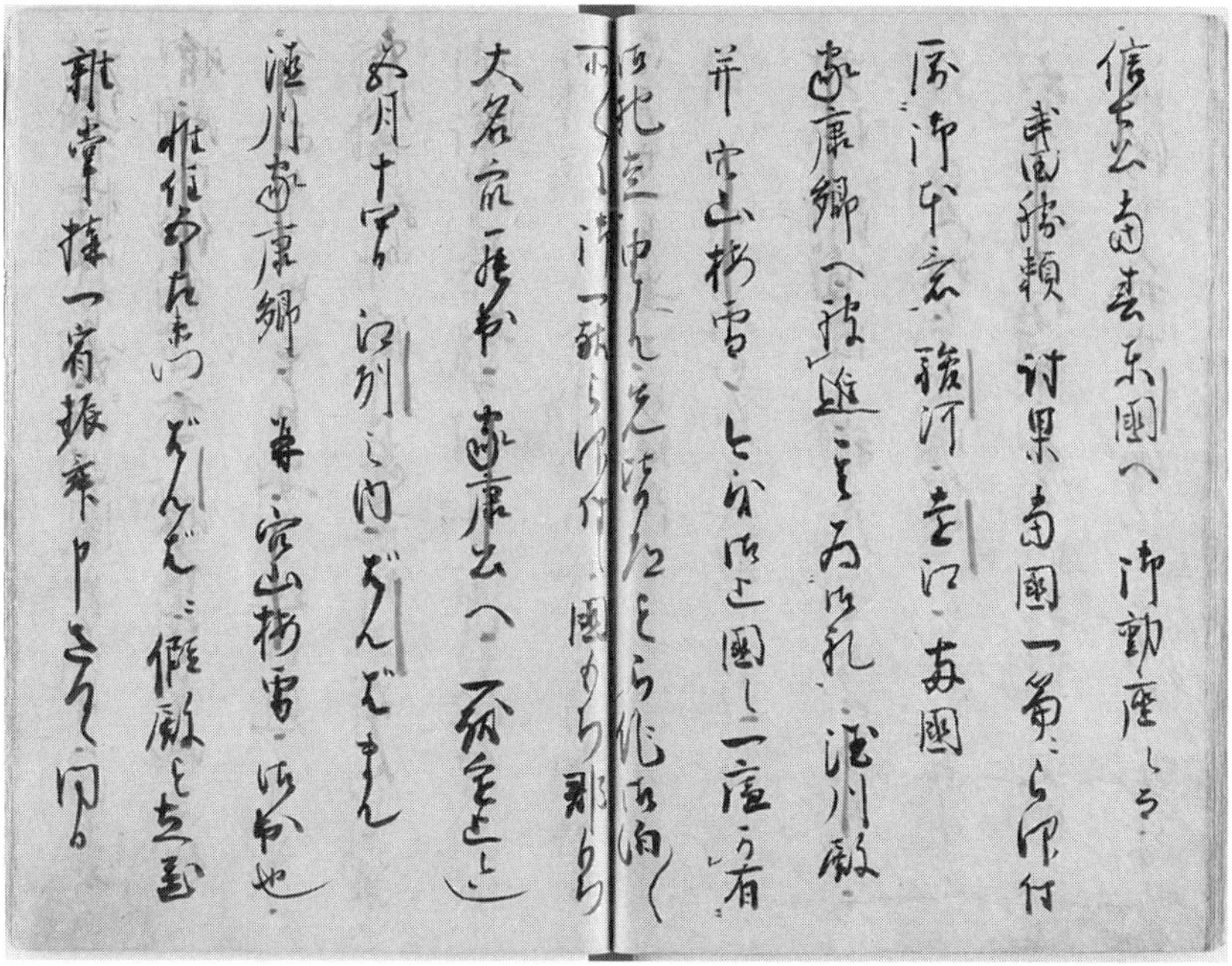

図　『信長記（信長公記）』巻第十五　駿河・遠江両国、家康卿へ被進（岡山大学附属図書館池田家文庫所蔵）

請を信長が無用と却下したこともあり、信長に委ねられていた側面があろう。義昭は天正元年（一五七三）に追放された後も家康に支援を要請しているが、家康が相手にした気配はない。武田《たけだ》信玄《しんげん》の書状を見ても、「家康は専ら信長の異見を得らるる人に候」（家康は信長の意向を尊重する人である）と評価している（『武家事紀《ぶけじき》』）。

上洛戦では、家康家臣の松平勘四郎《まつだいらかんしろう》（信一《のぶかつ》）が援軍の大将となり、六角方の箕《み》作城《つくりじょう》攻めの先陣として活躍したというが、疑問である。『信長記《しんちょうき》（信長公記）』（太田牛一《おおたうしかつ（ず）》著）は信長側の史料だが、信一のことにはまったく触れていない。信長の新付の家臣となった美濃三人衆ですら先鋒に起用していないほどであり、援軍の三河勢が先鋒の役割を果たしたとは思えない。家康の援軍の活躍ははっきりし

3. 清須同盟 × 実像編

ないが、上洛戦そのものは希代の大成功となった。

次の軍事協力は二年後の朝倉攻めである。永禄十三年（元亀元年・一五七〇）早々、信長は朝廷への奉仕、将軍義昭への奉公として畿内近国の大小名を中心に上洛を命じた。家康は、上洛戦では代将を派遣したが、この時は家康自ら軍勢を率いて上洛し、洛中で馬揃えを挙行し士気を鼓舞している。信長は、朝廷軍の将軍代行として四月二十日、越前の朝倉攻めに出馬した。家康も従軍し、朝倉方の手筒山城《てづつやまじょう》攻めでは南の大手口から侵攻し、落城に追い込む活躍を見せた（池田本『信長記（信長公記）』）。しかし、朝倉攻めは、姻戚関係だった浅井氏の裏切りにより、撤退を余儀なくされた。

信長は起死回生を図り、裏切った浅井氏の小谷城を攻撃するため、再度、家康に援軍を要請し、今回も家康自ら参陣し、先陣を申し出たという。要害堅固な小谷城を短兵急に攻略することが困難なことから浅井長《なが》政《まさ》を誘《おび》き出し、六月二十八日、姉川河畔で激闘を交えた。姉川の戦いである。浅井軍とその援軍の朝倉軍対信長とその援軍の徳川軍との戦いである。江戸時代の史料には、織田軍は浅井軍に苦戦し、徳川軍が朝倉軍を打ち破った勢いで浅井軍をも押し返して勝利したような記述があるが、あまりにも徳川贔屓に過ぎよう。近年、研究が進み、合戦の様相が再現されているが、本筋は織田軍が主力となって勝利したと思われる。

その後信長は、上洛戦で敗退した三好三人衆が反攻を開始したため摂津に出馬して追い詰めたが、大坂本願寺が決起し、浅井・朝倉軍も湖西を南下して京都に迫る勢いを示したことで、いったん帰洛して浅井・朝倉軍の討伐に向かった。この時、義昭は（元亀元年）九月十四日付御内書（『武田神社文書《たけだじんじゃもんじょ》』）で家康（松平蔵人《くらんど》）に対し、三好討伐のために信長をはじめとした諸将が出陣しており、信長は参陣無用としているが、以前の約束通り、早く参陣するように要請している。

義昭の要請に応じて家康が援軍に出陣したのであれば、この年だけで三回目になる。たしかに信長も十月二日付遊佐宛書状で「徳川三河守着陣」と伝えているが、味方を鼓舞するための誇張表現の可能性もあり、額面通りに受け取っていいものか躊躇する。家康家臣の記録類には代将が派遣され、六角氏に備えた旨の記述が散見する。家康に従って活躍したと記した方が、より自家の顕彰に役立つと思われるが、代将の傘下として従軍したと記している。二次史料ながら、家康の置かれていた四囲の状況などから推測しても、代将の可能性が高いのではないだろうか。

また、この年と推測される十一月二十六日付書状において家康は信長の江北への出馬予定に対し、援軍派遣の用意があると申し出ており、家康自身の参陣は別としても、驚異的な献身ぶりである。信長と一蓮托生の裏返しでもあった。

信長の援軍

他方、信長からの軍事支援として大がかりなものが数回確認できる。

永禄十二年(一五六九)と推測されている二月四日付の家康宛信長の朱印状(『滝山寺文書《たきさんじもんじょ》』)では遠江への援軍派遣を伝えていたが、実行した気配はない。

実際に援軍を差し向けた最初は元亀三年(一五七二)十二月の三方ヶ原《みかたがはら》の戦いに際してのものである。家康は信玄の侵攻に対し、単独では対抗できないため信長に援軍を要請。信長は信玄とは友好関係を築いていたが、信玄が一方的に破棄し、この年十月、徳川、織田に対して攻勢を始める。この時の援軍についても詳しいことは不明だが、佐久間信盛《さくまのぶもり》、平手甚左衛門《ひらてじんざえもん》(汎秀《ひろひで》)、水野信元《みずののぶもと》を大将として派遣したとされる。軍勢は三千人といわれるが、はっきりしない。信長の動員能力や三将の分限から推測するともう少し多いのではないかという見方もある。

後年の信盛への譴責状《けんせきじょう》を見ると、信盛は大した働きをしなかったようである。また、甚左衛門を見捨てたとも激怒している。援軍の三将については、甚左衛門は信長に忠節を尽くして討死したが、生き残った信元はのちに切腹、信盛は追放された挙句、大和十津川で客死するという末路を辿っている。

翌年二月には信長自身が後詰として出馬する予定だった（『古今消息集』）が、義昭の謀叛により実現しなかった。

天正二年（一五七四）早々から、信玄後継者の勝頼《かつより》が活発な軍事行動を起こし、東美濃へ進攻し、明智城を攻囲。信長は救援に駆けつけたが、籠城側に裏切り者が出て落城したため、帰陣。奈良興福寺の尋憲《じんけん》はその日記に、信長は三河表に出陣したが、それは家康への援軍（合力）とし、この機会に信長は大軍を動員して東国まで領国化するのではないかという噂も記している。信長の意欲が伝わっているが、空振りに終わった。

清須同盟の変容

この年五月、勝頼が家康方の高天神城《たかてんじんじょう》を攻囲したため、家康からの援軍要請に応え、信長父子は六月十四日に岐阜城を出陣した。十九日には今切の渡しまで進軍していたが、味方の裏切りによって高天神城が落城したため、今回も援軍は不首尾に終わり、帰陣した。このため、信長は兵粮代として黄金が入った皮袋二つを家康に下賜して報いている。

翌三年五月の長篠の戦いでは信長は大軍を動員して武田軍を圧倒した。武田軍に大勝したことで、家康単独でも武田に対することが可能となり、信長は安心して西方戦略に専念できるようになった。後年になるが、柴田勝家《しばたかついえ》は、信長（上様）は家康の援軍として何度も「御動座」なされたと振り返っており、徳川の危機を信長が救ったという認識を持っていた。

　長篠の戦いの勝利によって「清須同盟」の意味合いも変化していく。これは一次史料でも確認できる。先行研究でも触れているが、信長と家康の双方でやり取りした書簡の書札礼《しょさつれい》（書状に関する決まり）を分析することで、両者の立場の変化を読み取ることができる。天正三年（一五七五）が画期となり、「織田一門に順ずる立場」に変化している（平野二〇〇六）。なお、天正七年（一五七九）には家康嫡男の信康《のぶやす》が謀叛の罪で自害に追い込まれるが、「清須同盟」の結束は揺らいでいない。

　その後、天正九年（一五八一）早々、勝頼が遠江国の拠点となっている高天神城を赴援するという動きが伝わり、信長は嫡男信忠を派遣し、信忠は清須城に滞在して動向を見据えつつ、援軍としては家康の叔父水野忠重らを派遣した。

　家康宛の信長の黒印状や忠重宛の朱印状などを見ると、籠城兵の降伏を却下して落城に追い込んだようである。勝頼はすでに後詰する能力がなく、武田の凋落ぶりを内外に周知させることに成功し、近々予定していた武田征伐を有利たらしめる作戦でもあった。信長は家康に腹案を提示したのみだが、すでに信長の家臣に準じる立場になっている家康としては命令にも等しく、ましてや効果的な高等戦術であってみれば、降伏を却下したのは当然の選択でもあった。

　翌天正十年（一五八二）の武田攻めでは、甲斐国に向けて織田軍が四方から乱入したが、家康は駿河口から侵攻。すでに武田攻めは家康への援軍ではなく、「織田政権」の征討戦としての位置付けとなっていた。信長も家康も、武田からの侵攻に苦慮していたが、あっけなく武田氏が亡び、家康は改めて信長から駿河国、遠江国を拝領した（『信長記』）。すでに家臣扱いである。家康も信長のことを、他の信長家臣と同様に「上様」と表記するようになっていた。

3. 清須同盟 × 実像編

信長の凱旋帰国の時には、家康の領国を通過するということもあり、家康は道路を整備し、警護を徹底、宿泊施設も造営し、厳重に警備した。天龍川には舟橋を懸けるなど接待に努めた。信長だけでなく、家臣の食膳なども用意する気の遣いようで、その接待ぶりにはさすがの信長も感激し、駿馬や名刀を贈って報いた。その後、家康はお礼言上のために改めて安土に参上。信長も凱旋時に世話になったことから、家康を下にも置かない接待で応えた。こういう対応を見ると、家臣に準じるものの、やはり単なる家臣とは一線を画していたのは確かだろう。家臣並とはいっても独立した大名と認め、客分的な位置づけだった。もちろん、賢明な家康はその待遇に甘えることなく、へりくだって信長に仕えただろう。

家康は、武田の降将の穴山梅雪《あなやまばいせつ》を伴い、五月十五日には安土入り。安土城で信長から手厚い歓迎を受け、京、奈良、堺を見物するよう勧められ、上洛。その後、さらに堺に下向し、信長からの指示で堺政所の松井友閑《まついゆうかん》や堺の茶人にも接待され、久しぶりの休暇を楽しんでいた。しかし、六月二日、本能寺の変が勃発。通説によると、信長の死を聞いた家康は、上洛して追い腹を切る覚悟を示したという。これも徳川史観の呪縛の一つかも知れないが、直近に信長から好待遇を受け、家臣に順ずる立場であってみれば、強ち否定できないようにも思う。

おわりに

「清須同盟」は本能寺の変で解消したかに見えたが、変直後、家康は、弔い合戦に参陣する予定だった。「織田政権」を支える立場になっていた家康は、「清須会議」には参加しなかったものの、誓紙を差し出し、織田家の宿老衆からも「織田体制」維持への協力を求められている。「織田体制」とは、信長死後もその仕組みが生き続けている状態を指す（堀二〇一〇）。

信長在世中には従属していた北条氏が叛旗を翻したが、家康は織田大名の一人として東国を監視する役割を担い、甲信への侵攻に向けては織田家の宿老衆との協調体制を強調して優位に進めた。

変後、山崎の戦いで明智光秀を討ち、急速に台頭した羽柴秀吉は、織田信雄《のぶかつ》（信長次男）を推戴し、天正十一年（一五八三）四月には、織田信孝《のぶたか》（信長三男）と結んだ柴田勝家を葬った。さらに翌年には信雄への圧力を強めたことで、危機感を募らせた信雄は、「清須同盟」の相手でもあった家康と協力して秀吉陣営に対抗する。天正十二年（一五八四）三月十三日、この時には文字通り、家康が軍勢を率いて清須城を訪問して信雄と会盟し、「清須同盟」を再生させて秀吉との決戦に臨んでいくことになる。

●参考文献

柴裕之『徳川家康　境界の領主から天下人へ』（平凡社、二〇一七年）

谷口克広『信長と家康―清須同盟の実体』（学研パブリッシング、二〇一二年。二〇一九年、補論を追加して吉川弘文館から『信長と家康の軍事同盟　利害と戦略の二十一年』と改題して刊行）

平野明夫『徳川権力の形成と発展』（岩田書院、二〇〇六年）

平野明夫編『家康研究の最前線　ここまでわかった「東照神君」の実像』（洋泉社、二〇一六年）

堀新『天下統一から鎖国へ』（吉川弘文館、二〇一〇年）

3. 清須同盟 × 実像編

3 清須同盟

虚像編

▼菊池庸介

家康と信長が清須城で会見し同盟を結んだとする「清須同盟」は、現在では、実際には行われなかったとする見方が主流である。この伝説は、江戸時代前期に作られた『三河記』がその形成に、『武徳大成記』がその発展と定着に、大きな役割を果たしたと考えられる。さらに『常山紀談』では、『武徳大成記』の段階で新たに加えられた植村家政（家存《いえさだ》）の逸話が取りあげられ、清須同盟とは別の伝説として流布していく。

はじめに

永禄三年（一五六〇）五月、桶狭間《おけはざま》の戦で今川義元《いまがわよしもと》が敗死し、今川家の人質生活から解放され三河国岡崎に戻った徳川家康（当時は松平元康。なお本稿では原則として家康で統一する）は、伯父水野信元《みずののぶもと》（織田方）や自分の家臣の意見を受けて永禄四年（一五六一）に織田信長と和睦し、その後同盟を結ぶ。以降、信長が本能寺の変で倒れるまでの約二十年間、家康が信長と結んだ協同関係を「清須《きよす》（清洲）同盟《どうめい》」と通称する。戦国時代にあっては、戦国大名同士の離合が頻繁に行われていたから、これだけ長期にわたる関係が維持されてきたのは異例のことであった。

両者の協同関係を「清須同盟」と呼ぶのは、永禄五年（一五六二）正月に家康が清須城に出向き、信長と会見したからと言われている。ただし、家康が清須城に赴いたとする一次史料は見つかっておらず、現在では、このことについては否定的な見解が多い（従って、同盟の呼称も「尾三同盟《びさんどうめい》」「織徳同盟《しょくとくどうめい》」とする場合もある）。信長との協同関係は見られるにしても、両者が清須城で会見して、同盟を締結したわけではない、ということである。

ここでは、両者が出会って同盟を結ぶという話がどのように作られ、広まってきたか、ということを問題にして、江戸時代の資料のうち、いくつか注目できるものを取りあげることで、伝説形成の流れを考えてみたい。なお、資料には「清須」「清洲」二通りの表記があるが、本稿では「清須」で統一する。

清須同盟を記す江戸時代初期資料

はじめに、永禄当時を生きていた人物、あるいはその人物や家康に近い位置にいた者によって、江戸時代初期から前期にかけて記された徳川創業史のうち、『松平記《まつだいらき》』、『三河物語《みかわものがたり》』、『当代記《とうだいき》』を取りあげ、家康の岡崎帰城以降の、家康と信長の同盟に関する記事について確認する。

まず、現存するこれら創業史の中で最も成立が古いと考えられている『松平記』の記事を見てみる（傍線は稿者による。以下同じ）。

同（永禄）三年より四年の間、苅屋衆と岡崎衆せり合度々也、然る処に信長より水野下野守を以て、元康へ色々和談のあつかひ有、互の起請文を書、取りかはし和談相済み、岡崎衆尾州衆の弓箭《きゆうせん》これ無く候也（巻二）

ここには信長が水野信元を通じて様々な和談の交渉が行われ、家康と起請文を取り交わすに至ったことが記される。だが、これは清須同盟に先立って行われた和睦についての記述であり、その後行われる清須での会見の記事は、『松平記』には見られない。次に大久保忠教《おおくぼただのり（たか）》による『三河物語』（元和八年・一六二二）を見てみる。

…二三ヶ年は御隙無く、月の内には五度三度づつ御油断無く御荂《はたらき》有り。その後信長と御はだんなされし寄《より》はこの城々へ御荂は無」（巻二・原本は片仮名本）

「この城々」は、織田方に属していた城を指す。右の文中「はだん（原文は片仮名）」は「和談」と解すべきであろう。この箇所は年次が不明瞭だが、永禄三年から永禄五年の間（一五六〇～六二）の、家康が三河の織田方の城攻めを盛んに行っていることを記した部分にある。従って、同盟締結に先行する和睦を指すものと推定できる。

松平忠明《まつだいらただあきら》編とも言われる『当代記』では次のように記される。

…義元尾三境において討死の後、家康公岡崎へ移らしめ給い、（中略）、さて尾州信長と入魂有り、駿府に敵対し給ひ、其後三川西の郡鵜殿城を攻め落とし、城主于《ママ》共に竹千代主を替られ、岡崎へ引取り給ひ

…

中略部分には、家康の妻女を岡崎に移住させ、嫡男竹千代《たけちよ》は駿府に人質となって居住していることが記される。引用中の「入魂」は信長と手を結んだことと解釈できる。清須同盟に先行して行われた和睦と受け止められるが、注意すべきは、この部分の次には鵜殿城《うどのじょう》攻めの記事が来ることであり、これは永禄五年二月のこととされる。とすると、この記事は、会見とは記されていないが、家康と信長の同盟を指す可能性も出てくる。もしそうだとすれば、早いものといえるだろう。

幕政も安定をみせる寛永後期ころになると、家康とともに生きた人物も少なくなり、徳川の起こりについ

ての興味関心、あるいは過去への郷愁も相まって、創業史や家康の伝記が多く作られるようになってくる。

ここではまず、堀正意《ほりまさおき》による『三川記《みかわき》』（寛永十五～六年・一六三八～三九）の記述をみてみる。本書は後に触れる『武徳大成記《ぶとくたいせいき》』に記事を多く提供したものである。

今川義元去年討れ給ふといへども、三箇国の勢は氏真に属し、余威猶近国に振しかば父の讎《あだ》には共に天を戴かずと云ふ義を存じ、再び信長と一戦を遂げ、孝養に備らるべきに、左はなくて、遊山酒宴に耽り、国家の政道懈《おこた》り、士卒を愛する心なかりしかば、人皆頼み少く思ひ、世を危ぶみ心一つを定めかねて、いかなる英主もあれかしと思ふやから多かりけり。元康は先祖より三州を領し給ふを、先君早世の後、駿河へ身を寄せ給へば、義元猛威を振ひ、岡崎にも入番を置、所領にも給主《きゅうしゅ》をつけ、成人の後、大高兵粮入の忠節にも西三河城々の働きの時も賞美し給ふ計にて、本領を返し与へざりしかば、付き随ふ旧功の者共、あはれ世の不思議も出来かしと思ふ折節に、岡崎の城を拾ひ取りにし給へば、是よりは駿河合体の事をやめられ、信長公隣国なれば彼と会盟有て、国家を安泰に守り給へと日々に諫めける。是に依て永禄四年辛酉家康公と信長公合体調ひて元康を改め家康と名乗らせ給ふ。（巻三「家康公与信長公合体事」・原本は片仮名本）

傍線部より前は、父義元を討たれた今川氏真《うじざね》が、敵信長を討とうともせず酒宴に耽り、領国や家臣を顧みないこと、今川のために功蹟を挙げた家康（元康）に対しても、義元は旧領の岡崎を返すこともしないことなど、氏真や義元を難じていて、家康と信長の合体を理由づけている。信長との協同は、家康にしてみれば、ひどい仕打ちを受けているとはいえ、今川を裏切ることになりかねず、そのような書き方は徳川史観に基づいて作られる徳川創業史では憚られたため、大義名分を加えたのであろう。

注目できるのは、傍線部に見えるように、ここで「会盟」「合体」の語が用いられることである。会盟に

3. 清須同盟 × 虚像編

ついては、「付き随ふ旧功の者共」の諫言に出てくるものであり、実際に行われたかは定かではない。だが、次の「合体」とあわせて読むと、両者が会って盟約を結んだとも受け取れる（ただし、永禄四年のこととされている）。ここにおいて両者会見の伝説の萌芽がうかがえる。

『三河記』――伝説の形成

時期的には『三川記』よりも後になると目されるが、『三河記《みかわき》』と称するものが作られている。そこには、清須同盟について興味深い記事が見える。引用には長すぎるため、事項を次のように箇条書きで示す。

1、水野信元が信長に家康との和睦を勧める。
2、信長は同意し、戸部新左衛門《とべしんざえもん》を家康に仕える石川数正に遣わす。水野からも家康のもとへ使者が来る。
3、家康の前で家臣の面々の評議。信長との和睦。
4、家康は信長と対面を図るが、酒井将監《さかいしょうげん》は反対して領地に帰る。
5、翌年（永禄四年とする）正月、家康は百騎の供を連れ清須に行き、信元に会う。信長側からも家臣が迎えに出、家康は正満寺で休息。
6、信長が清須城二の丸まで迎えに出る。本丸で改めて会見。「織田武将に備らば、徳川幕下に属すべし。徳川武将に任じ給はば、織田幕下に参るべし」の起請文を取り交わす。
7、信長、伊東なる軍学者を家康に引き合わせる。
8、信長、家康を清須の町外れまで見送る。
9、伊東、家康のもとを訪れ問答する。元康から家康へと名乗りを改める。

4以降をみると、清須での会見が行われたことが明確に記される。なお、1～9の本文章題も、「尾州と御和睦の事」（1～3）、「信長と初て対面の事」（4～9）と、和睦・会見を表している。

また、トピックについてはより具体的に記される。とくに6で起請文を取り交わす場面などは「牛と云ふ字を書きて其上に三人の御指の血をそそぎその紙を三に切りて御三人ながら水にて呑み給ひ」と、具体的かつ臨場感をもって描かれている。このほか、信長が二の丸まで迎えに出て、帰りも町外れまで見送る話などは、家康の権威を高めるべく挿入された話であると想像できる（信長が岡崎城を訪れるという設定は、さすがに虚構が過ぎると考えたのだろう）。

『三河記』の性格を考えるうえで、この一連において示唆的なのが7と9である。源家の秘書を伝授させるために、信長は伊東と家康を引き合わせたとする。9では、伊東が岡崎を訪れ、軍書について家康との問答（わずかだが）を行いつつ伝授し、さらに家康は、源義家《みなもとのよしいえ》の家の字を取って家康を名乗ることを述べ、伊東も同心する（永禄四年二月二十四日に名を改めたとする）。元康から家康への改名については、実説では永禄六年（一五六三）六月から十月の間とされるが、『松平記』では永禄五年（一五六二）四月のこととし、『三河物語』では岡崎帰城のすぐ後に記されているように、まちまちである。いずれも改名の経緯について記さず簡略である。これらに対し『三河記』は、改名のエピソードを清須同盟の会見の後に置き（会見を永禄四年とすることとともに、『三川記』を踏まえたものと考えられる）、清須で家康と会った軍学者伊東と絡ませることで、清須同盟の話との連続性を強めようとする意識が見て取れる。記述の分量もこれ以前の書よりも増えている。これらのことから『三河記』では、清須同盟と家康の改名を、家康の生涯における大きな転機—今川との決別—として、より印象的な一連にしようとしていることがうかがえる。さらに、そのような場に軍学者が関わっていたとするのは、歴史を語りつつ軍学者自身の権威化を図ろうとする軍談の姿勢が想起され、興味深い。「～

の事」の形の章題も『太平記』のような読み物的要素を含む軍記にしばしば見えるものであり（『三川記』にも見えるが）、『三河記』は徳川家康の事跡を軍記物語的に記そうという意識が読み取れる。

江戸時代初期に作られたとされる軍談的なものとしては、他に『三河後風土記《みかわごふどき》』がよく知られている。この書は慶長十五年（一六一〇）平岩親吉《ひらいわちかよし》の自序を持つが、幕末に作られた『改正三河後風土記』の「撰者考」には沢田源内《さわだげんない》による偽書という説が記され（そうだとすると、二〜三十年ほど成立は下がる）一定しない。ちなみに『三河後風土記』（巻八「信長与元康公和睦付元康公改御諱名乗家康公事」）では、信長が家康を見込んで信元を介して和睦を交渉、家康は再三断るが、ついに家臣と相談、諫言を受け入れて和睦、誓詞を交わすという話であり、清須城に行く一連の話は無い（『改正三河後風土記』の方にはある）。また、家康への改名についても永禄六年（一五六三）秋のこととし、その経緯についても記されない。

江戸時代初期〜前期にかけて作られた資料類を通覧すると、清須同盟の伝説は、『三河記』が基本的な形を作ったと考えることが出来る。『三河記』に異本が多いことは注意する必要があるが、次に取りあげる『武徳大成記』よりは早い成立といえるので、江戸時代前期には、家康が清須で信長と会見するという話の広まっていたことは認めてよいと思う。

『武徳大成記』——伝説の発展と定着

『武徳大成記《ぶとくたいせいき》』は、江戸幕府が編纂した徳川創業史であり、貞享三年（一六八六）に完成した。編纂事業の起こりは、『三河記』の異本が多いために、それを吟味校訂するためという。

清須同盟のことは、巻五「神君信長和親ノ事」「神君信長ト盟タマフ事附氏真絶交ノ事」に記される。その筋の流れは、前節でみた『三河記』1〜8までを踏まえる。ただし、7の軍学者伊東と家康とが引き合わされる場面は設定されず、9の伊東による軍書伝授や家康の改名の話も無い。信憑性が薄く、家康の権威にも関わると判断されたのだろう。
細かいレベルで『三河記』と異なるところは他にもあるが、それらの典拠については、平野仁也によって指摘されており、ここでは繰り返さない。その中において、本多忠勝《ほんだただかつ》と植村家政《うえむらいえまさ》（当時は家存《いえさだ》）の逸話が、ここで新たに加えられたものとして注目できる。

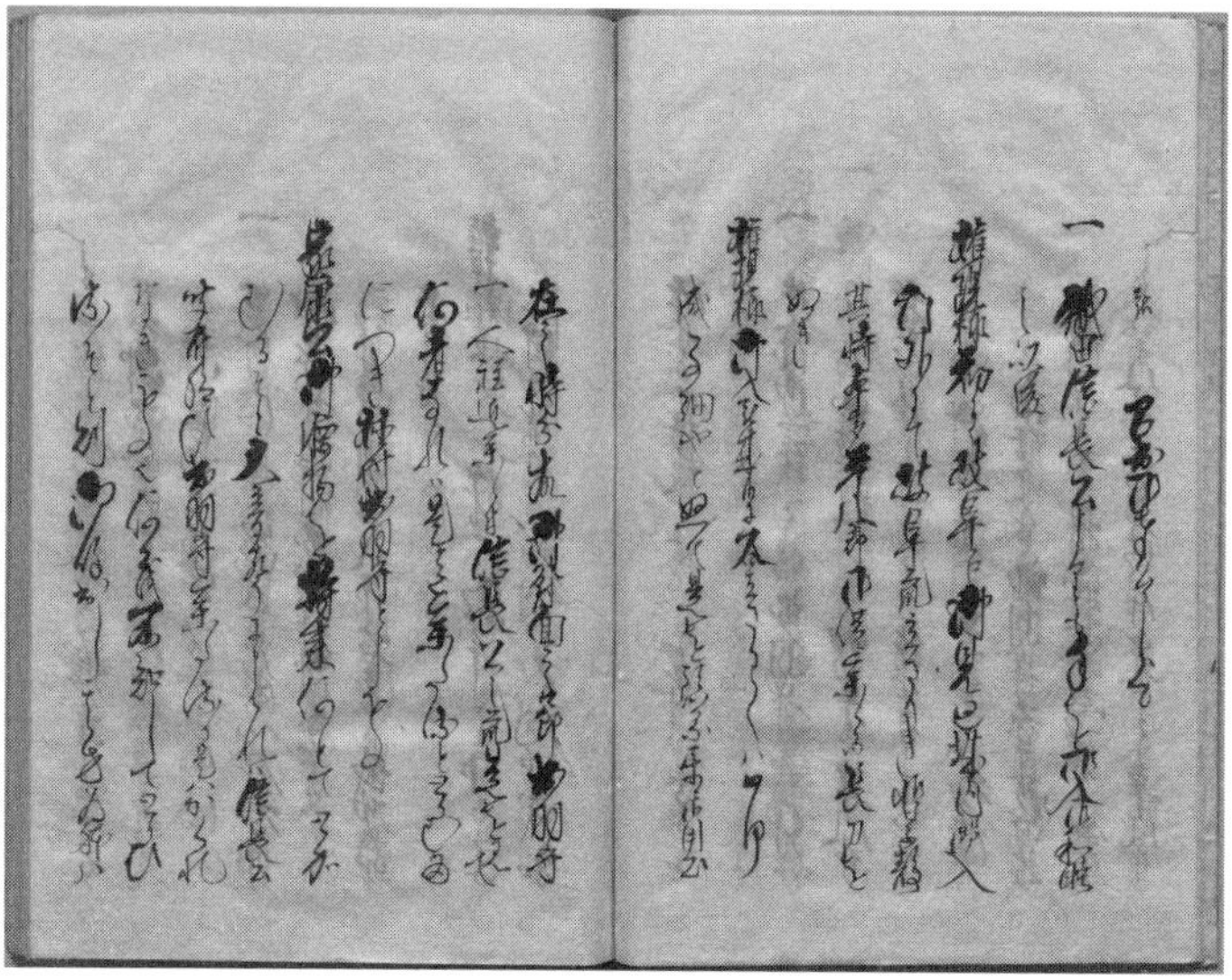
国立公文書館内閣文庫所蔵『譜牒余録』巻五十五。清須城における植村家政（出羽守）の活躍が記される。『譜牒余録』は「貞享書上」を後に転写・編集したもの。

本多忠勝が登場する場面については、家康らが清須城に入る時に、次のように記される。

城門にて御人衆を見物せしとて信長の士卒ども、番の者ども、立さわぎけるに、本多平八郎忠勝十四歳にて、御供なりけるが、御馬の先へ進み、長刀を振て、高声に詈りけるは、三河の元康参られたり、汝等かくのごとく無礼に立さわぐは、何事ぞやと、怒りければ、諸人皆平伏してしづまりけり（原本は片仮名本・以下同じ）

清須城門のところで家康主従をあれこれと大声で評判している信長の士卒番兵を、忠勝が長刀を振りつつ一喝して鎮め、平伏させる、という記事である。このとき忠勝は十四歳であり、まだ若い忠勝に対し、信長側の者たちが恐れ入る――家康の威厳はそれだけ増す――ということになる。

植村家政の逸話は、本丸に通された後、二箇所に分かれて記される。次の通りである。

…植村新六郎家政御刀を捧げて座にのぼり、近く侍りけるを、番の士ども禁制し、汝は何者ぞととがめければ、家政あららかに言ひけるは、元康の家臣植村新六と云者なり、刀を持来る、何故にかくとがむるぞと言ひければ、信長聞つけて、うれしげなる体にて、家臣どもにの給ひけるは、我久しく植村が名を聞く、まことに勇士なり、汝等これを知らず、とがむべき者にてはなきぞと申されけり

…信長植村新六郎を召し出され、盃を下され、行光刀を賜りての給ひけるは、今日初めてその方の勇気を見るに、鴻門に樊噲がある如くなると誉め給ふ

前者は、家政が家康の佩刀を持って家康とともに座に上ったのを信長の家臣が咎めたのに対し、家政が強い調子で反論しているところを、勇士として耳にしている家政がいると知った信長が嬉しく思い、家臣らを抑えるというもの。後者は信長が家政を召し出し、盃と行光の刀を下すというもので、家政は「鴻門《こうもん》の会」における樊噲《はんかい》にたとえられている。ここに記される家政もまた、忠勝同様勇士として、またそれに加えて、家康側近の中でも名誉ある存在として描かれている。

これら家政・忠勝の記事については、平野仁也も指摘するように、『武徳大成記』編纂時に各大名・旗本から提出させた通称「貞享書上《じょうきょうかきあげ》」の巻五十五「植村《うえむら》右衛門佐《えもんのすけ》先祖《せんぞ》覚書《おぼえがき》」に拠っている。この書き上げは、各家に伝わる由緒を幕府に提出させたものだが、徳川とのつながりや先祖の武功を宣伝するのにも利用されたであろうことは想像に難くない。幕府編纂の創業史に採用されれば、それはお墨付きを与えられることになり、家の歴史として定着するからだ。本多忠勝の逸話が植村家の書き上げに記されている事情は定かではな

いが、家政と忠勝は縁続きにあることが一因かもしれない。ただし、「貞享書上」を見ると、清須同盟について記される部分の直前は、（真偽は別として）忠勝《ただかつ》（平八郎《へいはちろう》）が初陣のときに家政家来の付き添いによって高名を挙げ、家康に召し出されるようになった話が置かれており、この後に続く清須同盟の一連までを見ると、清須城門における忠勝の話は、その後の家政の活躍をより際立たせているようにも読み取れる。つまり、植村家の書き上げにおける忠勝の役割は、家政を引き立てるためのものとも考えられるのである。

これらの伝説が、植村家で代々伝わってきたものなのか、書き上げ作成時に捏造したのか、あるいはそれ以前に既に知られていたものなのかは不明である。ただ、『武徳大成記』に挿入された新たなエピソードは、結果として清須同盟伝説の山場を作ることになった。たとえば明治九年（一八七六）に刊行された『徳川十《とくがわじゅう》五代記《ごだいき》』では、この忠勝と家政（ここでは榮政）の話が、清須同盟に関する他の話よりも分量が多く割かれている。

清須同盟伝説は、『武徳大成記』でほぼ形が整えられ定着を見せ、このあとはそれに基づいた言説が流布していく。『武徳大成記』がどのぐらい民衆層にまで行き渡ったのかは覚束ないが、この伝説を収めたもののひとつ、『日本外史』などは、近代に入っても非常に読まれたものであり、清須同盟伝説を一般に浸透させるのに一役買ったものと推測できる。他にも、幕末に編纂された幕府の正史である『徳川実紀《とくがわじっき》』、あるいは『三河後風土記』の記事を考証、修訂した『改正三河後風土記』（いずれも成島司直《なるしまもとなお》が編纂に関わる）などは、近代以降『国史大系』『通俗日本全史』などに翻刻され、広く利用されているのは周知の通りである。これらによって、清須同盟の伝説は、歴史的事実として確立していった。

『常山紀談』――家政伝説の独立

清須同盟の伝説が形成・定着をみた後は、植村家政の伝説も、一連の物語から独立して語られるようになる。

湯浅常山による『常山紀談』は、元文四年(一七三九)の自序がある。文化・文政期に刊行され、当時から近代にかけてのベストセラーのひとつであった。この書の巻三に清須同盟の話が見えるが、ここでは、『武徳大成記』とは少し異なり、忠勝の話は無く、家政のエピソードのみ話題にされる。信長家臣に止められたときに自ら名乗ることはせず「徳川家の士に誰が下知にて止《とど》むるや」と言い捨てて通り、信長が誰かと問うた時に、家康が「わが士にて候」と答える。対して信長が「植村は聞ゆる勇士なり。今日の会は大事に非ず。心安かるべし。あつぱれよき士あまた候」と感じ入るというものである。本話の眼目は、清須同盟のあらましを語ることではなく、その時の家政を讃えることである(最終的にはそのような「よき士」を抱える家康の評価も高めることにもなる)。清須同盟伝説から家政伝説への本質の転換であった。

このような清須同盟に乗じた家政伝説もまた、近代に受け継がれる。たとえば大正七年(一九一八)に刊行された『教育史談　武勇少年』の最初の話には、他の家政の逸話とともに取り込まれる。家政が家康の祖父清康《きよやす》、父信忠《のぶただ》、家康の三代にわたり仕え、勲功を立てたことが記され、その最後に清須城における伝説が記される。ここでは家政の態度や振る舞いを描くことを通じて、当時の少年たちが将来日本を牽引する人物になるよう、教導しようとする意識が前面に現れている。

おわりに――家康の生涯と清須同盟伝説

永禄三年から六年（一五六〇〜六三）にかけての家康の動きを振り返ってみれば、それは家康の生涯において大きく変化する時期であった。即ち、今川家からの独立（敵対）と、そのひとつの体現とも言える元康から家康への改名ということである。本来行われなかったであろう清須城での信長との会見は、そのような、いわば家康の生涯の転換点を、象徴的に表す出来事として設定されたように思われてくる。

●参考文献
谷口克広『読みなおす日本史　信長と家康の軍事同盟　利害と戦略の二十一年』（吉川弘文館、二〇一九年）
平野明夫『家康研究の最前線　ここまでわかった「東照神君」の実像』（洋泉社、二〇一六年）
平野仁也『江戸幕府の歴史編纂事業と創業史』（清文堂、二〇二〇年）
『愛知県県史』資料編14（愛知県、二〇一四年）
『愛知県県史』通史編3（愛知県、二〇一八年）

3. 清須同盟 × 虚像編

天下人となる家康の宗教政策は老獪である。本願寺勢力を東西に分離し、信長のようにただ圧迫することなく、これを保護し利用もする。若き日の領国内での宗教勢力による家臣の離反は、家康の試練でもあり、天下人たるべき貴重な経験でもあったろう。

4

三河一向一揆

竹間芳明×塩谷菊美

4 三河一向一揆

実像編

▼竹間芳明

家康は、永禄四年（一五六一）四月から東三河に侵攻し対今川戦を開始した。ところが、永禄六年（一五六三）には、膝下の西三河で反家康勢力が蜂起する。この大規模な反乱の中に三河一向一揆が含まれ、家康の生涯における「三大危機」の一つとして挙げられている。江戸時代に成立した著作物では、一様に一揆蜂起の原因を家康側による三河本願寺教団への不入権（守護などの支配者による警察権・課税のための立ち入りを、拒否する権利）侵害と記している。はたして、これが原因だったのか。改めて、三河一向一揆の顛末について、検討してみたい。

一次史料の僅少

三河一向一揆《みかわいっこういっき》に関して同じ時代に作成された史料（一次史料）は、極めて少ない。新行紀一は、三河一向一揆の当事者が一揆に関して述べたものは、二十五年後の天正十六年（一五八八）二月二十日付の家康家臣本多重次《しげつぐ》書状（『上宮寺《じょうぐうじ》文書』）のみであると指摘している（新行一九七五）。

この書状の追而書《おってがき》で、重次は三河一向一揆について以下の様に回想している。

一揆が家康を攻撃し窮地に陥れた時に、家康配下の門徒家臣は、本願寺派坊主との師弟関係を優先し、家康に叛いて、あまつさえ家康の領国を奪おうとした。そのうえ、馬頭原《ばとうがはら》（小豆坂《あずきざか》）の戦いで家康に敗れ牢人《ろうにん》となった後も、坊主との師弟関係は維持していた。

このように限られた一次史料から、確かに一向一揆は蜂起して、家康配下の門徒家臣の中には一揆方に加わり家康と戦い、敗北後に三河から去った者がいたことが判明する。

一次史料ではないが、それに準じた史料価値がある『信長公記《しんちょうこうき》』巻十四（天正九年・一五八一、岡山大学所蔵池田家文庫本）でも、三河一向一揆について触れている。

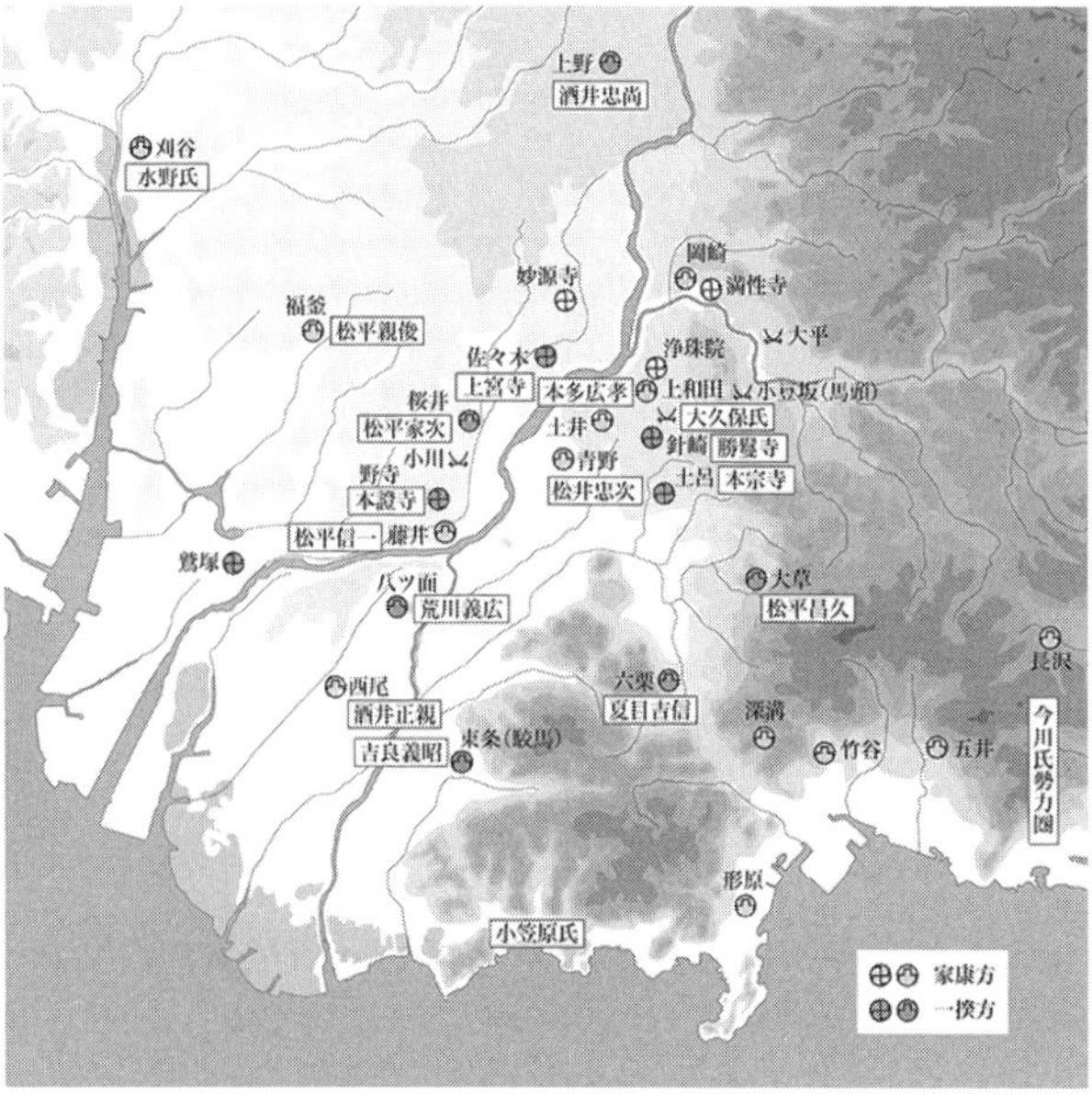

図　三河一向一揆関係図（『新編安城市史』１通史編原始・古代・中世、写真提供：安城市教育委員会）

同書では、一揆蜂起の原因や経過・結末について具体的に記されていない。しかし、経済的に繁栄し多くの門徒を有する三河本願寺教団の一揆に対し、家康は三河統一の一環として必ず退治するという強い決意をもって、戦いに臨んだと言及しているのである。

以上、僅かな同時代史料から、家康と三河一向一揆の戦いが行われたことを確認したが、その原因や結末はいかなるものだったのだろうか。

一揆蜂起の原因

既述のように、永禄四年（一五六一）以来東三河で家康は今川氏との間で覇権争いを繰り広げていた。しかし、永禄六年（一五六三）六月以前に西三河で一揆蜂起に先立ち、家康の重臣で上野城《うえのじょう》に拠る酒井忠尚《さかいただひさ》が家康に叛くことになった。酒井忠尚が三河の本願寺門末《もんまつ》（末寺・門徒）と提携していたことを示す一次史料は確認できない。

同年には、西三河で唯一今川方として小笠原広重《おがさわらひろしげ》が家康に敵対し続けていた。さらに家康に降っていた吉良義昭《きらよしあきら》が、東城城《とうじょうじょう》で反旗を翻したのである。小笠原広重・吉良義昭も、一向一揆と提携していた徴証はない（平野二〇一七）。

さて、一揆蜂起の原因だが、史料的制約から、これまで二次史料を中心とした分析がなされてきた。その中で、対今川戦が切迫したため、家康は兵粮米を確保する必要に迫られ強制的に徴収することになり、これが本願寺門末との不入をめぐる対立へとつながったとする、村岡幹生の学説（村岡二〇一〇）が注目される。本多隆成も、当時の家康が置かれた状況・立場を考えれば、家康から本願寺派寺院に対して不入権を侵害したり、あるいは教団が掌握する水運・商業を手中にするために、誘発したものではないと指摘する。そのうえで、兵粮米徴収にからんで偶発的にトラブルが生じ、それが不入特権に関わる問題であったために、本願寺派寺院の反発を招き、一揆蜂起へと発展したと想定している（本多二〇一〇）。

本多が指摘するように、当時家康は地盤とする西三河で反家康勢力との戦いに追われていた。まさに内乱状態だったのである。そのうえで、本願寺教団に対し戦いを挑めば、多方面作戦を強いられることになる。このような三河統一の支障となる事態を、あえて家康側から引き起こしたとは考えにくい。

家康の寺院政策

そもそも家康は、三河統一の一環として初めから三河本願寺教団の不入権の侵害・否定を目論んだのか。

それを探る手がかりとして、家康の寺院政策をみてみたい。

永禄三年（一五六〇）五月の桶狭間合戦後に、家康は今川方が撤退した岡崎城に帰還した。その後、独自に寺院政策を行うことになる。その一環として、六月に浄土宗崇福寺《そうふくじ》に諸役を免除し、七月に浄土宗法蔵寺《ほうぞうじ》に諸役免除・守護不入を認めている。

なお、永禄五年（一五六二）四月十八日付の本願寺末寺無量寿寺《むりょうじゅじ》宛に発給された、寺内不入を認める家康制札写がある。しかし、『愛知県史』資料編11織豊1（二〇七号文書）では、研究の余地があると記されている。確かに、寺院に不入権を認めた当該期の他の家康の制札の文言とはかなり異なっており、この制札写の扱いは慎重であらねばならない。したがって、家康が無量寿寺の不入権を保証したか確定しきれない。

永禄六年（一五六三）十一月には、曹洞宗広忠寺《こうちゅうじ》に守護不入を認めている。さらに、一揆との和睦が成立した翌年の永禄七年（一五六四）春以降の四月・五月・八月・十二月に、臨済宗花岳寺《かがくじ》・真言宗大岩寺《だいがんじ》・曹洞宗運昌寺《うんしょうじ》・天台宗高隆寺《こうりゅうじ》恵定坊に諸役を免除しているのである。永禄八年（一五六五）七月に至っても、家康の家老酒井忠次《ただつぐ》は、臨済宗東観音寺《とうかんのんじ》に対し寄進された寺領について、前々から不入の地として諸役が免除されていることを確認している。

家康は、寺院の特権を認めていた

このように、家康は寺院の諸権利を剥奪するようなことはしていない。当然、三河本願寺教団の特権の規模とは比較にならないだろうが、政策基調として不入権を否定したとは考えられない。すなわち、村岡幹生が指摘するように、三河一向一揆以前に家康が不入権否定政策を明確に打ち出していたという史料上の根拠はないのだ（村岡二〇一〇）。

さらに、家康が幕府を開いた後の慶長十五年（一六一〇）にも、和泉国貝塚《かいづか》本願寺下卜半寺内《ぼくはんじない》の諸役を免除しているのである。当時、貝塚寺内町では幕府の承認の下で、本願寺末願泉寺《がんせんじ》住持の卜半家が、寺内町人を抑圧しつつ権威を高め領主権を確立していた。

その後、江戸幕府二代将軍秀忠《ひでただ》・三代将軍家光《いえみつ》も、貝塚寺内の諸役を免除している。このように、貝塚寺内町の内情は、時の権力に接近した特定の家に支配権が集中するなど、大幅に変化していたとはいえ、本願寺下として特権を付与されたのだった。

不入権に対する家康の基本姿勢

では、家康は寺院の不入権に対して、基本的にどのように臨んだのだろうか。そこで参考となるのが、家康が影響を受けたとされる今川氏の分国法《ぶんこくほう》「今川仮名目録《いまがわかなもくろく》」である。

今川義元《よしもと》により制定された「仮名目録追加《ついか》」（「今川仮名目録」に新たに追加された二十一ヶ条の法令）の第二十条に、不入権について規定されている。

その中で、分国（領国）を実力で支配している守護の今川氏が、不入を認める権限を持っていると宣言しているのである。つまり、将軍・幕府に関係なく独自の判断で、不入権の許可・不許可を決定することを明確化したのだった。

「仮名目録追加」は、今川義元が三河を領国化した天文二十二年（一五五三）に制定されている。この点から、有光有學は、三河では本願寺派門末による門徒領国ともいえる一向一揆体制が成立していたとし、対応策として不入権に関する条文を定めたと言及している。その背景として、門徒集団が守護不入を楯に一種の治外法権圏を形づくり、武家支配に対抗していたことが、義元の三河領国化にとって深刻な問題となっていたと指摘する（有光二〇〇八）。しかし、当時の三河では、本願寺派門末が一大勢力だったにせよ、門徒領国だったと結論づけることはできない。

実際、義元の三河支配に抵抗したのは、三河で割拠する国人等の中で反今川氏の立場に立つ者たちであった。この時に、三河本願寺教団が義元に敵対した徴証はない。義元の三河支配にとって当座の支障になったのは、むしろ反抗する武家勢力だったといえる。

義元と三河本願寺教団との関わりを示す史料は、管見では天文二十三年十月十一日付上宮寺宛の義元判物写しかない（「古簡雑載《こかんざっさい》」）。この判物で義元は、渥美郡野田郷内の末寺保井西円寺内などの諸権利を認めている。その中の三ヶ条目で、四ヶ所道場の不入を認め、最後の文言にも諸役以下を免除すると記されているのである。

上宮寺自体の不入権を認めたものではないにせよ、少なくともこの判物から、義元は上宮寺配下の道場の不入権を認めたことが判明する。その後も、三河本願寺教団が今川氏の三河支配に対して不入権を主張し抵抗した形跡はない。さらに義元の敗死を挟み三河一向一揆が蜂起するまでの期間も、三河本願寺教団と今川氏・家康との間で確執が生じていたことを示す史料は確認されない。不入権承認の可否のポイントは、支配に服するか否かであったと考えられる。

この不入権に関わる法制を踏襲した家康は、領国内の敵対勢力には厳しく臨んだと判断される。恭順する寺院には、不入権などの従来の諸権利を安堵し、敵対した場合には攻撃を加えるという流れをみることができる。攻撃はいうまでもなく不入権を否定することになる。

つまり、不入権否定は、領国西三河で自分に従わなかった三河本願寺教団に対する措置であったとみなすべきである。それは結果であり、家康の当初の目的ではなかったのだった。では、三河本願寺教団が家康に反抗した理由は何だったのだろうか。

対今川戦と根拠地西三河の内乱

ここで、反家康勢力の蜂起を時系列で整理すると、先に紹介した兵粮米徴収に代表される負担増大を大きな要因とすることが、妥当であろう。これに関連し、柴裕之も、家康が今川氏に敵対したことで、西三河の国人が今川方・家康方に分裂し、内乱状態が長期化することで、家臣・地域への負担が増大したと指摘する。そして、このことが、永禄六年（一五六三）末に、今川氏領国の「遠州忩劇《えんしゅうそうげき》」、西三河での「三河一揆」を誘発したと結論づけている（柴二〇一九）。

一揆はいつ蜂起したのか

一揆蜂起の正確な年次・日付も、一次史料からは特定できない。しかし、永禄六年十二月七日付本多広孝《ほんだひろたか》宛家康判物《はんもつ》写（「譜牒余録《ふちょうよろく》」）では、広孝の居城土井城《どいじょう》での度々の忠節が賞され、城を安堵《あんど》されている。また、敵方になった者に対する債務＝本領内の永代売《えいたいうり》した所領と借米《しゃくまい》・借銭《しゃくせん》について、広孝及びその被官人《ひかんにん》は、無償で取り戻すことや返済義務免除が認められている。

判物に書かれている敵方とは、反家康諸勢力全体を指すと考えられる。この時、酒井忠尚・吉良義昭は、それぞれの居城で家康方の攻撃に対し防戦していた。一方、土井城は一揆方の拠点となった本宗寺《ほんしゅうじ》や勝鬘寺《しょうまんじ》からそれぞれ二・五㎞、二㎞程度の距離に位置することから、城を攻撃したのは、両寺に集結した一向一揆とみなされる（村岡二〇一〇、平野二〇一七）。すなわち、この判物が出された以前に、一向一揆は蜂起していたと判断されるのである（平野二〇一七）。

戦いの経過

家康と三河一向一揆との戦いの経過も、一次史料だけでは不明な点が多い。前記の戦いの当事者だった家康家臣の本多重次の書状から、馬頭原の戦闘で、戦いの帰趨が決まったことが分かる。

この戦闘についても、二次史料から永禄七年（一五六四）二月半ば以降と推定することしかできない。この間、一向一揆が明確に家康と敵対したことを示す一次史料が三点ある。

一つは、永禄七年正月二十八日付松平伊忠《これただ》宛家康判物写（「譜牒余録」）である。伊忠は一向一揆との戦いでの忠節を賞され、永代祠堂物《しどうぶつ》を除き、元本を返済すれば徳政《とくせい》（債務の破棄）を認められている。そして、土呂《とろ》（本宗寺）・針崎《はりさき》（勝鬘寺）その外の敵方になった者との和睦が成立しても、徳政が有効であることを保証されているのである。ここで、本宗寺と勝鬘寺が家康と敵対していたことが判明する。

二つ目の史料は、永禄七年二月三日付松平忠就《ただなり》宛家康判物（「蓮馨寺《れんけいじ》所蔵文書」）である。

その一条目と二条目では、家康に叛逆し上宮寺に籠もった中納言の所領を忠就に与え、戦いが落着したら上宮寺寺内の支配を忠就に任せると記されている。つまり、上宮寺も敵方の一拠点であったのである。三条目では、敵方となった寺内《じない》居住者から借りた米銭は、たとえ一揆との間で和睦が成立したとしても返済を免除するとしている。

三番目の史料の十二月一日付水野《みずの》信元《のぶもと》書状（「本光寺《ほんこうじ》常盤《ときわ》歴史資料館所蔵文書」）では、一揆終息後の家康側の対応が知られる。同書状の要点は、次のようになる。

家康は、和睦条件として、それまでの本宗寺等一揆方の債権を認めることになった。しかし、これが対一揆戦で恩賞として家臣団に認めた徳政との矛盾に繋がってしまったのである。当然、適用をめぐる対立・紛争がおこり、その訴訟の対策として、債務の利子は帳消して元本返済を翌年にするという妥協策がとられることになった。この決定は、双方のためでもあり、国のためでもあり、家康配下の家中に適用すると通告している。

平野明夫が指摘するように、一向一揆終息後の三河本願寺教団をめぐる争点として、一次史料で確認できるのは、この徳政に関してだけである（平野二〇一七）。なお、和睦に関する史料として、永禄七年三月九日付酒井政家判物写（「無量寿寺文書」）があり、『愛知県史』資料編11織豊1にも載せている（三五三号文書）が、この史料に関しても研究の余地があると記されている。同判物写では、「土呂殿を初め、和睦がなされたうえは」との文言がある。土呂殿を本宗寺住持証専《しょうせん》のことを指すとすれば、この時に三河にいないので、家康との和睦に関与したとするのは不自然である。

江戸時代初期に成立した『三河物語』と『松平記』では、和睦後に家康が本願寺派有力寺院の三ヶ寺（本證寺《ほんしょうじ》・上宮寺・勝鬘寺）に改宗を迫ったが、三ヶ寺はこれに従わず坊主等は三河から追放されたと記している。また、一揆方に付いた家康家臣も、渡辺守綱《わたなべもりつな》等一部の例外を除き国外に逃れ牢人になったとある。一揆方の家康家臣が牢人となり三河から去ったことは、最初に紹介した本多重次書状に記されている。しかし、門徒家臣の中で誰が家康と戦い牢人となったのかは、一次史料では確認できない。

江戸幕府で家康の側近として幕政にかかわった本多正信《ほんだまさのぶ》も、一七世紀末から一九世紀にかけて成立した『竹松隼人覚書《たけまつはやとおぼえがき》』や『寛政重修諸家譜《かんせいちょうしゅうしょかふ》』（巻第六百九十三）では、一揆方だったために三河を出て加賀へ去ったと書かれている。特に前書では、正信が加賀一向一揆の将として織田方に抗戦したとあるが、根拠となる一次史料は全くない。しかも、後者の書では、元亀元年（一五七〇）六月の姉川《あねかわ》合戦の前に、家康から帰参《きさん》（再び仕える）を許されたとしているのである。正信が加賀に逃れたのか否か事実の確定は厳しいが、少なくとも『寛政重修諸家譜』は江戸時代の武家の基本的史料であり、正信が三河一向一揆時に一揆方として家康に叛いたとみてよいだろう。

さて、三ヶ寺をはじめとする三河の本願寺派坊主は追放されたのだろうか。同時代史料では検討できないが、後年の一次史料から確かめることができる。

坊主衆の追放

本能寺の変で織田信長が頓死すると、羽柴秀吉はその後継者としての地位を着々と固めていった。これが、信長の同盟者だった家康との緊張・対立に繋がることになる。

羽柴秀吉との対立が顕在化する中で、天正十一年(一五八三)十二月三十日に家康は三河本願寺門徒を赦免し、道場の再興を認めた(『本願寺文書』)。この間、本願寺顕如《けんにょ》から家康へ使者が派遣され礼金や太刀・馬代が贈られるなど、本願寺と家康の間で友好関係が構築されている(「宇野主水日記《うのもんどにっき》」)。

本願寺と家康との接近は、三河門徒の赦免と、本願寺との関係を深める秀吉への対抗という双方の思惑が合致したものであろう。また、本願寺顕如としては、家康・秀吉のいずれとも友好関係を構築することで、どのような事態に至っても教団維持ができるように図ったものと考えられる。

三河門徒は赦免されたものの、同日付で本願寺に対して、三河三ヶ寺に四ヶ寺を加えた三河一向一揆を主導した有力寺院の帰国を許さないことを通達している(「上宮寺文書」)。その理由は、自分に叛いて従わなかったことであると述べている。一方で、本願寺顕如とは昵懇であることを確認しているのである。

天正十三年(一五八五)三月時点でも、家康は、母の姉妹で乳母でもあった妙春尼《みょうしゅんに》の請願があったが、七ヶ寺に対する怒りを解くことはなく帰国を認めていない。

家康が七ヶ寺を全面的に赦免し帰国を認めたのは、徳川・北条同盟を背景に秀吉との対決姿勢を深めた同年十月である。家康家臣団の談合で秀吉に人質を出さないことを決定した十月二十八日に、家康は本證寺・勝鬘寺・上宮寺の三ヶ寺に対して、道場屋敷を安堵し三十間分の居住者の諸役《しょやく》を免除した（「家忠日記《いえただにっき》」、「古簡《こかん》雑纂彰考館本《ざっさんしょうこうかんぼん》」、「本證寺文書」、「勝鬘寺文書」、「上宮寺文書」）。しかも、三河本願寺教団の頂点にあった本宗寺は旧地の土呂での再興は認められず、移転し顕如の次男顕尊《けんそん》が兼帯する平地御坊《ひらちごぼう》となった。平地御坊は土呂の時と同様に諸式法度《しょしきはっと》を認められたものの、家康から勘気を受けた者の寺内居住は許可されていない（「本願寺文書」）。

諸役の免除と諸式法度は、寺内特権と深く関わるものである。家康は赦免の際にその適用範囲・内容に規制を加えたのだった。三ヶ寺は赦免されたが、家康の家老に道場門徒について確認をして十一月十一日に回答を得ている。その中で、三ヶ寺の道場門徒は家康から拝領されたものであり、支配については三ヶ寺が独自に決めてよいとされた（「本證寺文書」）。あくまで、家康の承認のもとで道場門徒の支配がなされることが通達されたのである。ここでも、家康の統制下に置くことが明示されている。

この一連の制約・統制の背景には、二次史料の『松平記』に記されるように、三河一向一揆の和睦成立後に寺内特権の不入権をめぐり、家康と三ヶ寺との間で対立があったことを窺わせる。同書では、和睦条件として寺内の存続・不入権の保証・一揆参加者の助命があり、家康は一旦はこれを認めたものの、その後、先述のように三ヶ寺に改宗を迫り従わねば破却すると通告したとある。『三河物語』では、家康の改宗指令に対して三ヶ寺側は、前々のようにそれまでの権利を認めるという和睦条件に反すると抗議するが、家康は「前々は（寺院が建立される前は）野原であったのだから、ならば、前々のように野原にせよと」返答したとある。

前節で紹介した和睦後の徳政をめぐる混乱・紛争に対する裁定を下した水野信元書状では、和睦条件として本宗寺などに徳政に関して前々のように権利（債権）を認めたことが書かれている。二次史料と共通する文言は、「前々のごとく」だけであるが、徳政免除のみならず一揆以前の諸権利を認めた可能性も考えられる。『三河物語』は、結果的に家康はそれを反故にしたと記しているのである。

『三河物語』は家康の家臣大久保忠教《ただたか》が後年に著した二次史料であり、三河一向一揆時には忠教はまだ幼少であった。しかし、父忠員《ただかず》と兄忠世《ただよ》は家康方の忠実な家臣として一揆と戦っており、この家康の背信行為は彼等から伝え聞いたのだろう。しかも後ろめたさは微塵もなく書かれており、あながち虚構とはいえず、意外と真相を示しているのではないか。

以上、天正十一年（一五八三）・十三年（一五八五）の史料から、三河一向一揆を主導した本願寺派有力寺院七ヶ寺を始めとする坊主衆が追放されていたことが判明する。その理由を一次史料から知ることはできないが、三河門徒赦免後も家康は七ヶ寺に対して強い怒りを抱き続けていたのだった。片や本願寺自体に対しては特に遺恨を示さない。七ヶ寺の帰国を許さなかった理由は何だったのだろうか。そこで改めて、本願寺と三河一向一揆との関係について検証してみたい。

三河一向一揆と本願寺

三河一向一揆後に主な坊主衆は三河から追放されたが、一般門徒は在国し妙春尼が統括していた。彼等は石山合戦時（本願寺と織田信長との戦い）には、本願寺に懇志《こんし》（金銭など）を送るなどの支援をしていた。信長と家康は同盟者であるので、本願寺は共通の敵となった。元亀二年（一五七一）五月に行われた信長の第一次長島一向一揆攻撃の際には、家康は加勢の申し出をして、信長から感謝されている。（「松濤棹筆《しょうとうとうひつ》」）しかし、実際に家康が長島へ派兵したのかは不明である。一方、元亀四年（一五七三）正月に本願寺顕如は同盟者の朝倉義景《よしかげ》に、勝鬘寺が出陣する旨を伝えてきたことを報告している（「顕如上人御書札案《けんにょしょうにんごしょさつあん》」）。三河追放後も勝鬘寺が一定の軍事力を保持していたことが窺い知れるが、家康と直接干戈を交えたわけではない。

信長が本願寺や各地の一向一揆と戦っていた時には、家康は武田氏と三河・遠江を舞台に死闘を繰り広げていた。信長が対本願寺・一揆戦で苦境に立たされれば、家康にも影響を及ぼすが、信長と戦った一揆勢力は追放された三河七ヶ寺のみではない。本願寺・一向一揆が信長に屈服した後も家康が憤怒を抱き続けたのは、やはり三河一向一揆が原因とするべきであろう。

平野明夫は、永禄六年（一五六三）から翌年にかけて、酒井忠尚・吉良義昭・三河一向一揆・小笠原広重という四つの反家康勢力が、提携することなく個別に家康に対して同時に反抗していたという指摘をしている（平野二〇一七）。

これら四つの勢力の中で、三河一向一揆を除くと、西三河で今川方だった小笠原広重のみが家康に従属することで、永禄七年（一五六四）四月に居城や知行地を安堵され一族の安全が保証されている（「古文書《こもんじょ》（記録《きろく》御用所本《ごようしょぼん》）」）。この前後に、東三河の今川方の武将が次々に家康に属することになる。広重の取り込みは、対今川戦の一環としてみるべきであろう。

酒井忠尚と吉良義昭の去就は一次史料では解明できないが、少なくとも家康に敗れ居城から去ったことは確かである。その後、家康は三河統一に専心するが、本願寺とは衝突はしていない。そもそも三河一向一揆自体、本願寺が家康を法敵として蜂起を促した形跡はない。全く関与していなかったのが実情であろう。しかも既述のように、三河本願寺教団の頂点に立つ本宗寺の住持証専は、三河一向一揆時には兼帯する播磨の本徳寺《ほんとくじ》にいたのだった。

本願寺前住の証如《しょうにょ》の代の享禄《きょうろく》の錯乱《さくらん》（享禄四年（一五三一）に加賀で勃発した本願寺教団の内紛）時には、本宗寺実円《じつえん》（証如の叔父で、証専の祖父）率いる三河坊主衆が本願寺と対立する加賀一門寺院を攻撃している。すなわち、既に本宗寺の下で門末の軍事動員体制が確立されていたのだが、三河一向一揆時にこれが機能した痕跡はみられない。本宗寺住持の不在がその理由なのか、今後追究していくべき課題である。

家康の思惑

本宗寺住持の証専を欠き、本山の本願寺とは無関係に、現地の三ヶ寺を中心とした一揆が蜂起したのだが、はじめに提示した本多重次の書状にあるように、家康配下の門徒家臣の多くが坊主との関係を優先し一揆方となったのである。まさに、家康の地盤である西三河で反家康勢力を制圧せねばならない危機的状況下で、家臣団が分裂する事態を招いたのだった。

三河統一を通じ戦国大名として地歩を固めつつあった家康は、家臣の離反に強い危機感を抱いただろう。これが一揆終息後の、敵対した家臣への強い処断となり、彼等の多くは牢人にならざるをえなかった。しかも、本多重次の回想にあるように、国外退去後も坊主との繋がりを絶たなかったのである。

今川方の武将に対する攻略は、無理をせずに妥協しつつ進めていることが指摘されているが（山田二〇一七）、権力基盤維持のためには、譜代家臣に対して厳しく対応せねばならなかったのだった。

彼等が三河本願寺教団との繋がりを断つことができない以上、その根源たる三ヶ寺を始めとする坊主衆を追放し、寺院を破却することは、一揆収束後の既定路線だったと考えられる。本願寺が三河一向一揆に関与していないのならば、この措置はあくまで領国支配の支障となる勢力排除の一環として実施したものとみなしうる。すなわち、家康こそが西三河における最高の支配者であることを確定させる（新編岡崎市史編集委員会一九八九）過程で、不可欠の措置だったのである。

独自の判断で三ヶ寺を中心に門末が蜂起したとはいえ、家康の坊主衆追放・寺院破却、特に院家《いんげ》（門跡《もんぜき》寺院本願寺の補佐を行う寺院）本宗寺の破却に対して、はたして顕如はどのように思ったのだろうか。追放処分が断行されたのは、先の水野信元書状から永禄七年（一五六四）末以降と考えられる（愛知県史編纂委員会二〇一八）。

本願寺の主眼

その年の九月には、上杉輝虎《てるとら》（後の謙信）との提携のもと朝倉義景が越前から加賀に侵攻している。これに顕如は強い危機感を抱き、近辺の門末に動員令を発し、全国の門末にも軍費調達を命じることになる（「専想寺《せんそうじ》文書」）。当時の本願寺の主な関心は、東国の戦国大名間の抗争に連動した北陸方面に向けられており（本願寺史料研究所二〇一〇）、特に本願寺の支配下で金城湯池の加賀を死守することが最重要案件だったと判断される。

本願寺顕如は本願寺住持となった天文二十三年（一五五四）の翌年から戦国大名に伍して、動乱に身を投ずることになった。そのため、本願寺は戦国大名と同様に、多方面作戦を強いられることになり、俯瞰的に戦局を見極めねばならなかったのである。

その後も、本願寺は家康と敵対関係にあったものの、直接戦う気配を一切みせていない。

●参考文献
愛知県史編さん委員会編『愛知県史』通史編3中世2・織豊（愛知県、二〇一八年）
有光有學『今川義元』（吉川弘文館、二〇〇八年）
安城市史編集委員会編『新編安城市史』1通史編原始・古代・中世（安城市、二〇〇七年）
金龍静「三河一向一揆考」（美術博物館家康公四百年祭講演録『三河時代の家康を考える』岡崎市美術博物館、二〇一七年、

以下、『三河時代の家康』と略す）
柴裕之「桶狭間合戦の性格」（黒田基樹編『今川義元とその時代』戎光祥出版、二〇一九年）
新行紀一『一向一揆の基礎構造―三河一揆と松平氏―』第六章（吉川弘文館、一九七五年）、
新編岡崎市史編集委員会編「三河一向一揆」『新編岡崎市史』中世2第四章第一節二（新編岡崎市史編さん委員会、一九八九年）
平野明夫「永禄六年・同七年の家康の戦い―三河一向一揆の過程―」（戦国史研究会編『戦国期政治史論集西国編』岩田書院、二〇一七年）
本多隆成『定本徳川家康』（吉川弘文館、二〇一〇年）
本願寺史料研究所編『増補改訂本願寺史』第一巻（本願寺出版社、二〇一〇年）
山田邦明「家康の東三河攻略」（『三河時代の家康』、二〇一七年）
村岡幹生「松平三蔵について―尾張・三河を駆け抜けた武将―」（『安城市史研究』六、二〇〇五年）、「永禄三河一揆の展開過程―三河一向一揆を見直す」（新行紀一編『戦国期の真宗と一向一揆』吉川弘文館、二〇一〇年）

4. 三河一向一揆×実像編

4 三河一向一揆

虚像編

▼塩谷菊美

家康は「寺内を前々のごとく立ておく」と誓い、一揆の武装解除を見すまして、「前々は野原だったのだから、前々のごとく野原にせよ」と言い放ったという。土民と共闘し主君に弓を引く譜代衆、詐言を吐いてねじ伏せる家康。泰平の三百年を経て、近代はこれをどう理解したのだろうか。

慈悲は因果に勝てない

大久保忠教《おおくぼただたか》は『三河物語《みかわものがたり》』においてひたすら家康《いえやす》時代を憧憬した。忠教は秀忠《ひでただ》や家光《いえみつ》に有り難みの「一つも半分も」感じない。いざというとき「御主様《おしゅうさま》」の楯となるのは、故地三河で代々仕えてきた譜代衆《ふだいしゅう》以外にあり得ないのに、秀忠や家光はその「武辺《ぶへん》」を軽んじ、信用のおけぬ他国者や、政治・経済に長じているだけの者を重用する。譜代衆に惜しみなく「御情《おなさけ》」を与えた家康と大違いである。

もっとも、輝かしい家康時代にも、譜代衆が主君に刃を向ける大事件が起きたのであった。本多正信《ほんだまさのぶ》はその折りに他国へ逃亡しながら、許されて大出世を遂げた。

「相国様（家康）は慈悲深いお方で、関ヶ原でも冬の陣でも豊臣秀頼《とよとみひでより》を助けたが、夏の陣でついに切腹を促し、秀頼は自ら火をかけて焼け死んだ。咎のない相国様に度々背いた因果である。石田三成《いしだみつなり》を再三助けたのも御慈悲だが、三成は恩を忘れて打ち殺された。佐竹《さたけ》・上杉《うえすぎ》・島津《しまづ》・毛利《もうり》を成敗せず、国郡を与えたのも御慈悲である。信長の手を逃れて来た伊賀国の者を隠し置いたのも御慈悲である。それゆえ無事に伊賀越えができ、因果のめでたいことだ。本多正信が主君に背いて一揆に与し、三河から逃亡したとき、大久保忠世《ただよ》（忠教の兄）が残された妻子の面倒を見、主君に復帰を頼んでやったのに、正信は忠隣《ただちか》（忠世の嫡子）を讒言したという。忠隣改易から三年も経たぬうちに、正信は病んで顔の半分が崩れ奥歯が見える状態で死に、嫡子の正純は忠隣同様に改易された。因果の報いである。実に正信は面は人間でも魂は畜生であった」。忠教は『三河物語』全三巻をこう結んでいる。

傑出した主君と奉公一途の家臣

忠教によれば、一揆は本証寺《ほんしょうじ》の「寺内」不入権をめぐって起きた。悪漢が本証寺に逃げ込んだといって、家康家臣の酒井正親《さかいまさちか》が寺内に押し入り検断（警察権行使）したので、「門徒衆」が本宗寺《ほんしゅうじ》・勝鬘寺《しょうまんじ》・本証寺・上宮寺《じょうぐうじ》に立て籠もり、吉良義昭《きらよしあき》を「御主」にかついだ。松平一族にも逆心を表す者があり、譜代衆の多くが「御敵」となった。そういう異常事態においても「大久保一類」は一貫して「御味方」だったのだと、忠教は熱に浮かされたように一族の「忠節」を語った。

家康方の大久保忠佐《ただすけ》と一揆方の蜂屋半之丞《はちやはんのじょう》の間で和議が模索され、蜂屋は「寺内を前々のごとく立ておく」ことと、一揆首謀者の助命を望んだ。家康は一揆参加者の命と寺内の保証を認め、首謀者の助命は拒絶した。

老臣大久保常源《じょうげん》（忠俊《ただとし》）の切々たる説得で、家康はやっと起請文を書いたが、一揆が降参すると四ヶ寺を破却して「一向宗《いっこうしゅう》」に改宗を強いた。一揆方は起請文と違うと詰め寄ったが、家康は「前々は野原なれば、前々のごとく野原にせよ」と言い放ち、坊主たちはここかしこへ逃げ散った。敵方についた家臣を再び抱え置く家康の「御慈悲」の深さに、感動しない者はなかったという。

忠教描くところの家康は、二十三歳の若さにしてすでに立派な策謀家である。老臣にさえ首謀者処分の一点のみが問題と信じ込ませ、さんざんごねた挙句にその一点も譲ってみせて、いざ一揆が武装解除を完了すると、治外法権の存在する余地をなくしてしまう。寺を野原にされた坊主たちは、ただ国外逃亡するしかなかったというのである。

それにしても「前々は野原」とはずいぶんと人を食った台詞である。忠教は『松平記《まつだいらき》』という先行資料を持っていて、三河一向一揆についてはほぼそれに沿って書き進めているが、そこにはこの漫画のような台詞はない。第一、忠教の文章を真に受ければ、忠教の伯父の常源が家康に踊らされたピエロに見えてくる。忠教が書きたかったのは、そんなことではないはずである。

「前々のごとく」自体は、本領安堵（祖先伝来の領地の領有権を今まで通り認めること）などの際に用いられる、ありふれた文句である。一揆から二十年後、家康は禁教下の門徒団を率いていた芳春院《ほうしゅんいん》（石川家成《いしかわいえなり》母）に朱印状を与えて赦免したが、そこにも「前々よりありきたる道場、相違あるべからず」の一文がある。『永禄一《えいろくいっ》揆由来《きゆらい》』『参州一向宗乱記《さんしゅういっこうしゅうらんき》』など後世の史書が末尾にこの朱印状の全文を掲げることから推しても、「前々は野原」はおそらく家康朱印状に基づく創作であろう。

『三河物語』には、忠教は夏の陣で家康の旗が崩れたのを承知で立ったと言い通し、家康の名誉を守ったという記事がある。忠教は家康の名誉のためなら嘘も方便と考える人物なのである。それぐらいのことはやりかねない。

ただし、『三河物語』は『永録一揆由来』などと異なり、「一向宗も赦免され、西三河に平和が戻った」という大団円で終わらない。現実の二十三歳時点の家康は、将軍となり神と祝われる己を想像していなかっただろうが、その後の六十余年を知る忠教にとって、家康の道程はこのときまだ始まったばかりである。物語中の若き家康は、一向宗を打破して領内のすべてを我が手におさめ、次は三河一国の平定、さらに日本全土へと目を向けていくことになる。

家康はヒーローである。尋常一様でない主君に対し、大久保一族も尋常一様でない忠節を尽くした。『三河物語』は傑出した主君と奉公一途の一族の蜜月を讃えて止まない。

一向宗寺院の不入権が法華宗一族の忠節を支える

早く天文十二年（一五四三）、松平広忠《ひろただ》（家康父）に一族の信孝《のぶたか》が反旗を翻した。大久保一族が他の譜代衆に働きかけて信孝の麾下を離脱させたため、信孝は彼らの耕作地を掘り荒らし、妻子の誰かしらを捕らえて磔・串指にすると脅した。彼らが「敵味方不入の処」である四ケ寺のうち、近隣の勝鬘寺へ婦女子を避難させると、住職は「寺内」にかくまい、人をつけて守り抜いてくれたので、男たちはおからやふすまで腹を満たしつつ、広忠に尽しぬいたという。忠教は『三河物語』中にこの話を二度も書いている。

逆に忠教は書かなかったが、大久保一族は法華宗である。一向宗と法華宗は仲が悪く、天文元年には法華宗徒が山科の本願寺を焼き討ちしていたが、そういう中でも勝鬘寺は法華宗の一族のために不入権を行使したのであった。

これまた忠教は書いていないが、家康に本多正信が働きかけて東本願寺が創建されたとは、当時の書物によく出る話である。『元和日記《げんなにっき》』（西本願寺の日記。性応寺了尊《しょうおうじりょうそん》筆）によれば、西本願寺では正信逝去後に三日三晩の大法要を厳修した。東本願寺の方は記録が残っていないが、『宇野新蔵覚書《うのしんぞうおぼえがき》』（東本願寺坊官の記録）に記された遺族の志納の額からすれば、西本願寺をはるかに上まわる大々法要の行われた可能性が高い。偏執的に正信を憎む忠教がその手の話を聞き逃すとは思われない。

ついでにいえば、家康家臣本人は改宗したが母や妻や娘が門徒というのは、石川家成母に限らない。「家中衆」がぞろぞろと東本願寺に出入りしたり（板倉勝重《いたくらかつしげ》）、自身まで「内心は御ひいき」と坊官に記録されたり（本多忠勝《ほんだただかつ》）することもある。

だが、忠教は一向宗贔屓という理由では正信ら他の譜代衆を責めていない。一向宗を信仰すること自体が悪いと思ってはいないのであろう。主君に従い忠誠を尽すなら、内心は本願寺に寄せたままとわかっていても問題にしないのである。

土民百姓への視線

『松平記』では一揆の原因とされる出来事が『三河物語』と異なる。上宮寺は「開山上人《かいさんしょうにん》」（親鸞）以来の「不入の地」だが、境内に干してある籾《もみ》を菅沼藤十郎《すがぬまとうじゅうろう》が兵粮に徴発したため、「檀那《だんな》・末寺末山・土民百姓」が「一味して一揆」を起こしたという。十七世紀後半の『参州一向宗乱記』では、三つの寺（本証寺・上宮寺・本宗寺）における六つの出来事が異説として列記されている。

一揆蜂起の直接の契機は後代に強い記憶を残すほどの事件ではなく、寺内不入をめぐるトラブルが各所で起きていて、その一つが大事件につながったということのようだが、ここで注目したいのは、どういう人々の「一揆」として描かれたかという点である。

『松平記』の言う「檀那」は武士門徒、「末寺末山」は四ヶ寺の指導下にある道場坊主など、「土民百姓」は百姓門徒であろう。不入権は往昔からの聖なる権利だということを「開山上人より以来」と表現するような人々が、現世での身分差を超えて一致団結したというわけである。

『三河物語』は各寺院について、まず立て籠った武士の名を列記し（寺により異なるが多い寺でも四〇人程度）、その後ろにそれぞれ「是に劣らぬ兵共」が何十騎、「小侍《こざむらい》共」は際限もないなどと付加している。「小侍」は「身分の低い、取るに足らない侍」の意だが、騎乗しない足軽連中といえば、実質的には『松平記』の「土民百姓」に近いであろう。

江戸時代も早い時期の『松平記』や『三河物語』は、一揆を名のある武士と無名の土民の共闘と見なした。一揆方についた有力国人や松平一族（吉良義昭・松平家次《まつだいらいえつぐ》など）を糾弾する一方で、武士が土民と手を携えたことへの批判は一切行っていない。

軍記や史書は一般に土民百姓に関心を示さないものである。その場に多数の百姓がいたに相違ない場面でもたいがいは記さず、記す場合は「一揆ども」「土民ばら」（「ども」「ばら」は蔑称）などとあからさまに軽んじる。『三河物語』でも戦闘場面で主役を張るのは武士ばかりだが、徒歩で駆けつけた大勢も、数だけにせよ、忠教の視野に入っていた。

むしろ、その「無数」「際限無し」としか書けない頭数の多さが、『三河物語』に描かれた他の戦いとの相違を鮮明に映し出している。土民百姓と違って武士には家康という「御主様」がいる。その武士が無数の土民と一味して家康方に襲いかかる。家康の姿を見ればすごすごと逃げるが、家康が去るとすぐにまた襲ってくる。

亡国・国賊の一向宗

『三河物語』の巻尾には門外不出とあるが、実際には『三河記』『参州一向宗乱記』など、禁書ながら水面下で広がる諸書を生み出した。

また、幕府が林家《りんけ》に編纂を命じた『本朝通鑑《ほんちょうつがん》』『武徳大成記《ぶとくたいせいき》』『改正三河後風土記《かいせいみかわごふどき》』『徳川実紀《とくがわじっき》』等の史書の重要資料にもなった。『本朝通鑑』と『武徳大成記』は十七世紀、『改正三河後風土記』と『徳川実紀』は十九世紀に書かれた。成立年代は違うが、一揆の叙述には共通点がある。

共通点の一は「乱」「賊徒」「凶賊」「邪徒」「邪教」等の頻用である。『三河物語』に拠って書く場合も、「御敵」をいちいち「賊徒」等に置き換えている。明智光秀《あけちみつひで》・石田三成らを「賊」とした例もあるが、数は少ない。一向宗となると大坂（石山）や長島の話題でも「賊」や「邪」が乱舞する。

もう一つは蜂起の主体を僧・土民とすることである。『改正三河後風土記』はこの一揆を「御家人与力一揆」と呼んだ。「岡崎武士」（家康家臣の武士）はずる賢い僧にそそのかされ手を貸したにすぎないのである。

幕府の史書は『三河物語』の「その他の兵」や「小侍」をカットし、家康家臣団の分裂のみを注視した。それなのに一揆のイメージはまともな武具も持たない土民の群れである。「邪徒」が「蝿のごとく」「蟻のごとく」に集まった（『本朝通鑑』）、棒千切木《ぼうちぎりき》を握る千四百余人もの土民が菅沼藤十郎の屋敷に乗り込み、菅沼方の者の太刀や刀を打ち落として半死半生になるまで打擲した（『改正三河後風土記』）などとする。

『改正三河後風土記』は酒井正親から上宮寺への書簡なるものを創作し、「禁じても猶ほ禁ずべきは此宗門」と断定した。一向宗は慈悲心がなく暴力的で、無戒にして女犯肉食、仏尊神明を汚し、王公守将の法度を守らず、兵乱の因縁、亡国の基、まさに「国賊の徒」であると、口を極めて罵倒している。

『三河物語』では「御主様の御味方」対「御敵」であったものが、林家の史書では「神君」対「国賊」へと、全体の構図が変化した。仏徒の範疇《はんちゅう》を外れた邪教の僧と下愚の土民が結びつき、家康家臣の武士を巻き込む。僧は武士たちに「進足往生極楽世界、退足堕落無間地獄（進めば極楽に往生し、退けば無間地獄に堕ちる）」という短冊を与えていたという（『武徳大成記』『改正三河後風土記』）。

現世と来世の救済者

『松平記』や『三河物語』は一向宗が一味したとするが、実際には吉良義昭・松平家次らは一向宗ではない。西三河では支配層の多くは禅宗や浄土宗だが、松平譜代衆や、被支配層である土民百姓は一向宗であった。『松平記』等はそういう知識を持つ者たちを読者と想定していたために、書くまでもなかったのであろう。

林家の史書はむしろ一向宗ではないのに一揆方、一向宗なのに家康方という者に着目した。松平家に膝を屈したはずの有力国人や松平一族が一向宗の賊徒に呼応する。「素より反心有」る酒井忠尚は賊の蜂起に「乗じ」、吉良義昭は賊徒と「相応」じ、荒川義広《あらかわよしひろ》・松平家次《いえつぐ》・松平昌久《まさひさ》は賊徒と「約を修」したという（『本朝通鑑』）。

譜代衆にも、一向宗ではないのに「親族」の縁に引かれた者、騒動に乗じて「己が勢を張」ろうとする者、これ幸いに「己が怨を遂」げようとする者があった（『武徳大成記』）。吉田源太左衛門《よしだげんたざえもん》は本多正信と親しかったため、心ならずも寺に籠った（『改正三河後風土記』）。

『武徳大成記』によれば、石川十郎左衛門《いしかわじゅうろうざえもん》とその婿の内藤四郎左衛門《ないとうしろうざえもん》は一揆方だったが、舅が神君に槍を突きつけると、婿は、今日の戦いは「公儀」である、「あに内縁を思はんや」と叫んで舅を射倒したという。主君への忠誠を「公」として特立し、栄達・信仰・親族・朋友などそれ以外のさまざまな価値をたかが「己」

図　蓑笠を身につけ、竹槍を握る一揆勢（沢久次郎編『三河後風土記』明治 20 年刊）

「内」として切り捨てる。アジール機能で家康家臣を救ったもう一つの「公」が有害無益な存在に堕するのは、当然というものだろう。

『改正三河後風土記』は一向宗が父母の墳墓を築かないと非難し（一向宗は教義上、卒塔婆や石塔に否定的で、無墓制が各地で展開した）、神君が土屋長吉《つちやちょうきち》重治《しげはる》を供養した逸話を語った。長吉は一向宗で勝鬘寺に籠っていたが、堕地獄覚悟で家康方に転じ、深手を負った。神君は自ら長吉を看護したが、死んでしまったので、石川家成に命じ屍を厚く葬らせたという。臣下の現世のみならず来世にわたっても慈悲を垂れる、絶対的な主君の登場である。

家康像の変貌とともに一揆像も変貌した。一揆する一向宗は人の心を持たない。三河の一揆を蝿や蟻にたとえた『本朝通鑑』は、近江の一揆の場面では蟻や烏にたとえている。林家の史書において、一向一揆は腐肉や死骸に群がる黒色の生物となった。

振り返れば、忠教は「御慈悲」と「御情け」を別に扱っていた。「情け」は主君が家臣に向けるもので、忠教は相好を崩して迎える。「御主様」の情けを受けてこそ「譜代衆」は忠節を尽すのである。しかし「慈悲」を語るとなると皮肉な口調が混じる。神君は豊臣秀頼や石田三成に慈悲を施したが、彼らは「因果」により滅んだ。何代にもわたる情けと忠節の関係を積み上げてきていない部外者に慈悲を垂れても、結局無駄になる。慈悲を蒙った譜代衆が因果によって滅んだ例もあるが、本多正信は憎むべき例外である。

ところが林家の史書では家康の慈悲深さが強調され、「前々は野原」の台詞は記されない。家臣たちは宥免されて「皆欣然」とし、「一向僧徒」も赦免された（『本朝通鑑』）。僧徒は「寛仁」をもって遇され、逃亡した家臣も年を経て許された（『武徳大成記』）。「凶悪の僧徒」を放逐して「質直柔和の僧」に替え、寺領を元通り与える「仁政」がなされた（『改正三河後風土記』）。家康は先祖代々の門徒は赦免、本人一代の門徒は処罰としたが、当初は改宗を拒否した代々の門徒も、家康の仁愛に触れ改宗した（『徳川実紀』）。

現当二世を司る主君は人々を温かく包み、破却ならぬ大団円へ導く。ただし「人々」の中に土民百姓は入っていない。林家の史書が視野に収めたのは、将軍の下で統治の業に従う武士や、寺請《てらうけ》制を遂行する僧侶であって、被治者は埒外であった。

策謀家家康の復活

幕府が倒れ、家康を仁君に祀り上げる必要がなくなると、「前々は野原」の名台詞に再び光が当たる。明治二十三年（一八九〇）、東京帝国大学文科大学（現東京大学）で教鞭を執る星野《ほしの》恒《ひさし》は「徳川家康一向一揆の処分」を発表し、家康が若年にして「謀略の尋常に度越す」人物であったとした。『三河物語』を長文で引用し、「土呂春崎佐崎野寺の寺内を破せ給ひて、一向宗に宗旨をかへよと」と、「前々は野原なれば、前々のごとく野原にせよと有仰て打破給へば、坊主達は此方彼方へ逃散て行」の二ヶ所に圏点を付している。

星野は言う。江戸時代も早い時期の『三河物語』や『松平記』には寺院破却や僧侶追放が記され、家康が石川家成母に送った朱印状の包紙に「参州御宗旨再興」とあることから、それが「事実」とわかる。だが『武徳大成記』がこの「事実」を記さなかったため、後世の大道寺《だいどうじ》友山・中井竹山《なかいちくざん》ら「無識の俗輩」が「家康の慈仁」を称賛することになった。星野はそう述べて『武徳大成記』の嘘に批判を浴びせた。

大正に入ると山路愛山《やまじあいざん》が『徳川家康』を発表し、「前々は野原」発言を「あるいは是なるべきか」とした。事実と断言はできないがありそうな話というわけである。

ヨーロッパでは教権（教会）と俗権（国家）が争い、後者が勝利を収めた後に「近世の国家」が造り上げられた。日本ではこの一揆がそれに当たる。

山路はそう言うのだが、日本での教権の内実を、「わがまま」な坊主が「愚民」を操って行う私利私欲の営みと考えていたらしい。今川との戦いに備えた徴発に反発して一揆を起こすとは、「国防」を慮外視した守護不入の地位の「濫用」である。一向門徒は「民百姓」で、節制・統一のない烏合の衆だから、「人を治め人に治めらるることをのみ修練した」少数の武士に勝てない。家康はそれを承知で挑発したのだという。

他地域の一向宗を描く際にも、近江では秀吉勢にいくら切り捨てられても次々に現れ出て「その執念《しゅうね》く、うるさきこと」言いようもない、尾張長島では「必死を期したる気違」の土民百姓に信長の一門重臣が何人も殺されたなどとしている。一向門徒は執念くうるさい気違いなのである。

統治は統治のプロである少数者が行うべきであって、国防より私権の維持を先行させるような政治意識を欠く宗教者や、彼らに踊らされた愚民に容喙《ようかい》させてはならないと考える。『三河物語』を繰り返し引用しながら、その主人公が家康家臣の武士たちであって「民百姓」でないことや、武士と「民百姓」の共闘、戦国大名とは別の公の存在が武士の忠節を支えるといった記事は、山路の目に入らない。

傑出した策謀家としての家康像は復活したが、一揆像の方は林家の史書からさして変化しなかった。若き家康が詐言や挑発を駆使して狂信的愚民集団を圧倒し、「国家」樹立への遠い道を歩み始める。デモクラシーの時代に作られたのはそういう物語であった。

●参考文献

「宇野新蔵覚書」（真宗史料刊行会編『大系真宗史料　文書記録編14』法蔵館、二〇一六年）

安藤弥「『三河記異考拾遺録』の成立をめぐって―「三河一向一揆」史料の再整理―」（『歴史の広場』第五号、二〇〇二年）

塩谷菊美『石山合戦を読み直す――軍記で読み解く日本史』（法蔵館、二〇二一年）

大桑斉『近世の王権と仏教』（思文閣出版、二〇一五年）

蒲池勢至『真宗と民俗信仰』（吉川弘文館、一九九三年）

高島幸次編『本願寺史料集成　元和日記』（同朋舎出版、一九八六年）

平野仁也『江戸幕府の歴史編纂事業と創業史』（清文堂、二〇二〇年）

5 築山殿と松平信康事件

桐野作人×原田真澄

同盟は結婚によく喩えられる。実際のところ、かつては政略結婚が同盟そのものであった。今川から離反して信長と同盟を組んだ時点で、築山殿の存在は浮いたものとなった。その築山殿のキャラクターの変化は、プライドの高さ・謀略を行う悪女・母の真情から語られることが多かった。この築山殿のイメージの現代的な更新こそ、新しいドラマの資源なのかもしれない。家康は我が子信康に詰め腹を切らせた忍耐の極限の例として語られることが多いが、近年の史学では信康自身の不徳を指摘している点も興味深い。

5 築山殿と松平信康事件

実像編

▼桐野作人

徳川家康と織田信長の同盟は堅固で二十年続いたが、両者の亀裂が生じかけた最大の事件はいわゆる「信康事件」だろう。正室を成敗し、嫡男を自害に追い込むという重大事態は、家康にとって、苦渋や懊悩を伴うものだったに違いない。その真相をめぐって江戸時代から諸説が登場したが、「徳川史観」の影響で歪められている面が強い。ここでは、徳川方と織田方の信頼できる史料や研究をもとに、事件の背景や要因を探ってみたい。

信康事件の諸説

永禄四年（一五六一）、徳川家康《とくがわいえやす》（当時、松平元康）は織田信長《おだのぶなが》と和睦し、同盟を結んだという。俗に清須《きよす》同《どう》盟《めい》と呼ばれる。

その証となったのが、家康嫡男の信康《のぶやす》（一五五九～七九）と信長の娘五徳《ごとく》（徳姫《とくひめ》、一五五九～一六三六）の婚約と縁組だった。婚約は同六年、縁組は同十年だとされる。二人は同い年で、縁組当時はともに九歳と幼かった。織田・徳川同盟はその後も、天正十年（一五八二）、信長が本能寺の変で横死するまで、じつに二十年以上も維持された。戦国大名の離合集散、遠交近攻が当たり前だった時代、両者の堅固な同盟関係は珍しい。

それでも、同盟関係にヒビ割れが生じそうになった出来事があった。いわゆる「信康事件」である。この事件は、信康と五徳、家康と信康、さらに家康と正室築山殿《つきやまどの》（関口氏）がそれぞれ不信と対立を深め、さらに信長も巻き込んで複雑なプロセスを辿った事件である。

信康事件の真相については、これまで謀反説、謀略説、冤罪説などがあった。謀反説は家康に冷遇されたことを恨んだ生母の築山殿が信康を引き込み、武田方に内通して反逆を企てたというもの。謀略説は家康と信康の父子離反を図る武田方の謀略によって信康内応の噂が流布されたというもの。冤罪説は二つあり、ひとつは『三河物語《みかわものがたり》』に基づき、重臣の酒井忠次《さかいただつぐ》が信康・築山殿のことを讒言《ざんげん》したとするもの、もう一つは信康が武将として優れていたので、嫡男信忠の将来を考えた信長が殺害させたとする高柳光寿説である。

近年では、冤罪説はまずありえないし、謀略説も支持が少ない。あえていえば、謀反説に史料的に見るべきものがあるといえようか。そういう視点から、事件のいきさつを振り返ってみたい。

信康の性格と五徳との仲

元亀元年（一五七〇）、家康は本拠を岡崎から浜松に移し、岡崎城には信康を城代として置いた。この年八月、信康は十三歳で元服し、信長の偏諱《へんき》も与えられた。その後、五徳との間に二女（のち小笠原秀政《おがさわらひでまさ》室、本多忠政《ほんだただまさ》室）をもうけた。

信康は天正元年（一五七三）、奥三河での初陣以降、遠江の各地で武田方との戦いに明け暮れた。もっとも、それらの戦いで信康はほとんど父と行動を共にしており、単独での戦いや激烈な戦いを経験してはいないという。家康は十代後半と若い信康を危険な前線に出すことを避けていたのだろう。信康はそれが不満だったらしく、横須賀城の戦いではみずから供廻一人だけ率いて物見に出て武田勝頼《たけだかつより》の大軍との決戦を進言したり、遠江小山城の戦いでは家康に撤退を命じられたのを振り切って、自ら殿《しんがり》をつとめたりと、焦りや気負いがうかがわれる。

信康と五徳の夫婦仲は当初、順調だったと思われる。長女の誕生は天正四（一五七六）年三月、二女は翌五年五月である。太田牛一《おおたうしかず》『信長公記《しんちょうこうき》』によれば、信長は同四年十二月から同六年初めまで、鷹狩のため岡崎に近い吉良を頻繁に訪れている。また松平家忠の『家忠日記《いえただにっき》』同六年一月では鷹狩の折り、岡崎にも立ち寄っている。これらは信長が五徳と初孫に会いに行った可能性があるだけでなく、五徳から信康との不和やその資質への不安を聞かされていたかもしれない。

すでに夫妻の仲は同五年（一五七七）頃から険悪になっていた。『松平記』に「岡崎三郎殿（信康）と御前（五徳）と御中《（仲）》不和に成り給ふ」とある。その理由は、信康が「大方ならぬ荒人《あらびと》」、すなわち大変粗暴な性格で慈悲を知らない人間だという。たとえば、鷹狩場で、出家（僧尼）をいたぶって殺害したり、また弓で町の踊り子を射たりもしたという。

家長家康の決断

家康が信康の言動にいつ頃から不審や警戒心を抱いたのかは不明だが、その手がかりとして、天正六年（一五七八）二月から始まった岡崎の新城普請（拡張工事）がある。『家忠日記』によると、普請から七か月後の九月二十二日、東三河衆の寄親である酒井忠次から国衆に対して、「岡崎在郷の儀無用」という家康の命令が伝えられた。女性たちも在所に引き揚げたとある。岡崎新城の普請は家臣団とその家族の城下集住策でもあった。ところが、普請途中で家臣団とその家族に在所への帰郷が命じられたことは、信康と家臣団の隔離、分断が目的だったと考えられる。家康は信康が三河国衆との結びつきを強めるのを警戒していたのかもしれない。

　そしていよいよ家康の懸念が顕在化した。家康は信康と五徳夫婦の不仲と信康の所行を憂慮して、同七年六月（五日か）、浜松から岡崎を訪れた。『家忠日記』には注目すべき記事がある。

「家康が浜松より信康と御［　］（御新造か）の中直しにやって来られた。［　］時［　］家康御屋敷へ［　］お渡りになって、（家忠は）深溝に帰った」

一部、虫損か不明字があって大意を取りにくいが、家康が浜松から信康と五徳の仲直しのために、わざわざ岡崎までやってきたことがわかる。仲直しというのだから、家康は当然、夫妻の不仲を知っており、何とか関係修復をさせようとしたのだろう。

築山殿の墓（筆者撮影）

　このとき、家康と信康の間でどんな話し合いが行われたかは不明だが、その後の経過を見ると、家康は仲直しに成功せず、信康を説得できなかったと思われる。家康は七日に浜松へ帰ったが、その理由は「くわくらん（霍乱）」を煩ったということだった。折からの夏場なので、霍乱は日射病のような症状だったのかもしれないが、家康とて人の親。嫡男との修復不可能なほどの意見対立が想像されることから、強度のショックとストレスにより吐き気などの体調不良に陥ったのではないだろうか。このときの信康説得は家康の最後通牒だったと思われる。しかし、決裂に終わったようである。

ついに家康が家長として決断する。七月十六日、家康は酒井忠次と女婿の奥平信昌《おくだいらのぶまさ》を信長のもとに派遣した。太田牛一『信長公記』巻十二では、二人が信長に馬を献上したとあるが、それだけでなく、信康の処断を信長に伝えた可能性が高い。『当代記』に「去る月（七月）、酒井左衛門尉（忠次）をもって、信長から内々の了解を得ようとしたところ、そのように父や臣下から見限られたうえは、是非に及ばない。家康の存分次第にせよという返答があった」とある。そもそも子弟の処分は家長の権限で執行できるが、家康がわざわざ信長に報告したのは、信康が信長の聟だったから、その意向を無視できなかったのだろう。

なお、大久保忠教《おおくぼただたか》『三河物語』には、五徳が信康を讒言する十二ヶ条の条書を忠次に持たせて信長のもとに派遣したという。そして、信長が十二ヶ条のうち十ヶ条まで逐一忠次に確認して、「（信康は）とてものには成らないので、腹を切らせなさいと家康に伝えよ」と忠次に命じたという。家康は忠次からそれを聞くと、「是非に及ばざる次第。信長に恨みはなし」と語り、さらに「格別の子細はない。三郎（信康）を左衛門督（忠次）の讒言によって腹を切らせるまで」と恨めしげに語ったという。しかしながら、この顛末は忠次に責任転嫁することで、家康を庇う意図が強すぎて到底史実とは言い難い。

ともあれ、信長に信康処断の意思を伝えた家康は再び浜松から岡崎に向かった。八月三日、岡崎に着いた家康は翌四日に信康と対面したが、またしても争論となり、家康はついに信康を大浜（現・愛知県碧南市）に追放した（『家忠日記』）。なぜ信康の追放に至ったか、その詳細は不明だが、信康が家康に抗弁しただけでなく、徳川家の嫡男にあるまじき重大な暴言を口走った可能性もある。この日の出来事を叙述したと思われる別の史料が『安土日記《あづちにっき》』（『信長公記』異本）で、興味深い一節がある。

「さて三州の岡崎三郎殿（信康）に逆心の噂があった。家康や家老は上様（信長）に対して不届きな心持ちでよろしくないと異見し、八月四日に三郎殿を国端に追放した」

八月四日という日にちは『家忠日記』と『安土日記』で一致しており、大浜は三河と尾張の国境なので、「国端」は大浜を指すとみてよい。また「逆心」とは謀反、叛逆のことで、しかも、信長に対してである。一時的に感情が激した信康の妄言だったのかもしれないが、家康や家老衆が信康に見切りをつけるきっかけになったのではないか。

翌五日、松平家忠が岡崎に出仕すると、家康から弓・鉄砲衆を引き連れて西尾城に向かうよう命じられ、家康自身もやってきた。家忠は北端城番（西尾城の北側の曲輪の番か）の任についた。ほかの三河国衆も動員されただろう。西尾城は大浜と隣接している。信康は武装した家康の家来たちに事実上、幽閉されたといえる。『当代記』は信康幽閉を「父家康公の命に常に違背し、信長公をも軽んじ、被官以下に情けなくも非道を行われたので、このようになった」と記す。

八日、家康は信長側近の堀秀政《ほりひでまさ》に書状を送り、信長の懇ろな取り成しに礼を述べながら、「三郎（信康）の不覚悟について、去る四日、岡崎を追い出しました」と、信長に信康追放を報告した。さらに翌九日、家康は信康に小姓五人を付けて、大浜から遠江堀江城に移して、三河衆から完全に隔離したのである。そのうえで十日、家康は三河衆を岡崎に集め、信康と内々に連絡しないと誓わせる起請文を書かせている。十五日、家康は岡崎城留守居を本多重次に命じて浜松に帰った。

こうした一連の処断について、『当代記』は信康が「牢人になった」とか「三郎主は当座のことだと心得ていた」と述べており、当初は信康自身、一時的な勘当にすぎず、そのうちに復帰できると楽観していたらしい。しかし、信康は堀江城から二俣城に移されると、九月十五日、とうとう自害に追い込まれた。

築山殿の動向とその最期

信康の生母築山殿は今川一門の関口刑部少輔《ぎょうぶのしょう》氏純《うじすみ》の娘で、母は今川義元の伯母とも妹ともいわれる。家康と縁組してからも、今川一門としての格式やプライドを維持していたと思われる。

しかし、永禄三年（一五六〇）の桶狭間《おけはざま》合戦で義元が討死し、次の氏真《うじざね》の代に武田氏と家康に攻められて領国を失い、大名としての今川氏は消滅した。

一般に大名正室は実家が婚家と敵対したり滅んだりすると、その地位が低下したり離縁されたりする。ほかならぬ家康の生母於大《おだい》の方がそうだった。築山殿も家康が今川氏と敵対した時点で正室ではなくなったという平野明夫説がある。実際、『家忠日記』は築山殿を「信康御母さま」とは記しているが、家康正室にふさわしい呼称を用いていない。

駿府から岡崎に移った築山殿は岡崎城内ではなく、城下の西岸寺《せいがんじ》（現・岡崎市康生通）の西側に居住し、家康が浜松に転じてから城内東曲輪に入ったという。また『岡崎東泉記《おかざきとうせんき》』によれば、岡崎城下の「菅生ノツキ山」（傍点著者）に屋敷があったので、築山殿と呼ばれたという。

築山殿にすれば、夫家康が今川家から離脱したばかりか敵対したことに不満や憤りがあったことは想像に難くない。しかも、桶狭間合戦後の永禄五年（一五六二）、家康が今川領だった東三河に侵攻したため、怒った氏真が彼女の父に自害を命じたことで、その原因となった家康へ一層恨みが募ったのではないか。また五徳に対しても義元を討った信長の娘なので、好感情をもっていたとは思えない。信康との間に生んだ二人が女児ばかりだったことに怒ったという『松平記』の説もあながち風聞ではないのかもしれない。

築山殿の不審な動きが顕れたのは、天正三年（一五七五）の長篠合戦の少し前、よく知られた大岡弥四郎《おおおかやしろう》事件の頃である。『岡崎東泉記』によれば、弥四郎は岡崎の町奉行の一人で、同僚の松平新右衛門ら仲間とともに武田勝頼《たけだかつより》と内通して、密かに武田勢を引き込み、岡崎城を乗っ取る計画を立てていたが、発覚して処刑されたことは知られている。

その頃、岡崎には甲州から口寄せ巫女《みこ》が多数来ていたが、その巫女が築山殿の屋敷の下女を通じて、築山殿に取り入ることに成功したという。また『松平記』も築山殿が「めつけい（滅敬か）」という甲州から来た唐人の医者を近づけて不行儀の沙汰があったばかりか、謀反の計画も企てていたとする。

また『岡崎東泉記』にも「めつけい」と同一人物と思われる「西慶」という唐人の医者が築山殿に取り入り、弥四郎らの謀反の談合に加わっていたとする、ほぼ同様の話がある。脚色された噂話かもしれないが、新行紀一は「松平・徳川中心史観」とは無縁のところで成立しており、真相に近いのではないかと評している。新行はまた、大岡弥四郎事件も本来は「天正三年信康家臣一揆」と呼ぶほどの広がりをもった大規模な武田通謀計画だったが、「松平・徳川中心史観」によって、大岡弥四郎の叛逆事件に矮小化されたとする。

この事件は信康事件の四年前の出来事ながら、両者は通底しており、築山殿もまた両者に関与していたという見方が強い。たとえば、両事件の中間の天正六年（一五七八）二月四日、築山殿から松平家忠に書状が送られてきたと『家忠日記』にある。書状の中身は不明だが、大名夫人だった女性から家臣に書状を送るのは、当時の社会通念では異例だという。さらにわずか数日後の十日には信康自身がわざわざ深溝《ふこうず》（現・愛知県額田郡幸田町）の家忠を訪ねている。時期的に岡崎の新城普請が始まった頃だが、信康は岡崎城代ではあるものの、領国支配権を有しておらず、家臣団も徳川家の上級家臣の庶流と中下級家臣だけで脆弱であることから、築山殿・信康母子が三河国衆の多数派工作を画策しており、東三河衆の有力者である家忠に協力を求めたとも考えられる。史料ではうかがえないが、むろん、他の国衆にも同様に呼びかけていたと思われる。

当時、東三河の国衆を統轄していたのは酒井忠次（吉田城主）であり、家康の命令は忠次を通じて伝達されていた。だから、築山殿と信康はそうした徳川の命令系統や軍制から逸脱して、国衆と直接結びつこうとする動きだったのかもしれない。

そのような母子の不審な動きは当然、家康の耳にも入ったことだろう。翌七年八月、信康を勘当し死を与えると決意したとき、築山殿も「日比《ひごろ》の御悪逆あり」（『松平記』）として、同様に処断することにしたのだろう。また大岡弥四郎事件のあとも、築山殿には武田方と通じる動きがあり、むしろ、築山殿が首謀者で、信康もそれに巻き込まれたのではないかという見方もある。

信康自害に半月ほど先だつ八月二十九日、遠江の佐鳴湖《さなるこ》東岸の小藪村大等ヶ谷（現・浜松市中区）で、築山殿は家康が付けた警固役によって殺害された。

『信長公記』諸本に見る信康事件

これまで主に徳川方の史料を見てきたが、五徳の実家の織田方には信康事件がどのように映じたか見ておきたい。史料は太田牛一『信長公記』諸本である。これらの諸本には成立時期によって事件を記したものと記さないものとがある。また記されていても、記事に濃淡があり、微妙に趣旨が異なっている。その変遷は信康の言動をめぐって、大きく次の三段階に分けられる。

①逆心：『安土日記』（尊経閣《そんけいかく》文庫）

②不慮に狂乱：『池田家本』、『信長記』（尊経閣文庫）、『和学講談所本《わがくこうだんしょぼん》安土日記』、『原本信長記』、『安土記』（内閣文庫）、『太田和泉守日記《おおたいずみのかみにっき》』

③記載無し：『信長公記』（陽明文庫）、『信長公記』（我自刊我本《がじかんがぼん》）、天理本『信長記』、『安土記』（蓬左文庫）

成立時期は大まかに、①が慶長頃、②が慶長後期頃、③が寛永以降である。

①はすでに紹介したが、諸本でももっとも古態を示す。「逆心」は謀反を意味する。②は信康が急に精神異常をきたしたとするもので、徳川家中全体の問題ではなく、あくまで事件は信康個人に限定される。③は事件そのものが消滅している。このように年を経るにつれて内容が希釈化していることがわかる。

筆者の太田牛一が『信長公記』諸本を著述した時期が文禄年間から慶長年間であり、ちょうど豊臣から徳川への政権移行期にあたっている。つまり、徳川政権にとって父子相剋というデリケートな問題である信康事件を記述するか否か、徳川政権が強固になるにつれて、牛一がこの事件の叙述を遠慮するようになったといえよう。

それに代わって、徳川系の軍記物『三河物語』が信康の「逆心」を曖昧化してその救済や顕彰を図るだけでなく、嫡男断罪という家康の「汚点」を覆い隠し、その責任を信長に押し付けた言説が流布するようになった。この「徳川史観」が江戸時代を通じて広く知られるようになり、通説を形成したのである。

信康事件の背景と評価

以上を整理すると、比較的信頼できる史料や大方の指摘で共通するのは、信康事件がそもそも信康自身の資質に帰着している点である。大名君主には「器用」という、人格を含めた全人間的能力が不可欠で、信康のように武辺のみに偏重し、慈悲や情愛に欠ける振る舞いは主君と仰ぐにはふさわしくない「非器」であり、家臣の支持を失わせたとする。妻の五徳との不和も信康の資質によるところが大きいだろう。

また事件の背景、伏線として、長篠合戦前段の大岡弥四郎事件が重要である。これについて、新行紀一はこの事件は大岡弥四郎だけに矮小化されず、「天正三年信康家臣一揆」というべき大規模なものだったと指摘する。それでも、武田勢の侵攻が迫るなかで大岡など一部を見せしめとして処刑するだけに留めたが、事態が徳川方に好転した同七年になって、築山殿も含めて一気に処断が強行されたというのである。

一方、本多隆成氏は、信康事件で徳川家中の外交路線や家臣団の対立（織田か武田か）があったか否かについては、大岡弥四郎事件の頃ならあり得たかもしれないが、信康事件のときは、傅役《もりやく》の平岩親吉《ひらいわちかよし》など家臣の処断もないことから、そのような対立は想定しにくいという。そして信康事件の直接の原因は、やはり信康の資質問題と五徳との不和にあったとする。それだけならば、信康の廃嫡だけで済んだかもしれないが、自害にまで至ったのは築山殿周辺に謀反を疑われるような事情があったからだとする。

いずれにせよ、大岡弥四郎事件と信康事件は無関係ではありえず、両者に共通しているのは築山殿の存在と関与だといえそうである。年若い信康は築山殿の影響下にあったのではないか。そして粗暴な振る舞いのために家康周辺に眉をひそめられただけでなく、ときに信長に対する「逆心」を疑われるような言動をしたことが致命的で、家康は母子ともに処断という苦渋の選択を迫られたのだろう。その背景には、徳川・織田同盟を維持するための家康の苦心や努力があり、信康の舅だっただけでなく、すでに主従関係にあった信長の猜疑心を払拭する必要にも迫られていたといえそうである。

●参考文献

岩沢愿彦「安土日記・信長公記」（『新訂増補 国史大系』月報三六、一九六五年）
桐野作人『織田信長─戦国最強の軍事カリスマ─』（新人物往来社、二〇一一年）
柴裕之「松平信康事件は、なぜ起きたのか？」（渡邊大門編『家康伝説の嘘』柏書房、二〇一五年）
新行紀一「五か国大名徳川氏」（新編岡崎市史編集委員会編『新編岡崎市史』中世2 第四章第二節、新編岡崎市史編さん委員会、一九八九年）

関口正八・柳史朗「徳川家康正室 築山殿考」(『夕顔記　関口正八遺稿』新人物往来社、一九七九年)
高柳光寿『青史端紅』(朝日新聞社、一九六二年)
平野明夫『徳川権力の形成と発展』(岩田書院、二〇〇六年)
本多隆成「松平信康事件について」(『静岡県地域史研究』第七号、静岡県地域史研究会、二〇一七年)

●参考史料
『愛知県史』資料編11織豊1(愛知県史編さん委員会編、愛知県)
『家忠日記』増補続史料大成第十九巻(竹内理三編、臨川書店)
『家忠日記増補』『静岡県史』資料編7 中世三(静岡県)
太田牛一『安土日記』(尊経閣文庫蔵)
同右『信長公記』(角川文庫)
『新編 安城市史1』通史編 原始・古代・中世(安城市史編集委員会編、安城市)
『当代記』『史籍雑纂』二(国書刊行会編　続群書類従完成会)
『松平記』(久曽神昇編『三河文献集成』中世編　国書刊行会)
『三河物語 葉隠』日本思想大系26(斎木一馬ほか校注、岩波書店)

5 築山殿と松平信康事件

虚像編

▼原田真澄

天正七年（一五七九）八月二十九日に徳川家康の命によって殺害された家康の正室「築山殿《つきやまどの》」について、近世の記録・軍書類から演劇、小説などで描かれた人物造型を追う。まず近世初期の『松平記』や『三河物語』、そして近世中期から後期の『後三河風土記』・『改正三河後風土記』などの記録・軍書類の記述を確認し、その後近代以降の歌舞伎作品「松栄千代田神徳」、「築山殿始末」での描写を考察する。最後に現代の小説『月を吐く』にも触れて築山殿像の変遷を確認していく。

築山殿と信康自刃事件

通称「築山殿《つきやまどの》」と呼称される徳川家康《とくがわいえやす》の正室について、詳細にわかっている点は少ない。瀬名《せな》姫とも築山御前、駿河御前《するがごぜん》とも表記されることがあるが、本稿では築山殿に統一する。生年未詳で、今川義元《いまがわよしもと》の家臣関口親永《せきぐちちかなが》（親水・氏純・氏広・義広とも）の娘、母は今川義元の妹（あるいは伯母）とされるがこれも異説がある。築山殿についてある程度正確に判明しているのは、夫と子どもについてである。夫は前記の通り、後の徳川幕府をひらいた徳川家康。弘治三年（一五五七）（あるいは同二年）に当時今川家の人質で松平元信《まつだいらもとのぶ》を名乗っていた家康に嫁して、永禄二年（一五五九）に信康《のぶやす》を、その後娘の亀姫《かめひめ》を産む。特に築山殿は、子息・信康の自死と関連づけて著述されることが多い。天正七年（一五七九）九月十五日、父家康の命によって信康は切腹する。その自死の原因が、信康の妻であり、織田信長《おだのぶなが》の娘である徳姫《とくひめ》（五徳《ごとく》）が父信長に書いた信康と築山御前を糾弾する手紙であった、とするのが近代以前の通説である。現在では、家康と信康の対立を信康自死の原因とする説もあるが、江戸時代以降の関連する創作物もこの説をとるものが多い。築山殿は、信康の自死に先立つ同年八月二十九日に殺害されており、その理由も通説に拠れば徳姫の手紙によって、当時信長・家康と対立していた甲斐の武田方と築山殿の内通が暴露されたためとされる。

史実の追求は実像編に譲り、本稿では江戸時代から近代を中心として、この信康自刃事件における築山殿の表象を中心に追っていきたい。

記録・軍記類の築山殿

近世の比較的初期に成立したとみられる資料の中で、特に信康自刃事件についての記述が多いのが『松平《まつだいら》記《き》』（阿部四郎兵衛定次著カ、江戸時代前期成立カ）である。『松平記』では、

扨又御母筑山殿（※築山殿）も、後にはめつけいと申す唐人の医者を近付、不行儀の由沙汰有。剰家康へ恨有て、甲州敵の方（※武田方）よりひそかに使いを越、御内通有縁に付べきとて、筑山殿を後には迎取可申のよし風聞す。誠に不行儀大かたならず。剰御子三郎殿（※信康）をもそゝのかし、逆心をすゝめ給はんと聞えし。（中略）三郎殿の御前（※徳姫）、その比三郎殿と御中悪敷おはしければ、此由一ツ書に被成れ、御父信長へつかはさるゝ。

（※読みやすさのため、引用分中の漢字は通用の字体にあらため、私に句読点、濁点を付した。以下同様）

と、このように信康の母である築山殿は、唐人医師の滅敬《めっけい》（滅敬とも）と「不行儀」な振る舞いがあるのみ

ならず、家康への恨みを含んで、敵対する甲州の武田家と内通しているという風聞があったということ、またあまつさえ息子の信康にも「逆心」を勧めた。そして信康の妻徳姫は、信康の乱暴狼藉などと共にそれらを書状にしたためて父信長に送ったとある。

ただし、この『松平記』での信長は、直接的に信康の殺害を家康に指示してはいない。家康方から「然者生害に及ふへき」と申し出たところ、信長から「如何様にも存分次第」との返答が来た。その後家康は信康を「生害し奉」り、其後築山殿も「生害に及」んだとのことである。また築山殿について特筆すべき点として、その後介錯した者の子孫までも怨霊のたたりがあったとの記述が挙げられる。

また、同じく近世初期に成立したとされる『三河物語《みかわものがたり》』（大久保彦左衛門著、元和八～寛永三年（一六二二～六）成立）にも同様の内容が書かれている。しかし『三河物語』では、「此分ならばとても物には成間敷候間、腹をきらせ給へと家康へ可被申と仰ければ」と、明らかに信長から信康の切腹を家康へ申し付けている点が注目に値する。また『松平記』では、信康を処断する家康の内心については、「家康も御腹立あり」とある程度で、あまり詳しく書かれていない。対して『三河物語』の家康は、信長に恨みはないとしながらも、信長に直接応対した酒井《さかい》忠次《ひでつぐ》に対して、徳姫の書状に書かれた事実を全面的に肯定したことを非難し、また「高きもいやしきも子のかわゆき事は同然」と言いつつ、大敵の武田を相手取りながら、隣国の信長に背けないため、「是非ニ不及」信康を切腹させるのだという心中を語らせている。

『三河物語』では、いわゆる徳川史観とされる徳川家康を称揚する視点からの記述が多い。『三河物語』には、本件に関して『松平記』にはない家康から信康への親子の情愛の描写がある。より後世の記録・軍書類では、築山殿に関しては基本的に『松平記』の記述を踏襲しつつも、『三河物語』に書かれた家康の苦衷も盛り込まれていくこととなる。

その典型であり、近世期に広く流布したのが、『三河後風土記《みかわごふどき》』（作者未詳、慶長十五年（一六一〇）序・正保年間以後成立カ）である。第十六巻「築山殿被害給付勝頼自筆起請文付築山殿怨霊之事」には、『松平記』や『三河物語』に書かれた築山殿と唐人医師滅慶との「不行儀」、徳姫の信長への訴状内容に加えて、築山殿と武田方との内通の〝証拠〟にもなるべき勝頼《かつより》自筆の書状文言なども書かれている。

特に、徳姫が信長に書き送ったという書状の内容が興味深い。まず「一、築山殿悪人ニテ、三郎殿（※信康）ト吾身ノ中ヲ様々讒シ、不和に成シ玉フ事」から始まり、徳姫と信康の間に女児しか生まれなかったために、築山殿が武田家由縁の娘を妾に用意したことや、築山殿と唐僧滅慶の密通と、築山殿が滅慶を通じて信康に武田家への味方を勧めている点、また信康が諸人の踊り見物の際に下手な踊り子を射殺した件、鷹狩りへの道中にであった僧侶を殺害した件などの信康の乱行についても詳しく記載している。

また『松平記』で描かれた怨霊の祟りがより具体的に描かれており、さらに築山殿の殺害時の描写も詳しくなっている。

曰く、

築山殿仰ケルハ、汝等カ為ニハ女ナレ共、主ナラズヤ。ソレヲ害スル天罰ハ、何トシテ可遁ゾ。吾モ又怨霊ト成テ、見ヨ〳〵、三年ノ間ニ子孫ニウキ目ヲ可見。ト、呪詛宣ヒケルヲ、兎角シテ殺シ奉リ（中略）殺サレ玉ヒケル時、仰ラレツル事共、又御顔バセノ替ラセ玉ヒシ御眼ジリナド、直ニ見進セタリシ輩ハ、身ノ毛モヨダチテ、二、三日ハ目ノ端ニ付タル様ニ覚シ

とある。築山殿は、不義密通を行うのみならず、敵の武田と通じて国を売り渡そうとする紛う事なき「悪人」つまりは悪女であり、またその企みが露顕して殺害される際には呪詛を残し、殺害者の子孫にまで祟る人物となっている。対して家康は、忠臣親子による身代わり劇である幸若の「多田満仲」を観劇した際には、信

康を念頭におきつつ、いにしえには、主君の子の身代わりに自分の子を差し出す忠臣がいたが、今は斯様の忠義の士はいないと落涙した、という家康の人間味を思わせる挿話が加えられている。

家康が善、築山御前が悪、そして信康を乱暴者だが、築山御前の企みや徳姫との軋轢のために犠牲になった被害者とする視点は、『松平記』や『三河物語』など近世前期の記録・軍記類から中期に流布した『三河後風土記』、それを受け継ぐ『改正三河後風土記』（天保八年）に至る迄、通底している。そしてその視点は、より想像的要素の高い演劇や小説の分野でも基本的には変わらないが、特に築山殿においては、悪女として歌舞伎の役柄にも当てはまる人物造型がなされていく。

演劇と徳川

歴史的な人物像に対するイメージの生成と継承に対して、近世演劇が担った役割の大きさを指摘したのは、渡辺保である。渡辺保は、「日本人の心のなかにある「大石内蔵助」のイメージをつくったのは、歴史的な事実ではなく実は沢村宗十郎という一人の歌舞伎役者である。」（講談社学術文庫『仮名手本忠臣蔵　もう一つの歴史感覚』講談社、二〇一三年）と述べ、歌舞伎「大矢数四十七本」で沢村宗十郎《さわむらそうじゅうろう》が演じた大石内蔵助《おおいしくらのすけ》こと大岸宮内が人形浄瑠璃「仮名手本忠臣蔵」の大星由良之助《おおぼしゆらのすけ》に影響を及ぼし、大石内蔵助像の決定版が生み出されていった過程を明らかにした。

築山殿のように、その生死が歴史的に大きな事件に関連し、しかも生い立ちがさほど明らかでなく創作の余地が多い人物は、演劇の登場人物としては大変に魅力的であろう。しかし、近世演劇に築山殿自身が登場する作品はほぼない。なぜならば徳川家康を演劇において描くこと自体が、徳川幕府によって禁じられていたのである。そのために、徳川家と豊臣家が激突した関ヶ原の戦いや大坂冬の陣・夏の陣などを描く大坂軍記物は、背景の時代を鎌倉時代など別の時と場所に移して描かれるのが定番となっていた。当然、人物の設定についても、例えば徳川家康は北条時政《ほうじょうときまさ》などの別人に置き換えられつつも、善悪どちらにも造型されてきた。江戸で初演された関ヶ原物の人形浄瑠璃作品「石田詰将棊軍配《いしだづめしょうぎぐんばい》」（万象亭《まんぞうてい》・司馬芝叟《しばしそう》・吉田鬼眼《よしだきがん》ら作、天明三（一七八三）年一月、江戸肥前座初演）では善側の人間として、悪人の石田三成と対立した。対して、大坂で初演された関ヶ原物の人形浄瑠璃作品「恋伝授文武陣立《こいのでんじゅぶんぶのじんだて》」（奈河七五三助《ながわしめすけ》・司馬芝叟ら作、寛政二（一七九〇）年十一月、道頓堀筑後芝居初演）での徳川家康が石田三成と対立するのは「石田詰将棊軍配」と同じだが、本作の三成は豊臣家を守ろうとする忠臣となっており、従って家康は豊臣家の天下を狙う謀反人とも取れる位置におかれている。

演劇における家康は、徳川幕府のお膝元である江戸では善、そして豊臣家のお膝元であった大坂では悪、とまでは言えなくとも善側の立役と対立する役割となっているのだ。初演の土地における観客の好みを反映した人物造型がなされているのが、近世演劇における家康像の特徴とも言えよう。また、家康が登場する作品の殆どが大坂軍記物であり、築山殿に相当する人物の活躍を描く作品の登場は、明治まで待たなければならない。明治十一年（一八七八）六月、近代的様式の劇場として新開場した新富座にて、「松栄千代田神徳《まつのさかえちよだのしんとく》」（河竹黙阿弥作）が上演された。本作は、劇聖と謳われた九代目市川團十郎らが依田学海などの学者の協力を得て、写実的で史実を尊重した歴史劇、いわゆる「活歴」として制作された。家康の前半生を描く歌舞伎であり、図1と2は、当興行の際の役者絵である。本公演で團十郎は主役たる徳川家康にあたる億川家泰と築山御前とを両方演じた。

「松栄千代田神徳」の築山御前は、記録・軍記類の築山殿像をある程度継承している。武田方と繋がる者（劇中では修験者の快典《かいてん》）と密通しており、また武田勝頼と直接密書を交わしている。ただし歌舞伎らしい脚色として、家康の妾お万を築山御前とその腰元達が責める責め場が追加され、また築山殿の死は家康家臣の手に

図１　豊原国周画の九代目團十郎演ずる築山御前、明治 16 年（1883）6 月新富座所演「松栄千代田神徳」（早稲田大学演劇博物館蔵 No. 101-4976）

図２　楊洲周延画の九代目市川團十郎演ずる億川家泰、明治 16 年（1883）6 月新富座所演「松栄千代田神徳」（早稲田大学演劇博物館蔵 No. 012-1268）

懸かるのではなく、自害となっている。しかし最期には、

　陰謀なりと申せども、伯父君今川義元公の怨敵ゆゑに信長を、討たんと計るは武門の意地、それをうとみて我君様妾を深く憎みたまひ、見かへる者に事を替へ、下司女めに御心を移させたまふはお情ない、かゝる事に相成るも、元はと云へば女めゆゑ、生きて恨みは果さずとも、魂魄此土に止りて、無念を晴らさでおくべきか。

と、『松平記』で書かれた築山殿の末期にも似て、呪詛を吐きながら落ち入っている。演劇が築山殿をはじめて正面から取りあげた本作では、名優九代目團十郎に家康と築山御前の二役を演じさせており、家康前半生における、信康自刃事件と築山御前の存在の大きさを認識しての趣向であろう。

　本作からはじまったとされる活歴は、演

劇史においては重要な運動ではあったが、既存の観客の支持を得ることが出来なかったとされている。しかし、團十郎の築山御前に対して、例えば雪責めで著名な「鶊山姫捨松《ひばりやまひめのすてまつ》」の岩根御前《いわねごぜん》を思わせるような責め場を用意するなど、既存の観客にも受け入れやすい古典作品の応用を行っている。一方で、そのために築山御前は、岩根御前のような既存の歌舞伎作品で描かれた高位の悪女の典型から逸脱してはいないとも言える。

演劇が描く築山御前が、ある種の新しさと普遍性を兼ね備えた女性像として提示されるのは、大佛次郎《おさらぎじろう》作「築山殿始末」（昭和二十八年（一九五三）十月、歌舞伎座初演）においてであった。

「築山殿始末」の新鮮さと普遍性

「築山殿始末」は、「松栄千代田神徳」で家康と築山御前を二役で演じた劇聖九代目團十郎五十年忌となる記念の公演で初演された。初演時には、作者の大佛次郎が演出も行った。図3「築山殿始末」の前にも岡村柿紅が「浜松の家康公」（大正八年（一九一九）五月、歌舞伎座）として信康自刃事件を劇化していたが、不評にて再演はされなかった。本作「築山殿始末」は現在の歌舞伎でも演じられる一幕物となっている。

大佛次郎は前年にも「若き日の信長」を歌舞伎に書き下ろしており、非常な好評を得ていた。特に、当時人気絶頂であった九代目市川海老蔵（後の十一代目市川團十郎）演じる織田信長が、美貌と若々しさ、情熱とで歌舞伎座の観客を魅了した。「築山殿始末」では、その海老蔵に信康の役が当てられており、信長に引き続いた新鮮な信康像の創出に期待が持たれたものと考えられる。また、徳川家康は二代目尾上松緑、そして築山殿は三代目市川左團次であった（図4）。

本作の築山殿の人物設定は、過去作品の築山殿とあまり変化はない。高位の高慢な女性で、唐人医師の減敬と密通し、敵の武田方と内通している。作中のト書きには築山殿について「我が子信康だけを猫のやうに可愛

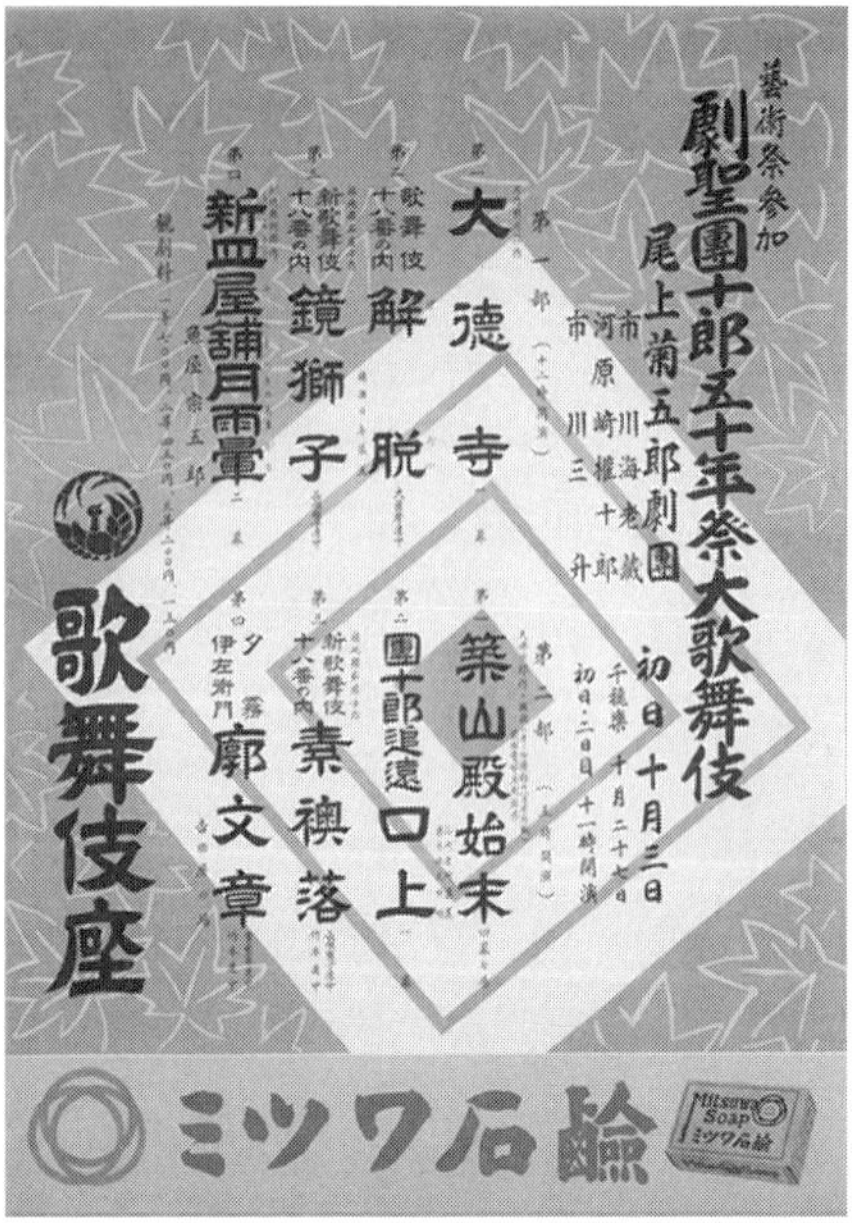

図3　「築山殿始末」初演時のポスター。昭和 28 年（1953）10 月歌舞伎座所演。（早稲田大学演劇博物館蔵 No. POS0002207）

図4　初演時に築山殿を演じた三代目市川左団次。昭和 28 年（1953）10 月歌舞伎座所演。（早稲田大学演劇博物館蔵 No.F52-1701）

がつてゐる」（引用は、大佛次郎「築山殿始末」、『若き日の信長　戯曲集』朝日新聞社、一九五三年、による。以下同様）と書かれており、夫家康とも、嫁となる信長の娘・徳姫とも冷たい間柄である。特に本作の築山殿において、今川家の血に対するプライドと、信康に対する執着とも呼べる愛情が注目される。築山殿は信康について、

信康は、誰が子でもない。わらはが子ぢや、わらはは一人の子であつて家康殿にも、子とは申させぬぞよ。海道一の弓取りとせられた今川義元公と血のつながる信康。信長づれのやうな成り上り者、人の下にのみ立つ家康どののやうな小心者とは生れからして違ふ器量ぢや、嫁が織田の娘ぢやとて、あれは分別のない年頃に政略から押附られたもの。この母が、嫁などと思うてゐようか？ 今川の血が、やがて物を云はう。

信康は誰が子でもない。このわらは、ひとりの子ぢや

と述べる。本作では築山殿と信康の破滅の基となる徳姫が信長に書き送った書状を出すきっかけにも、築山殿が関わってくる。築山殿が、徳姫とお手つきとなった娘・小笹を引き合わせたことを契機として、徳姫と信康との不和が決定的になり、信長への書状に繋がるのである。また、本作で築山殿の死亡する場面は描かれず、死に際して呪詛を吐く築山殿は見られない。

本作の家康は、信康への愛情と一国の主としての責任との間に挟まれて苦悩する面を丁寧に描き出しており、その点では近世以前の家康を善の側・築山殿を悪の側に置く典型的な関係性に変わりはない。しかし築山殿の行動が自身と信康との破滅に繋がる糸を紡いでいく様は、「沓手鳥孤城落月《ほととぎすこじょうのらくげつ》」の淀君のようなファム・ファタル的要素を感じさせる。ただし母として信康への執着と、今川家の血筋としての自負との結合が強く打ち出されている点が、「築山殿始末」の築山殿の人物造型の新しい点であろう。

まとめ

「築山殿始末」の初演時、劇評家には必ずしも全面的に好意的には受け入れられはしなかった。戸部《とべ》銀作《ぎんさく》は、本作について「以上二作（※「松栄千代田神徳」・「浜松の家康公」）と今度の大佛次郎氏の作を比べると、なにかしら現代の臭いはするが、無理が多くすぐれたものではない。」（「歴史劇の命題」（『演劇評論』三号、一九五三年十一月）、以下同様）と切って捨てる。主にそれは「歴史の眼を離れ、現代の考えで各人を見ようとしているところに、根本的な誤りがありそうだ」として、歴史考証の重要性を主張する。しかし、渡辺保は本作を「若き日の信長」とともに「時代物の傑作」（『増補版　歌舞伎手帖』角川学芸出版、二〇一二年）であるとし、「簡潔な文体の中に、信康の覇気のある勇壮な制作、小笹との一途な恋、築山御前と徳姫の嫁姑の対立。戦国の中で家を守るため

には妻子すらも殺さなければならない家康の苦悩が描かれている」とする。

「築山殿始末」は歌舞伎でも何度か再演され、昭和三十六年（一九六一）には『反逆児』と改題し、中村錦之助（後の萬屋錦之介）主演で映画化され、同名の舞台作品としても上演、再演を重ねている。舞台・映像作品としては、「築山殿始末」に描かれた築山殿像が最もよく流布しているといえよう。また、小説の世界では、山岡荘八著『徳川家康』（北海道新聞、一九五〇～六七、後に講談社文庫など）の築山殿が、近代以前の通説的な築山殿像をよく提示しているだろう。対して諸田玲子『月を吐く』（集英社、二〇〇一年）は、悪女ではなく繊細で愛情豊かな女性という新鮮な築山殿像をその生存説とともに提示している。

結局のところ「築山殿始末」のように仮に歴史考証に行き届かぬ点があったとしても、時代の影響を受けた当時の思想の元で作られた虚像であろうと、深く掘り下げて人物像を創出することが、作品が普遍性を獲得する基となるのであろう。築山殿という女性は、近世以来悪女として描写されるところが専らであったが、幾つかの変遷をへて、現在では『月を吐く』に描かれるような「恋愛小説」（寺田博「解説　恋愛小説としての築山殿始末」（『月を吐く』文庫版解説））の主人公としても造型されるに至った。信康自刃事件については、前述の通り信康と家康の対立が原因である説も提唱されるようになっている。史実の検証が進むと、より新鮮な虚構が想像されていく。偉人・徳川家康の正室である築山殿の様々な多面的な虚像が多面的に提示されるようになるのは、これからなのかもしれない。

●参考文献
河竹黙阿弥著『黙阿弥全集』第二十七巻（春陽堂、一九二六年）
新編岡崎市史編集委員会編『新編岡崎市史』中世二（新編岡崎市史編さん委員会、一九九一年）
本多隆成『徳川家康と武田氏』（吉川弘文館、二〇一九年）

本稿は、科学研究費（21K00137）の助成を受けたものである。

6 三方ヶ原の戦い

原 史彦×湯浅佳子

失敗の本質を教訓とすることは、戦史の常道である。天下人家康を成長させた一大試練として三方ヶ原の敗戦は、長くそれを象徴するものとして語られてきた。しかし、絵を根拠にした語りほど、真実めかした神話の起源となることも、これまた歴史の常道である。野戦の名手家康像は、その後の野戦の数々の「勝利」と抱き合わせで、天下人への道を語る資源となっていくのである。

6

三方ヶ原の戦い

実像編

▼原 史彦

三方ヶ原合戦は、家康が生涯唯一の大敗を喫した戦いで、家康はこの失敗を教訓として天下人となる資質を養ったとされている。合戦直後に描かせたとされる肖像が存在することも、この見解を後押ししていたが、その肖像の由来自体に根拠が無いことが、近年の調査で明らかとなった。また、戦いをもたらした背景を、足利義昭による信長包囲網の一環とする見解も見直しが図られている。三方ヶ原合戦の歴史的評価は、新たな知見を通して再検証する必要がある。

はじめに

三方ヶ原《みかたがはら》の戦いといえば、徳川家康《とくがわいえやす》が生涯唯一の大敗を喫した合戦として知られている。若輩者の家康が、無謀にも戦上手の武田信玄《たけだしんげん》に戦いを挑んだもののぼろ負けした戦い、という説明が一般的であろうか。また、その時に描かれたとされる画像も残されており、家康が大敗したという歴史を後押ししている。その画像とは、徳川美術館が所蔵する「徳川家康三方ヶ原戦役画像《とくがわいえやすみかたがはらせんえきがぞう》」（以下、「三方ヶ原画像」という）である。三方ヶ原画像は極めて特異な容貌で、同館の説明では、「浜松城に逃げ帰った家康が、この敗戦を肝に銘ずるためその姿を描かせ、慢心の自戒として生涯座右を離さなかったと伝えられる」（徳川美術館一九七六）と記す。たしかに、三方ヶ原画像の表情は「憔悴し切った表情」に見え、「別名顰像《しかみぞう》」とする見解も頷ける。後の図録（徳川美術館一九九五）では、合戦直後ではなく、「後年」に描かせたと修正されるものの、同館では当初の主旨のまま繰り返しこの解説を用いてきた。かくいう筆者も同館在職時にこの解説を使用した一人である。

三方ヶ原の戦いについては、高柳光壽を嚆矢として（高柳一九五八）、諸氏による研究の積み重ねがあり、合戦をめぐる政治史面での検討は進んでいる。ただし、この合戦に限らず、個々の合戦の経緯は史料的制約から詳細不明な場合が多く、ましてや、合戦当事者の心情についてはほとんど判らない。

しかし、三方ヶ原の戦いは異例である。三方ヶ原画像によって合戦当事者の心理が判明するからである。つまり、家康は反対を押し切って出陣したことで、多数の家臣を失ったため、己の未熟さを恥じて以後この失敗を繰り返さないように惨めな姿を描かせて自分を戒めたという、実に人間味あふれる話が伝わっている。ただ、この話を裏付ける史料は存在しない。あくまで三方ヶ原画像のみに付随する逸話として、尾張徳川家の口伝という形で伝承されただけの話である。しかしながらこの逸話は史実として認識されているため、三方ヶ原の戦い自体の評価に少なからず影響を及ぼしている。結論から言えば、この逸話は、虚より生まれた実という極めて特殊な事例に属する。

本稿ではまず、三方ヶ原の戦いに関する研究の実情と、江戸時代までに認識されていた合戦当日の家康の行動を史料で探ることとする。そして、すでに拙著（原二〇一六）で明らかにしたように、三方ヶ原画像と三方ヶ原の戦いとは無関係であるという検討について、本稿及びコラム「徳川家三方ヶ原戦役画像」において、拙著発表後の追加検証を加えた上で修正提示する。

戦いの経緯

三方ヶ原の戦いは、元亀三年（一五七二）十二月二十二日に、現在の静岡県浜松市北区にある三方ケ原台地付近で起こった戦いである。合戦の背景としては、信玄が前年末に北条氏政《ほうじょううじまさ》と同盟を結んで駿河国の領有を成し遂げたこと、同年十月に姻戚関係にある越前朝倉氏・石山本願寺との同盟が成ったこと（鴨川二〇〇七・柴二〇一七）、この頃に岩村城の遠山氏などが武田側に下ったことなどの条件が揃ったことにある（柴二〇〇七）。

信玄が徳川領に侵攻する意図は、信玄が奥平道紋《おくだいらどうもん》（定勝《さだかつ》）に宛てた（元亀三年）「十月廿一日」付の「武田信玄書状（切紙）」（武市通弘氏所蔵文書『静岡県史 資料編8 中世四』所収）にある、家康に対する『可散三ヶ年之鬱憤候』という動機、すなわち三ヶ年にわたる鬱憤を散らす（晴らす）ためと理解されている。

この「鬱憤」については、永禄十二年（一五六九）に家康が信玄の意向を無視して今川氏真《いまがわうじざね》と和議を結び、北条家が氏真を庇護することを画策して、駿河支配の名分を北条家に与えた一件とする見解（須藤一九九八・本多二〇一〇）の他、元亀元年（一五七〇年）十月に、家康が武田氏と敵対する上杉氏と同盟を結んだとする見解（柴二〇〇七）がある。いずれにせよ、信玄側の立場でみれば家康によって面目を潰される何らかの事態が発生したため、武力対立に至ったことは間違いない。

そして、元亀三年十月三日、信玄は甲府を発して十日に遠江国へ侵攻を開始する。これまで信玄は浜松北方の青崩峠を越えて進軍したと言われていたが、青崩峠を進軍したのは別働隊で、信玄は東方より進み高天神城を経て二俣城へ向かったことが明らかにされた（柴二〇〇七）。この間に天竜川東側の一言坂で徳川勢を退けたとされ、十一月末頃に武田勢によって遠州口の要・二俣城が落とされる。

また、岩村城の遠山《とおやま》氏を信玄が調略して東美濃の支配下に置いたことで、これまで信玄との同盟を維持す

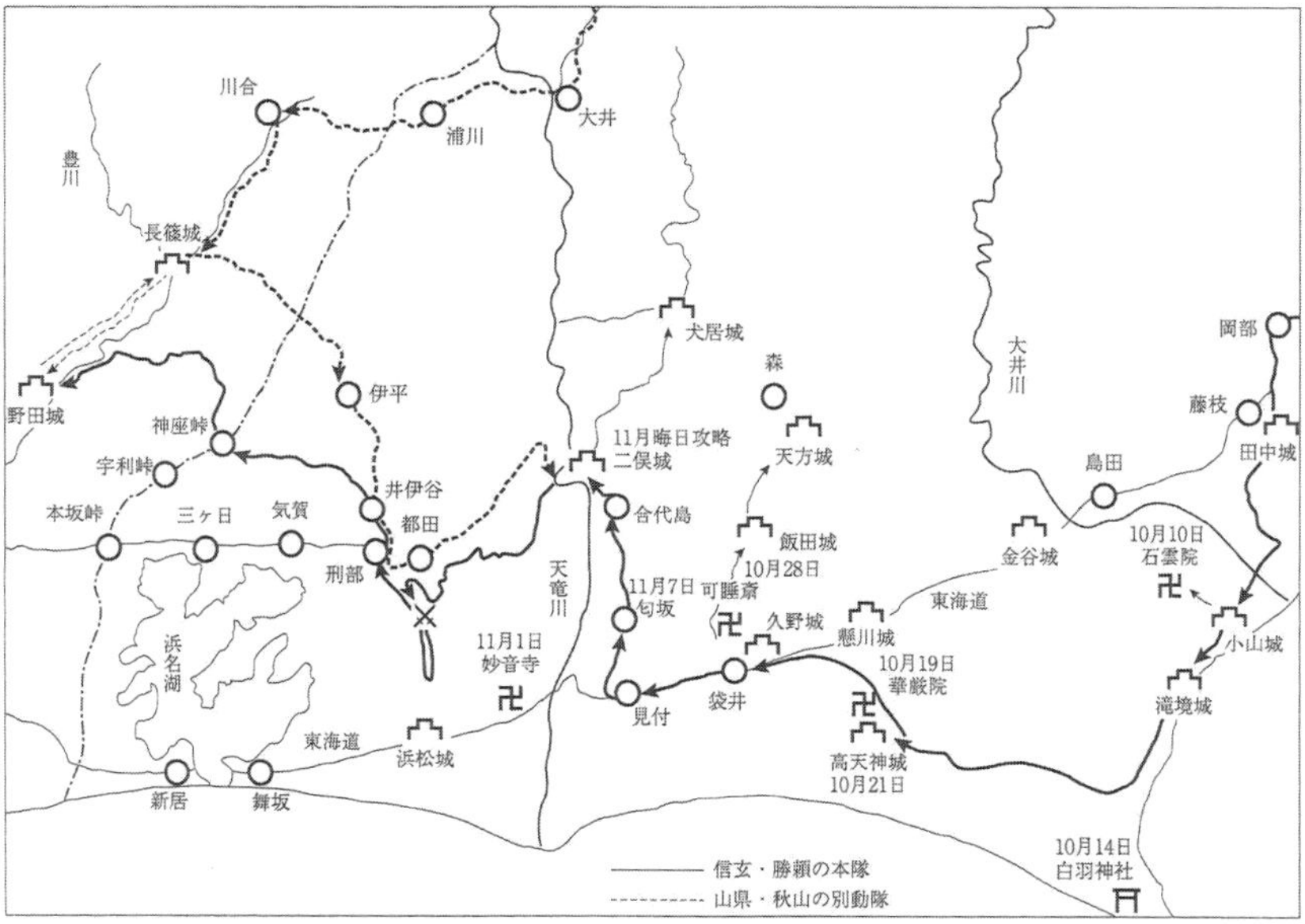

図　武田軍の遠江・三河推定侵攻ルート
(本多隆成『定本 徳川家康』p.84・図 26(吉川弘文館、2010 年)より転載)

る姿勢を示していた織田信長も激怒し、上杉謙《うえすぎけん》信《しん》に当てた十一月二十日付の「越後上杉謙信宛書状写」(『増訂織田信長文書の研究』上巻所収)では、「信玄の所行寔に前代未聞の無道者、侍の義理を知らず、只今は都鄙の嘲弄を顧みざるの次第、是非なき題目にて候」・「信長と信玄との間の事、御心底の外に幾重にも遺恨更に休むべからず候、然る上は、未来永劫を経候と雖も、再び相通じまじく候」といった激しい言葉を使用して信玄を非難している。意訳すれば、前者は「信玄の所業は前代未聞の無道な行いであり、侍の義理を知らず、世間の嘲弄も顧みない許しがたい所業である」、後者は「信玄に対して幾重にも遺恨が積み重なった。今後、二度と友誼を結ぶことは無い」となろうか。

　そして、「此方より出勢せしむる」として、家康に援軍を送ることを告げている。信玄もまた信長の動きを同時期に把握していたようで、朝倉義景《あさくらよしかげ》に宛てた十一月十九日付の「武田信玄

6. 三方ヶ原の戦い　実像編

より朝倉義景に遣れる條目」（『新修 徳川家康文書の研究』所収）では、信長の援軍について「三千余加勢」と記している。ただし、援軍人数について記した同時代史料はこの條目のみであるため、この人数は正確に把握した上での数字か、己の武威を誇示するため相手に過少に報告した数なのかまでは判らない。当然のことながら、後世に著される諸書によりその数や援軍諸将の名に差異がある。

信玄は攻略した二俣城の普請を終えた後、十二月二十二日に家康の居城・浜松城方面へ進軍したものの、浜松城へは向かわず西へ進軍する気配を見せたため、家康は城を打って出て申の刻（午後四時頃）に合戦となった。合戦の経緯・程度は不明ながら、後世の史書においても家康の敗北としている限り、惨敗かどうかはともかく家康が敗れたことは間違いない。信玄は合戦後、浜名湖北東部の刑部へ移りここで越年をする。十二月二十八日付で朝倉義景に宛てた「武田信玄書状」（伊能家文書『戦国遺文 武田氏編』所収）では、「三・遠両国之兇徒并岐阜之加勢衆千余人討捕」と戦果を報告している。戦死者の数も諸書によって異なり、この書状の数も誇大に報告した可能性はあるが、家康側に打撃を与えたことは確かであろう。

信玄は正月に三河野田城を包囲して二月半ば頃に攻め落とし、長篠城へ移ったものの、それ以上の進軍は行わずに突如撤退を開始した。この行動は、この頃すでに信玄の病状が悪化していたためと解釈されており、事実、信玄は撤退途上の信濃国駒場で、四月十二日に五十三歳の生涯を閉じた。

信玄西上の意図

これまで、信玄が遠江へ軍勢を発したことの動機について、十五代将軍足利義昭《あしかがよしあき》が、反信長の姿勢を元亀二年時点で明確にしたことにより、武田・朝倉・浅井・石山本願寺による信長包囲網が形成され、信玄が上洛を行ったと説明されてきた。この根拠となる史料が、年次を欠く五月十七日付の松永久秀《まつながひさひで》家臣・岡周防守《おかすおうのかみ》宛武田信玄書状（荒尾家文書『戦国遺文 武田氏編』所収）と、同じく年次を欠く五月十三日付の武田信玄宛足利義昭御内書（大槻家文書『戦国遺文 武田氏編』所収）である。

前者は「そもそも公方様、信長に対し御遺恨重畳の故、御追伐のため御色を立てらるるの由候条、この時無二の忠功を励まさるべきの事、肝要に候。公儀の御威光をもって信玄も上洛せしめば、他に異なり申し談ずべく候」、後者は「当家（将軍家）に対し忠節を抽ずべきの由、法（宝）印を翻して言上、慥かに聞こし召されおわんぬ、ここに無二の覚悟、感悦最もに候、（中略）いよいよ忠功肝要、きっと行に及び、天下静謐の馳走、油断有るべからずの事、専一に候。」と記されている。

これまで前者を元亀二年、後者を元亀三年の書状とした上で、それぞれの意訳「義昭は信長に対して遺恨が深く、信長を追伐する覚悟を決められた。そのため、信玄も無二の忠功を励むことが肝要である。公儀の威光を下に信玄も上洛したならば、相談しましょう」、「将軍家に対して忠節を尽くすとの由、信長との同盟を破棄したことを聞きました。この覚悟に感激しました。（中略）いよいよ将軍家に対して忠功に励み、行動を起こして天下静謐のため油断なく務めてください」からみれば、三方ヶ原の戦いの前年に、将軍義昭は信長との対決姿勢を鮮明にしたことになる。そして、信玄・朝倉家・石山本願寺をはじめとする反信長同盟が形成されたことで、信玄は元亀三年より軍事行動を起こしたと理解されていた。

しかし、他の諸史料や『当代記《とうだいき》』の記述内容により、元亀二年時点で武田氏による徳川領国への侵攻は無いこと、義昭が明確に信長との手切れを表明するのが、元亀四年二月以降であることが確認されたことより、この二つの書状も元亀四年発給の書状と修正された（鴨川二〇〇七・柴二〇一七）。つまり、信玄が三方ヶ原の戦いを行った元亀三年十二月時点では、義昭はまだ信長に対する異心を明らかにしておらず、むしろ信玄の行動に触発されて、信長包囲網の盟主になったともいえよう。ただし、信玄は四月十二日で死去しているため、この二通の五月付書状は信玄の目に触れることはなかった。よって、信玄が義昭の要請により上洛を目途としていたとの説は否定されることになったわけである。

このことで三方ヶ原の戦いは局地戦とする説が有力となるものの、信玄の攻撃目標は単に家康の領国だけとする説と、家康と同盟関係にある信長との対戦を意図した説とで見解が分かれている。しかし、先述した朝倉義景に宛てた十一月十九日付の「武田信玄より朝倉義景に遣れる條目」でも「信長を當敵と」すること、美濃国郡上の遠藤氏に対して「岐阜に向かいなたお（鉈尾）の取出（砦）を早々築くべきの旨、催促せしめ候」と明言しているため、信玄の軍事行動の先には信長との敵対があることは明白である。こういった当時の史料分析により、信玄は信長との対決を主目的とし、三方ヶ原の戦い時点では遠江・三河の制圧を目指したという説が有力になっている（本多二〇一〇）。結果として信玄の死により、武田家の制圧構想は後退を余儀なくされ、家康も信長同盟者としての命脈を保つことになる。信玄の死はその後の政局に大きな影響を与えたことは間違いない。

家康の慢心はあったか

合戦当日の状況についても諸書で検討されてきたが、典拠とする史料の大半は後世の編纂物であり、また伝聞に基づく記録であるため、正確性に難があることはこの合戦に限ったことでは無い。合戦の実態は概ね不明といってもよかろう。様々な記録から合戦の虚実を読み解く試みはあるが（小楠二〇〇〇）、同時代の史料が極少の状態である限り、推測を交えた検証になることは否めない。ここでは三方ヶ原画像が製作される背景として、この合戦時に家康の「慢心」があったのかを検証してみたい。

両軍が動員した軍勢数は諸書によって異なるが、徳川勢はおおむね八千人、援軍の織田勢は三千人に対し、武田勢は三万人から四万五千人の範囲として記載されている。『三河物語』では敵は「三万余」、味方は「八千之内」とするも、武田勢は三万人を超えなかったとする説（小楠二〇〇〇）もある。いずれにせよ徳川勢不利の動員数であったことは、諸書で共通する。この状況下を前提に史実的に語られていることは、籠城の献言を「慢心」のため無視して出撃し、大敗した事を後悔したという三方ヶ原画像の逸話である。

しかし、結論から言えばこの筋立ての記録は、後世の編纂物にも無い。家康の「慢心」に類する話としては、『三河物語』や『朝野舊聞裒藁《ちょうやきゅうぶんほうこう》』に収載された古記録の内、「落穂集《おちぼしゅう》」・「戸田本三河記」・「武徳大成記」・「四戦紀聞《しせんきぶん》」・「大三川志」・「松平記」・「官本三河記」等に似た話が掲載されている。比較的成立年代が早い『三河物語』では、家康が出陣すると言ったところ、「年寄共」は疑義を呈し、軍勢の差は圧倒的に不利な上、信玄は戦上手である、それなのになぜ出陣するのかと家康に詰め寄ったが、家康は敵が領地を蹂躙《じゅうりん》するのに、城にいてそれを咎めないのはいかがなものか、負けようが出撃して咎めなければならない、戦は人数の多寡ではなく「天道次第」、つまり運次第と言って出撃したことが記されている。そして、他の家臣も「是非に不及」と言って賛同しているため、制止を振り切ってまで出撃したことにはなっていない。

「落穂集」では、家康の出撃を止めたのは信長からの援軍諸将とする。兵力で劣るため城に籠城し、信長からのさらなる援軍を待った上で、新たな援軍とで武田勢を挟み撃ちにする方策を援軍諸将が献言したところ、家康はそれでは「城持たるものゝ本意にあらす」と言って出撃し、援軍諸将も納得して追随したとしている。

「武徳大成記」でも同様に、家康の出撃を止めたのは信長からの援軍諸将とするが、この記録では家康が強引に出撃しようとするのを、援軍諸将が信長の命であるとして家康の袖を取って諫めたとしている。しかし、家康は信玄が小田原城を攻めた際、北条氏政が討って出なかったことを「怯弱」と嘲笑された例を挙げて、もし出撃が叶わなければ、出家・隠棲するとまで言っているにも関わらず、援軍諸将は耳を傾けなかったとする。

「官本三河記」では、物見に出した鳥居四郎左衛門《とりいしろうざえもん》が信玄と戦をすべきでは無いと報告した事に対して家康は激怒し、鳥居を「臆シタルヤ」と罵ったところ、鳥居から「軍之不知勝負大将」と罵り返されていることが記される。

いずれも後世の編纂物であるため、記述に差異があることは致し方無いが、出撃に対して何らかの反対があり、それを家康が押し切った、もしくは押し切ろうとしたという構図は共通している。しかし、この決断を家康が後悔・反省したという記述はいずれの記録にも無い。むしろ籠城という消極策に傾きそうな流れを、勝ち負けを度外視して、武門の意地として押し通したことを誉れとする記述が多い。

また、「武功雑記《ぶこうざっき》」では討死した諸士の家族を労る話、「四戦紀聞」では浜松に帰城した後、城門を開け放して篝火を焚き、秘策の存在をほのめかしたことで武田勢の追撃をかわした話、「大三川志」では浜松帰城後に湯漬けを三杯食べて豪胆にも熟睡した話、といった家康の人徳・度量を讃える内容はあるが、三方ヶ原画像に附属する逸話はいずれの記録にも見られない。

家康の人徳・度量については、天保七～八年（一八三六～三七）頃に大学頭・林述斎《はやしじゅっさい》によって『披沙揀金《ひさかんきん》』という書にまとめられている。本書は、家康の神格化が進む中で、賞賛すべき家康の言動を諸記録より抜粋・収載した記録である。もとより虚実取り混ぜの記録だが、江戸後期において周知されていた家康の人間像を知る指標となる。しかしながら本書にも三方ヶ原画像製作にかかわる記載は見られない。つまり、江戸後期の徳川将軍家周辺でも三方ヶ原画像に付随する逸話は知られていなかったわけである。

なお、『当代記』では、信玄が三方ケ原へ進軍したため、家康は物見部隊を派遣したが、武田勢と小競り合いとなり、家康はこの物見部隊を引き上げさせようとして出馬したところ、「不慮に」合戦となったとしている。この記述通りならば、少なくとも十二月二十二日の時点で家康には信玄と合戦するつもりはなく、物見部隊の小競り合いから偶発的に合戦となったことになる。そうだとするならば、これまで紹介した諸書に記される合戦直前の家康と家臣らとのやりとりは全て創作となってしまう。

これらから言えることは、江戸時代では共通認識とされた合戦譚は無く、近代において合戦検証が進む中で、諸々の逸話が集約かつ、取捨選択されて一つの合戦譚になったであろうということである。しかしながら、三方ヶ原画像の由緒により、この合戦で家康は後悔して反省した話が史実のように語られている。結論から言えば、この逸話は、明治末年頃までに尾張徳川家周辺で創作された話である（原二〇一六）。この逸話が創作さる過程は「コラム」を参照していただくとして、この話が広く敷衍したことにより、家康の「慢心」や「敗戦を肝に銘ずる」といった話があたかも史実のようになってしまったのである。

おわりに

三方ヶ原の戦いに限らず、戦国時代以前の合戦については虚実取り交ぜの話が膨らむのは致し方ないことである。しかし、三方ヶ原の戦いは合戦当事者による画像が残り、そこにさもそれらしい由緒が附属することで、史書から得られない合戦当事者の心理が史実として語られてきた特異な歴史がある。

もとより徳川美術館でも、三方ヶ原画像の由緒を鵜呑みにしていたわけではなく、絵画描法からみて元亀三年段階まで遡らせる絵画では無いと判断し、製作年代を「江戸時代　十七世紀」に修正している。有職面での検討によって、合戦直後に描かれた画像ではない事、家康を半跏思惟像に見立てた礼拝像とする見解が出されている他（藤本二〇〇八）、家康図像解釈による王権論を展開し、東照大権現の軍神的性格も付加した画像とした上で、三方ヶ原画像の相貌も悔しさによる「顰める」では無く、「忿怒」とした見解（松島二〇一二）も出されている。

しかし、本画像の口伝が八十年近くにわたって無批判に踏襲されたことで、事実上の「史実」として市民権を得た逸話になったことは間違いない。近代になって創作された逸話が、史実として定着したことで、この逸話を前提に三方ヶ原の戦いが語られるという逆転現象が生じた稀有な事例である。

この現象が生じたのも、三方ヶ原画像があまりに異様な容貌・姿態ゆえであろう。ここから連想された逸話は、ある意味見事に画像の印象を語っている。そして、「慢心を戒める」という自律性と、わざわざ惨めな姿を形に残すという自虐性は、日本人の共感を呼び広く周知された画像となっていった。いわば近代における史実の創生である。

大名家を始めとする旧家・名家伝来の道具には、史書に記されない独自の由緒が付く例がある。旧家・名家は所有道具の格を上げるために、一見ありそうな逸話を意図的に付随させる場合があり、一度付けられた由緒は代を重ねるごとに事実として継承されてしまう。特に茶道具は、その美術的価値以上に、その由緒に格付けが行われ、所持する家・人物をも格付けする。ここに新たな一見史実風の由緒を産む素地がある。三方ヶ原画像は尾張徳川家という旧家・名家に伝わったが故に、創作された逸話でも史実として受け取られ、その逸話に引っ張られて三方ヶ原の戦いが家康の分岐点のように語られるようになってしまったわけである。むしろ、逸話創作者の類まれな文才と評価すべきことなのかもしれない。

●参考文献
奥野高廣『増訂織田信長文書の研究』上巻（吉川弘文館、一九六九年）

小楠和正『検証・三方ヶ原合戦』（静岡新聞社、二〇〇〇年）
鴨川達夫『武田信玄と勝頼―文書にみる戦国大名の実像』（岩波書店、二〇〇七年）
史籍研究會『内閣文庫所蔵史籍叢刊　特刊第一　朝野舊聞裒藁』第三巻（汲古書院、一九八二年）
静岡県『静岡県史 資料編8 中世四』（一九九六年）
柴裕之「戦国大名武田氏の遠江・三河侵攻再考」（『武田史研究』三十七号、二〇〇七年）
柴裕之『徳川家康　境界の領主から天下人へ』（平凡社、二〇一七年）
柴辻俊六・黒田基樹『戦国遺文 武田氏編 第三巻』（東京堂出版、二〇〇三年）
須藤茂樹「武田信玄の西上作戦再考」（『武田史研究』三号、一九八八年）
全国東照宮連合会『披沙揀金＝徳川家康公逸話衆＝』（続群書類従完成会、一九九七年）
高柳光壽『戦国戦記　三方原之戦』（春秋社、一九五八年）
徳川美術館『名品図録』（一九七六年）
徳川美術館『新版 徳川美術館蔵品抄① 徳川美術館の名宝』（一九九五年）
徳川義宣『新修 徳川家康文書の研究』（財団法人徳川黎明会、一九八三年）
原史彦「徳川家康三方ヶ原戦役画像の謎」（徳川黎明会編『金鯱叢書』第四十三輯　二〇一六年）
藤本正行「三方原敗戦の徳川家康像は家康が描かせたものではない」（別冊歴史読本16号『間違いだらけの歴史常識』新人物往来社、二〇〇八年）
本多隆成『定本 徳川家康』（吉川弘文館、二〇一〇年）
松島仁「徳川将軍家の始祖・家康の神格化と徳川日本の創建神話の創出―《東照宮縁起絵巻》をめぐって―」（『徳川将軍権力と狩野派絵画』第二部　ブリュッケ発行・星雲社発売、二〇一一年）

6 三方ヶ原の戦い

虚像編

▼湯浅佳子

元亀三年（一五七二）十二月十二日の三方ヶ原の合戦は、徳川家康・織田信長軍が武田信玄軍に敗退した戦いである。『当代記』巻一によると、信玄勢二万の大軍に家康勢は八千ほどの小勢であったとされ、織田信長からの援軍があったとはいうものの家康劣勢の戦いであった。ではこの合戦は、近世期の軍記類にはどのように記されているのだろうか。軍記から軍記へと記録が継承されていく時に、戦況状況や人物像がいかに変容していくのか、近世初期・前期のものを中心に考察する。

はじめに

元亀三年（一五七二）十二月二十二日、遠江国の三方ヶ原《みかたがはら》（現在の静岡県浜松市北区付近）で起きた武田信玄《たけだしんげん》と徳川家康《とくがわいえやす》・織田信長《おだのぶなが》軍との戦いを三方ヶ原の戦いという。

本稿では、三方ヶ原の戦いを記す軍記類で比較的早い時期の成立とされる『松平記《まつだいらき》』『甲陽軍鑑《こうようぐんかん》』から近世中期成立の『武徳大成記《ぶとくたいせいき》』までにおいて、合戦の経緯や家康の人物像がどのように描写されているかについて考察する。

『松平記』『甲陽軍鑑』『三河物語』

三方ヶ原合戦を記した比較的早い成立の軍記に、『松平記』『甲陽軍鑑』『三河物語《みかわものがたり》』がある。

『松平記』（六巻、付巻「阿部家夢物語」）

慶長頃成立、松平氏譜代家臣による徳川創業史最古の書とされる。天文四年（一五三六）十二月の松平清《まつだいらきよ》康《やす》死去から天正三年（一五七五）の松平信康《のぶやす》自害までを一つ書き形式で記す。三方ヶ原合戦は巻五に記される。

『甲陽軍鑑』（二十巻二十三冊）

武田信玄と勝頼《かつより》を中心とした合戦の記録。高坂《こうさか》弾正《だんじょう》忠《ちゅう》昌信《まさのぶ》著、大蔵彦十郎・春日惣次郎書記書継、小《お》幡景憲《ばたかげのり》伝領整理、元和七年（一六二一）頃の成立とされる。

三方ヶ原合戦は、巻十三に記される。元亀三年十月中旬の信玄の遠州発向、一言坂の戦い、二俣城攻めを経て、十二月二十二日の三方ヶ原合戦、その後刑部へ陣替し越年するまでを武田側の視点から記している。

武田側の動向を中心とするが、家康側の動向も記される。特に、家康家臣の内藤三左衛門信成《のぶなり》や本多平八郎忠勝《ただかつ》の記事が目を引く。

十二月二十二日の三方ヶ原合戦前、信玄は、勝利祈願ため和歌を軍神へ奉じる。また「かい道一ばんのゆみとりとはいへども、わてうにわかての武士は、家康一人にとゞめたり」（22オ）と家康を評する。馬場美濃守信春《のぶはる》も「家康当年三十一歳なれども、日本国中に、越後の輝虎、三州の家康、両人ならで、かうの大将御座あるまじく候」（30オ）と信玄に語っており、家康を称賛している。

図　楊洲周延画「味方ヶ原合戦之図」浜松市美術館所蔵

『松平記』と『甲陽軍鑑』の三方ヶ原原合戦の記述には次のような共通話がある。

①一言坂の戦いで、家康衆の内藤信成が家康に撤退を進言、本多忠勝、活躍する。

②信玄の二俣城攻撃で、城内の中根平左衛門正照《まさてる》が水流を断たれ、城を明け渡す。

③十二月二十二日、信玄、家康に信長の加勢ありと聞き、合戦を躊躇する。

④同日、家康、三河山家三方衆と小山田衆を追撃するも、酒井忠次勢が崩れ敗軍。

第一に留意すべきは、①③で家康と信玄とがそれぞれ信長の動向を重視したとする点である。①『甲陽軍鑑』では、家康側近の内藤信成が、信長の加勢が来てから合戦するよう、家康に一旦の退去を勧める。『松平記』でも、内藤信成と本多忠勝が信長加勢後の合戦を家康に進言したとある。③『甲陽軍鑑』では、家康に信長加勢ありと見た信玄が浜松攻めを一旦躊躇するが、物見の報告で信長小勢を知り、勝利を見込んで攻め入ったとする。『松平記』でも信長加勢到来を知った信玄が「扨《さて》は軍は無益也」（87コマ目）と戦を躊躇したとある。なお『松平記』

ではさらに、家康勢が「いさみ、是非共合戦を初めんと申」（同）と戦に逸ると、物見の鳥居四郎左衛門忠広が劣勢につき撤退を進言する。すると家康は怒り、出陣となったとあり、信玄側に比べ冷静さを欠く家康側の状況も併せて記されている。『甲陽軍鑑』『松平記』は、信長に対する信玄・家康の警戒・期待、また戦況判断の良さ・悪さを、それぞれの視点から記している点において共通性があるといえる。

第二には、両書に本多忠勝の武功が記されることである。『甲陽軍鑑』には、二十五歳の若さで度々武功の誉れを表す忠勝が「かぶとにくろきかのつのをたて」（19オ）、身命を惜しまず戦場に乗り入れ味方を退かせたとある。『松平記』にも、忠勝の「鹿角の立物に、からのかしらかけたる甲」（87コマ目）が記される。この「からのかしら」（外来の犛《やく》・犎牛《ほうぎゅう》の尾毛を束ねた頭部の飾り物）は、『甲陽軍鑑』には三河武者の多くがこれを付けていたとあるが、『松平記』ではこれを忠勝の装束として記している。『松平記』でも、忠勝が味方勢を無事に退去させたとあり、『甲陽軍鑑』では、忠勝の武勇が家康の名誉として武田側で称賛される。

このように『松平記』と『甲陽軍鑑』とは、同じ話材をそれぞれの視点から記しており、両書間に何らかの影響関係があることが考えられる。

なお『信長公記』巻五にも、信長側の視点から合戦に触れた箇所がある。二俣城の戦いで信長家老の平手《ひらて》汎秀《ひろひで》らが家康加勢として参戦し、奮戦討死したことや、玉越三十郎の逸話などが記される。しかし内容・表現上から『松平記』『甲陽軍鑑』との関連は希薄である。『信長公記』と比べると、『松平記』と『甲陽軍鑑』との関連性が改めてみえてくる。

『三河物語』（三巻三冊）

松平家譜代衆の大久保彦左衛門忠教《ただたか》の著。元和八年（一六二二）草稿成、寛永三年（一六二六）頃自筆本（穂《ほの》

久邇《くに》文庫本）成立。徳川家代々の歴史と、大坂の陣と死去までの家康の一代記を記したもの。三方ヶ原原合戦は、巻三の冒頭に記される。

『三河物語』と『松平記』とを比べると、十二月二十二日、家臣らが劣勢ゆえと出陣を止めるが、家康や兵らが早まって攻めたため敗北したとする点、夜、大久保忠世《おおくぼただよ》が犀ヶ崖の武田の陣を夜討ちし信玄を驚かせたとする点などが両書に共通する。

『三河物語』は『甲陽軍鑑』とも類似する。『甲陽軍鑑』に、二俣城攻めで武田勢が「水のてに付、信玄公御くふういくつもあり」（21ウ）とある箇所について、『三河物語』では、二俣城周辺の川流の状況や武田勢が水流を遮る工事の様子などが具体的に記される。

なお『三河物語』には『松平記』『甲陽軍鑑』にない独自の話も多い。一言坂合戦時の家康から大久保忠《ただ》核《ざね》への懇切な教え、二十二日の合戦時に家康から大久保忠隣《ただちか》にかけた慈悲など、家康と大久保一族との親密な関係を伝える逸話が記されるのが特徴である。

では、これらの書は、以降の三方ヶ原合戦譚にどのように影響を与えているのか、次に考察する。

『三川記』（五巻五冊）

『三川記』（『三河記』）は、平野仁也によると、徳川氏創業史『武徳大成記』編纂のための基本資料として諸家から幕府へ献上された書で、数種の諸本がある。ここでは尾張藩初代藩主徳川義直《よしなお》の命で堀正意《ほりまさおき》により寛永十六年（一六三九）頃に編集されたとされる東京大学史料編纂所本『三川記』を取り上げ、『松平記』『甲陽軍鑑』『三河物語』との関係性について考えてみたい。

『三川記』巻五「信玄出張事付本多平八郎働事」「二俣落城事」「味方原軍事」には、元亀三年（一五七二）

閏正月から十二月二十八日までの三方ヶ原合戦をめぐる一連の出来事が記される。これら三章の本文は『松平記』を基本的枠組みとし、『甲陽軍鑑』『三河物語』それに『信長公記』を主に引用し、徳川方の視点で編集叙述している。

次に、三方ヶ原合戦に関する『三川記』の概要を示す。（　）には典拠を記した。

「信玄出張事付本多平八郎働事」元亀三年十月中旬、天竜川・大井川の国境をめぐり信玄と家康が対立（三河物語）。十月中旬、信玄の遠州侵攻、本多忠勝が敵味方の間を乗り回して家康勢を無事に撤退させ（甲陽軍鑑・松平記）①家康より称賛される。武田勢もその武勇を称え、見付の原に落首を立てる（甲陽軍鑑）。「二俣落城事」信玄勢の馬場信春・北条氏政ら四千余騎が進軍（甲陽軍鑑）、二俣城の水源を断たれ、中根正照・青木貞治《さだはる》降伏。奥平貞勝《さだかつ》・菅沼満直《みつなお》・新三郎や長篠・段嶺の者らが翻心し信玄に属すが、菅沼二郎左衛門・新八郎は味方に残る（三河物語）。信長は佐久間信盛《のぶもり》・平手汎秀《ひらてひろひで》らを加勢に遣わす（信長公記）。②佐久間らが合戦を強く止めたので、家康は出兵せず数日を送る。

「味方原軍事」十二月下旬、三方ヶ原へ侵攻の信玄、強敵家康追伐を願い和歌を軍神に奉る（甲陽軍鑑）。十二月二十一日、②家康、不戦は武士の恥辱と出陣しようとするのを佐久間・滝川・平手が制止、やむなく止まるが、翌日、八千余騎で出陣。信玄、信長や水野信元の加勢あっては戦況不利と判断し、合戦を躊躇する（甲陽軍鑑）。家康は若武者ゆえ逸って出陣（松平記）。両軍礫を打ち合う（三河物語）。馬場・小山田が信玄に家康小勢を報告（甲陽軍鑑）。②家康、勝敗に構わず一戦を逸るところを、物見の鳥居忠広より戦況不利の進言あり、家康怒る。③鳥居、軍中に勝利を励まし討死（松平記）。勝頼《かつより》勢の攻撃に家康勢退く（甲陽軍鑑）。青木・中根、③武名を恥じて討死（三河物語）。佐久間は逃亡、③敗北を恥じて討死した平手を人々称賛。しんがりの本多忠真《ただざね》、討死。夏目吉信《よしのぶ》、討死覚悟の家康を諫止し討死。小栗久次、命により大久保忠隣に馬を与える。討死の面々（三河物語）。③夏目吉信の討死は、家康からの仁慈への報恩であった。家康、浜松城入り、渡辺守綱《もりつな》ら、塩ノ町で敵勢を退ける。水野信元《のぶもと》は逃行。二十二日夜、大久保忠世、夜討を提案、近藤秀用《ひでもち》ら犀ヶ崖の信玄陣を釣瓶撃ちにする。武田勢、家康勢の手強さに驚く。二十三日、信玄犀ヶ崖で首実検（松平記・三河物語）。信玄、高坂昌信《こうさかまさのぶ》の諫言あって浜松城攻めをやめ、廿四日、遠州小坂辺で越年。馬場信春、信玄に家康と家臣らの強剛さを語る（甲陽軍鑑）。

傍線部①〜③が『甲陽軍鑑』『松平記』『三河物語』『信長公記』にはなく『三川記』にのみある箇所である。特徴として次の三点がある。

まず傍線部①のように、『三川記』では家康が本多忠勝の武功を称賛している。忠勝は、一言坂から見付の町、一ツ橋から小天竜まで味方全員を無事に退去させ、家康から「一言ノ坂ニテ、平八郎カ下知ナクハ、味方悉ク討死スヘキヲ、今日ノ後駆《シンカリ》、殊に抜群也」（25ウ）と、家康家臣中唯一無二の存在と称えられている。

次に、傍線部②のように、家康が信長家臣からの忠告を聞かず、勝敗を顧みずに戦ったとする。『松平記』には、家臣の内藤信成が信長の援軍着後の出陣を勧め、家康が一旦はそれに従ったとあるのを、『三川記』では、信長家臣の佐久間信盛・滝川一益《たきがわかずます》・平手汎秀が家康に「信玄合戦ヲ挑ト云共、家康公必ス合戦セサセ玉フナト、懇ニ仰セ含ラレケレハ」（26ウ）と改変している。また、十二月二十二日の三方ヶ原合戦の際、家康が勝敗を見極めずに出陣しようとするのを、同じく佐久間・滝川・平手が家康の袖に縋り付き「今度ノ合戦ハ、信長へ対シ、是非ニ思召留リ玉へ」（26ウ）と懇願したので、家康は是非なくその日の出陣を思い止まったとする。しかしその夜家康は、不戦は「武名ノ瑕瑾」（27オ）と、翌朝の出陣を家老らに告げる。

史実の上でも、家康と信長は同盟関係にあり、家康は信長使者から分別ある対応を求められていたことが本多隆成の指摘にある。『三川記』は史実をふまえた上で、信長から不戦の要請があったが、家康は結局それを受け入れなかったとするのである。これには信長との連携より徳川の武名を重んじる家康の勇将としての姿を描く意図があったのではないだろうか。

第三に、『三川記』では、退去を進言したことで家康に叱咤されたという『松平記』の鳥居忠広の記事をもとに、傍線部③のように、叱咤後に出陣した際鳥居が、「今日ノ軍ハ、治定味方ノ勝也、進テ懸ラセ玉へ」（27ウ）と味方勢を励まして敵勢に乗り込み、討ち死にしたという殊勝な振る舞いを描いている。

これら本多忠勝や鳥居《とりい》忠広《ただひろ》をはじめとする家康側の家臣の武功は、『三川記』において強調される傾向にある。青木貞治・中根正照が二俣城明け渡しを「武名ノ恥辱」（28オ）とし、一族若党残らず踏み止まり討ち死にしたと記し、また、一矢も射ずに敗軍し「信長へ対面スヘキ様ナシトテ、大勢ノ中へ破テ入討死」（28オ）した平手汎秀を「サスカ中務少輔カ子ニシテ、武名ヲ継ケルト、人々称歎セリ」（同）と記す。また夏目吉信が家康を助けて自ら敵勢に入り討死したのは、三河一揆の際に助命されたことの報恩であったとし、中国の故事を引き「誠ニ大将タル人ハ慈仁ヲ先トシテ士卒ヲ撫《ナツ》ヘキ事也」（28ウ29オ）と説く。さらに『三川記』「味方原軍事」の最後部には、馬場《はば》信春《のぶはる》が家康を上杉謙信に並ぶ「剛ノ大将」（29ウ）と評した『甲陽軍鑑』の話を引用する。

このように『三川記』における三方ヶ原合戦には、家康敗北ではなく、家康とその家臣らの堅固な主従関係と優れた武勇のことが記されているのである。

三方ヶ原合戦記は『三川記』でいったん集大成・定型化され、以降の軍記類に継承される。例えば『浜松《はままつ》御在城記《ございじょうき》』（写本、一巻、永井随庵《ながいずいあん》作、延宝末～天和年間頃成か）などは『三川記』とよく似た内容を有する。また平野仁也によると、『三川記』は仮名本・真名本『成功記』を経、『武徳大成記』に継承されるという。そこで次に、『武徳大成記』が『三川記』の三方ヶ原合戦記をいかに継承しているかについて考察する。

『武徳大成記』『遠州味方原戦記』

『武徳大成記』（三十巻、阿部正武《あべまさたけ》・堀田正仲《ほったまさなか》・林鳳岡《ほうこう》編）

『武徳大成記』は、徳川綱吉の命により天和三年（一六八三）に編纂が始まり、貞享三年（一六八六）に成立した。徳川氏の出自から家康死去までを記す。江戸幕府が初めて編纂した徳川氏創業史であり、『三川記』の吟味のかたちで行われた。

三方ヶ原合戦は、巻八「神君信玄ト味方原ニ戦ヒ給フ事」に記される。本書の特徴としては、家康の感情描写が随所に記されることがある。すでに『松平記』『三川記』にも家康が鳥居忠広に怒った話があるが、本書ではさらに家康の怒りの描写が繰り返される。「神君是非ナク鬱々トシテ」（56コマ目）、「神君歯ヲ切、沫ヲ噴、衆士ヲ激励シ」（60コマ目）、「槍ヲツキ、牙ヲ咬テ、慨然トシテ曰」（65コマ目）といった表現で、軍神のような畏怖の印象を家康に持たせている。また、『三川記』にあるような主従関係の絆の堅固さよりは、むしろ家康の絶対的武威のもとで身命を抛つ家臣らの忠義が記される。

このほか『武徳大成記』では、浜松城入り後の家康の後日譚が記されるのも特徴である。家康が信長家臣らから出陣を妨げられたことへの遺恨を語り、家臣らがこれに感服したことや（65コマ目）、高木広正《ひろまさ》法師が捕った首を信玄のものと呼ばわせ、城中衆を一致団結させたこと、石川家成《いえなり》の家人の夢に家康の必勝を予言する老翁が現れたことで、家康衆が喜んだこと（70・71コマ目）などの話がある。家康敗戦に後日譚を加えることにより、家康の絶対化・神格化が示されているのである。

『遠州味方原戦記《えんしゅうみかたがはらせんき》』（『四戦紀聞《しせんきぶん》』の内、宝永二年（一七〇五）序跋、根岸直利《ねぎしなおとし》・木村高敦《きむらたかあつ》著。一冊。天明四年（一七八四）木活字版）

本書は、家康が関与した合戦の中でも特に重要な四戦を収めた『四戦紀聞』の第二巻目にあたる。元亀三年（一五七二）十月、武田信玄の遠州・三河侵攻から十二月二十二日の三方ヶ原合戦後、信玄が刑部で越年するまでを記す。そこには、二十二日、浜松勢千人が抜け駆けし戦線へ出たために、家康はやむなく浜松を出馬したとある（7ウ）。必ずしも家康の意志によらない開戦であったと記す点などには、『武徳大成記』の戦いに挑む猛々しい家康像とは異なる描かれ方がなされている。

むしろ強調されるのは、家康家臣らの描写である。鳥居忠広や夏目正吉（吉信）らをはじめとする家臣らの「忠真驍勇」（16ウ）の奮戦ぶりが記される。殊に本多忠勝については、「八幡ノ変シテナシ玉フヤ」（3ウ）とも称賛されるなど、格別の表現でその勇猛さが示される。

また『武徳大成記』と同様に、合戦後に浜松城入りした際の家康の動向が記される。家臣の手厚い護衛を受け、家康もまた家臣らを守りながら浜松城入りした後、都築秀綱《つづきひでつな》の妻が帰城の衆士に粥を振る舞い（21オ）、侍女久野が家康に湯漬けを献上し、高鼾で寝る家康の「英烈大度ノ至」（22ウ）の姿に衆士感激することなど、家康とその家臣らの勇猛な戦いぶりが『武徳大成記』よりも詳細に記され、『三川記』に同じく家康とその家臣らの堅固な主従関係が記される。後に信玄衆が、本多忠勝・榊原康政《さかきばらやすまさ》・大久保忠世ら家康衆の働きを「良将ノ下弱兵ナシ」と称美した（27ウ）とあるように、本書では、三方ヶ原合戦における家康家臣の類い稀な忠義と武勇による徳川の安泰が記されているといえる。

なお『四戦紀聞』と同じく木村高敦の著に『武徳編年集成《ぶとくへんねんしゅうせい》』（元文五年（一七四〇）序九十三巻）がある。その巻十二に三方ヶ原の合戦記が記される。そこには、「四戦紀聞」に載るので詳細は省略し大概を示すとし、十二月二十二日の合戦については、「味方ハ対揚スベカラザル微勢、初ハ聊勝ニ乗ズト雖、終ニハ大敗ニ及ベリ、神君一世ノ間ニ、捷ヲ失ヒ玉フノ甚シキハ今日ノ軍ナリ」（26ウ27オ）と家康唯一の敗戦であったと、こちらは合戦の経緯をごく簡略に、客観的に記している。

おわりに

以上、『松平記』から『武徳大成記』に至るまでの軍記類における三方ヶ原合戦記録の展開の様相を見た。まず、『松平記』と『甲陽軍鑑』とには影響関係が確認できた。前後関係については、あるいは『松平記』の家記としての記録を『甲陽軍鑑』が取り入れたとも考えられる。その後、それらの軍記は『三川記』により一旦集大成され、さらに後続の『武徳大成記』『遠州味方原戦記』へと加筆編集がなされていく。

なお三方ヶ原合戦は、以上の軍記類のほかにも、随筆や武辺話衆にもしばしば取り上げられている。松浦《まつら》鎮信《しげのぶ》『武功雑記《ぶこうざっき》』（十七巻、元禄九年（一六九六）成）には、三方ヶ原合戦前夜に、鳥居金次郎と成瀬《なるせ》正義《まさよし》が口論し、翌日討死した話や、家康と鐙を合わせたという加賀の大矢武右衛門の話がある。『近代正説砕玉話《きんだいせいせつさいぎょくわ》』（武将感状記）』（十巻十冊、熊沢淡庵著、正徳六年（一七一六）刊）巻三には、夏目吉信や鳥居忠広、内藤正成父子の武勇が記される。『常山紀談《じょうざんきだん》』（三十巻、元文四年（一七三九）刊）には石川数正《いしかわかずまさ》・鳥居忠広・平手汎秀・夏目吉信など信長・家康家臣らの逸話がある（巻三）。

以上のように、家康の敗戦の歴史は、軍記や文芸に享受され、家康とその家臣らの武徳・武勇伝として変容し、虚構化が進められていったのである。

●引用資料

『松平記』（内閣文庫本、七巻一冊、請求番号：特四二—一二）
『甲陽軍鑑』（『甲陽軍鑑大成　第一巻　本文篇上』汲古書院、一九九四年。底本は土井忠生本・酒井憲二本）

『三河物語』（『原本　三河物語　研究・釈文篇』中田祝夫編、勉誠社、一九七〇年）
『三川記』（東京大学史料編纂所本、十五巻五冊、請求番号：二〇四四―二六六）
『武徳大成記』（内閣文庫本、三十一冊三十一巻、請求番号：一五〇―八）
『遠州味方原戦記』（国立国会図書館本、『四戦紀聞』の内、第二巻、請求番号：八六二―一一二）
『武徳編年集成』（『武徳編年集成　上巻』名著出版、一九七六年）

●参考文献

「浜松御在城記」（『浜松市史　史料編一』一九五七年、二頁）
高木昭作「三河物語の成立年について」（『東京大学史料編纂所報』第五号、一九七〇年三月）
久曽神昇「『三河物語』の書誌」（『原本三河物語　研究・釈文篇』勉誠社、一九七〇年、三頁～一三頁）
齋木一馬「『三河物語』考」（『日本思想大系　三河物語　葉隠』第二六巻、岩波書店、一九七四年、六二三頁～六四八頁）
笹川祥生「三河物語」（『日本古典文学大辞典』第五巻、岩波文庫、一九八四年、五八九頁）
福井保「『武徳大成記』解題」（『武徳大成記（一）』汲古書院、一九八九年、三頁～六頁）
酒井憲二『甲陽軍鑑大成第一巻　本文篇上』（汲古書院、一九九四年、四頁～九頁、二二頁）
矢代和夫・萩原康正「甲陽軍鑑」佐藤陸「松平記」『戦国軍記事典　群雄割拠篇』（和泉書院、一九九七年、一八八頁～一九七頁、二六二頁）
「『浜松御在城記』について」（『細江町史　通史編　中』二〇〇〇年、一二九頁）
本多隆成『定本　徳川家康』（吉川弘文館、二〇一〇年、八七頁～九〇頁）
鈴木孝庸「遠州味方原戦記」、佐藤陸「四戦紀聞」（『戦国軍記事典　天下統一篇』和泉書院、二〇一一年、五五頁、四五一頁）
柴辻俊六「『甲陽軍鑑』収録文書の再検討」（『武田氏研究』四九号、二〇一三年十一月）
「松平記」（『愛知県史　資料編一四　中世・織豊』二〇一四年、七頁～九頁）
原史彦「徳川家康三方ヶ原戦役画像の謎」（『金鯱叢書：史学美術史論文集』第四三輯、二〇一六年三月）
谷口央「三方ヶ原での〈大敗〉と徳川家臣団」（『戦国合戦〈大敗〉の歴史学』黒嶋敏編、山川出版、二〇一九年）
平野仁也「『武徳大成記』の編纂と徳川史観」「徳川創業史にみる三河武士像」（『江戸幕府の歴史編纂事業と創業史』清文堂、二〇二〇年、一三五頁～一四七頁、一六四頁～一六七頁）

本多隆成『徳川家康と武田氏　信玄・勝頼との十四年戦争』（歴史文化ライブラリー、吉川弘文館、二〇一九年、一三三頁）

●コラム

徳川家康三方ヶ原戦役画像

▼原　史彦

第6章実像編でも論じたとおり、「徳川家康三《み》方《かた》ヶ《が》原《はら》戦役画像」（以下、「本画像」という）の口伝、すなわち「浜松城に逃げ帰った家康が、この敗戦を肝に銘ずるためその姿を描かせ、慢心の自戒として生涯座右を離さなかったと伝えられる」は、明治末年頃までに尾張徳川家周辺で創作された話である。尾張徳川家の記録で、本画像が初めて登場するのは、家康遺品類を収納した「御清御長持《おきよめおんながもち》」の目録「御清御長持入記」（徳川美術館蔵）である。この目録は、江戸時代末期～明治初期頃にまとめられた記録で、同書には「一　東照宮尊影」と記されている。

つまり、本画像は家康の画像と認識されているものの、三方ケ原合戦に関する記述はない。しかも尾張徳川家九代宗睦《むねちか》の嫡男・治行《はるゆき》の正室・聖聰院《せいそういん》従姫《よりひめ》の実家である紀伊徳川家から婚礼道具として持参した画像で、従姫が歿した翌年の文化二年（一八〇五）九月に「御清御長持」に納入されたと記されている。「御清御長持」納入品一式は廃藩置県後も尾張徳川家で継承する道具とされ、明治十三年（一八八〇）には新たに財産目録・「御器物目録《おんきぶつもくろく》」全九冊（徳川美術館蔵）が作成された。その第一冊目に本画像は、「同（東照宮尊影）」としつつも、なぜか「長篠戦役陣中小具足着用之像」という副題が付けられている。この段階でなぜ長篠合戦の名称が本画像に付けられたのかは全く謎であり、什宝整理の上で他の家康画像と区別するために便宜的に付与されたのではないかと推測するしかない。もとより、この命名に史料的根拠が無いことは言うまでもない。

しかし、この時の命名が後に踏襲されていく。本画像は同二十六年に「御世襲財産付属物《おんせしゅうざいさんふぞくぶつ》」に位置づけられるが、この時に作製された「御世襲財産付属物目録　甲の部」（徳川美術館蔵）ではさらに記述が細かくなり、「徳川家康長篠戦役陣中小具足着用床机ニ倚ル密画彩色ノ像」と表記されている。本画像が初めて世の中に紹介されたと思われる同四十三年四月の名古屋開府三百年祭における什宝陳列においても、この名称が用いられた（香山二〇一四）。その時の様子が同年五月に刊行された『國華』の「雜錄」で紹介されている。ここでは本画像を「長篠敗戰の像」とし、尾張徳川家初代義直が、父・家康の「苦窮」を忘れないために描かせた、という新たな由緒が付与されている。

ただし、不思議なことに名古屋開府三百年祭の前年十月十五日より十二月十日まで大阪朝日新聞に西村時彦《ときつね》によって連載され、翌四十三年三月に名古屋開府三百年紀念會より刊行された『尾張敬公《おわりけいこう》』には、本画像は「味方ヶ原」の戦いに敗れた家康の姿を義直が狩野探幽に命じて描かせ、徳川幕府創業の「艱難」を偲び、家康の恩を刻んで「自ら戒め子孫を戒めん爲」に「わざと敗餘の容貌を」描かせたという口伝の原型が記されている。

徳川家康三方ヶ原戦役画像（徳川美術館所蔵　© 徳川美術館イメージアーカイブ /DNPartcom）

三方ヶ原の戦いに関する口伝の初見でもある本書は、「尾州徳川侯爵家」の協力を経て著したことが「附記」に書かれているため、当時の尾張徳川家もこの記述は承知していたはずである。あくまでも推測だが、逸話の骨子はこの頃に尾張徳川家周辺で語られていたものの、まだ歴史認識が広く一般化していなかった当時では、家康が経験した敗戦を長篠合戦と尾張徳川家側は誤認しており、それを『尾張敬公』執筆にあたり西村が修正したのではなかろうか。

その証拠に尾張徳川家ではその後も長篠の名称は修正されることなく踏襲され、尾張徳川家十九代義《よし》親《ちか》が、徳川美術館を開設するにあたって、所蔵品の評価を昭和五年（一九三〇）までに行った什宝目録「第一部　美術館所属《びじゅつかんしょぞく》什寶評價調《じゅうほうひょうかしらべ》　三冊ノ内」（徳川美術館蔵）でも、本画像は「家康公長篠戦役小具足着用ノ像」と記されている。

本画像が「三方ヶ原戦役画像」として大々的に世に紹介されたのは、同十年の同館開館以降である。開館に因む同十一年一月六日付の「新愛知新聞」には、翌七日より開催される第三回展覧会において本画像が展示される事が告知され、「三方ケ原で戰死を免れた難苦の狀」を狩野探幽が描いた画像と紹介している。

また、同日付の「大阪毎日新聞」では本画像写真を添えて「家康公歯ぎしりをするの圖」と名称が付され、「義直公が父の艱苦を忘れぬため狩野探幽に描かせたもの」とする。両紙ともに共通する情報であるため、同館側から出された情報に基づいて記者が執筆したとみて間違いないだろう。続く「新愛知新聞」の一月十四日の特集記事では、美術館関係者による座談会のやりとりが紹介されており、ここで明確に本画像の画題が同館側から発信されている。

この座談会で徳川義親より、本画像の逸話が改めて語られ、前名古屋市史編集長・堀田《ほった》璋左右《しょうぞう》によって補足説明がなされている。堀田は家康が探幽に命じて描かせたと補足するが、これは間違いであるため、補足記事では義直が探幽に命じたと修正されている。当時現在の学芸員に相当する職は無かったので、専門的な事項は外部有識者に見解を委ねていたと思われ、その一人が堀田であった蓋然性は高い。堀田は『尾張敬公』にも編纂協力をしていることから、本画像の由緒を提唱した人物の一人に比定できよう。

本稿の検討でも明らかなように、本画像を三方ヶ原の戦いに結び付ける情報は尾張徳川家周辺にしか存在しておらず、その情報の出典も明確では無い。長篠から三方ヶ原に安易に名称変更している点も史料検討の厳密さに欠けている。ゆえに本画像の名称は、あくまでも画像の容貌から得られる印象先行により、明治以降に付与されたとみなさざるを得ない。

同館ではこの創作口伝を基に解説が繰り返され、その都度、「合戦直後の浜松城内で描かせた」や「家康が生涯座右に置いた」、別名「顰像《しかみぞう》」といった根拠の無い口伝が加味され、連綿と近年まで増幅されてきたわけである。本画像の名称が「徳川家康三方ヶ原戦役画像」として定着するのは、一九七二年刊行の図録以降だが、この頃には本画像に付随する逸話もほぼ「史実」として世間に定着したと考えられる。

●参考文献
香山里絵「徳川義親の美術館設立想起」（『金鯱叢書』第四十一輯、徳川黎明会、二〇一四年）
徳川美術館『徳川美術館名品図録』（一九七二年）
西村時彦『尾張敬公』（名古屋開府三百年紀年會、一九一〇年）
『國華』（第二四〇号、國華社、一九一〇年）

偉大な仕事を成し遂げた英雄には、優秀な家臣団がいた。ただし、それは家康に限ったことではない。信長も秀吉も同様である。問題は家康の場合、もっと他に有力な家臣もいたのに四天王にくくられる流れがあることである。なぜ、酒井・本多・榊原・井伊でなければならなかったのか?そしてそういう括りはいつから生まれ始めたのか? また、四人の個性にも注目したい。酒井・榊原は知将、本多・井伊は勇将といった趣きだが、信長や秀吉の家臣団と引き比べて見るのも興味深いだろう。

7

徳川家臣団(四天王を中心に)

柴裕之×小口康仁

7

徳川家臣団（四天王を中心に）

実像編

▼柴 裕之

西三河の国衆から戦国大名へと台頭し、織田・豊臣大名を経て最終的に天下人へと至った、徳川家康の飛躍の背景には、彼を支え辛苦をともにしてきた三河以来の松平一族や家臣の団結と忠義が語られる。特にそのなかでも、酒井忠次・本多忠勝・榊原康政・井伊直政という、のちに「徳川四天王」と称された人物たちは、いまもなお家康を支えた重臣として名高い。ここでは、徳川家臣団、特に「徳川四天王」の諸将を中心に同時代的視点から、その展開をみていく。

はじめに

徳川家康《とくがわいえやす》が、西三河の国衆から天下人へと飛躍を遂げることができたのには、数々の辛苦をともにしてきた三河以来の松平一族と家臣（のちに徳川将軍家を支える譜代として位置づけられた、この松平一族と家臣を合わせて、本稿では「徳川家臣団」とする）の結束と忠義が語られる。そして、この他の諸家に勝る徳川家臣団の結束と忠義は、江戸時代にも神君・家康の後裔である徳川将軍家のもとでの政治秩序と国内「平和」（安泰）を維持する原動力として意識され続けてきた。

しかし、今日に至っても語られ続ける、この徳川家臣団の結束と忠義は、家康が天下人となるのを必然としてとらえた予定調和のもとで、江戸時代を通じて徳川将軍家の国内統治を正当化する立場から説かれた「松平・徳川中心史観」の影響が大きい。現在、家康研究は、「松平・徳川中心史観」からの脱却＝同時代的視点のもとに進められている（柴二〇二二）。本稿は、そうした近年の家康研究の視点のうえ、徳川家臣団、特にそのなかでものちに「徳川四天王」として数えられた酒井忠次《さかいただつぐ》・本多忠勝《ほんだただかつ》・榊原康政《さかきばらやすまさ》・井伊直政《いいなおまさ》を中心に取り上げ、その展開をみていきたい。

なお、徳川家臣団の展開は、当然のことではあるが、松平氏・家康の動向と密接なものである。そのため他章と記述内容が重なるところもあると思われる。その点については、徳川家臣団の実体にせまるための作業として不可欠なため、了承いただきたい。

松平家の展開と家臣団

徳川家は、三河国松平（愛知県豊田市）の土豪であった松平家を源流とする。松平信光《まつだいらのぶみつ》の時代に、室町幕府政所頭人の伊勢家被官として勢力を拡大し、その系統から嫡系の岩津《いわづ》松平家のほか安城・五井・深溝《ふこうず》・長沢、またそれとは別系統で、大給《おぎゅう》・大草・竹谷《たけのや》などの一族が展開していった。徳川家に繋がるのは、信光の子・親忠《ちかただ》に始まる安城松平家である。さらに、この安城松平家から桜井・青野（東条）・藤井などの庶家が分立していく。

安城松平氏は、他の松平一族・親類との間に一族一揆を結んで活動し、親忠後継の長忠《ながただ》・信忠《のぶただ》父子の時には、その結束のもとに嫡系の岩津松平氏に代わり西三河の国衆へと台頭していった。しかし、すべての松平一族が安城松平氏のもとで同じあゆみをたどったわけではない。特に大給松平氏は、もともと岩津松平家と別に室町幕府政所頭人の伊勢家被官として京都で活動していたうえ、三河帰国後は独立した国衆として行動し続けた。

また安城松平家の内部でも、信忠の時代に一族・家臣との対立によって、信忠が当主の座から下ろされ、弟の信定《のぶさだ》が当主に擁立、信忠嫡男の清康《きよやす》は山中城（愛知県岡崎市）へ転出させられてしまう。山中城に入った清康は、その後安城松平家が対立していた大草系岡崎松平家と和睦を遂げて得た岡崎（愛知県岡崎市）を本拠に、自身を安城松平家の正統な系統に連なる存在である「岡崎殿」として活動を始める（「大樹寺文書《だいじゅじもんじょ》」）。ここに安城松平家は、信定と清康の二派に分かれることになる。

そして清康は、三河国内の諸家の争いに関わり解決を遂げていくことによって得た名声を背景に、自身のもとへの安城松平家の統合を試みていった。しかし、天文《てんぶん》四年（一五三五）十二月に起きた「守山崩れ」で、清康は殺害され統合の試みは挫折、統合は直後に尾張の織田信秀《おだのぶひで》の助勢を得て岡崎城を占拠した信定によって成し遂げられる（以後、この統合された安城松平家を「岡崎松平家」また「松平家」とする）。だが、信定に従うことを潔しとしない重臣の阿部大蔵《あべおおくら》らは、信定によって岡崎を逐われた清康の嫡男・広忠《ひろただ》を擁し対立を続けた。そして天文八年末、信定が死後し不安定な状況のなか、広忠は松平家内部の対立を収めて、岡崎入城を果たし当主となる（柴二〇二二）。

大久保忠教《ただたか》著の『三河物語』によると、岡崎松平家（徳川家）の家臣には、安城譜代、山中譜代、岡崎譜代という区分があったとされる。このうち安城譜代は厳密にいえば、信光から親忠の安城分立の際に附属させられた岩津譜代、安城入部後の安城譜代に分けられる（このため『三河物語』がいう「安城譜代」を、以下「岩津・安城譜代」とする）。彼らは、酒井・石川両氏に代表されるのちの徳川家臣団を形成した根本的な存在にあたる。一方、「山中譜代」・「岡崎譜代」とは、松平家内部の対立に伴う清康の山中城転出、岡崎への進出のもとで仕えることになった家臣である。つまり、清康の抱える事情対応のなかで、彼らは家臣として編成されていった存在であった。

このように家臣は、松平家内部の動向と密接に関わり合いながら展開していった。そして、これらの家臣が、岡崎松平家のもとにようやくまとまりを遂げたのが、広忠の時のことだったのである。

広忠・今川家従属期の動向と家臣団

広忠の時に家臣はまとまりを遂げたが、その後、広忠が自身の擁立に尽力した阿部大蔵らを重視し、岡崎松平家の政治運営を進めていくと、叔父の信孝《のぶたか》や宿老の酒井忠尚《ただよし》（忠次の兄とされる）らは反発を示した。この内部対立は、やがて周辺の駿河今川・尾張織田両氏を巻き込んだ抗争へと発展していく。そのなかで、広忠は一時は織田氏への降伏に追い込まれたが、程なくして今川家に従属し、織田氏および同家に与した信孝ら反勢力と戦う姿勢を取った。そして、広忠は信孝を討滅するが、反勢力の鎮圧と織田氏の影響を退ける前に、天文十八年（一五四九）三月に死去してしまう。

広忠の死後、岡崎松平家の当主となったのは、まだ幼少の家康（幼名は竹千代《たけちよ》、なお家康はその後、元信《もとのぶ》・元康《もとやす》と名を改めるが、煩雑を避け「家康」で統一する）で、通説によれば尾張織田家のもとで人質の立場にあった。この事態に家臣らは、従属していた今川氏の軍事的な援護を得て、家康を織田方から奪還、反勢力を鎮圧して岡崎領（松平領国）の回復を果たす。

その後、今川義元《いまがわよしもと》は幼少の当主・家康を駿河国府中（駿府、静岡県静岡市）に庇護したうえ、岡崎領を今川家の直接管理下（政治的・軍事的な保護下）に包摂する。注目したいのは、岡崎領は今川領国に包摂されることになったが、その経営（支配運営）は松平家臣によってなされていることである。そのなか義元は、松平家臣に「広忠時」と変わらぬ忠節を求め（『譜牒余録《ふちょうよろく》』）、彼らを松平家に仕える立場として対峙した。また、松平一族についても、「御屋形《やかた》様ならび竹千代丸へ忠節」（「観泉寺所蔵東条松平文書」）というように、義元自身とともに幼少の当主・家康のもとに統制し忠節を促した。ただし大給松平家は、岡崎松平家と行動を共にせず今川氏に敵対を示し、従属に追い込まれた後は別に従う国衆として扱われている。しかしながら、義元は基本的に松平家を解体するようなことはしておらず、むしろ、自身が庇護する家康を当主とした松平家のもとに、一族・家臣をまとめて存立の保護に努め、岡崎領の支配に臨んだ。

そのため家康が元服を遂げ、今川家一門衆関口氏純《せきぐちうじずみ》の娘（築山殿《つきやまどの》）と婚姻し、今川家親類衆として駿府に滞在を続けることになっても、家臣団は結束を保ち続け、岡崎領の経営は重臣らによって進められた。したがって家康は、実務に携わる重臣らによる政治運営と協調のもとで、岡崎領支配について当主としての活動をおこなうという立場にあった。この家臣との関係は、恐らく支障がない限り、このまま続いていき、家康は駿府で日々を過ごしたと想定される。

江戸時代になると、この時期の家康については、義元のもとで「人質」として過ごし、松平家臣団は上位権力の今川氏によって苦渋を強いられ、後々の飛躍を期し堪え忍ぶ時期であったと描かれる。しかしながら、実際は戦国大名今川氏による政治的・軍事的な保護のもとで、家康は家臣団との関係を強めていったというのが実像だったといえる（柴二〇二二）。そして、この今川家の従属を経て強められた家臣団との関係こそが、永禄三年（一五六〇）五月の桶狭間《おけはざま》敗戦後の情勢における家康の行動の原動力となっていくのである。

家康の独立と家臣団

永禄三年（一五六〇）五月、桶狭間敗戦を受け、家康は本拠の三河岡崎城に帰還した。この敗戦によって、西三河は織田氏勢力との今川方の「境目《さかいめ》」（政治的・軍事的境界）となり、同地域の従属国衆にはその地域事情に備えた今川氏の政治的・軍事的な援護が求められた。ところが、今川氏真《いまがわうじざね》は、相模北条・甲斐武田両家との同盟関係から、同時期におこなわれた長尾《ながお》景虎《かげとら》（上杉謙信《うえすぎけんしん》）の関東侵攻への対応に追われるなど、西三河情勢には対処できずにいた。この結果、従属国衆の保護者として頼るべき戦国大名としての役割を果たせていない今川氏の姿勢を受け、家康は自家と領国の存立維持のために、永禄四年二月にそれまで敵対していた織田信長と停戦協定を結ぶ。そのうえで、家康はそれまでの今川家との従属関係を絶ち独立を示し、敵対する。

　家康の独立と今川家への敵対は、やがて三河国を二分化する「三州錯乱《さくらん》」へと展開する。その長期化の中で、対今川氏戦争の続行を示す家康に対して、永禄六年（一五六三）には宿老の酒井忠尚や大草・桜井の両松平氏らは反旗を示し、一向一揆や吉良氏らの反松平氏勢力と連動して対立するという事態も起きた。家康はこれらの勢力を鎮圧し、家臣団をまとめあげることに成功した。そのうえで、東三河における今川家の拠点である吉田（愛知県豊橋市）・田原（同田原市）両城を攻略、また今川方として敵対する大給松平氏や作手奥平・二連木戸田・牛久保牧野らの東三河の国衆を従え、三河国の平定を成し遂げて、同国を統治する戦国大名徳川氏へと発展を果たす。

　さて、家康が戦国大名徳川氏へと発展を果たした原動力こそが、彼を支えた家臣団の活躍であったが、そのなかでも酒井忠次の存在が注目される。酒井家は、『三河物語《みかわものがたり》』によると、松平親氏が酒井家の娘に生ませた広親を初代とする。ただし、十七世紀後半に成立したとされている、松平家発祥の地・松平に伝わった貴重な情報源として評価が高い歴史書の『松平氏由緒書』では、松平家の娘姉妹が親氏と酒井家に嫁いだとする。いずれにせよ、松平家とは縁戚関係にあり、岩津以来の重臣として同家に仕えてきたことは間違いなさそうだが、実のところその系譜は不明なことが多い。そのなかで忠次の系統・左衛門尉家が同時代史料によって確認できるのは、大永三～六年（一五二三～二六）九月にかけて作成された「松平一門・家臣奉加帳写」（『御当家録』）で、松平清康（当時の名は清孝）に従い、三河山中城（愛知県岡崎市）において、二〇〇疋を奉納している。世代から考えて、忠次の父であろうか。その後、兄とされる忠尚が「酒井左衛門尉」として広忠に仕えるが、前述のように政治運営をめぐって対立し、三河上野城（愛知県豊田市）で戦ったという経歴を持つ。また永禄六年（一五六三）には、家康と対立して上野城で戦ったが、翌年に逐われている。

家康より年長の大永七年生まれだった忠次は、天文二十年（一五五一）に活動が史料上でみられ（「観泉寺文書」）、同二十四年には石川忠成《ただなり》・酒井政家《まさいえ》らとともに岡崎松平家の政治運営に携わる重臣の一人として活動している（「安藤文書」）。その後、家康の重用を得て、永禄三年五月の桶狭間合戦での先夫・長沢松平政忠《まさただ》の戦死を受け、叔母の臼井殿を再嫁させるという親類待遇を得た。そして、忠次は家康のもとで一軍を率いる将としてだけでなく、東三河攻略後は吉田城（愛知県豊橋市）に城代として配置され、松平一族や東三河の従属国衆を率いる「旗頭《はたがしら》」として活動した。また織田権力や甲斐武田・越後上杉・相模北条などの諸大名との外交でも、宿老として取次《とりつぎ》（交渉担当）を務めた。このように、忠次の立場はのちに筆頭家臣と称されるように、徳川家臣団の中で抜きん出ていた。

酒井氏と並ぶ重臣の立場にあった石川氏は、下野国から三河国に来住したとされ、十五世紀中頃には西三河の国人として活動し、その後に松平家の台頭のなかで仕えたようだ。三河国に浄土真宗本願寺派の信仰が広まると、石川一族の多くには門徒が多くみられ、前出の石川忠成もその一人だった。忠成は家康母・水野於大《おだい》の妹（妙春《みょうしゅん》尼《に》）を後室に娶り、その子・家成《いえなり》は家康と従兄弟でもあった。また嫡系の孫・数正《かずまさ》（のちに康《やす》輝《てる》と改名）は、家康が今川義元の庇護のもと駿府に滞在した際に供奉し、その後に家成とともに重臣として内政と軍事・外交において活躍する。だが数正は、天正十三年（一五八五）十一月、羽柴秀吉《はしばひでよし》への従属をめぐる徳川家内部の政争に敗れ、出奔してしまう。そして、徳川家の中枢に台頭してきたのが、家康によって取り立てられた本多忠勝・榊原康政・井伊直政であった。

「徳川四天王」の活躍とその実像

本多忠勝・榊原康政・井伊直政は、酒井忠次とともに、後世に家康を支えた「徳川四天王」に数えられる。彼ら三人は、別に「三傑」とも呼ばれたようだが、この呼称も『榊原家譜』にのみに確認されるもので、同時代史料にはみられない。

彼ら三人は、もともと酒井忠次と同等の立場にあり活動していたわけではない。そもそも本多忠勝・榊原康政は天文十七年（一五四八）生まれで家康とは六歳の年下、井伊直政に至っては永禄四年（一五六一）生まれで、一回り以上の十九歳の年下で世代差があった。

さらに、忠勝の系統・本多平八郎家は松平清康に仕えた譜代家臣としてあったが、祖父の忠豊《ただとよ》・父の忠高《ただたか》と二代にわたって相次いで戦死を遂げ、十三歳になった忠勝が活動をみせはじめる、永禄三年（一五六〇）五月の桶狭間合戦まで逼塞の時を過ごさなければならなかった。また康政の生まれた榊原家も、譜代家臣の家柄ではあるが、彼の家はその庶流で酒井忠尚の与力にあった。そのため、永禄六年に忠尚が家康と対立したときは、一族は忠尚に従い、家康の近習にあった康政が家康方として行動する状況だった。井伊直政は、遠江国井伊谷（静岡県浜松市北区）を本拠とした国衆・井伊家一族の出身で、直政の家は井伊家内部の対立から逐われる立場にあり、家康が遠江国の領有を遂げた後に仕えた新参の家臣だった。

このように、酒井忠次と本多忠勝・榊原康政・井伊直政の三人とは、世代・出身が異なっていた。そのうえ、酒井忠次がもとから家康を支える宿老の立場にあったのに対し、本多忠勝・榊原康政・井伊直政の三人は、家康によって取り立てられた存在であった。こうしたことから両者の違いは、内政・軍事での活動においても顕著にみられる。

酒井忠次は、前述のように一軍を率いる将の立場にあり、東三河攻略後は吉田城代や松平一族や東三河の従属国衆を率いる「旗頭」、外交でも徳川家の宿老として取次を務めた。これに対し、本多忠勝・榊原康政・井伊直政の三人は、個々に名の知れた勇将ではあったが、それぞれの事情もあって彼ら自身の家臣は多くはない。また徳川家内部での立場は、いずれも家康直属の旗本として働き、日常は家康の側近くで活動する近臣としてあり、その立場から内政・外交に携わるに過ぎなかった。このため、彼らが部将として軍勢を率いるにあたっては、家康から直臣の諸将が彼らの麾下に属す「附人」として配置された（小宮山二〇一五・堀江二〇一六）。しかしながら、天正壬午の乱を経た急激な五ヵ国におよぶ領国の拡大とそれに伴う統治対応、さらには天下人となった秀吉との対峙といった政治情勢が、徳川家臣団の活動を拡大させていく。そのなかで家康の信頼が厚い直属の旗本だった本多忠勝・榊原康政・井伊直政の三人も、酒井忠次らとともに軍勢を率いる部将へと台頭を遂げることになる。

その結果、本多忠勝・榊原康政・井伊直政の三人は、酒井忠次ともども徳川家を代表する重臣に列していく。なかでも井伊直政は、家康が豊臣政権に従属すると、秀吉の執奏により徳川家内で当主の家康に次ぐ従五位下侍従（その後、文禄二年（一五九三）十月には従四位下に昇進）の「公家成」した家臣となった。そして、天正十六年（一五八八）十月に酒井忠次が隠居すると、彼ら三人は豊臣大名徳川家を代表する宿老（『徳川実紀』は「三老」と位置づける）として、主君の家康を支えつつ豊臣政権内での活動を求められ、徳川家が関東へ移封されると、秀吉の指示を受けて、上野国箕輪（群馬県高崎市）には井伊直政、同館林（同館林市）には榊原康政、上総国万喜（千葉県いすみ市）を経て同大多喜（同大多喜町）に本多忠勝と、それぞれ関東領国外縁部の重要な要地に配置された（小川・柴編二〇二二）。

その後、榊原康政は嫡男の秀忠付として上野国館林に止まり、井伊直政・本多忠勝は、関ヶ原合戦後に拡大した徳川領国の政治的・軍事的要地にあった近江国佐和山（滋賀県彦根市）、伊勢国桑名（三重県桑名市）に移り、それぞれの地に応じた西国牽制などの務めを果たしていく。

一方、酒井忠次の後継・家次《いえつぐ》は、関東移封の際に、下総国臼井（千葉県佐倉市）に配置される。家次に求められた役割は、親戚関係の立場から下総国佐倉（千葉県酒々井町）に入った穴山武田家の養嗣子で家康五男の武田信吉、長沢松平家を継いだ家康六男の松平忠輝《ただてる》という徳川家一門を政治的・軍事的に補佐することであった。その後、家次は上野国高崎に移り、近江国佐和山のち彦根（滋賀県彦根市）に移った井伊家に代わり、徳川家の本国・関東領国外縁部の守衛を上野国館林の榊原康政・上総国大多喜の本多忠朝《ただとも》（忠勝の二男）とともに担う一方、越後国高田（新潟県上越市）に入った松平忠輝を引き続き政治的・軍事的に補佐するという役割を果たした。元和二年（一六一六）に忠輝が改易されると、家次は翌年代わって高田に入り、越後国以東出羽方面への備えを務めることになる。この家次の役割は、後継の忠勝が出羽国庄内（山形県鶴岡市）に入ることで、引き継がれていく。

おわりに――「徳川四天王」呼称の広まり

江戸時代、「徳川四天王」四家の後裔は、幕閣への参加、一方で本多家のように嗣子継承問題に伴っての勢力縮減といった、それぞれ過程を辿るが、神君家康を支え活躍した祖先の功績を継承した譜代大名として徳川将軍家による幕藩体制（〝徳川日本〟）の保持に努めていった。

では、酒井忠次・本多忠勝・榊原康政・井伊直政の四人は、いつから「徳川四天王」として呼ばれるようになったのだろうか。残念ながら、その始まりはわからない。恐らくは、江戸幕府や諸藩による家譜・史書等の編纂盛行の果てに、呼称されるようになっていったのではないか。そして、天保九年（一八三八）十月六日に三河国田原藩士・渡辺崋山が記した書状（別所訳注二〇一六）で「井伊・本多・酒井・榊原四天王の家」との記載があるので（小川雄氏の御教示）、江戸時代後期の十九世紀前半には確実に膾炙していたことは間違いないだろう。これは、出羽庄内酒井家が天保十一年の三方領知替えの顛末を記した記録（『大泉叢雑』巻百二十八）で、同家を「世に徳川之四天王と称する其一也」（世間に「徳川四天王」と称されるその一家である）と示しているように（菅原義勝氏の御教示）、自他認識としてあった。

注目したいのは、徳川将軍家の武威が揺らぎ「内憂外患」にあった、この時期に「徳川四天王」認識の広まりがみられることである。このことから推察するに、江戸時代後期の揺らぐ徳川社会への対応に、神君家康を支え〝徳川日本〟の創設に力を尽くした「徳川四天王」の存在が注目されるようになったのではないだろうか。もちろん、この点についてより検討していくことは今後の課題だが、最後に一推論として提示しておきたい。

●参考文献

小川雄「徳川四天王の実像」（渡邊大門編『家康伝説の嘘』柏書房、二〇一五年）
小川雄・柴裕之『図説 徳川家康と家臣団』（戎光祥出版、二〇二二年）
小宮山敏和『譜代大名の創出と幕藩体制』（吉川弘文館、二〇一五年）
柴裕之『徳川家康――境界の領主から天下人へ』（平凡社〈中世から近世へ〉、二〇一七年）
柴裕之「戦国・織豊期の徳川家康の動向と研究」（同編著『シリーズ・織豊大名の研究10 徳川家康』戎光祥出版、二〇二一年）
柴裕之『青年家康――松平元康の実像』（ＫＡＤＯＫＡＷＡ〈角川選書〉、二〇二二年）

新行紀一『一向一揆の基礎構造――三河一揆と松平氏』（吉川弘文館、一九七五年）
須藤茂樹『戦国の風――時代を駆け抜けた武将たち』（徳島県教育印刷株式会社、二〇一六年）
致道博物館『酒井家庄内入部四〇〇年記念特別展【第一部】徳川四天王筆頭　酒井忠次』（公益財団法人致道博物館〈特別展図録〉、二〇二二年）
別所興一訳注『渡辺崋山書簡集』（平凡社〈東洋文庫〉、二〇一六年）
堀江登志江「家康の譜代家臣――家康の家臣団は、どのように形成されたか」（日本史史料研究会監修・平野明夫編『家康研究の最前線――ここまでわかった「東照神君」の実像』洋泉社〈歴史新書y〉、二〇一六年）

7. 徳川家臣団（四天王を中心に）×実像編

7 徳川家臣団（四天王を中心に）

虚像編

▼小口康仁

「徳川家臣団」と聞いて私たちがまず思い浮かべるのは、四天王と呼ばれる武将かもしれない。徳川家康が天下統一を成す過程で彼を支えた家臣団の中から、酒井忠次・榊原康政・本多忠勝・井伊直政の四人を今日では「徳川四天王」と呼称する。けれども、彼らがいつの頃から四天王と呼ばれるようになったのか、なぜ多くの家臣の中からこの四人が四天王に選ばれたのか、というのは、実際のところ定かではない。ここでは江戸時代に四天王の武将らがどのようにとらえられたのかを絵画作品から迫ってみようと思う。

四天王と呼称された武将たち

久能山東照宮《くのうざんとうしょうぐう》所蔵の「家康及徳川十六将図」は、家康とその家臣十六将を描く。このような作例は、元和四年（一六一八）奉納とされる万松寺本からみえ、江戸中期の随筆『翁草《おきなぐさ》』（神沢貞幹《かんざわていかん》著）に「神君幕下十六像」とあることから、次第に広く流布したようである。この「十六」という数字は十六善神や十六羅漢など仏教的要素を含み、徳川家康＝東照大権現を酒井忠次《さかいただつぐ》・榊原康政《さかきばらやすまさ》・本多忠勝《ほんだただかつ》・井伊直政《いいなおまさ》＝四天王をはじめ十六将が守護する構図がとられる。本稿では、このうち四天王に注目したい。

酒井忠次（一五二七―九六）は、家康の祖父松平清康《まつだいらきよやす》の娘を妻に迎え、譜代家臣の中では最古参と位置づけられる。永禄七年（一五六四）東三河吉田城主となり、旗頭として以降松平一族・国人層に対する軍事指揮権を与えられ、石川数正《いしかわかずまさ》と両家老を担った。天正十六年（一五八八）に隠居後は、京都で余生を送ったといわれる。その後酒井家は嫡子家次が家督を継ぎ、関東入部に際して下総国臼井城三万石を拝領した。石高は譜代大名の中では比較的高いものの他の四天王が十万石以上を領したことを考えれば低いといえる。その後忠勝の代に出羽庄内十四万石へ転封となり幕末を迎える。

榊原康政（一五四八―一六〇六）は、祖父の代に松平家に仕え、桶狭間《おけはざま》合戦時に三河国大樹寺で初めて家康に謁見した。これ以降、家康の側近として他国領主との交渉役を担う外交面での活躍が窺えるほか軍事面でも活躍し、姉川《あねがわ》合戦では本多広孝《ほんだひろたか》とともに奮戦のすえ朝倉勢を破り、三方ヶ原《みかたがはら》合戦では先鋒を務め、長篠《ながしの》合戦では設楽原《したらがはら》の主戦場に布陣、小牧《こまき》・長久手《ながくて》合戦では檄文を作成し秀吉を挑発した。天正十八年（一五九〇）

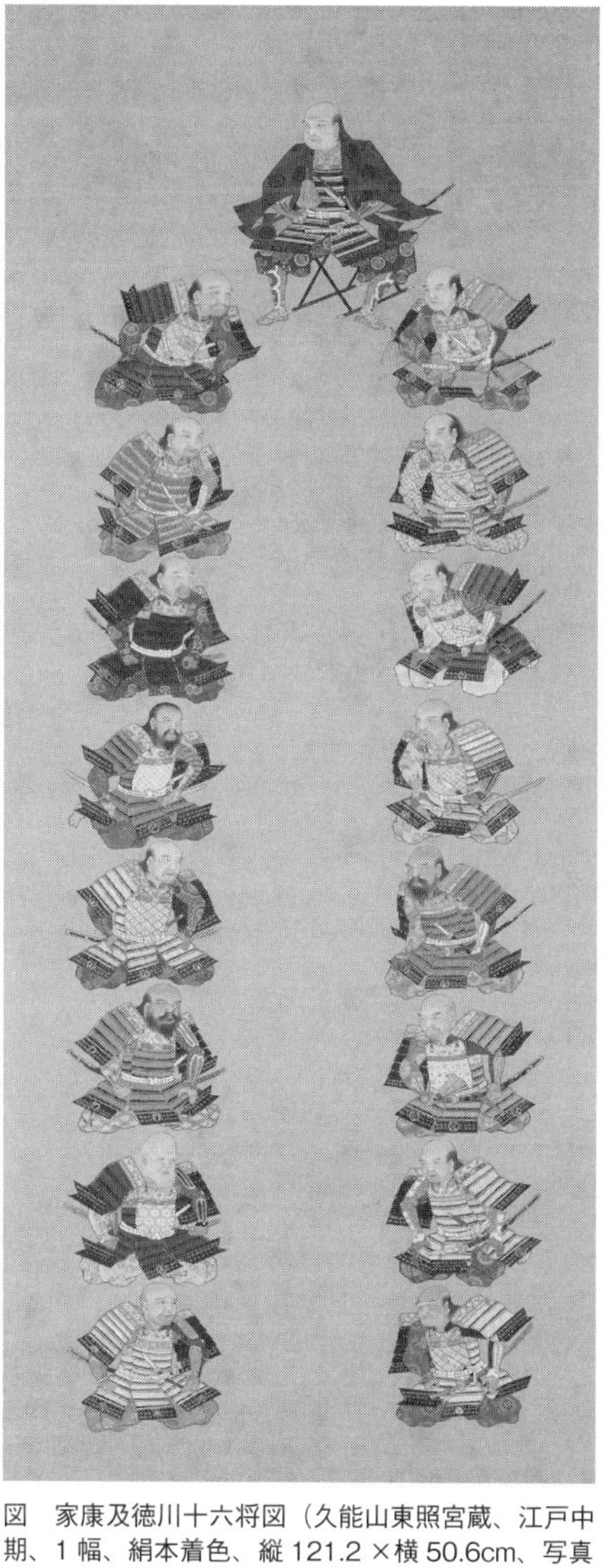

図　家康及徳川十六将図（久能山東照宮蔵、江戸中期、1幅、絹本着色、縦121.2×横50.6cm、写真提供：久能山東照宮博物館）

関東入部後は上野国館林城十万石を拝領し、関ヶ原合戦では秀忠の傅役として働いた。康政の死後は三男の康勝が家督を継ぎ、その後無嗣断絶の危機を迎えるも家康のはからいで存続し幕末を迎える。

本多忠勝（一五四八―一六一〇）は、家康の父松平広忠《まつだいらひろただ》の家臣であった本多忠高《ほんだただたか》のもとに生まれるが、翌年父が討死したため幼少期より家康に仕えた。姉川合戦、長篠合戦、小牧・長久手合戦などで武功をあげる。特に長久手合戦では、救援に向かう羽柴秀吉軍数万の軍勢を相手に、わずか三百の兵で対決しようとした。天正十八年には上総国大多喜城（当初は万喜）十万石を拝領した。関ヶ原合戦時は、福島正則《ふくしままさのり》など豊臣恩顧の大名を取りまとめる軍監を務めた。本多家もその後無嗣断絶の危機を迎えるが、分家から養子をとることで存続し幕末を迎える。

井伊直政（一五六一―一六〇二）は、天正三年（一五七五）浜松で家康に仕える。同十年には小田原北条氏との甲斐・信濃争奪戦でその交渉役を担う一方、滅亡した武田家の旧臣と家康との間を取り次いだ。これがのちに「井伊の赤備」誕生の素地となり、その後小牧・長久手合戦などで活躍する。関東入部後には上野国箕輪十二万石を拝領し、徳川家臣随一の石高を有した。関ヶ原合戦時は本多忠勝とともに軍監となり、戦場において西軍島津義弘《しまづよしひろ》隊を追撃し義弘の甥豊久《とよひさ》を討ち取る武功をみせたが、その際に負傷した鉄砲傷がもとで二年後に没した。のちに彦根へ移ると子孫からは代々大老が輩出され、三十五万石を領する譜代筆頭格となった。

このように四天王の武将らは、年齢や活動した時期に差があるにもかかわらず一括りに認識された。父祖の代から仕える古参という枠でいえば酒井・榊原・本多であり、井伊は新参者となる。一方で家臣団の構造に着目すると、酒井を除く三家は家中に代々仕える譜代家臣が少数で、家康から付属された家臣が大半を占める特徴を有し、実質的に家康みずからが軍事権を掌握できる組織体制であった。四天王という呼称のほか、幕府の基礎固めに貢献した人物として榊原・本多・井伊をあげ、徳川三人衆または徳川三傑と称される例もあり、この三家は譜代家臣の中でも別格に十万石以上を領した。

そもそも本来四天王とは、仏法を守護する持国天・増長天・広目天・多聞天を指し、それぞれが甲冑を身にまとう武将の様相であることから、徳川四天王とは家中でも武功派の代表格に充てられたとみられる。この点吏僚派として知られる本多正信《ほんだまさのぶ》らが入らないのは理解できる。だが、この評価は彼らが活躍した同時代の史料には見出せず、果たしていつの頃から彼らが四天王と呼称されるようになったのか、なぜこの四人が四天王に選ばれたのか、という議論は、未だ了解点に達するまでには至っていない。

徳川四天王の呼称について須藤茂樹は、江戸時代後期にお家顕彰のため軍記物の盛行のなかで醸成されたと推察する。本稿では、四天王と位置づけられた四人の武将が江戸時代にどのようにとらえられていたのかを軍書（軍記）を基に描かれた戦国合戦図から迫りたいと思う。

十七世紀前期における戦国合戦の表象と徳川家臣団の造形表現

「東照社縁起絵巻」は、寛永十七年（一六四〇）の家康二十五回忌に際して三代将軍家光から日光東照社に奉納された絵巻物である。その内容は、前半に家康の生涯を、後半に日光山開山の由緒を描く。この家康の生涯を顕彰する絵巻において、小牧・長久手合戦、関ヶ原合戦、大坂の陣の三合戦が描かれた。いずれも対豊臣のいくさばかりである。松島仁によれば、本作の合戦場面は一貫して白旗を掲げる徳川軍、赤旗を掲げる豊臣軍として源平合戦になぞらえた表象がとられているという。このような源平合戦になぞらえる表現は、室町時代に制作された「清水寺縁起絵巻」（東京国立博物館蔵）にもみえ、蝦夷征討のため進軍する坂上田村麻呂軍が白旗を掲げ、蝦夷が赤い楯を持つ姿で描かれる先例があることから、日光本は古絵巻に倣い「征夷大将軍坂上田村麻呂」と「白旗の源氏」のイメージを投影し、源氏将軍を連想させる絵画表現を採用していると論ずる。

また、「大坂陣」にみる豊臣方兵士の首を太刀に刺す騎馬武者は、「後三年合戦絵巻」中巻第二段にみる源義家のもとに帰陣する騎馬武者の図像と類似し、同段の炎上する大坂城中にみる檜皮葺《ひわだぶき》の四足門《よつあしもん》と築垣《つきがき》は、「平治物語絵巻」三条殿夜討巻における炎上する三条殿とその前に配す四足門と築垣を連想させる。このような図様や構図の転用について松島は、源義家から頼朝へ続く清和源氏の系譜上に徳川将軍家を位置づけ、源氏将軍としての正統性を与える意図があったと論ずる。

一方、日光本では家康の周囲に配す家臣らに個人を特定できるような特異な甲冑や家紋などの目印は施されていない。つまり、絵巻の観者や注文主にとって家臣個々人の情報は重視されていないのである。本作が日光東照社奉納のために制作された目的を勘案すれば理解できなくもないが、この「画中において家康だけを目立たせる」表現は、江戸初期制作の戦国合戦図である「関ヶ原合戦図屏風」（大阪歴史博物館蔵）でも認められる。本作右隻第四扇上部にみる行軍する家康は華麗な馬具に包まれた駿馬に乗る姿である。一方で、周囲の従者は甲冑や陣羽織を色鮮やかに描くものの面貌表現は丸顔で統一され表情も没個性的である。左隻第一扇中程でも、鍬形兜《くわがたのかぶと》に大鎧《おおよろい》を着装し格式高い姿で描く家康以外は、個性を特徴づけるような描き分けを施してはいない。本図全体を通覧しても、旗指物によって集団単位で各布陣を把握できる以外に個人を特定することは難しい。これは江戸後期に制作された「関ヶ原合戦図屏風」（彦根城博物館蔵）と比べると明らかに異なる。井伊家伝来の彦根城博物館本では、井伊直政隊と島津義弘隊の対陣構図を表現し、赤備えの鎧や旗指物を際立たせ、戦場における藩祖直政の武勇を表す。また、個々の武将の傍に姓名を記す貼札を添え、直政に限らず参戦した武将の所在を明示する。

家康だけが目立つ大阪歴博本の表現に関して高橋修は、豊臣恩顧の力を借りて勝利したいくさを「家康一人の勝利」として戦勝を印象づけることを求めた結果であると分析する。この表現は、大阪歴博本と画風が近似する「長篠合戦図屏風」（名古屋市博物館蔵）においても同様で、金扇の馬印によって家康の所在だけが示されるほかに登場人物の特定は難しい。このように十七世紀前期の戦国合戦を表す絵画作品は、絵巻に限らず屏風のような一定の公開性、公共性を有するものでも、家康だけを強調し顕彰する表現が顕著であると認められる。

では、彦根城博物館本のような家臣に光を当てる作品の出現はいつ頃なのか。現存作品でいえば、十七世紀後半から十八世紀にかかる時期に制作されたとみられる「長篠・長久手合戦図屏風」（犬山城白帝文庫蔵、通称成瀬家本）からと考える。

徳川四天王が活躍する「長篠・長久手合戦図屏風」

名古屋市博本よりも後年に制作された成瀬家本「長篠・長久手合戦図屏風」は、片隻に徳川家康・織田信長の連合軍が武田勝頼《たけだかつより》軍を迎え撃った長篠合戦を、もう片隻に徳川家康・織田信雄《おだのぶかつ》の連合軍が羽柴軍と交戦した長久手合戦を描く。

長篠合戦は、天正三年（一五七五）に三河国の長篠・設楽原（現在の愛知県新城市付近）において、徳川領内に侵攻してきた武田勝頼軍を徳川家康・織田信長の連合軍が迎え撃ったいくさである。連合軍は、鉄砲を巧みに使い武田の騎馬武者を圧倒したといわれる。まず、武田軍は家康の家臣奥平貞昌《おくだいらさだまさ》が守る長篠城に到着し、周囲の山々に砦を築き取り囲んだ。しかし、武田軍による長篠城攻めは苦戦を強いられる。城内の兵は五百余であったが、城主貞昌が必至の抵抗を続けたゆえである。決戦前夜、勝頼は三千の兵を長篠城付近に残して設楽原に進軍し川を挟んで対峙する。翌日長篠合戦が始まった。開戦から一刻ほど経過したとき、勝頼のもとに徳川軍の酒井忠次隊から奇襲を受けたとの知らせが届く。武田軍の背後は断たれたが、目視できる正面の敵は少なかったことから、勝頼は総攻撃の決断に至る。結果、合戦は連合軍の勝利に終わり、勝頼は初めての大敗を喫した。

長久手合戦は、天正十二年（一五八四）に尾張北部において、織田信雄・徳川家康連合軍と羽柴秀吉軍が犬山・小牧で対峙したのち長久手で衝突したいくさである。合戦は三月から十一月にわたる長陣で、両軍睨み合いと小競り合いのすえ講和に至る。屏風絵では、いくつか交戦した中の長久手合戦を主題とする。徳川軍井伊直政隊が羽柴軍堀秀政《ほりひでまさ》隊を迎え撃つ場面と、その後家康本隊を加えた徳川軍が、仏ヶ根・烏狭間で羽柴軍池田恒興《いけだつねおき》・元助《もとすけ》隊、森長可《もりながよし》隊を撃破する場面を表す。

本作は尾張藩付家老成瀬家に伝来し、長篠合戦に参戦した成瀬正一《なるせまさかず》と長久手合戦で初陣を果たしたその子正成《まさなり》の武功を描く現存最古の作品である。本作の図様形成にあたっては、「長篠合戦図」において『信長記《しんちょうき》』（小瀬甫庵《おぜほあん》著）や『甲陽軍鑑《こうようぐんかん》』（小幡景憲《おばたかげのり》編）を、「長久手合戦図」において『小牧陣始末記《こまきじんしまつき》』（神谷直政著）といった軍書を依拠史料としたことが指摘される。

井上泰至の分析では、軍書は十七世紀後半の寛文期にピークを迎えるという。この時期の傾向としては、平時の武士への教育を目的とした内容が多く、関ヶ原合戦から七十年近く経過し、武士らが有すべき戦闘員としての意識が希薄化していく社会背景があった。戦場の光景はもはや軍書の中だけで展開する物語だったのである。現存する戦国合戦図も十七世紀後半制作の作品が多いことから、軍書の流行とそれを絵画化する流れがあったと推察する。この時期の戦国合戦図は、個々の家臣に描き分けがみえ、個人を特定できるようになる。高橋修は戦国合戦図の制作動機に関して、泰平の世における自家の保証を目的に先祖の武功を視覚化し称揚する顕彰を意図したものと分析する。

さて、泰平の世を生きる武士たちが鑑賞した成瀬家本において、徳川四天王はどのように描かれたのか。

長篠合戦図は、画面を六面に区切り、右手二扇分において長篠城の攻防戦を、左手第三扇以降で設楽原の主戦場を描く。ここに第一扇と第二扇、第三扇以降で時間軸の異なる場面を同一画面に描く異時同図法という表現技法を採用しているとわかる。主戦場以外に長篠城の攻防戦をわざわざ描くのは、徳川譜代家臣の活躍を表すためとみられる。この場面は、長篠城攻略に手を拱いていた武田軍を、徳川軍酒井忠次隊が奇襲する鳶巣山砦《とびがすやまとりで》の奇襲を描く。忠次は、徳川・織田軍の諸将を引き連れ決戦前夜に暗闇の中を進軍し、夜明けとともに奇襲をかけた。画面では山間に忠次の姿がみえ、その先に炎上する鳶巣山砦小屋を描く。長篠城内からは城主奥平貞昌が采配を揮い、その手勢が奇襲に呼応して城門から打って出る様子もみえる。この奇襲によって徳川・織田連合軍は武田軍の背後を断つことに成功した。

一方、主戦場である設楽原では、第四扇中程に軍奉行を務める本多忠勝を配す。忠勝は鹿角脇立兜《しかつのわきだてかぶと》を着し足元は貫《つらぬき》を履く。藤本正行によれば、貫は室町絵画において上級の者が履く傾向があり、成瀬家本の写本である徳川美術館本でも織田信長、徳川家康、本多忠勝、武田勝頼のみに使われているという。この点から忠勝は成瀬家本時点で本来以上に格式高く描かれており、原史彦は長篠合戦図の祖本が本多家周辺で発注された可能性を提示する。

榊原康政は、成瀬家本では第五扇中程の家康側近くに兜を被らない姿でみえる。貼札はないが傍に榊原家の「源氏車紋」入りの旗を配し、加えて江戸後期に成瀬家で作られた貸出用とみられる副本でもこの人物を康政とすることから、康政本人とみて妥当とされる。家康の周囲を警護する様子を表す。このように長篠合戦図は、仕官して間もない井伊直政を除く古参の四天王を描く。

長久手合戦図は、異時同図法を用いて成瀬正成を二ヶ所に描くほか、井伊直政隊の活躍を画面各所で表し、長篠合戦図よりも多くの徳川譜代家臣を配す。なかでも井伊軍の活躍は四方にみえ、直政だけでも画面中央に配す山上から戦況を見つめる馬上姿と、そこから下に移動し組打ちする姿の二ヶ所で確認できる。また、第四扇中程では赤備えの井伊鉄砲隊が羽柴軍森長可隊を銃撃し、長可が討死する様子もみえる。さらに、画面右手第一扇、二扇には井伊隊に属する「甲州衆」もみえることから、成瀬家伝来の屏風であるにもかかわらず、画面の上下左右で井伊軍の活躍を展開する。本作では、小牧山守備陣であった酒井・本多は登場せず榊原もみえないことから、長篠合戦図で描かれなかった井伊直政の武勇を有り余るほどに演出しているかのようである。このような井伊軍の活躍が顕著な特徴から、原史彦は本作の祖本が井伊家周辺で制作されたと推察する。

このように成瀬家本「長篠・長久手合戦図屏風」は、本多忠勝や井伊直政を際立たせて表すほか、徳川家康の最も近くで警護する榊原康政や奇襲を成功させる酒井忠次を描く。特にこの忠次が実行した鳶巣山砦の奇襲は、軍書でも紙幅を割いて取り上げる場面である。決戦前夜に開かれた徳川・織田連合軍の軍議において、忠次が自ら名乗りをあげて鳶巣山砦奇襲策を建議した。これを聞いた信長は分をわきまえない忠次に対し一度は憤慨するが、しかしこれは情報漏洩をおそれた信長の演技であって真意では忠次の作戦を評価しており、その後奇襲部隊の大将を任せたという。ところが、この策の発案者は当初から忠次とするものではなかった。谷口央によると、慶長期に作成された『信長公記』（太田牛一著）や『信長記』では信長や家康の発案であったという。忠次発案説は、寛永期に完成した『三河物語《みかわものがたり》』（大久保忠教著）からみえはじめ、『寛永諸《かんえいしょ》家系図伝《かけいずでん》』に至り明確化され、それが一般に流布したのは五代将軍綱吉の代に編纂が開始された『武徳大成記《ぶとくたいせいき》』からであると分析する。また、井上泰至によると『三河物語』では忠次の献言を信長は喜んで採用したが、その後編纂された『増補信長記《ぞうほしんちょうき》』では先述のような芝居じみたやり取りに変容し、奇襲策建議の背景描写が異なるという。成瀬家本は、『甲陽軍鑑』で強調された武田家老臣馬場信春最期の挿話をわざわざ描き込むなど、軍書が語る名場面について異時同図法を駆使して描写する特徴があり、鳶巣山砦の奇襲も忠次の武功を演出する恰好のモチーフであったと推察する。

最後に徳川四天王の呼称がいつ頃から発生したのかについて考察を加えたい。武家の従者に四天王の呼称を充てる例は、古代に清和源氏の三代目 源 頼光《みなもとのよりみつ》が勅命によって大江山の酒呑童子《しゅてんどうじ》を退治する物語に「源 頼《みなもとのらい》光四天王《こうしてんのう》」が登場する。この物語を描く現存最古の作品は「大江山絵詞」（逸翁美術館蔵）である。その詞書巻第一段には「四人の殿原を人、〈四天〉と呼ぶ事、其の故有る物をや。綱は多門天、公時は持国天、忠道は増長天、季武は広目天」とあり、頼光に従う渡辺綱《わたなべのつな》・坂田金時《さかたのきんとき》・碓井貞光《うすいのさだみつ》・卜部季武《うらべのすえたけ》の四人を、禁中を守護する四天と称した。その後もこの物語は、戦国大名に受け入れられ、北条氏綱《ほうじょううじつな》の依頼で狩野派が手掛けた「酒呑童子絵巻」（サントリー美術館蔵）などが知られる。また、江戸明暦期から寛文期にかけて流行した金平浄瑠《きんぴらじょうる》璃《り》は、頼光の甥頼義《よりよし》と頼光四天王の子らが活躍する武勇談である。

このような十七世紀前半における頼光四天王に関連する物語の高揚を経て、当代政権の四天王は誰かと発想を巡らせる趣向がはたらいたのではないだろうか。その背後には家光による『寛永諸家系図伝』の編纂や、綱吉による『武徳大成記』などの歴史書編纂事業によって由緒に関する書上の提出とともに自家に関する歴史意識が高まったことも影響したと考えられる。ちなみにこの『武徳大成記』は、のちに作成される家康前半期の重要な戦と位置づけられた姉川・三方ヶ原・長篠・長久手の四戦を収録する『四戦紀聞《しせんきぶん》』とともに、十九世紀に将軍家奥向の意向で制作された「長篠・長久手合戦図屏風下絵」（東京国立博物館蔵）の依拠史料となる。【実像編】における柴裕之の分析では、「四天王」呼称の広がりが十九世紀前半になって確認されるという。この問題は東博下絵の制作動機にも波及するかもしれない。だが、成瀬家本「長篠・長久手合戦図屏風」において酒井・榊原・本多・井伊の活躍ぶりが顕著な背景には、すでに本作が制作される十八世紀にかかる時点で少なくともその素地が生まれつつあったのではないかと考える。

●参考文献

井上泰至『サムライの書斎』（ぺりかん社、二〇〇七年）

金子拓編『長篠合戦の史料学』（勉誠出版、二〇一八年）

小松茂美編『土蜘蛛草紙・天狗草紙・大江山絵詞』『続日本の絵巻』二十六（中央公論社、一九九三年）

高橋修『戦国合戦図屏風の歴史学』（勉誠出版、二〇二一年）

中根千絵・薄田大輔編『合戦図 描かれた〈武〉』（勉誠出版、二〇二一年）

松島仁『徳川将軍権力と狩野派絵画』（ブリュッケ、二〇一一年）

『歴史読本』『特集 徳川四天王』五十二巻三号（新人物往来社、二〇〇七年）

『歴史読本』編集部編『戦国大名の四天王列伝』（新人物往来社、二〇一一年）

和歌山県立博物館編『戦国合戦図屏風の世界』（一九九七年）

人生には、まさかという不測の事態が稀に襲いかかる。家康の場合、頼みにしていた今川義元や織田信長が不意に敗死したことは大きな試練だった。本能寺の変後の伊賀越えの逃避行は、「神君」に在ってはならない事態として曲筆・省筆が甚だしい。しかし、桶狭間同様、ピンチはチャンスでもある。命からがら逃げのびた家康は、甲州から人材を得、信州をも勢力圏に入れることで、秀吉とも対峙しうる存在に成長したのである。

8

伊賀越えと天正壬午の乱

平山優×網野可苗

8 伊賀越えと天正壬午の乱

実像編

▼平山 優

天正十年（一五八二）は、戦国史の転換点となった一年である。まず、武田氏滅亡（三月）で幕を開け、続いて本能寺《ほんのうじ》の変（六月）、さらに天正壬午《てんしょうじんご》の乱（六月〜十月）と立て続けに重大事件が発生した。とりわけ、本能寺の変直後、旧武田領国は政治・軍事的空白域となり、戦国史にも稀なる大躍進のチャンスが、諸勢力の目前に広がっていた。これを捉え、飛躍の機会をものにしたのが、徳川家康《とくがわいえやす》である。だが、家康がそこまでたどり着くまでには、幾多の危機に際会し、乗り越える必要に迫られた。

本能寺の変と伊賀越え

徳川家康は、武田氏滅亡後の、織田信長《おだのぶなが》による武田領国仕置において、駿河一国（但し、江尻領〈武田一門穴山梅雪領〉と興国寺領〈武田遺臣曾根昌世領〉を除く）を与えられた。このことの意味は重要である。家康は、信長より知行を与えられることになったのだ。つまり、徳川氏が、同盟国から完全なる主従制のもとに包摂された従属大名へと変貌した瞬間だった。そこに至るまでには、伏線があった。元亀三年（一五七二）十月、武田信玄の遠江、三河、東美濃侵攻以後、徳川氏は信玄・勝頼父子の度重なる侵攻を受け、織田の支援（援軍、兵粮、矢銭）なくしては立ちゆかなかった。天正三年五月の長篠合戦で、徳川氏は失地回復に努めたが、家康は単独で武田軍に対抗することを回避し続け、徐々に失陥した領域の奪回を続けざるをえなかった。国力、軍事力などあらゆる点で、まだ武田氏は、家康にとって侮れぬ存在であった。

その過程で、次第に家康は、信長への従属度を強めざるを得ぬことになった。それは、双方の書状の遣り取りの際の、書札礼によって看取できる。家康は、徐々に信長を上意権力と仰ぐような形に移行している（平野二〇〇六）。その結果が、武田氏滅亡後の、駿河宛行だったのである。そのまま何事もなければ、家康は、信長の一門格の従属大名となっていたであろう。

だが、それが突然断ち切られた。六月二日、本能寺の変が勃発したのである。家康は、当時、穴山梅雪らとともに和泉国堺に滞在しており、二日早朝、京都に向けて出発していた。信長と、京都で合流するためである。ところが、途中の枚方で、京都から凶報を知らせにかけつけた茶屋四郎次郎によって、信長・信忠父子の横死を知る。

家康は、信長側近長谷川秀一の前で、京都に入り、信長に殉死すると述べたが、周囲の説得に応じ、近江国甲賀郡を経て伊賀に抜け、伊勢に至るルートで、本国三河への帰国を目指すこととなった。これが伊賀越えである。「神君三大危難」（三河一向一揆、三方原合戦、伊賀越え）とされる苦難の幕開けであった。そのルートについては、諸記録によってまちまちで、一定しないが、『石川忠総書留』が記す、小川、伊賀丸柱、川合、柘植、加太、関、長太湊に至るルートが最も信憑性が高いとされる（今谷一九九六、藤田二〇〇五）。

家康にとって幸いであったのは、ルート上に長谷川秀一の知己が多かったことと、天正伊賀の乱後、徳川が多くの伊賀衆を匿っていたことであった。なかでも、家康家臣服部半蔵は、伊賀出身であったので、知己や縁者が多く、伊賀衆の協力を得やすかったのである。だが、それでも危険な逃避行であることには変わりなく、「三河の王（家康）は、兵士及び金子の準備十分なりしを以て、或は脅し、或は物を与えて結句通過するを得たり」（『日本耶蘇会年俸』）にあるように、懐柔、脅し、戦闘により道を切り開いたのであった。そのため、家康に随行する兵二〇〇人が戦死するという、厳しい道程であったのだ（『家忠日記』）。なお、家康と途中で別れて、別の道をたどろうとした穴山梅雪主従は、一揆に襲撃され壊滅している。

だが家康は、逃避行のさなか、重臣酒井忠次に命じて、六月三日、本国三河に急使を派遣し、帰国次第、西国に出陣するので準備をしておくよう指示し、四日、無事に三河大浜に到着した（『家忠日記』）。

家康は、岡崎帰国後、全軍の招集を終え、西に向けて出陣した。若君様（三法師）を奉じ、明智光秀討伐を実現するためである（家康二九〇）。いっぽうで家康は、織田大名たちが退去するか、殺害され、事実上の空白域となってしまった、甲斐・信濃の経略にも手を伸ばしたのである。

天正壬午の乱始まる

本能寺の変が伝わると、甲斐・信濃・上野に配置されていた織田大名たちに動揺が走り、その多くが領国を捨てて本国に逃げ帰った。彼らは、国衆や土豪たちの蜂起に会い、命からがらの逃避行であった。ここに、旧武田領国争奪戦である、天正壬午の乱が勃発したのである。

本能寺の変まで、存亡の危機に立たされていた上杉景勝《うえすぎかげかつ》は、越中魚津から柴田勝家《しばたかついえ》らが退去すると、ただちに北信濃に軍勢を進め、川中島四郡（水内・高井・更級・埴科郡）を制圧し、真田昌幸《さなだまさゆき》らの調略を得て、筑摩郡に進み、遂に深志城を手に入れ、ここに庇護していた小笠原洞雪斎玄也《おがさわらどうせつさいげんや》を配置した。

いっぽうで、それまで織田信長に従う意思を鮮明にしていた北条氏政《ほうじょううじまさ》は、一転して上野国に息子氏直《うじなお》の軍勢を派遣し、滝川一益を神流川合戦で撃破して、上野国をほぼ掌握すると、信濃国佐久郡に侵攻し、依田信蕃を除く、徳川方の国衆を続々と従属させ、小県郡に進み、真田昌幸を上杉方から帰属させると、川中島に兵を進めさせた。ここで南下してきた上杉景勝と、川中島に侵攻した北条氏直は、川中島で対峙することとなった。

徳川家康は、武田氏滅亡の際に、その遺臣らの多くを、秘かに遠江、三河で庇護していたといわれる。奥三河には、下伊那国衆下条氏、遠江には甲斐三枝虎吉、武川衆、信濃佐久郡の国衆依田信蕃などである。彼らの多くは、織田氏に捕縛されれば処刑される可能性が高かった。家康は、伊賀越えのさなかに、彼らに対し、それぞれの本国に秘かに帰り、徳川方に味方する国衆、土豪を募るよう依頼した。とりわけ、依田信蕃は、甲斐国迦葉坂（甲府市中道町）で自らの旗を掲げ、隠れていた武田遺臣たちに呼びかけを行った。すでに信長家臣河尻秀隆が、一揆により殺害されていたので、信蕃は恐れることなく味方を募ることが出来たのであった。信蕃の呼びかけに応じた武田遺臣は、横田尹松ら三千人に上ったという。信蕃は、彼らとともに、本国信濃佐久郡春日城に帰り、佐久郡の国衆のほとんどを徳川方にすることに成功した（『依田記』）。

これとは別に、家康は酒井忠次ら東三河衆を、奥三河から伊那に派遣し、先に帰国して本領を奪回していた下条頼安《しもじょうよりやす》とともに、伊那制圧を実施させた。また、武田遺臣曾根昌世《そねまさただ》、岡部正綱《おかべまさつな》を案内に、大須賀康高《おおすがやすたか》、大久保忠世《おおくぼただよ》、本多広孝《ほんだひろたか》・康重《やすしげ》父子、石川康道《いしかわやすみち》らを派遣している。甲斐では、六月十八日の河尻秀隆《かわじりひでたか》殺害後、各地で一揆が蜂起し、国中（甲府盆地）では秩父口より北条氏を招き入れようとする大村党、大井摂元（甲斐国惣社橋立明神）らが動き始めていた。また、都留郡では一揆によって岩殿城が攻略され、河尻衆の首級と首帳が北条氏のもとに届けられており、北条氏を引き入れようとする動きが強くなっていた。北条氏は、六月十三日までには、津久井城主内藤綱秀が岩殿城を接収し（戦北補遺２一四二号）、同十五日には、北条が匿っていた都留郡の土豪渡辺庄左衛門尉らを本領に帰還させ、味方の結集を命じている（戦北二三八二号）。だが徳川方も、国中では穴山衆が家康の命により、大村党などを壊滅させ、北条方の国中侵入を阻んだが、都留郡はほぼ北条氏に制圧されてしまった。北条氏は、川口の御師衆らを味方に付け、御坂峠で城普請（御坂城）を開始した。

家康自身は、清須会議の終結を待って、七月二日、岡崎を出陣すると、八日に駿河国吉原に着陣し、ここで駿河・伊豆国境の守備を指示している。また家康は、清須会議を事実上主宰した、羽柴秀吉に書状を送っており、旧武田領国に軍勢を進めてもよいかどうかを問い合わせていた。この返書は、七月七日付の秀吉書状が家康の元へ届けられた。家康に届いたのは、八日であろう。この書状で秀吉は、甲斐・信濃・上野は敵方（北条氏）に渡すべきではなく、家康が軍勢を派遣して入手することに、何の異儀もないと明記していた（秀吉四五五号）。

これにより、家康は、旧武田領国侵攻を、織田権力から容認され、北条・上杉と対決することが正統化されることとなった。徳川軍は、八日に甲斐に侵入し、九日甲府に入った（『家忠日記』）。

徳川・北条軍の抗争

家康は甲府に入ると、伊那から北上していた酒井忠次、下条頼安、知久頼氏らに諏方進軍を命じ、高島城を奪い諏方郡を回復していた諏方頼忠を味方にするよう指示した。また家康は彼らを支援すべく、大久保忠世らを諏方に急行させた。

いっぽうで家康が気にしていたのは、佐久郡の依田信蕃《よだのぶしげ》であった。信蕃は、佐久帰還後、佐久一円の国衆を徳川方に帰属させる約束を取り付けていたが、七月十二日、北条の大軍が侵攻してくると情勢は一変し、彼らは北条方に付いてしまった。さらに信蕃と甲斐衆らは、北条軍に攻められ、春日城を放棄し、山奥の三沢小屋に籠城せざるをえなくなっていた。まさに、信蕃らは孤立無援の状態になっていたのだ。

北条氏は、佐久・小県郡の諸士を調略し、また諏方頼忠《すわよりただ》にも誘いの手を伸ばしていた。この結果、佐久・小県・諏方郡の国衆らは北条方に帰属し、徳川方は次第に圧され気味となった。この時、真田昌幸らもまた、上杉から離叛し、北条方に付いた。かくて、北条・上杉両軍が川中島で対峙し、一触即発の状況となった。ここで北条方は、真田昌幸が海津城代春日信達《かすがのぶたつ》（高坂弾正の子）の引き抜きに成功し、上杉軍が北条軍と戦うために動き出したら、城で蜂起し、景勝を挟撃する作戦を立案した。だがこの陰謀は発覚し、春日一族は処刑されてしまう。これにより、決め手を失った北条軍は、川中島制圧を諦め、甲斐に転進し、甲斐と諏方・伊那を奪取しようと目論んだのである。北条軍は、七月十九日に川中島を陣払いした。この時氏直は、真田昌幸の進言を容れ、彼を上杉の抑えとして残留させた。しかし、この対峙が原因で、上杉氏は深志城を抑えていた小笠原洞雪斎を支援することが出来なくなり、彼は本領回復に燃える小笠原貞慶（信濃守護小笠原長時の子、洞雪斎の甥）に城を奪われてしまう。貞慶は、徳川氏の後援を受けていたのだった。

北条軍の撤退後、上杉景勝はこれを追撃しなかった。いや、出来なかったといった方が正確である。当時、越後では新発田重家が天正九年以来叛乱を起こしており、彼らが動き出したとの知らせが来ていたからだ。景勝は、八月二日ごろ、信濃から越後に帰国した。

伊那を北上していた徳川重臣酒井忠次、下条頼安、奥平信昌らの軍勢と、大久保忠世ら甲斐から派遣された軍勢とが、諏方で合流し高島城に到着したのは、七月十四日のことであった。この時家康は、信濃を入手したら、酒井忠次に統治を行わせようと考えていた（信⑮三一一）。ところが、忠次はあたかも支配者のように居丈高に振る舞うようになったといい、諏方頼忠に開城を命じたという。これに反発した頼忠は、籠城戦を選択し、開城と徳川従属を拒否したばかりか、北信濃に在陣する北条軍本隊に支援を求めたのである（『三河物語』他）。また家康は、深志城の警固強化のために、奥平信昌を小笠原貞慶のもとへ派遣しようとしたが、

8. 伊賀越えと天正壬午の乱 × 実像編

独立を回復したばかりの貞慶は、徳川に城を奪われるのではないかと疑い、周囲が北条方ばかりになったこともあり、北条方に転じてしまった（『当代記』他）。

こうしたなか、北条の大軍が接近したことを知った徳川軍は、諏方攻略を諦め、酒井忠次、大久保忠世ら七手衆（七軍団）は甲斐に、奥平信昌、下条頼安、知久頼氏らは伊那の飯田城に撤退することとなった。

北条軍は、諏方で二手に分かれ、氏直本隊は七手衆を追って甲斐に侵入し、若神子城に本陣を置き、七里岩台地上の城砦を制圧して甲斐経略を目論んだ。いっぽうの北条軍別働隊は、八月上旬、伊那高遠城を占領し、ここに保科正直、内藤昌月（武田遺臣、上野国箕輪城代、保科正俊の子で正直とは兄弟）を配置すると（『保科御事歴』他）、同下旬には、風魔衆らが伊那大草衆らを傘下に収めつつ、信濃・三河・遠江国境に迫り、山家三方衆らと戦っている（戦北二四一二号）。徳川方は、伊那の維持も危うくなり、奥平、下条らは飯田城に籠城するしかなかった（信⑮三九二）。

家康と氏直の明暗

甲斐に侵入した北条氏直は、若神子城を本陣とし、全軍を七里岩台地上に展開させた。いっぽうの家康も、新府城を本陣とし、徳川軍を能見城に配置して、北条の前進と防ぎ止め、武川衆や津金衆らの武田遺臣らは、周辺各地の城砦に在城して、北条軍の出方を窺っていた。北条軍は、七里岩台地から何度も下りて、甲府を目指そうとしたり、徳川軍の背後を封じようと試みたが、各地の坂道の出口を徳川軍に封じられており、多大な犠牲者を出すばかりで失敗に終わっていた。

そこで氏直は、北条氏邦麾下の鉢形衆らに雁坂口から甲府方面を、西之海衆（西湖周辺の土豪集団）、吉田衆らに本栖城を、御坂城に在城する北条氏光・氏勝らに甲府方面を、それぞれ攻撃するように命じた。ところが、これらはいずれも、徳川方によって撃破されてしまったのである。特に重要だったのは、氏光・氏勝軍と鳥居元忠ら徳川軍とが衝突した、八月十二日の黒駒合戦である。この合戦で、北条軍は大敗を喫し、三〇〇余騎が戦死する大打撃を受けた（『家忠日記』他）。家康は、鳥居らが新府に送ってきた首級を、若神子方面に展開する北条軍に向けて晒したといい、これをみた北条軍の兵卒は、その中に親類縁者を発見して嘆き悲しみ、戦意を失っていったという（『三河物語』他）。

いっぽうの家康は、孤軍奮闘する依田信蕃のもとに、曾根昌世らを派遣したが、兵粮も尽き、飢えた依田方は持ちこたえられなくなってきていた。そこで、信蕃は家康の許可を得て、徳川方に帰属していた加津野《かづの》昌君《まさただ》（真田昌幸の弟信尹《のぶただ》）とともに、北条方に付いていた真田昌幸の調略を行った。すると、昌幸は、徳川方に付くことを了承し、依田勢に兵粮の援助を行ったという（『依田記』他）。昌幸の徳川帰属は、九月二十八日のことである（家康三七八・四六四・四六五）。昌幸が、信蕃とともに北条方を攻撃する日時は、十月十日と決まった。

黒駒合戦勝利後、甲斐において武田遺臣は続々と徳川方への帰属を申請するようになった。家康にとって幸いであったのは、清須会議後、再結集を果たした織田権力が、徳川支援のため出陣する予定を伝えてきたことと、信濃木曾義昌に圧力をかけたことである。実際に八月十五日には、織田信雄の援軍が、駿河に送られてきていた（信⑮四一七）。これにより、木曾義昌は、家康の求めに応じて、彼が当時確保していた信濃国衆の人質らを、伊那の奥平らに引き渡し、従属を表明したのであった（信⑮四四七・八、四五二）。

この他にも、九月初旬、武田遺臣らの案内を受けた芝田康忠らの徳川軍別働隊が、甲府から昇仙峡を経て、山岳地帯を抜け、若神子—佐久間にある獅子吼城（北杜市須玉町）を奇襲攻撃して攻め落とし、そのまま佐久に抜けて依田信蕃と合流した（『乙骨太郎左衛門覚書』『家忠日記』他）。さらに高遠城の保科正直も、十月には秘かに徳川に帰属するとの密使を送ってきていた（家康三八四）。

　真田昌幸、依田信蕃、徳川援軍は協力して、関東から佐久郡を通過する小荷駄隊や、北条方諸城を攻め、補給を途絶させることに成功した。このため、大軍ゆえに、甲斐の北条軍本隊は兵粮の欠乏に苦しむようになり、干上がってしまったのである。

　退勢を挽回すべく、北条氏は、相模や伊豆から駿河の徳川方諸城を攻めようとしたが、九月二十五日の三島合戦で敗退し、北条氏は徳川氏を逆包囲する方途を完全に断たれてしまった（『武徳編年集成』他）。北条軍の苦戦は、佐竹・結城・宇都宮氏ら「東方之衆」の活動を活発化させ、関東各地で北条方への攻勢を強め始めていた（宮川二〇一〇・二〇一二）。彼らは、家康と盟約を結んでいたからでもある。

　こうして、家康と氏直の明暗が分かれるなか、双方は和睦することとなった。実は、家康の元に、織田権力が和睦を進めてきたからでもある。柴田・丹羽・羽柴らは、この頃意見の対立から深刻な分裂を引き起こしていた（「上方忩劇」）。そのため、総力を挙げて家康のもとへ援軍に赴くという当初の計画が頓挫してしまったのだ。

　家康は、織田権力の分裂をみて、和睦を決断する。徳川・北条の和睦は、十月二十九日に成立した（『家忠日記』他）。この時の和睦条件は以下の通りである。
①北条氏は、占領していた甲斐国都留郡、信濃国佐久郡を徳川方に引き渡す（但し自力次第とする）。
②徳川氏は、北条氏の上野国領有を認め、真田昌幸が保持する沼田・吾妻領を引き渡す（但し自力次第）。
③北条氏直の正室に、家康息女督姫を輿入れさせ、両氏は同盟を結ぶ。

むすびにかえて――天正壬午の乱が家康にもたらしたもの

家康は、天正壬午の乱に勝ち抜くことにより、まず武田遺臣の多くを獲得した。これが家臣団と軍事力編成の充実に繋がったことは間違いない。また、天正十一年から十二年にかけて、家康は上杉領の川中島四郡を除く、信濃を支配下におさめ、五ヶ国大名へと成長を遂げた。これが、小牧・長久手合戦で、秀吉との全面対決を可能にしたとみられる。

いっぽうで課題も多かった。とりわけ、北条氏との和睦、同盟締結時に、真田昌幸の保持する沼田・吾妻領割譲を約束したことで、真田氏の離叛と敵対を生み、上田合戦に繋がっていくこととなる。この問題は、その後も燻り続け、最終的には北条氏と秀吉との対立を生み、小田原出兵の原因となるのである。それらをめぐる動向は、本稿の範囲を超えるので、他氏に譲りたい。

●参考文献

今谷明『歴史の道をゆき』(岩波新書、一九九六年)

平野明夫『徳川権力の形成と発展』(岩田書院、二〇〇六年)

平山優『改訂増補天正壬午の乱』(戎光祥出版、二〇一五年)

藤田達生「『神君伊賀越え』再考」(『愛知県史研究』九号、二〇〇五年)

宮川展夫「天正壬午の乱と北関東」(『駒澤大学大学院史学論集』四〇号、二〇一〇年)

同「天正期北関東政治史の一齣――徳川・羽柴両氏との関係を中心に」(『駒沢史学』七八号、二〇一二年)

●引用史料の略記号

『信濃史料』→信＋巻数＋頁数

『新訂徳川家康文書の研究』→家康＋頁数

『戦国遺文北条氏編』→戦北＋文書番号
『豊臣秀吉文書集』→秀吉＋文書番号

8 伊賀越えと天正壬午の乱

虚像編

▼網野可苗

信長の討死を知った家康が小勢で野武士の襲撃をかいくぐり、三河国に無事帰国するまでの道中は、家康にとって「御生涯御艱難の第一」であったと後世評され、「神君伊賀越え」という名で膾炙した。現代においてその逃走劇は忍者の活躍を交えながら、時にコミカルに描かれることも多いが、徳川の世にあってそのように描くことは到底許されない。では「逃げる家康」の姿は江戸時代どのように正当化されたのか。

はじめに

日本文学において「伊《い》賀《が》越《ご》え」と言えば、曾我兄弟の仇討ち、赤穂浪士の討ち入りにならぶ日本三大仇討ちの一つである「伊賀越の敵討ち（鍵屋の辻の決闘）」を指すが、本章ではそれとは別の、いわゆる「神君《しんくん》伊賀越え」を取り上げる。

神君伊賀越えとは、天正十年（一五八二）六月二日、摂津国堺から上洛する途中の徳川家康一行が、明智光秀の謀反（本能寺の変）の知らせを受け、本領・三河国に帰り着くまでの道中を指す。「御生涯《ごしょうがい》御《ご》艱難《かんなん》の第一」（『徳川実紀』巻三）と評され、命からがら三河に逃げ果せる家康一行の姿は、現在でも創作物において非常に印象強く語られることが多い。

その一方で、意外にも江戸時代の文学作品で神君伊賀越えを描いたものは皆無に等しい。これは徳川の世にあって家康の事跡をもとに創作することへの憚りによるものであると考えられるが、あるいは伊賀越えそのものが江戸時代の人々に重く受け止められていなかったのかもしれない。もちろん「描かれなかった理由」を想像力たくましく述べても詮のないことであるから、ここでは聞書などの様々な資料で描かれた家康像を紹介しながら、伊賀越えに臨む家康がどのような人物であった（らよいと人々は考えた）かを探っていきたい。

現代の「伊賀越え」

ＮＨＫ大河ドラマ『真田丸』（二〇一六年）では本能寺の変の知らせを受けた家康一行を服部半蔵が案内するも、手配が万全でなく、結局野武士の中を叫びながら押し通るシーンが話題になった。本作では知らせを受けた当時は信長の生死は不明だったとされ、三河に逃げようと一行が進言する中、万が一信長が生きていて自分が逃げたと知られたら怖いからと上京を決意する、ある意味したたかな家康が描かれる。

翌年の『おんな城主　直虎』（二〇一七年）では、事前に光秀より謀反を知らされていたとされ、上京中に知らせを受けた際、何も知らない穴山梅雪を欺くために一行が一芝居打つ様子がコミカルに描かれた。中でも家康が敵討ちのため上京しようとしたり、切腹を宣言する度に家臣がわざとらしく止めたりするやりとりはまさにコント然としていた。

両者は描き方の差こそあれ、「伊賀」という土地を舞台にしているためか、伊賀者の代表的存在として知られている服部半蔵が案内役として登場する点も共通する。

伊賀越えと忍者の取り合わせはかなり浸透しており、歴史小説だけでなく児童書にもみられる。『徳川家康は名探偵‼　タイムスリップ探偵団と決死の山越え珍道中の巻』（楠木誠一郎著、岩崎美奈子絵、二〇一一年、講談社青い鳥文庫）では、本能寺の変の知らせをうけた徳川家康らが、家臣団に同行していた服部半蔵の助力により三河に戻ろうとするが、多羅尾光俊のいる小川城や道中で何度も甲賀忍者の急襲に遇い、家康と瓜二つであった穴山梅雪が家康の身代わりとして甲賀忍者の凶刃に倒れてしまう。服部半蔵の活躍にとどまらず、伊賀対甲賀という図式を用いた展開は、まさに伊賀越えと忍者を強く結びつける、現代の私たちの抱くイメージに近いのではないだろうか。

このように後世の創作物に多く見られる、服部半蔵をはじめとする伊賀者の活躍は、実は江戸時代の書物にほとんどみられない。藤田達生は『寛永諸家系図伝』に伊賀越えの功績が強調されていないことから、同書の編纂時（寛永年間〈一六二四〜一六四四〉）にはまだ「神君伊賀越え」物語は創作されていなかったとし、「神君伊賀越え」の初期史料として「伊賀者由緒書」（享保十一年〈一七二六〉）等の伊賀衆の由緒書類が挙げられること、また「伊賀越え」関係史料のうち服部半蔵の名が見えるのが『譜牒余録』（寛政十一年成）と『徳川実紀』（天保十四年成）のみであることから、「幕藩体制の安定した江戸時代中期、忍びの仕事を失った伊賀者は困窮した。家康の逃避行を直接・間接知る世代がいなくなった時期に、伊賀者の要望を受けて創作されたのが「神君伊賀越え」だった」（藤田二〇二二）と、伊賀者による創作の可能性を指摘している。

よって服部半蔵の活躍は伊賀越えの虚像の一側面であるが、この点については既に多くの論考が備わる忍者研究を参照いただきたい。また、伊賀越えの経路も同様に問題視され、「伊賀越え」という名称が膾炙しているものの、実際は甲賀越えであったとか、大和路を通ったなどと諸説紛々としてその実は判然としない。しかし、こちらは実像（史実）に関わることであるから、ここでは触れない。

冒頭で述べたとおり、本章では家康自身の描かれ方に注目する。また、伊賀越えは謂わば「逃げる」行為であり、現代の一般的な感覚からすれば、逃げる武士はあまり褒められたものには思われないが、それを徳川の世にあってどのように理由づけ（正当化）したのかについて見ていきたい。

簡潔な記述

一次史料に類する書物においては、その資料的性格もあってか伊賀越えの場面はかなり簡素に記される。「於京都、上様を討果申由有其聞、そのまゝ家康も、帰国とて堺より被出了」（『天正日記』）、「家康は境に御座候由候、岡崎江越候」（『家忠日記』）、「家康、於堺此事、〈信長、光秀に弑せらるゝことを指す〉、大和路へかゝり」（『当代記』）、「家康は此由をさかいにて聞召ければ、早都へ御越はならせられ給はで、伊賀之国へかゝらせ給ひて、のがせられ給ふ」（『三河物語』）など、得られる情報はごくわずかである。

本能寺の変の報を堺で受けた家康には、急ぎ上京し明智光秀を討つなど、いくつかの選択肢があったと考えることもできる。しかしこれらの資料では、帰国までの経緯はわからない。家康一行は、知らせを受けてどのような反応をしたのだろうか？　帰国という決断に至るまでどのようなやりとりがあったのか？　そういった後世の人々の疑問や興味に応えるのが、潤色である。

それには、大別して二つある。一つは上京し明智誅伐を決意するもの、一つは報に接して切腹を決意するものである。

急ぎ京都へ

『寛永諸家系図伝』『寛政重修諸家譜』など家譜集に多いのが、明智誅伐を宣言するパターンである。たとえば『寛永諸家系図伝』（八十八　本多忠勝）には次のようにある。

洛陽にかへりて、光秀をうたんがため、飯盛八幡遣にいたりたまふとき、忠勝いさめて奉ていはく、「はやく参州にかへりて、義兵をあげ、賊を誅せらるべし。今若小勢をもつて洛に入、不幸にして利をうしなひたまはゞ、しかるべからず」となり。大権現これにしたがひ、すなはち三州にかへりたまふ。

一行が小勢であることを指摘し、帰国し兵を整えるべきという本多忠勝の諫言によって家康が翻意し、帰国したことが記される。管見の限り、諫言した家臣を本多忠勝とするものが最も多いのだが、他にも『寛永諸家系図伝』(九　酒井忠次)では忠次が、『井伊家譜』(一　侍従兼兵部少輔藤原直政)では忠勝と長谷川秀一に加え直政が、『茶屋由緒記』(一　先祖)では忠勝と茶屋四郎次郎が諫言したとあり、家譜という性格を垣間見るようで面白い。

また家臣の諫言に対し「吾此慮なくんば非ず」つまり検討済みであるとし、道中で悪徒に襲撃されて死ぬよりはよいのだと言い返すパターンもある(『神祖泉堺記事』『武徳編年集成』等)。言い訳といえば聞こえは悪いが、家臣の進言に対して主君自ら考えを述べつつ、結果的に説得に応じていると好意的に解釈すれば、互いの信頼が窺えるやりとりともいえようか。このパターンは江戸時代に限らず、『絵本太閤記真書実伝』(樋口文治郎編、明治一九年)にも「逆賊を誅せんと怒」る家康と、それを諫める本多忠勝のやりとりが描かれるなど、明治以降も人口に膾炙していたことがわかる。

「一戦して孝養にせん」(『戸田本三河記』地)と直ちに進軍しようとする家康の姿は、泰平の世にあって雄々しく、情に厚い人物として読者の目に映ったかもしれない。

もちろん誅伐を宣言した家康自身も、この小勢で明智軍を相手にすることがいかに無謀かは理解していたのだと説くものもある。『続本朝通鑑』(二二一　正親町二十)には「神君曰、速入洛討光秀、不克則入東山知恩院自裁耳」、『譜牒餘録』にも「信長公に日比被成御入魂候故、京都え御上り、弔被遊御合戦、於不叶而は、本能寺にて可被遊御切腹之旨、被仰出候處」とあり、命を落とす覚悟で信長に報恩すべきと考える家康の姿が見てとれる。

切腹の決意

一方で、弔い合戦の末に命を落とすのではなく、用意の上で切腹を行おうとする家康が描かれるものもある。それがもう一つのパターンである。

石川忠総（一五八二～一六五一年）がまとめた『石川忠総留書』乾巻では、「信長の御恩をかうぶり候之上は、知恩院にて追腹」する旨を述べた家康に対し、本多忠勝が「知恩院にて御腹めし候はゞ、勿論たち腹可仕候、信長の御奉公には追腹被成候事と、亦成程三州へ被成御座、若於御帰国は、御人数を催し、弔合戦被成候て、御討死とは、いづれかまし候はんや」と諫言する。それに対し家康は「今帰国弔合戦にて討死候はん事、知恩院にて追腹とげ候では雲泥違といへども、供の者まで此道はじめて上洛に候へは、三州まで参候はん事かたし。路次にて疋夫の矢にあたらんよりは」と考えたのだと決意の理由を述べる。その後、信長から遣わされていた長谷川秀一の「如尊意追腹仕候はん事勿論といへども、敵を一人も手にかけ候はぬ事可為無念候之間、此筋は大かたわれら取つぎいたす者にて候間、いづれの道にも御意の通に可仕」といった説得により、一行は帰国を目指す。

追腹とは一般に主君の恩に対し家臣が行うものであり、右のように主従関係にあったわけでもない信長の「御恩」のために追腹をするという発想には若干の違和感が残る。『林鐘談』にあるように、一先ず近くの寺院に隠れ、敵襲があればその場で切腹するしかないという考え方のほうが、不覚の死を避けようとする武士のあり方として自然ともいえる。

弔合戦の末に切腹も辞さないという家康に対して、『譜牒餘録』で本多忠勝は「御切腹なとゝ申は、葉侍のわざにてこそ候へ、まことに権現様なとの御切腹は、無勿躰ことに存候」と説得する。「葉侍」とは「くだらない侍、とるに足りない侍を卑しめていう語」（『日国』）であり、切腹という行為に対する批判的な眼差しが読み取れる。『乙夜《いつや》之《の》書物《かきもの》』でも、大徳寺で追腹しようとする家康に対し、本多忠勝が「一たん信長公御旗下にてたがいに助合たまう事は侍の儀と云物なり。追腹までに及儀に非ず」という持論を以て説得する。
幕府による殉死禁止令は寛文三年（一六六三）に発されたが、それは慶長十二年（一六〇七）、清須城主松平忠吉の家臣らの追腹を聞き及んだ家康が、追腹が不義・無益なものであることを秀忠や家老に諭したことをうけたものとされる。

つまり切腹という選択肢自体に家康のイデオロギーは反映されておらず、むしろ家臣の諫言である、報恩のためであっても切腹をすべきでないということが結果的に強く印象に残る展開である。

その意味では、『石川正西聞見集』（万治三年〈一六六〇〉成）は異色である。穴山梅雪が郷人に討たれたことを受けて本多忠勝が家康に切腹を進言すると、家康はそれを退け伊勢へ向かう。無事三河に到着すると「たはけ人の異見に付たらばかやうに帰るまじき」と戯れ言をいったという。管見の限りこの展開は本作のみだが、切腹を「たはけ人の異見」と一蹴する姿は、後に追腹に否定的な立場を明確にしていた家康のものとして説得力があろう。翻刻を収録した『埼玉県史料集1』凡例に「徳川家康の神格化などは見られないし、どの人物についても、ことさらに称揚したり、悪罵したりすることがないのは、この種の記録としては珍らしい」と指摘されていることも付け加えておく。

かっこよく逃げる

以上、本能寺の変の報に接した家康が帰国を決意するまでの経緯がどのように描かれたかを見てきた。その多くには家康の、信長への報恩という義理堅さと、家臣の諫言を受け止める度量の広さが描かれ、またその信義の篤さゆえに追腹を決意する姿も描かれるなど、逃走劇につきものの情けなさを微塵も感じさせないものであった。大河ドラマのように逃げることに注目するのではなく、あくまで体勢を立て直すための前向きな撤退であることを印象づけようとするのは、江戸時代にあっては至極真っ当な方法であったろう。

幕末に完成した江戸幕府編纂『徳川実紀』(巻三)は、伊賀越えについてかなり詳しく記している。信長の仇を報ずるべく上京したいが無勢のためそれも叶わないので、恥をさらすよりは知恩院で切腹しようとする家康と、それに追従する家臣であったが、忠勝は家康の信長に対する信義を守る気持ちを尤もとしつつ、芳志に報いようというのであればどうにかして帰国し軍勢を率い追討し、墓前に光秀の首を手向けるべきであると諫言する。家康が山賊一揆に討たれるよりは切腹すべきだと考えたことを打ち明けると、長谷川秀一は主君信長のため光秀誅伐を涙ながらに訴え、道中の案内を買って出る。また服部半蔵の名も見えるなど、まさにてんこ盛りの内容となっている。ここで強調されるのは家康の信義を重んじる姿勢であり、切腹という選択肢にも報恩ではなく恥をさらすわけにはいかないという理由付けがなされており、武士たる矜持を見てとることができる。伊賀越えにおける家康像は『徳川実紀』において結実したと言えるだろう。

おわりに

『乙夜之書物』には、本多忠勝の説得により家臣らも伊賀越えを支持する中で、家康だけが「う《(有)》ともむ《(無)》とも御返事なし」という有様であったと記される。困惑する一同に対し、水野忠重は「惣て殿はいそがしき時は桃をくゝみたるやうにて物を得いわぬ人なり。味方ヶ原の時なとは一円あの通なり。殿はともかくもわれわれ同心の上は、つれましてゆかん」と言い放つ。結局水野の言うとおり、皆が立つと家康もまた立ち、伊賀を越えることとなる。「急かされた時や、慌ただしい状況下で、桃を含んだように物を言わなくなる」という家康の人物像が何に拠るものか詳らかにし得なかったが、家康に大打撃を与えた三方ヶ原の敗戦と、伊賀越えとが結びつけられているようで面白い。また『乙夜之書物』の取材源には江戸時代前期の兵学者・山《やま》鹿《が》素行《そこう》の存在が指摘されており、追い詰められた家康の振る舞いに対する山鹿流兵学者の認識が垣間見えるようでもある。

江戸時代、家康が神格化されることが多い中で、伊賀越えもまた様々な潤色を経てそのような家康像を作り上げるのに利用された。しかしその一方で、後世の俗書を紐解くことでしか触れることのできない、情けなくも人間味あふれる家康の人物像のほうに、現代の私たちはどうしても惹きつけられてしまうのである。

●参考文献

藤田達生『城郭と由緒の戦争論』（校倉書房、二〇一七年）

藤田達生「中世の伊賀者研究より」（山田雄司編『忍者学研究』中央公論新社、二〇二二年）

萩原大輔『異聞本能寺の変―『乙夜之書物』が記す光秀の乱―』（八木書店、二〇二二年）

上島秀友『本能寺の変　神君伊賀越えの真相――家康は大和を越えた』（奈良新聞社、二〇二一年）

8. 伊賀越えと天正壬午の乱 × 虚像編

9 小牧・長久手の戦い

堀新×竹内洪介

局地戦では家康が勝っていても、全体としては秀吉に負けていた。これが小牧・長久手の戦いの実際のところだった。こうした新たな解明が新鮮に見えるほど、江戸時代が始まってから、尾張徳川家を中心に、家康の「勝利」が顕彰される。徳川史観の最たるものが、この戦さだった。

9 小牧・長久手の戦い

実像編

▼堀 新

天正十二年（一五八四）の小牧・長久手の戦いは徳川家康の勝利であり、敗れた羽柴（豊臣）秀吉は織田信雄との講和によって何とか逃げ切ったとする俗説が横行している。小牧・長久手の戦いの実像とその誤解の原因を解明する。

小牧・長久手の戦いと「徳川史観」

小牧長久手の戦《ママ》では、秀吉勢の敗戦に終ったが、秀吉は、直ちに信雄と和約し、難を逃れた（佐々木一九六五）。

秀吉と互角で戦ったことは、戦後、家康の政治的地位を高め、一応秀吉と和順の関係を保ちながら、その一大敵国と見られるようになった（北島一九六四）。

今から半世紀以上前、近世史研究の大家による記述である。今なおこの通りと信じている読者も多いのではないだろうか。しかし、現在では以下の通りである。

長久手の戦いは、八ヶ月におよんだ合戦の序盤の局地戦にすぎなかった。最終的には信雄と家康が秀吉に人質を提出し、敗北をみとめるかたちで小牧合戦が収束した。その後の家康は豊臣政権下で秀吉への奉公にはげむ（大阪城天守閣二〇一六）。

すなわち小牧《こまき》・長久手《ながくて》の戦いは、天正十二年（一五八四）三月～十一月にかけて、尾張・美濃・伊勢を中心とした東海地域全般に広がった戦いである。しかし四月九日に徳川勢が羽柴勢（大将は羽柴秀次）を打ち破った長久手の戦いのみがクローズアップされ、家康の勝利（少なくとも引き分け）とされてしまうのである。

このような「誤解」は、小牧・長久手の戦い（広域戦）と長久手合戦（局地戦）の混同から始まっていると言えよう。また「小牧・長久手の戦い」という名称じたい、家康が拠点を置いた小牧山城と、家康が大勝利をあげた長久手合戦をあわせたものであり、家康に焦点をあてたネーミングである。そもそも「長久手合戦」も岩崎城の帰趨が焦点だったのだから、「岩崎の戦い」とすべきだという見解もある（鴨川二〇一二）。合戦における乱・変・役《えき》などの呼称には十分な注意が必要であるが（木村一九八八）、合戦をどう呼ぶかという時点で、既に一定のバイアスがかかっているのである。

本章虚像編・竹内論文にあるように、

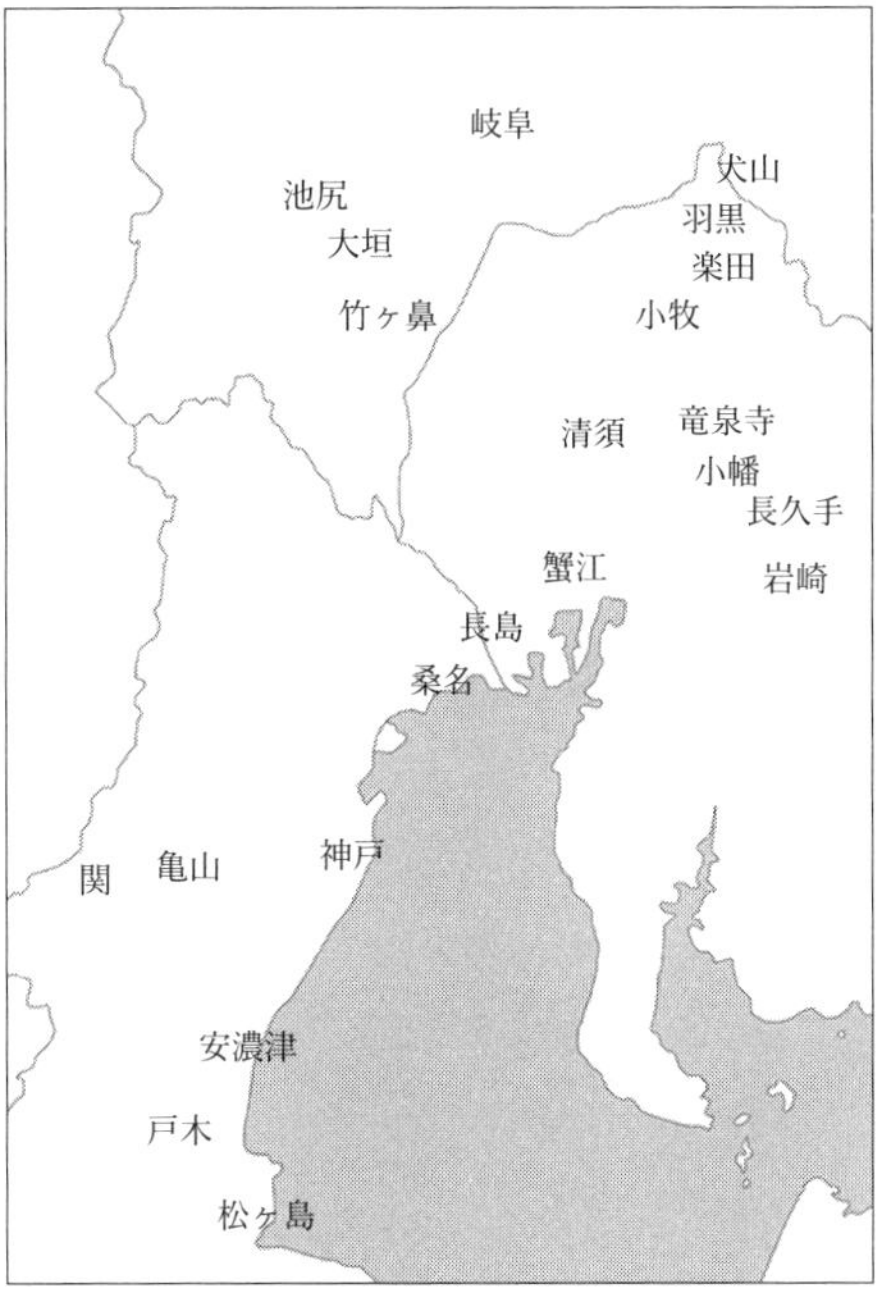

小牧・長久手の戦い関係地図
（谷口央「小牧・長久手の戦いから見た大規模戦争の創出」図１をもとに作成）

9. 小牧・長久手の戦い × 実像編

このバイアスの起点は近世尾張藩や紀州藩の小牧・長久手の戦い研究にある。徳川家康や将軍職をことさらに神聖化・絶対化する江戸幕府のイデオロギー工作を徳川史観という（堀二〇一六）。これが日本人の歴史認識に潜在意識のように刷り込まれていることが、冒頭の北島・佐々木両氏の叙述にも認められる。

本稿は、小牧・長久手の戦いの実像を明らかにすることが目的である。ただし八ヶ月におよんだ合戦の一つ一つを詳細に検証するのではなく、この広域戦の全体像を示したい。そして「誤解」の大きな原因である講和条件、家康上洛までの人質問題を検証する。

小牧・長久手の戦いの概略

まず最初に、小牧・長久手の戦いの開戦から講和までを概観しよう。開戦のきっかけは、天正十二年（一五八四）三月六日に信雄が三家老を殺害したことである。三家老は秀吉に通じていたとされる。秀吉は九日に先勢を派遣して自らも十日に大坂を出陣する。信雄から連絡を受けた家康も十三日に尾張国清須へ進む。秀吉・家康の素早い出陣から、ともに開戦を予測して準備していたと思われる。

秀吉は当初、自らは伊勢へ出陣予定だったが、十四日の尾張国犬山城攻略により、美濃国土山を経て二十七日に犬山に入城する。家康は十七日、信雄は二十九日に小牧山へ移った。こうして尾濃国境が主戦場となるが、伊勢国では秀吉方が二十日に伊勢国神戸城を攻略するなど、三月末には伊勢国のほぼ全域を制圧した。

秀吉は残る敵は家康のみと判断し、全軍を北尾張に集結させた。そして四月八日、甥の三好信吉（後の豊臣秀次）を大将として、第一隊池田恒興、第二隊森長可、第三隊堀秀政、第四隊三好信吉からなる「三河中入り作戦」を敢行した。翌九日の合戦の状況をまとめると以下の通りである。

早朝　池田恒興隊が岩崎城を攻略（岩崎の戦い）。

朝　榊原康政ら徳川先発隊が三好信吉隊を急襲し、ほぼ壊滅させる（白山林の戦い）。
　　堀秀政隊が引き返して、榊原らを桧ヶ根で破る（桧ヶ根の戦い）。
　　堀隊は徳川家康の馬標（金扇）を発見して後退する。
巳刻　池田恒興・森長可が引き返し、長久手で徳川本隊と戦い、池田・森らが討死する（長久手の戦い）。
午後　徳川隊が小幡城に後退する。
　　秀吉、敗戦を聞いて竜泉寺城まで進軍する。
夜　徳川隊が小牧山城へ帰城する。
翌日　秀吉が楽田城（砦）に帰城する。

この一日の戦いもいくつかの戦いに分かれ、双方に戦勝がある。しかし巳刻（午前十時頃）の長久手の戦いで、羽柴勢は池田・森が討死した。この長久手の戦いは秀吉自身も「勝利を失う」と認めざるを得ない大敗北であった。家康と信雄は「やがて秀吉を討ち果たす」、「やがて上洛する」と意気軒昂だったが、実際は小牧山から進撃することはなかった。

そこで秀吉は五月上旬に美濃国加賀野井城・奥城を攻略し、六月に竹ヶ鼻城を攻略した。竹ヶ鼻城の水攻めは約一ヶ月に及んだが、家康は援軍を送ることもできず清須へ退いた。これは秀吉の命を受けた滝川一益が、尾張国蟹江城を調略して入城する動きを見せたことによる。家康は六月十六日に清須城を出陣し、七月三日にこれを奪還する。この蟹江合戦を「東照宮一世の勝事」とする評価もある（江村専斎『老人雑話』）。長久手合戦以後における家康唯一の勝利と言って良いが、これは秀吉の攻勢を何とか防いだに過ぎない。続いて家康は信雄を守るために伊勢へ進軍するが、大きな戦いもなく清須へ帰陣する。

この後、九月に入ると講和交渉が始まり、何度か破談となる。秀吉はこの間も伊勢を攻め、尾張にも新たに砦を築くなど攻撃の手を緩めない。家康も十月に石河数正を美濃国に派遣するが、家康自身は三河へ帰国しており、もはや戦闘態勢にない。そして十一月十五日に信雄と秀吉が講和し、続いて家康とも講和して小牧・長久手の戦いは終結した。

小牧・長久手の戦いの主戦場は尾張・美濃・伊勢におよぶが、このうち伊勢と美濃はほぼ秀吉勢が征服し、家康・信雄勢はわずかに尾張への侵攻を何とか食い止めたに過ぎず、圧倒的に劣勢であった。

小牧・長久手の戦いと人質

これを示すのが講和条件、特に領土と人質である。領土は、信雄が伊勢半国を秀吉に割譲したが、秀吉側からの割譲はない。また人質を提出したのは家康・信雄と家康家臣であり、秀吉側には人質提出はない。このように片務的な内容である以上、家康・信雄の全面的な敗北と言わざるを得ない。

しかし、この人質に関して大きな誤解が二点ある。この誤解が現在まで根強く残っているために、小牧・長久手の戦いは家康の勝利、少なく見積もっても引き分けと見なされているのである。

まず一点目は、家康が秀吉に提出した於義伊《おぎい》（後の結城秀康《ゆうきひでやす》）は養子であり、人質ではないとする誤解である。確かに織田信雄が家康に「於義伊殿・石川勝千代《康勝》、人質とは申候へ共、人質に秀吉せらるへき二而者無之候（於義伊殿と石川勝千代は、人質とはいうものの、秀吉は人質とは考えていない）」と伝えている（「古簡雑纂」）。勝千代は石河数正の次男で、人質として上坂した於義伊に小姓として扈従していた。しかし重要なのはこの続きで、信雄は「家老中人質二三人」を秀吉に提出するよう求めている。そして家康がこれを「重人質」と考えるならば、於義伊と勝千代をいったん岡崎まで戻してもいいとまで述べている。これは後述する越中攻めに際して、佐々成政との連携を疑った秀吉が、家康に人質の追加提出を求めたのである。信雄は家康に人質の追加提出をさせるために「於義伊と勝千代は人質ではない」というレトリックを使ったに過ぎない。これを真に受けるほど家康もお人好しではなく、追加提出を拒絶している。於義伊は人質であり、さらに家康家老の人質を提出するのは「重人質」であると家康は認識しており、それは秀吉も信雄も同じだったであろう。

第二点目は、秀吉も妹朝日姫、母大政所を人質として提出しているという誤解である。この間の経緯をまとめると以下の通りである。

天正十二年（一五八四）

十一月　小牧・長久手の戦いの講和が成立する。

天正十三年（一五八五）

六月　秀吉、家康に人質の追加提出を求める。

八月　秀吉、佐々成政を降伏させ、越中を平定する。

十月　秀吉、再び家康に人質の追加提出を求めるが、家康は拒絶する。

天正十四年（一五八六）

二月　秀吉が家康を「赦免」する。

五月　朝日姫が浜松へ輿入れする。

十月　大政所、岡崎に下向する。家康が上洛する

このように、朝日姫の輿入れと大政所の三河下向は講和から約二年後の話であり、小牧・長久手の戦いの勝敗とはいちおう無関係である。もっとも大政所が事実上の人質であることは間違いないが、これは上洛する家康の身の安全を保証するための人質である。このことは家康家臣も理解しており（『家忠日記』）、このような場合は合戦の勝者も人質を出すのである（小林一九八九）。そのため家康が無事に帰国すると、大政所は

すぐに帰坂した。

これに対して朝日姫の事情はもう少し複雑である。越中攻めに際して、秀吉は家康と佐々成政の連携を警戒して、家康に人質の追加提出を求めた。佐々降伏後にも再び求めている。これは臣従の証でもあり、反乱防止のためでもある。家康がこれを拒絶し、両者は一時緊張関係に陥ったが、秀吉は家康を「赦免」する。「赦免」というのは秀吉の言い分に過ぎないが、この頃に朝日姫の輿入れが内定したのであろう。この政略結婚に際して、秀吉と家康は起請文を交換し、井伊直政・榊原康政・本多忠勝らが人質を提出している。朝日姫の輿入れは戦後の秀吉・家康関係の強化の一環であり、家康側も人質を追加提出していることから、秀吉側の一方的な譲歩とみることはできないのである。

そして最終的には家康の上洛によって臣従が完成する。小牧・長久手の勝利から約二年間かけて、秀吉はようやくここに辿り着いたのである。秀吉は家康にずっと上洛を求めていたのではなく、勢力拡大とともに服属基準のハードルを上げたとする説もある（跡部二〇〇六）。確かに家康上洛の要求が史料上に現れるのは天正十四年（一五八六）六月であるが、交渉は記録に残るものが全てではなく、水面下の交渉が付き物である。武士の主従関係は拝謁して上下関係を相互に確認するもの（石井一九八三）である以上、戦勝した秀吉が家康の上洛を望んでいなかったとは考えにくい。そして家康はやすやすと上洛することなく、秀吉から大きな譲歩（交換条件）を引き出し、その存在価値を最大限高めることに成功したのである。

小牧・長久手の戦いは「天下分け目の戦い」か？

最初に述べたように、小牧・長久手の戦いは東海地方全域におよんだ広域戦である。しかしそれは主戦の話であり、戦いは全国的規模で行われていた。従って小牧・長久手の戦いは「天下分け目の戦い」の第一段階であると近年では主張されている。この主張は、一見、小牧・長久手の戦勝が後の家康の天下取りにつながったとする「徳川史観」と似ているが、決して同じではない。ちなみに第二段階は関ヶ原の戦いであり、小牧・長久手の戦いとは次のような共通性があるという（藤田二〇〇六）。

①両軍の首将は天下の実権掌握を目指して戦った。

②直接関係のない大名・領主もどちらかに属さざるを得なかった。

③全国規模で局地戦が長期に及んだ。

④戦後も国家秩序確立のために戦争が続行される。

小牧・長久手の戦いと関ヶ原の戦いの共通点を大づかみに示し、家康・信雄と秀吉の対立にとどまらない小牧・長久手の戦いの意義を提示した意欲的な主張である。事実、小牧・長久手の戦いは当時から「天下之御弓箭」と呼ばれている（野坂文書）。しかし仔細に見れば問題点もあるように思われる。

①について、小牧・長久手の戦いは「織田体制」下の戦いであり、織田家当主＝天下の主であった（堀二〇一〇）。これに対して関ヶ原の戦いは、第11章「関ヶ原の戦い　実像編」の林論文にもあるように、東西両軍は形式的には「秀頼のため」に戦った。もちろん家康は天下の実権掌握を意図していたが、三成もそうだったのだろうか。

また②・③であるが、信雄・家康は秀吉に対抗するために佐々成政・北条氏政・紀州雑賀一揆と根来衆、長宗我部元親などと連携して広範な反秀吉包囲網を形成した。紀州や和泉の一揆は河内国岸和田城などを攻め、そのため秀吉はしばしば濃尾地方から大坂へ戻らざるを得なかった。しかし、反秀吉包囲網の範囲に東北や九州は含まれておらず、「北の関ヶ原」や「九州の関ヶ原」があった関ヶ原の戦いとは規模が違うように思われる。またその紐帯も弱く、どちらかの陣営に属すことが強制されたとは言えないだろう。関ヶ原の戦いは応仁の乱と同じく、本戦の帰趨が各地の合戦に影響した。それまで有利に戦っていた側が、本戦の敗戦を受けて敗退するのである。小牧・長久手の戦いでは、本戦と各地の局地戦がこのように連動することはなかった。また紀州雑賀や和泉の一揆を除けば、これら反秀吉包囲網が有効に機能し、秀吉の本拠地を脅かすような軍事行動にはつながらなかったのである。また信雄・家康はもちろんだが、これらの勢力がお互いに協力して秀吉に抵抗することもなく、各個撃破されるのみであった。

最後に④であるが、確かに秀吉は小牧・長久手の戦いの翌天正十三年(一五八五)に紀州雑賀一揆と根来衆(紀州攻め)、長宗我部元親(四国攻め)、佐々成政(越中攻め)を攻めて降伏させている。これらはいずれも前年の小牧・長久手の戦いにおいて反秀吉包囲網を構成した勢力であり、これらを征服しなければ、小牧・長久手の勝利の意味がなくなってしまう。戦後も合戦が続いたとの指摘は正しい。しかし関ヶ原の戦いと大坂の陣は十六年も間があり、第13章「方広寺鐘銘事件と大坂の陣　実像編」の光成論文にあるように、家康は豊臣家を滅ぼすことに消極的であり、大坂の陣は必ずしも既定路線ではなく、ある段階までは豊臣家存続が模索されていた。次の戦いは必然的だった小牧・長久手の戦いとは事情が異なるのではないだろうか。

ここまで家康と秀吉の関係として小牧・長久手の戦いを検証してきたが、織田信雄と秀吉との関係も重要である。前述したように、織田家当主＝天下の主である「織田体制」下において、秀吉は織田家当主である信雄と下剋上の戦いをしたのである。戦国時代は下剋上の時代と言われるが、実際は実力万能ではなく、下剋上を忌避する観念も根強くあった(堀二〇一〇)。秀吉は軍事的勝利のみでは信雄を超えられず、上洛を求める一方で官位を利用したのである。講和交渉の頃、秀吉は突然官位叙任した。秀吉は急速な官位昇進をはたし、官位のうえで信雄を追い越したのである。すなわち「織田体制」の克服、具体的には織田信雄の地位を越えてこれを臣従させる一方法として官位を利用したのである。

小牧・長久手の軍事的勝利から信雄・家康の完全な臣従に導くため、秀吉は家康に人質追加、次に上洛を求めた。すぐに上洛した信雄の地位を越えるためには自ら官位昇進した。こうして小牧・長久手の戦後処理は、家康の上洛まで二年間を要した。すぐに上洛した信雄は家康に臣従を促すなど秀吉に協力したが、天正十八年の小田原攻め後の論功行賞で、関東転封を拒絶して改易された。やすやすとは上洛しなかった家康はその政治的地位を高めてはいたが、関東転封を拒否する選択肢はなかった。家康は敗者なのである。

●参考文献
跡部信「秀吉の人質政策」（藤田達生編『小牧・長久手の戦いの構造　戦場編上』岩田書院、二〇〇六年）
石井進「主従の関係」（相良亨編『講座日本思想3秩序』東京大学出版会、一九八三年）
内貴健太「秀吉 vs 家康　小牧・長久手の戦いを知る」第一回〜第五回（城びと、https://shirobito.jp/article/rensai/39）
大阪城天守閣『神君家康』（大阪城天守閣展示図録、二〇一六年）
鴨川達夫「長久手の戦い」（山本博文・堀新・曽根勇二編『消された秀吉の真実』柏書房、二〇一一年）
北島正元『江戸幕府の権力構造』（岩波書店、一九六四年）
木村茂光「乱と変と役」（『歴史評論』四五七、一九八八年）
小林清治「勝者が出す人質」（『日本歴史』四八九、一九八九年）
佐々木潤之介「幕藩制国家の成立」（北島正元編『政治史Ⅱ』山川出版、一九六五年）
武田茂敬『蟹江城合戦物語』（私家版、二〇〇八年）
谷口央「小牧・長久手の戦いから見た大規模戦争の創出」（藤田達生編『小牧・長久手の戦いの構造　戦場編上』岩田書院、二〇〇六年）
谷口央「清須会議と天下簒奪」（堀新・井上泰至編『秀吉の虚像と実像』笠間書院、二〇一六年）
藤田達生「序章　「天下分け目の戦い」の時代へ」（同編『小牧・長久手の戦いの構造　戦場編上』岩田書院、二〇〇六年）
堀新『天下統一から鎖国へ』（吉川弘文館、二〇一〇年）
堀新「徳川史観と織豊期政治史」（『民衆史研究』八九、二〇一五年）

9. 小牧・長久手の戦い　実像編

9

小牧・長久手の戦い

虚像編

▼竹内洪介

江戸時代、小牧・長久手の戦いは家康の天下取りの要因となった戦いと見なされ、その価値観は現在に至るまで根強く残った。この価値観はいつ始まり、どのように広まったのだろうか。「小牧・長久手の戦い」像の展開を辿ることで、徳川史観の生成過程を明らかにしたい。

天下人秀吉に勝利したいくさ

小牧《こまき》・長久手《ながくて》の戦いは、天下人家康《いえやす》の人生を決定づけたいくさだと考えられることがある。幕末・明治のベストセラーであり、近代以降の歴史観にも大きく影響を与えた頼山陽《らいさんよう》の『日本外史』（一八二九年刊）は、

公の天下を取るは、大坂に在らずして関原に在り。関原に在らずして、小牧に在り。

と記している。公というのは家康のことで、家康が天下を取った要因は、大坂の陣でも関ヶ原の戦いでもなく、小牧・長久手の戦いにあった、と述べているのである。山陽がこのように評価した理由は、長久手の戦いにおいて、家康が秀吉軍の別動隊に対して大勝し、池田恒興・森長可といった有力な大将を討ち取ったこ

とに起因する。『日本外史』はこの長久手の大勝によって、家康が「天下の権」を得、「天下の心を服」さしめたと述べている。

このような考え方は近代になっても受け継がれた。たとえば、参謀本部編『日本戦史 小牧役』は、長久手の戦いの経緯を『日本外史』同様の歴史認識に基づいて叙述している。『日本戦史』を参照し、それぞれ家康と秀吉を主人公に据えて書かれた司馬遼太郎《しばりょうたろう》の小説『覇王の家』と『新史太閤記』は、いずれもクライマックスに小牧・長久手の戦いを中心とした秀吉と家康の戦争を当て、相当の紙数を割いている（『覇王の家』に至っては、下巻のほとんどがこの戦いに関する叙述である）。司馬は『関ヶ原』で家康を描写した際、この小牧・長久手の戦いが要因となって、豊臣政権における諸大名の中で「家康だけが特殊な位置にあった」とも記す。このように、江戸時代から続く歴史観に影響されて、現在でも秀吉と家康（織田信雄《のぶかつ》との連合軍）が争ったこの戦いについて、「小牧・長久手の戦い」と呼び、右のように認識することが一般的になっている。

ところが、近年、この小牧・長久手の戦いについて、谷口央・堀新・鴨川達夫・跡部信らが改めて歴史学的考証を加え、意外な真相が判明した。この真相を端的に記せば、戦争全体の形勢や、和睦交渉の際に秀吉から要求された人質や上洛に対して信雄・家康が素直に応じたという点から考えても、本来は秀吉の全面的勝利と解釈されるべきこの戦いが、江戸幕府が開かれたことによる徳川史観の興隆によって、少なくとも戦闘面においては家康の完全勝利の戦いとして解釈されるようになってしまった、ということになる。

右の新事実に関しては本章の実像編を参照いただきたいが、ならばいったいいつから、どのように小牧・長久手の戦いについて、徳川史観の影響を受けた現在のような理解がなされるようになったのだろうか。この問題意識に基づき、本章では、家康・信雄が秀吉と対立し、最終的に秀吉に臣従するに至るまでを範囲とする「戦い」の総称として小牧・長久手の戦いをとらえ、この戦いに関する徳川史観の生成過程を辿ってみたい。

フロイスの『日本史』

まず、江戸幕府成立以前に小牧・長久手の戦いがどのように捉えられていたかを確認しておこう。秀吉在世時に成立したルイス・フロイスの『日本史』（一五八三〜一五九四頃順次成立）第二部五八章は、以下のようにこの戦いの経緯を記録している。

①織田信雄が秀吉に人質を出していた家老を殺害して秀吉と断交、家康に援助を求める。
②秀吉が伊勢・伊賀の諸城および犬山城を落とす。信雄・家康は小牧山に陣を構える。
③楽田に布陣した秀吉が周囲の城に降伏を勧告する。家康は城主らに降伏を偽装させ、秀吉軍を陣中に深入りさせる策を講じる。
④陣中に深入りした秀吉軍が大敗する。家康は小牧に戻り、秀吉は小牧城を包囲する。
⑤北陸から三万の援軍が到着する。秀吉は援軍不要と判断し、軍勢を引き返させる。
⑥大坂の反乱を鎮圧した秀吉が尾張に戻り、尾張の竹ヶ鼻城を水攻めする。秀吉は、信雄の所領の半分と信雄・家康からの人質を条件に、竹ヶ鼻城を助命して和睦する。

『日本史』によれば、家康の術中に陥り秀吉軍が大敗した④（いわゆる長久手の戦い）自体は特筆すべきものだったが、それ以外の戦いは、戦術上も戦略上もほぼ一方的な秀吉の大勝であった。⑤では援軍の必要を認めず、⑥では戦局に目途をつけて大坂の反乱鎮圧に赴いていることから、長久手で大敗したとしても秀吉には余裕があったことが読み取れる。『日本史』の記事には誤りも指摘されているのだが、合戦全体を通しての形勢に関しては、現在の歴史学的な見解同様、秀吉の全面的勝利が報告されていたことがわかる。

ただし、右に示したものはあくまでも秀吉の時代に、秀吉の側から記された歴史認識であることに留意したい。徳川の時代になると当然、徳川方から見た歴史認識が反映されることとなる。以下、このいくさに対してどのように徳川史観が入り込んだかを確認したい。

徳川史観の興隆——小牧・長久手合戦の顕彰

そもそも、なにゆえ長久手の戦いに徳川史観が反映されたのであろうか。それは、家康が天下を取る実質的なきっかけとなった関ヶ原の戦いの勝利が、外様大名の軍事力によってもたらされたことに起因している。徳川家とその家臣団としては、外様大名の軍事力に頼った関ヶ原の戦いを自家興隆の証に掲げるわけにはいかなかった。その点、天下人豊臣秀吉に局地戦とはいえ寡兵を以て勝利した長久手の戦いは、徳川幕府創業の画期の一つとして見なすにふさわしい戦いであった。徳川方の主観で見た時、長久手に焦点が当たり、家康およびその家臣団の顕彰にこのいくさが利用されるのは自然なことであった。

右のような考えに基づき、高橋修は家康が征夷大将軍を辞して駿府に移った慶長一〇年（一六〇五）から、駿府で「大御所政治」が始まったことに注目した。この「大御所政治」は複数人のブレーンが担当したものであり、本多正純・成瀬正成・安藤直次が担った内政面では、尾張・紀伊・水戸の「御三家」が作り出された。そして「御三家」のうち尾張徳川家・紀州徳川家には、成瀬・安藤がそれぞれ付家老（当初は傅役）として赴任した。この尾張徳川家・紀州徳川家では小牧・長久手の戦いについて、異常なまでの熱心さで「研究」する文化が見られた（後述）。

右の発言から類推すると、この「大御所政治」が行われる頃、あるいはそれより前の段階で、家康とその家臣の共通認識として「小牧・長久手の戦い」像が形成されたようである。つまり、「大御所政治」開始から、そのブレーンであった成瀬・安藤の地方赴任あたりをタイミングとして、「徳川史観」による「小牧・長久手の戦い」像が広まりはじめたと思われるのである。

では、成瀬・安藤が赴任した後の尾張徳川家・紀伊徳川家ではどのように「小牧・長久手の戦い」に関する「研究」が行われたのだろうか。以下順に説明する。

江戸時代、小牧・長久手地域は尾張徳川家の所領となった。高橋は尾張藩祖義直《よしなお》（家康九男、一六〇一〜一六五〇）が小牧・長久手の戦いに並々ならぬ関心を寄せていたことを指摘している。具体的に述べると、義直は小牧山に御殿を構えて実際に合戦に参加した古老の士に取材し、自ら長久手古戦場に赴いて現地を踏査し、さらにその地の寺社に長久手合戦のあった日での祈祷を命ずる等、このいくさの研究に情熱を傾けていた。また、義直の並々ならぬ関心は、二代光友《みつとも》・三代綱誠《つなのぶ》に至っても受け継がれた。三代綱誠が元禄四年（一六九一）に小牧山に築いた顕彰碑には、小牧・長久手の戦いこそが幕府創業に至る画期であったことが刻まれている。これは冒頭に掲げた『日本外史』につながる歴史認識である。具体的な製作時期は不明ながら、尾張藩では小牧山城および長久手古戦場の木製模型までも製作しており（小牧山城模型は江戸初期の製作と伝わる。長久手古戦場模型は現存が確認できない）、尾張藩付家老の成瀬家では長久手合戦図屏風が作成された。江戸時代になってもたらされたこのいくさに関する新たな史観は、尾張藩主たる徳川家だけでなく、家臣・領民を巻き込んで影響を与えたものだった。

一方、同じく高橋論を参照すると、紀州藩祖徳川頼宣《よりのぶ》（家康十男、一六〇二〜一六七一）も、長久手の戦いがあった四月九日に合わせて自ら藩士にこの戦いに関する調査・研究成果を講義する等、兄義直同様に熱心な資料収集・調査研究を行っていた。このように、尾張徳川家・紀伊徳川家は、江戸時代初期の段階で既に、長久手の戦いに関する調査研究活動を相当な熱意をもって行っていた。

また、こうした活動は尾張藩・紀州藩に限ったことではなかった。米家泰作は、島原松平藩（深溝松平家）

に伝来した「長久手合戦図」(十六世紀末から十七世紀前半にかけて成立と推定)に、小牧・長久手合戦における同家の顕彰の意図がくみ取れること、そして同図が深溝松平家の縁戚水野氏の家臣によって作成された可能性を指摘している。また、『長久手町史 資料編六』を参照すると、その他の徳川方の武将の年代記や記録をはじめ、武家の家譜、由緒書などにもこのいくさの記録が現れたことがわかる。

なお、翻って徳川宗家にも積極的な活動が確認できる。三代将軍家光が編纂させた「東照社縁起絵巻」(天海詞書・狩野探幽《かのうたんゆう》画、一六四〇成立)は、小牧・長久手の戦いを「小牧陣」として立項し、徳川幕府創業の画期に位置付ける。同書は秀吉軍の岩崎での勝利を省略し、「長久手」で戦った家康の采配の見事さ、そしてその後小牧山に家康が退却するいくさ捌きの巧みさを強調する。また、続く「関ヶ原」の冒頭では、「小牧におゐて大利をえ(得)」たとも評する。

このように、「小牧・長久手の戦い」像は、「家康が秀吉に勝った」という「史実」に基づく共通理解を基盤として、徳川家や譜代大名を中心としながら、家臣・領民にまで共有される形で、全国的に「研究」されていった。このうち特に合戦に参加した武将自らの手になる見聞録が各地に残されている。渡辺図書助宗綱の著述と伝わる『小牧御陣長湫御合戦記』や山中忠兵衛『尾州小牧軍記』の両書は後出の小牧・長久手軍記類に引用されており、すでにこの時点から小牧・長久手の両地名は注目を浴びていることがわかる。徳川家臣の立場からすれば、主戦場を主君の陣があった「小牧」とするのはさほど違和感がないことであったのだろう。こうした「研究」の結果、尾張・美濃・伊勢・紀伊・和泉・摂津等に至るまで戦場の範囲が広がっていたにも拘わらず、家康の本陣が位置した「小牧」と、家康が大勝を収めた「長久手」を併せ呼ぶ形で、この戦いの名前が定着してしまったと考える。また、これらの活動はさらに、次に掲げる長久手合戦をテーマとした多数の作品群を生む土壌ともなった。

徳川史観の展開――軍記・軍書の流通

各地に伝わる『長久手記』『小牧御陣』などの書物は、右に示したような研究活動の成果と思われるものである。試みに国文学研究資料館の古典籍総合データベースで「長久手」をキーワードに検索すると五十九件、「小牧」をキーワードに検索すると二十四件、このいくさに関して記された書物がヒットする。これらの書物の伝本が複数存在することを勘案すれば、膨大な量の本が伝来していることが窺える。

こうした書物の流通とともに、江戸時代前期にはすでに、長久手での徳川勢の戦勝をクローズアップした軍記・軍書が編纂され始めてもいた。たとえば秀吉の一代記や、主に写本の形で出回った家康の一代記、あるいは軍学書といった書物は広く流布した。以下、江戸時代前期に成立し、広く流布した軍記・軍書を挙げ、「小牧・長久手の戦い」像の展開について考察したい。

さて、江戸時代初期に書かれた大久保忠教《おおくぼただたか》の『三河物語《みかわものがたり》』（一六二二頃草稿成立、成立直後から写本が流布）は、このいくさの経緯について以下のように記している。

A　家康に先手を打たれて小牧山を取られた秀吉は、戦局打開のため三万余の別動隊を岡崎方面に繰り出し、岩崎城を奪取するが、その直後に家康に大敗する。

B　家康が家臣の助けを得て小牧に帰陣し、秀吉は打つ手を失う。秀吉は方針を転換し、今尾の城（竹ヶ鼻城）および蟹江城を攻める。家康は今尾の城を失う。

C　家康は蟹江城の戦いで裏切った前田与十郎を討ち、桑名城に入城する。

D　信雄が家康に無断で和睦した後、秀吉は家康に上洛を求め、実妹を家康に嫁がせ、実母を「人じち」として岡崎に派遣する。この対応によって家康が上洛する。

『三河物語』は基本的に徳川方の視点で記されており、徳川びいきの記述が目立つ。その通り同書は、フロイスの『日本史』にあった伊勢・伊賀での秀吉の活躍や、家康から秀吉へ提出された人質に関する記述が一切なく、家康の戦巧者ぶり・大器量を強調し、その戦勝を報告している。このような徳川史観の発芽を確認できるとはいえ、同書は岩崎城や竹ヶ鼻城における秀吉の戦勝も一応報告しており、歴史的事実から大きくそれる報告をしていない。また、江戸時代全体に亘って大きく影響を与えた甲州流軍学書『甲陽軍鑑《こうようぐんかん》』（一六二一頃成立、一六五六刊）も、基本的に『三河物語』と同じ報告を行う（巻二十）。ただし『三河物語』にあった秀吉の戦勝は一切報告されず、家康の功績のみを強調する。

　こうした中で作品全体を通して小牧・長久手の戦いに力点を置く叙述を行ったのが、小瀬甫庵《おぜほあん》の『太閤《たいこう》記《き》』（一六三四〜一六三七刊）である。同書は巻九において長久手の戦いに重点を置くが、これは甫庵がかつて長久手の戦いで討死した池田恒興に仕えていたことが要因の一つと思われる（巻二十一の記録によると、甫庵自身もこのいくさを実見していたようである）。甫庵は巻四後半で小牧・長久手の戦いの一環として北陸で発生した末森城の戦いを記し、巻七で小牧・長久手の戦いの延長線上に存在する紀州攻め・四国攻めの顛末を記す。さらに巻八では巻四で描かれた末森城の戦いで敵将として活躍した佐々成政に関する記録を載せており、その上で巻九について秀吉と家康・信雄の直接対決の場として、小牧・長久手の戦闘を中心に描いている。同書は長久手の大敗と家康の見事な判断によって、秀吉がやむなく退却することになったとしている（このの

図　小瀬甫庵『太閤記』巻九

ち家康は蟹江城の戦いでも秀吉軍を撃退する）。竹ヶ鼻城をはじめとした尾張・伊勢において大勝した秀吉の対戦相手はあくまでも信雄であり、徳川方の動静については触れられない（家康臣従の過程は割愛される）。さらにこのいくさを実見していたらしい甫庵は、『三河物語』や『甲陽軍鑑』には出てこない「長久手」の地名を明記してもいる。

以上の各書からは、現在一般的に理解されてきたような「小牧・長久手の戦い」像の原型と考え得る描写を確認できる。『三河物語』『甲陽軍鑑』のように徳川方の視点から徳川史観を含んだ描写がなされた一方で、『太閤記』のように秀吉方の視点からも徳川史観を含んだ描写がなされることで、複眼的な視座から「小牧・長久手の戦い」像が広まったといえるのではなかろうか。

『甲陽軍鑑』や『太閤記』は江戸時代全体に亘《わた》って出版が繰り返され（『甲陽軍鑑』は十一回、『太閤記』は十三回版が重ねられた）、後続の作品に大きく影響を与えた。小牧・長久手の戦いに関する民衆への徳川史観の流入についても、こういった軍記・軍書が端緒となって広まった可能性を考えることができるだろう。

「小牧・長久手の戦い」像の成立

ここまで、江戸時代初期を中心に、家臣団や領民にも及んだ「小牧・長久手の戦い」の研究活動によって徳川史観が介入し、そしてそれに影響される形で軍記・軍書などが成立・展開した過程を辿ってきた。こうした先行書を参照しつつ編纂された貞享三年（一六八六）成立の『武徳大成記《ぶとくたいせいき》』は、初めて江戸幕府が編纂した自家の創業史を綴った書である。いわば徳川史観の集大成のようなこの書は小牧・長久手の戦いについて詳細に記録しているが、特に従軍した徳川軍を長々と列挙して、諸家の功績を認める点は、「小牧・長久手の戦い」像の一つの到達点であったと評価できる。

ところが、『武徳大成記』は『三河物語』を参照しつつも、『三河物語』（前節D参照）にある、秀吉が人質として実妹と実母を送り、家康に上洛を促したという、現在よく認知されている記事を掲載していない。実のところ、前掲『太閤記』『甲陽軍鑑』『日本外史』、および幕命によって林羅山《はやしらざん》が編纂した『豊臣秀吉記』や近世中期以降広く刊行された『四戦紀聞』（姉川・三方ヶ原・長篠・長久手の四戦を扱った戦記）等、多くの主要な書物にこの記事は掲載されておらず、むしろ近世期にこの記事を掲載するのは『豊鑑』（竹中重門著・一六三一成立）、『東照軍鑑』（著者・成立年代未詳）、『長久手記』（著者・成立年代未詳、内閣文庫蔵一七一三書写本）、『小牧陣始末記』（尾張藩軍学者・神谷存心の口述記録、成立年未詳）および『徳川実紀』（一八四四正本完成）程度なのである。これらの書物はすべて写本であり、『徳川実紀』を除けば諸家による私的な編纂物というべき存在である。しかしその一方で、近代の作品である山路愛山《やまじあいざん》『豊太閤』『徳川家康』、徳富蘇峰《とくとみそほう》『近世日本国民史』、吉川英治『新書太閤記』、山岡荘八《やまおかそうはち》『徳川家康』、司馬遼太郎『覇王の家』『新史太閤記』ではこの記事が秀吉と家康の講和に関する見せ場となっている。これらの作品群の多くは参謀本部編『日本戦史 小牧役』を参照すると思われるが（同書の参考文献には『三河物語』『豊鑑』『東照軍鑑』『長久手記』『小牧陣始末記』が挙がる）、ならばなぜこの記事は近世にはさほどに注目されなかったのであろうか。理由はいくつか考えられようが、一つには以下に述べるような要因があるように思われる。

跡部信によると秀吉が妹を家康に娶《めあわ》せたのは、家康が実子秀康らに追加する形で秀吉に提出した、井伊・榊原・本多の親族で構成された人質団への見返りの意味があった。また、家康への上洛要求は婚儀成立のあとに命じられたものであり、それに対して家康は上洛要求を条件付きで受諾し、それを受けて秀吉は家康の身の安全を保障するために母を下向させたという。これは秀吉の政治方針の大枠から外れるものではなく、家康は人質の代わりに政略結婚により秀吉の妹を押し付けられるという、不平等条件を押し付けられたというのが実際のところであった。こうした価値観が江戸時代にもまだ残っていたとするならば、家康が承服させられた不平等条件に関する記事を取り立てて記載することは、いかに秀吉の親族を「人じち」と取り繕おうとも、徳川史観を後押しするどころか、むしろ家康の劣位を認識させてしまう可能性さえあったのではなかろうか。秀吉の妹と母親の三河下向に関する記事は、少なくとも『徳川実紀』が編纂される幕末までは、積極的に押し出されるべきものではなかった可能性が高いといえよう。

しかしその一方で、そうした価値観が薄らぎ、徳川史観による「小牧・長久手の戦い」像が継承されていた近代では、むしろこの記事は徳川に対し秀吉が膝を屈した証左として受け取られることになったと考えられる。江戸時代初期に始まった「小牧・長久手の戦い」像の構築は、江戸時代以前の価値観が失われた近代に至って、講和交渉に関する、いわば「近代的徳川史観」が入り込むことによって、思わぬ形で完成することになったのである。

本稿は、ＪＳＰＳ科学研究費（22K20041）の成果の一である。

●参考文献

『戦国軍記事典　天下統一篇』（和泉書院、二〇一一年）
『長久手町史 資料編六』（一九九二年）
太田満明「司馬遼太郎『覇王の家』とその依拠史料」（『兵庫教育大学近代文学雑誌』第九号、一九九八年三月）
参謀本部編『日本戦史 小牧役』（村田書店、一九七八年）
藤田達生編『小牧・長久手の戦いの構造』（岩田書院、二〇〇六年）
同右『近世成立期の大規模戦争』（岩田書院、二〇〇六年）
山本博文・堀新・曽根勇二編『消された秀吉の真実』（柏書房、二〇一一年）
米家泰作「[調査報告] 肥前島原松平文庫蔵「長久手合戦図」に描かれた戦場の地理」（『二〇一九年度実習旅行報告書』二〇二〇年一月）

●コラム

「四戦」という徳川のロア

「姉川合戦図屏風」と『四戦紀聞』

▼黒田　智

「姉川合戦図屏風」の世界

福井県立歴史博物館に六曲一隻の「姉川《あねがわ》合戦図屏風」が所蔵されている（図1）。滋賀県の個人旧蔵とされ、一九九〇年代に入って同館の所蔵となった。六扇の左下に「天保八丁酉三月／林義親画（花押）」とある。この絵師に他の作例はなく詳細は不明であるものの、天保八年（一八三七）に制作されたことがわかる。

本図は、姉川合戦を描いた唯一の屏風絵である。元亀元年（一五七〇）六月二八日、伊吹《いぶき》山から流れ下る姉川がつくった扇状地形の扇央部《せんおうぶ》にあたる近江《おうみ》野村・三田村（現長浜市）付近で、織田・徳川連合軍と浅井《あざい》・朝倉連合軍が激突した。本屏風に描かれるのは、姉川合戦の西方の舞台となった三田村付近

図１　姉川合戦図屏風（福井県立歴史博物館　吉岡由哲撮影）

で、徳川家康軍と朝倉景健軍との激戦の様子が描かれている。織田信長軍と浅井《あざい》長政《ながまさ》軍との戦闘を描いた右隻《うせき》の存在を推測できるものの、当初から家康と徳川譜代の家臣たちの活躍を顕彰する目的で制作された一隻屏風であった可能性が高いだろう。

画面のもっとも左の六扇中央部に、巨大な金扇《きんせん》の馬印《うまじるし》と「厭離穢土《おんりえど》」「欣求浄土《ごんぐじょうど》」や三葉葵《みつばあおい》の旗差《はたさ》しの下で、大鎧《おおよろい》をまとい、床几《しょうぎ》に座した家康が戦況を見守っている。その周りを大久保《おおくぼ》忠世《ただよ》や鳥居《とりい》元忠《もとただ》をはじめ多くの徳川家家臣たちが固め、五扇下方では小林《こばやし》瑞周軒《ずいしゅうけん》や魚住《うおずみ》景行《かげゆき》といった朝倉勢との小競り合いがみえる。

この六扇中央の家康本陣から一扇下段の龍門寺《りゅうもんじ》成《なり》景《かげ》や谷《たに》熊之助《くまのすけ》といった朝倉勢に向かって、右下方向へ徳川勢が攻め寄せている。石川《いしかわ》数正《かずまさ》、酒井《さかい》忠次《ただつぐ》といった歴戦の家臣たちのなかでも、三扇下段にひときわ大きく描かれるのが、鍾馗《しょうぎ》の旗差しと金扇の馬印に、黒毛の馬で鹿角の兜をまとい、朱塗《しゅぬり》の長槍を突く本多《ほんだ》平八郎《へいはちろう》忠勝《ただかつ》である（図2）。その槍の先では、朝倉家の勇将真柄《まがら》十郎左衛門《じゅうろうさえもん》直隆《なおたか》が馬上で大太刀をふるい、向坂《さきさか》式部《しきぶ》や忠勝家臣の梶《かじ》金平《きんぺい》と刀槍をまじえ、のちに直隆を討つことになる向坂五郎次郎、

図2　本多平八郎忠勝と真柄十郎左衛門直隆（吉岡由哲撮影）

六郎五郎兄弟も下方から駆けつけている。またその右下の二扇最下方には、先手《さきて》を任された「小笠原与《おがさわらよ》八郎氏輔《はちろううじすけ》」が、落馬した黒板景久《くろいたかげひさ》に太刀をふるって襲いかかる。

これら徳川勢が侵攻する右下がりの構図と平行に、六扇最上部から一扇中央にかけて姉川の河道が右下がりに描かれ、彼我の岸辺で激闘がくり広げられている。二扇の朝倉景健や四扇最上部の真柄直元《まがらなおもと》など朝倉勢も多く、ほぼ拮抗した両軍の将兵が姉川に沿って入り乱れている。なかでも一・二・三扇の上部には、貼紙に「七本槍」とともにその名を記す小笠原与八郎配下の七人の武者が描かれている。すなわち、①水色の骸骨の指物《さしもの》をした伏木久内《ふしききゅうない》、②赤地に「地蔵大菩薩」の指物をもつ伊達与兵衛《だてよへえ》、③白黒の指物をした中山是非之助《なかやまぜひのすけ》、④「三界万霊《さんがいばんれい》」赤い提灯《ちょうちん》を指物とした吉原又兵衛《よしはらまたべえ》、⑤青地に「林」の指物の林平六《はやしへいろく》、⑥「地水火風空」の白い指物の門奈《もんな》左近右衛門《さこんえもん》（図3）、⑦朱笠《しゅがさ》に金の短冊をさげた渡辺金大夫照の七人である。

図3　門奈左近右衛門（吉岡由哲撮影）

本図は、『四戦紀聞《しせんきぶん》』を絵画化したものとされてきた。屏風の貼紙は、全部で一三五ヶ所にもおよぶ。このうち徳川方の人名は八四ヶ所で全体の三分の二を占め、鳥居元忠を除いてすべて『四戦紀聞』に記

コラム　「四戦」という徳川のロア

載があるから、徳川譜代の活躍が主題のひとつであることはまちがいあるまい。しかし、残りの三割を占める朝倉勢はのべ四〇名で、このうち二六名までが『四戦紀聞』に記載がない。他方、『四戦紀聞』には合計二一四名が登場するが、浅井五〇名・織田一六名は屏風になく、朝倉一五名のうち義景《よしかげ》を除く一四名が屏風に載り、徳川一三三名のうち屏風に描かれるのは八三名にすぎない。本屏風は、『四戦紀聞』の内容をもとにしながら、『朝倉始末記《あさくらしまつき》』等の朝倉方の情報を加えて制作されたものと考えられる。

姉川軍記の成長――「姉川七本槍」の誕生

姉川合戦の経緯は、直後に戦功を賞した感状《かんじょう》や首《くび》注文《ちゅうもん》が残るほか、毛利家文書の覚書、『三河物語《みかわものがたり》』や『大須賀記《おおすがき》』、『服部半三武功記《はっとりはんぞうぶこうき》』などの諸家の記録に書き残された。やがて戦争体験者が死没し、戦争の記憶が薄れてゆくなかで、『寛永諸家系図伝《かんえいしょけけいずでん》』にいたって諸家の記憶が集成されてゆくことになる。

こうして集められた姉川合戦の記録は、『信長公《しんちょうこう》記《き》』から小瀬甫庵《おぜほあん》『信長記』（元和八年〈一六二二〉）、板倉重宗《いたくらしげむね》『新撰信長記』（寛永年間）、松平忠房《まつだいらただふさ》『増補信長記』（寛文二年〈一六六二〉）、遠山信春《とおやまのぶはる》『総見《そうけん》記《き》』（貞享二年〈一六八五〉）につづく織田信長の伝記類のなかでしだいに増補・修正されてゆく。

これら聞書《ききがき》・覚書《おぼえがき》や諸家の系譜類、信長一代記といった記録に対して、軍学者による〈いくさ語り〉は姉川軍記のもうひとつの大きな流れといえるだろう。姉川合戦の場合、山鹿素行《やまがそこう》『浅井聞書《あざいききがき》』がもっとも早く、延宝元年（一六七三）の『武家事紀《ぶけじき》』を準備してゆく。また、姉川合戦を主題とした狭義の軍記・軍書には、元禄六年（一六九三）の宮川忍斎《みやがわにんさい》『二《に》戦録《せんろく》』、元禄一〇年（一六九七）の藤根吉當『姉川記』、宝永二年（一七〇五）の加賀藩軍学者有沢永貞《ありさわながさだ》『姉川《あねがわ》合戦前後略譜《がっせんぜんごりゃくふ》』があり、その多くは一七世紀末から一八世紀初頭までに編纂されたとみていい。

ほぼ同じころ、『武徳大成記《ぶとくたいせいき》』、『武徳編年集成《ぶとくへんねんしゅうせい》』など、徳川家康と江戸幕府の創業史を主題とする歴史書の編纂が進んでゆく。これら幕府による歴史書編纂事業のなかで、姉川合戦のエピソードが集大成され、ひとつの完成をみたのが『四戦紀聞』であった。

姉川合戦で華々しい活躍をみせた本多忠勝の突進や、大太刀をふるう真柄直隆の壮絶な討ち死は、いち早く『信長公記』に描かれている。その後、姉川合戦に参戦した武将の名前や勲功譚が付け加えられ、姉川軍記はしだいに膨張してゆく。成長する姉川軍記の種々のエピソードのうち、「姉川七本槍」についてみてみよう。

「七本槍」とは、直接には賤ヶ岳合戦における「七本槍」の功名にならったものであろう。それは、七夕や北斗七星を想起させ、古くは平将門の小貝川渡河や源頼朝の石橋山逃避行、幕末の七卿落ちまで、「七」のもつシンボリズムと関わっている。（表1）は、史料に登場する「姉川七本槍」の人名を示したものである。遠江《とおとうみ》高天神《たかてんじん》の小笠原与八郎氏助の家臣たちの活躍を最初に記したのは、軍学者の山鹿素行であった。ところが、『浅井聞書』のなかで活躍が記されているのは、②③④⑤⑦の五名にとどまる。これを下敷きにつくられたとおぼしき『武家事紀』にも⑥門奈左近右衛門だけは言及されることがなく、素行の弟子ともされる有沢永貞『姉川合戦前後略譜』でも六名の槍功名が踏襲されている。貞享三年（一六八六）の林信篤《はやしのぶあつ》・木下順庵《きのしたじゅんあん》による『武徳大成記』では、「小笠原彦七郎貞頼《ひこしちろうさだより》」の家人として⑦渡辺金太夫の名が記されるだけで、山鹿素行をはじめとする甲州流軍学とはまったく異なる情報ソースを元にしている可能性が高い。

結局、「七本槍」がそろって登場する初見史料は、『四戦紀聞』となる。ただし、『四戦紀聞』の写本と考えられる八戸《はちのへ》市立図書館所蔵『四戦記』には、①②③⑥⑦のみで、七人すべてが登場しない。『四戦紀聞』は、旗本の根岸直利《ねぎしなおとし》による宝永二年（一七〇五）の序文をもつが、これを校訂した実子の木村高敦《きむらたかあつ》が将軍徳川吉宗《とくがわよしむね》に上覧したのは寛保元年（一七四一）であった。また、『四戦紀聞』は天明三年（一七八三）、天保四年（一八三三）、弘化元年（一八四四）に刊行されていて、天明三年本には享保七年（一七二二）の

③	④	⑤	⑥	⑦	その他
中山是非之介	吉原亦兵衛	林平六郎		渡邊金太夫	
中山是非介	吉原又兵衛	林平六		渡部金太夫	
中山是非之助	吉原又兵衛	林平六	門奈左近右衛門	渡部金太夫	横井六郎兵衛／高須武太夫／朝比奈小九郎兵衛／縣刑部左衛門
				渡辺金太夫	
中山是非之助	吉原又兵衛	林平六		渡部金太夫	
中山是非之助			門奈左近右衛門俊正	渡邊金大夫源の照	
中山是非之助	吉原又兵衛	林平六	門奈左近右衛門	渡部金太夫	横井六郎兵衛／高須武太夫／朝比奈／縣／小池左近／松下平八
中山是非之助	吉原又兵衛	林平六	門奈左近右衛門	渡邊金太夫照	
中山是非之助	吉原又兵衛	林平六	門奈左近右衛門	渡辺金太夫	
中山是非之助	吉原又兵衛	林平六	門奈左近右衛門俊政	渡邊金大夫照	

林信智（信篤の子）による序文が追加されているから、遅くともこのころまでに林家や幕府学問所のなかで知られていたことがわかる。とすれば、「姉川七本槍」と賞された槍功名は、根岸直利が執筆した宝永二年（一七〇五）の原本の段階では七人すべてがそろっておらず、木村高敦の校訂をへた享保七年（一七二二）以降に完成したものではなかったか。

なぜ七人の武将はそろっていないのだろうか。なぜ⑥門奈左近右衛門は「七本槍」に数えられなかったのだろうか。

実は、姉川合戦における小笠原与八郎麾下《きか》の槍働きは、甲州流軍学のなかで語り伝えられてきた。姉川合戦から四年後の天正二年（一五七四）五月、小笠原氏助らわずかな手勢が立て籠もる高天神城は、武田《たけだ》勝頼《かつより》の大軍に包囲された。家康は氏助の再三の援軍要請にも応じる気配がなく、高天神城は武田軍の猛攻によって二ヶ月ほどで開城し、小笠原勢は武田方に降伏した。姉川合戦で槍功名をあげた武将の多くは、このとき徳川家を離反して武田家に臣従し

史料名	成立年	高天神小笠原氏	①	②
山鹿素行『浅井聞書』	承応年間（1652）〜寛文年間（1673）	小笠原与八郎		伊達与兵衛
山鹿素行『武家事紀』	延宝元年（1673）	小笠原與八郎	伏木久内	伊達與兵衛
遠山信春『総見記』	貞享2年（1685）	小笠原	伏木久内	伊達與兵衛
林信篤・木下順庵『武徳大成記』	貞享3年（1686）	小笠原與八郎長忠／小笠原新九郎長元／喜三郎貞慶／左衛門重廣／彦七郎貞頼		
有沢永貞『姉川合戦前後略譜』	宝永2年（1705）	小笠原与八郎	伏木久内	伊達与兵衛
『四戦記』八戸市立図書館本	不明	小笠原與八郎長忠	伏木久内	伊達与兵衛鎮吉
根岸直利・木村高敦『四戦紀聞』	天明4年（1784）／弘化元年（1844）刊本	小笠原長忠	伏木久内	伊達与兵衛
湯浅常山『常山紀談』	明和7年（1770）完成	小笠原與八郎氏助	伏木久内	伊達與兵衛
神沢杜口『翁草』	明和9年（1772）	小笠原与八郎氏助	伏木久内	伊達与兵衛
『大三川志』	享和元年（1801）	小笠原長忠	伏木久内	伊達与兵衛

表1　史料に登場する「姉川七本槍」

た。ゆえに、姉川合戦における彼らの武功は、武田信玄《しんげん》の戦術を理想とする甲州流軍学のなかで語り伝えられることになったのである。

ところが、のちに「姉川七本槍」と賞されることになる七人の武将のうち、⑥門奈左近右衛門俊政《としまさ》だけは武田方に寝返ることなく、徳川家に帰参した。門奈俊政は、その後結城《ゆうき》秀康《ひでやす》に仕え、子孫は紀州藩士となったという。享保六年（一七二一）ころに軍学者である日夏繁高《ひなつしげたか》が著した『兵家茶話《へいかちゃわ》』をみてみよう。

一、江州姉川陣乃時、門奈左近右衛門俊政、小笠原与八郎ガ手より番に姉川越て働ス、渡辺金太夫川ヲ越ス、川向七人乃働の中也、後高天神落城以後、結城中納言秀康卿へ奉仕訖、

按するに俊政が子孫紀州君に従仕、今程左近右衛門と号、俊政姉川ニて着したる猿革投頭巾冑ハ、黒塗の頭なりに猿皮をかけて前立書の五輪空風火水地乃五字を書たり、此冑子孫相伝たり、塗はげて見苦しとて猿革を取り捨て塗直訖、大樹吉宗公、紀州に御坐有し時、此冑の事聞し召及

コラム ×「四戦」という徳川のロア

ハセ、台覧有べきよしなれとも、むかしの形はなく、新作と見ゆる物ハ如何也とて、先年火事の節、類焼仕候と仕候と申上しと也、実に可惜事、

門奈俊政が姉川合戦の際にまとっていた猿革の投《なげ》頭巾《ずきん》は、黒塗《くろぬり》の布に猿皮をかけた「地水火風空」の五字の前立《まえだて》をもつ兜であった。この兜は子孫に伝えられたが、色もはげ落ちて見苦しいので猿皮を捨てて塗り直した。徳川吉宗は、紀州藩主であった享保元年（一七一六）以前に、この兜のことを聞き知っていた。しかし、兜がかつての姿ではないことから、先年の火事で類焼したこととして台覧《たいらん》されることはなかったという。「姉川七本槍」の最後のひとりである門奈左近右衛門は、のちに将軍となる紀州藩主吉宗によって見いだされていたのである。

また、小笠原與八郎氏助は高天神落城の際に武田方に寝返ったものの、叔父にあたる清広《きよひろ》、義頼《よしより》の系統はいずれも家康に仕え、のち紀州徳川頼宣《よりのぶ》に附属されて紀州藩士となった。その末裔である小笠原政《まさ》登《なり》は徳川吉宗の小姓で、ともに江戸城に入って幕臣となり、『吉宗公一代記《よしむねこういちだいき》』を著した側近であった。

姉川合戦における小笠原氏助の家臣たちの槍功名は、武田家旧臣たちの武功譚として甲州流軍学・軍書のなかで語り継がれていた。それは、紀州藩士となった小笠原氏や門奈氏の勲功譚が十八世紀初頭に付加されたことではじめて徳川家譜代・幕臣たちの由緒となり、幕府によって編纂された歴史書に「姉川七本槍」として挿入されることになったのである。

「四戦」と徳川のロア

近世になると、戦争体験者による聞書や覚書をもとにしながらも、家の記録というレベルを超えた〈いくさ語り〉の書物＝軍書が軍学者たちによってつくられ、江戸後期には娯楽・歴史・教訓的要素をちりばめて大量生産された。他方、江戸幕府による歴史書編纂事業は、東照大権現《とうしょうだいごんげん》の神格化とともにはじまり、徳川家の創業史＝〈徳川のロア〉を介して幕府と将軍・譜代の家臣たちの正当性を担保するものとして積み重ねられてゆく。この軍書と歴史書は、

戦時における戦争術としての兵法・軍学的世界観を、平時における徳川の治世の模範としての儒学的世界観に組み込もうとする兵営国家《へいえいこっか》の枠組みのもとで合流をはたしてゆく。戦争を語り、軍学という知識と思想を権威づける軍書は、それにまつわる家の令名《れいめい》や幕藩の由緒を潜ませ、あるべき治政の心得を説くことで歴史書に取り込まれていったのである。

姉川合戦の場合、甲州流軍学に伝えられ、軍書のなかで語り継がれていた小笠原氏助家臣らの武功譚は、紀州藩士である門奈氏の由緒が付加されることで「姉川七本槍」として完成し、徳川幕府の歴史書にとり込まれた。ここに姉川軍記は、〈いくさ語り〉から〈徳川のロア〉へと離陸をはたしたのである。

十七世紀末から十八世紀初頭にかけて、軍書と歴史書の交差点に「四戦」なる言葉が登場する。根岸直利・木村高敦父子は『四戦紀聞』を編纂し、姉川・三方原《みかたがはら》・長篠《ながしの》・長久手《ながくて》の四つの合戦譚を集成した。ほぼ同じころ、加賀藩軍学者であった有沢永貞もまた、姉川・長篠・柳ヶ瀬《やながせ》（賤ヶ岳《しずがたけ》）・関ヶ原《せきがはら》を「四戦」と称して軍書の執筆と講義を行なった。宮川忍斎が姉川・長久手両合戦を描いた『二戦録』を著したのも同時期である。「四戦」とは、徳川家康が天下人となり、徳川幕府が創設されるための四つの重要な戦争を意味し、徳川の家と三河以来の譜代の家臣たちの覇権を根拠づける重要な〈徳川のロア〉となった。それは、十三世紀に鎌倉幕府を正当化した保元、平治、平家物語に承久記を加えた四つの軍記の総称である「四部合戦状《しぶかっせんじょう》」にならったものかもしれない。

姉川合戦は、領国支配の地歩《ちほ》を固めた家康にとって、はじめて畿内《きない》に遠征軍を派兵し、徳川家譜代の三河・遠江勢の武功によって大勝利を飾った中央政界へのデビュー戦であった。一向一揆の抵抗を押さえて、三河一国の支配を確立した徳川家康は、永禄十一年（一五六八）から遠江侵攻を開始した。翌年には、今川氏真《いまがわうじざね》の掛川《かけがわ》城を攻略して大井《おおい》川以西を平定すると、元亀元年（一五七〇）六月にはさらなる東進政策を進めるために三河岡崎《おかざき》から遠江浜松《はままつ》へと居城を移し、直後に姉川での決戦にのぞむことになる。

また、姉川合戦が織田信長包囲網による苦境のなかで信長軍と連合して勝利した合戦であるという点で、対武田戦争である三方原・長篠両合戦とも同様の意味づけを与えられる。さらに、こののち羽柴秀吉と覇権を争って事実上勝利し、家康が豊臣政権内で確固たる地位を築いた長久手合戦とともに、「四戦」という〈徳川のロア〉が語り継がれてゆくことになる。

〈徳川のロア〉を主題とする「姉川合戦図屏風」の直接的な制作背景は不明である。ただし、本屏風がつくられた十九世紀半ばは、動揺する幕藩制社会のなかで、新たに将軍となった徳川家慶《いえよし》や老中水野《みずの》忠邦《ただくに》の主導による幕政改革が進められようとしていた時期にあたる。当該政権のスローガンは、先行する寛政、享保改革、ひいては徳川家康の創業を理想とする復古主義にあった。本図の制作は、十九世紀に隆盛をみる戦国合戦図屏風の再生産と同様に、こうした時代的機運と無関係ではあるまい。

●参考文献

阿部一彦『近世初期軍記の研究』（新典社、二〇〇九年）

井上泰至『近世刊行軍書論』（笠間書院、二〇一四年）

井上泰至「元亀の争乱　虚像編」（堀新・井上泰至編『信長徹底解説』文学通信、二〇二〇年）

大河内勇介「戦国時代の真柄氏　真柄氏家記覚書の紹介」（『福井県立歴史博物館紀要』特別号、二〇二二年）

太田浩司『浅井長政と姉川合戦』（サンライズ出版、二〇一一年）

岡野有里香「忘れられた「柳ヶ瀬軍記」」（金沢大学学校教育学類卒業論文、二〇二二年）

黒田基樹「遠江高天神小笠原信興の考察」（『戦国期東国の大名と国衆』岩田書院、一九九九年）

笹川祥生『戦国軍記の研究』（和泉書院、一九九九年）

参謀本部編『日本戦史』姉川役　本編、補伝、附表・附図（元眞社、一九〇一年）

長浜城歴史博物館図録『信長苦戦す！　元亀争乱と湖北』（二〇二一年）

野口武彦『江戸の兵学思想』（中央公論新社、一九九九年）

平野仁也『江戸幕府の歴史編纂事業と創業史』（清文堂、二〇二〇年）

福井県立一乗谷朝倉氏遺跡資料館企画展図録『戦国大名朝倉氏　その戦いの軌跡をさぐる』（二〇〇二年）

福井県立歴史博物館特別展図録『天下人の時代　信長・秀吉・家康と越前』（二〇二〇年）

前田勉『兵学と朱子学・蘭学・国学』（平凡社、二〇〇六年）

『週刊　絵で知る日本史7　姉川合戦図屏風』（集英社、二〇一〇年）

10

家康と江戸

岡野友彦×森 暁子

小牧・長久手の戦い同様、江戸入府も家康レジェンドであることは変わりない。しかし、実態は家康政権下の地方行政に過ぎなかった。幕府の地として年月を重ね「江戸」が「東都」などと表記されるようになるころには、江戸っ子が育んだ家康の神話は、町の由緒となって都市民のアイデンティティーとなる。その時、寺社の由緒は重要な核となるのである。

10

家康と江戸

実像編

▼岡野友彦

天正十八年（一五九〇）の家康江戸入城は、のちの江戸幕府へと続く東国徳川政権樹立の画期としてはもちろん、日本を代表する巨大都市江戸・東京の起点を示す画期としても、様々な形で語られてきた。それだけにまた種々の虚飾によって彩られてきたことも否定できない。家康江戸入りの実像を、可能な限り同時代史料に基づいて復元する。

「虚像」と「実像」のはざま

天正十八年（一五九〇）、家康が秀吉から後北条氏滅亡後の関東地方を与えられ、駿府から江戸へと移った経緯をめぐっては、いわゆる「石垣山のつれ小便」伝説や「葦原の生い茂る寒漁村江戸」、さらには江戸幕府八朔参賀儀礼の起源などといったエピソードがよく知られており（『落穂集』『徳川実紀』など）、家康を題材とする小説・ドラマなどでも再三にわたり語られてきた。しかるに今日では、こうした「江戸打入」に関する諸伝承の多くが、後世に創り出された「家康神話」と評すべきものであることが指摘されている（千代田区一九九八・岡野一九九九など）。こうした諸伝承が、いつ頃、どのように創出されてきたのかという問題は、

家康入城当時の江戸城の様子を今に伝える皇居内道灌濠の風景（筆者撮影）

それ自体たいへん興味深い課題であるが、それは「実像編」たる本稿の任務ではない。本稿に与えられた課題は、そのような「虚像」をできる限り排除し、天正十八年前後の家康と江戸をめぐる「実像」を描き出すことにある。

しかしことはそう容易ではない。天正十八年前後の家康と江戸をめぐる厳密な意味での「一次史料」は極めて限られ、かつ「二次史料」との境界線も曖昧だからである。そこで本稿では、まず天正十八年の家康江戸打入り前後に作成された「同時代史料」のみにより、確実な「実像」と呼べるものを確定した上で、その周辺に位置する諸伝承の信憑性について再検討し、以て今日に語り伝えられる諸伝承の内、どこまでが「実像」に近いのかを考えていくこととしたい。

家康はいつ江戸に入ったのか

家康の江戸転封の時期については諸説あるが、天正十八年六月初めに決定し、同年七月二十日前後に実行されたと考えて間違いない。まずはその事実を、確実な史料に基づいて確認していこう。

天正十七年(一五八九)十一月に小田原攻めが始まって以降、翌天正十八年七月五日、北条氏直《ほうじょううじなお》が投降して小田原城が開城となるまでの家康の動きを追うと、およそ次のようになる。天正十七年十一月まで駿府にいた家康は、十二月に上洛して秀吉と対面したのち駿府に戻り、翌天正十八年二月に駿府から沼津まで出陣したが、三月二十日、秀吉を迎えるため一旦駿府に戻り、二十二日に再び駿河の長久保に着陣。二十九日に伊豆山中城を攻略し、翌四月一日には箱根山を越え、二日には小田原に到着。以後、小田原落城まで秀吉とともに同城攻囲軍の陣中にいた(藤井二〇二〇)。

そのような中で、秀吉から家康に北条旧領を与える意向が伝えられたとされる最初の「同時代史料」は、同年四月二十三日付の「本多正信書状」(星谷文書)である。この文書は家康の側近本多正信《ほんだまさのぶ》が、駿河国大平(静岡県沼津市)の土豪星屋(星谷)修理(実名不詳)に伊豆国の仕置きを依頼しているもので、その袖書(追書)に「返す返す豆州の儀は、早々殿様(家康)へ遣わされ候間、其の御心得あるべく候」と記されている。但しここには「伊豆国が家康に与えられることになった」とあるのみなので、関東転封ではなく伊豆一国の「加増」と見なすこともできる(川田一九六二)。

ところが同年六月になると大きく事態が動き始める。六月八日、織田信雄《のぶかつ》の家臣岡田利世が、小田原城内にいた上野国衆小幡信定《おばたのぶさだ》に対して送った九箇条からなる書状(小幡文書)を見ると、その第六条に「小田原城、当年中は家康御出あるべき由候、来年江戸へお越し候へと仰せ出され候」とあるのと並んで、第七条には「此の間は近年家康の御分国を一円に内府(信雄)へ遣はさるべく候と申し候ひき」とある。家康の分国(三河・遠江・駿河・甲斐・信濃)が織田信雄に与えられるのと同時に、家康は江戸に向かうよう命ぜられているのである。なお『家忠日記』同月二十日条にも「国かはり近日の由候」とあり、関東への転封が六月中旬までに決定していたことは疑いない。ちなみに秀吉が笠懸山の石垣山城に入ったのは六月二十六日のことなので（『家忠日記』）、「石垣山のつれ小便」伝説はもとより虚構である。

但し、その伝達が石垣山でなされたか否かを別にすると、家康の関東転封にあたり、その居城を江戸とするよう選定したのが秀吉である、という点については恐らく事実と考えて間違いない。例えば、北条氏直投降の前日に当たる同年七月四日付と推測される「氏名未詳書状」（浅野家文書）を見ると、「家康を江戸まで召し連れられ、江戸の御普請仰せ付けらるべきの由、御諚成され候事」とあり、家康は秀吉によって「江戸まで召し連れられ」、「江戸の御普請」を命ぜられている。家康の江戸入りと江戸普請は、あくまでも豊臣政権の政策の一環に過ぎなかった（齋藤二〇二一）。

それでは家康はいつ江戸城に入ったのであろうか。七月五日に北条氏直が投降すると、同月十日、家康が小田原城に入り、十一日に北条氏政《うじまさ》・氏照《うじてる》兄弟が切腹。十三日に秀吉が小田原城に入り、十六日に「江戸表」から会津に向けて出立しており（『家忠日記』）、江戸城到着日は不明だが、それからまもなく秀吉・家康とも江戸城に入ったものと推測できる。実際、家康の家臣松平家忠は同月十八日に江戸に到着。『家忠日記』同月二十日条には「明日三州へ帰り候への由御意候、御国かはり女子引越の事なり」とあるように、国替に伴う女子の引越準備のため、三河へ一旦帰るよう家康から命ぜられている。さらに同月二十三日、豊臣政権が家康の奉行高力清長《こうりききよなが》・成瀬国次の二名に対し、鶴岡八幡宮・建長寺・円覚寺・東慶寺の所領を旧来通り安堵するよう伝えた際、高力清長は同月二十六日、「則ち拙者江戸へ罷り越し、具に家康へ申さしめ候処に」と記した返書を豊臣側に提出しているので（帰源院文書）、この間、家康が江戸にいたことは間違いない。よって家康の江戸入りは、どれだけ遅くとも七月二十五日以前であることは明白で、八月一日の「江戸御打入」伝説もまた虚構と言える。

そもそも八月一日に物品を贈答し合う「八朔儀礼」は鎌倉後期から存在し、応永初期には室町幕府の公式儀礼として定着していた。それが江戸幕府にも引き継がれ、家康・秀忠期には朝廷への太刀・馬献上だけが踏襲されていたが、家光期になって正月参賀儀礼とならぶ幕府の二大年中行事に成長した。しかし、その当時もまだ八朔を家康の江戸入りと結びつける言説はなく、そのような俗説が生まれたのは、家光期よりさらに時代が下ってからのこととされている（二木二〇〇三）。

以上、確実な同時代史料に拠る限り、秀吉から家康に関東転封が命ぜられたのは天正十八年六月初めのことであり、その居城を江戸と指定したのは秀吉。そして実際に家康が江戸城に入ったのは同年七月二十日前後のことと考えて間違いない。それでは次に、こうして明らかになった「実像」を踏まえて、その周辺に位置する諸伝承の内、「虚像」との境界線はどこにあるのかを検討していくことにしよう。

『天正日記』の信憑性をめぐって

家康の江戸打入りをめぐる史実の確定をめぐって、『東京市史稿』皇城編第一（一九一一）以来の歴史叙述を混乱させてきたものに、『天正日記』という史料がある。『続々群書類従』第五（一九〇九）に収録された本史料は、明治十六年（一八八三）刊、小宮山昌玄校注『天正日記』（和装本）を収載したもので、そこに記された小宮山昌玄（水戸藩の学者小宮山楓軒の孫、通称は綏介、号は南梁）の自序によれば、本書は江戸初期の関東総奉行内藤清成《ないとうきよなり》（慶長十三年没）の日記で、内藤家に伝わり、幕末の考証学者栗原信充《くりはらのぶみつ》（号は柳庵、明治三年没）によって影写されていたものが、あまりに未整理であったため、小宮山が語脈を整えて別に一本をなしたものであるという。つまり本日記は、明治になってから小宮山によって新たに「発見」された史料であり、内藤清成筆の原本はおろか、栗原信充の手になる影写本すら伝わらず、小宮山によって「整えられた」刊本しか目にすることができない。しかもその記載内容は、以下に述べるとおり、先に考証した「実像」とかなり食い違う。

例えば同書によれば、天正十八年五月二十七日条に「江戸とするがと御とりかへの由」とあって家康の江戸転封が五月末には伝えられており、六月六日条には「江戸の事いろいろ仰出さる」として家康の家臣三名が江戸に派遣されている。ところが六月二十八日条を見ると「江戸の事今日きまるなり」とあって、江戸転封の正式決定は秀吉石垣山入城後のこととされており、八月一日条には「七時過、御入城めでさた申バかりなし」と見えて、家康の江戸入城は後世の伝承通り八月一日となっている。つまり「石垣山のつれ小便」伝説や、江戸幕府八朔参賀儀礼起源譚といった後世の伝説に都合の良いように設定し直されているとすら読み取れるのである。その他、同じ関東で書かれたはずの『家忠日記』の同日条との天気の食い違いや、多くの一次史料によって六月五日と確定されている伊達政宗の小田原参着が六月一日条に記されていること、さらには当時関白であった秀吉のことを「太閤様」(七月九日条)と記していることなどから、従来「眼も当てられないほどの偽書」(伊東一九六四)とされてきた。

もっとも最近は、「日付が怪しい部分はどこも追記」なので、「日付が間違っているだけであって、記事が間違っているのではない」(蓮沼二〇一八)といった擁護論も見受けられ、「小宮山南梁が整理する際、補筆に誤りがあった為ではないか」(伊東一九六四)という解釈も成り立たないわけではない。しかし、たとえそれが意図的な捏造・改竄ではなく、単なる誤写であったにせよ、内藤家伝来の原本もしくはその影写本が発見されない限り、その信憑性は低いとすべきだろう。ことに天正十八年七月十二日、江戸入城以前の家康が、早くも「江戸水道」の建設に着手しているなどといった記事はきわめて魅力的であるだけに、『天正日記』を安易に利用することには慎重でなければなるまい。

なお天正十七年末、秀吉が小田原攻めを開始するに当たり、既に家康に対し「関東八州を遣はさるべしとの御諚」があったとする「乙骨太郎左衛門覚書」（内閣文庫蔵）もまた、当該分野の研究によく利用されてきた。しかし本史料は寛永元年（一六二四）、乙骨が三十年以上前のことを認めた回顧録であり、同時代人の証言とはいえ、記憶違いもあり得ることから、他の傍証史料がない限り、そのまま受け入れることはできない。やはり家康の関東転封は天正十八年の六月前半、秀吉から命ぜられたものであり、七月二十日前後に実施されたものとすべきであろう。

当時の江戸は「寒漁村」だったのか

家康の江戸転封をめぐるよく知られた伝承としてもう一つ、秀吉が家康を「葦の生い茂る寒漁村江戸」に追いやったとする逸話があり、小説・ドラマなどでも再三にわたり語られてきた。確かにこれまで述べてきたとおり、家康の関東転封はもとより、その居城としての江戸選定すら、秀吉の命によることは明白である。しかし、それが秀吉のいかなる意図によってなされたかとなると、様々な解釈の幅があり、一概には論じられない。そこで最後に、当時の江戸が本当に「寒漁村」だったのかという問題から、その「実像」を考えていくことにしたい。

天正十八年当時の江戸を荒れ果てたものとして描いた現存最古の史料は、万治三年（一六六〇）、松井松平家の家老石川正西が認めた『石川正西聞見集』に見える次のような記事である。

小田原落城の後、秀吉公会津まで御下有りて、家康様御在城は江戸しかるべからんと御目利きの由、其の頃は、江戸は遠山居城にていかにも粗相、町屋などもかやぶきの家百計りもあるかなしの体、城もかたち計りにて城の様にもこれ無くあさましきを、きとくに秀吉公御見立て成され候とて諸人感じ申し候、昔の例ならば鎌倉を御指図成さるべき事也、又は小田原然るべしと仰せらるべき御事也と皆人申しつる、

右両所はふな入りもなく、江戸にはおとりたる所なり、江戸は年々に万事さかへまし、秀吉公の御目聞き申すもおろかにて御座候、

石川正西は天正二年（一五七四）生まれで天正十八年当時十七歳、まさに同時代を生きた者の証言として「当時の江戸は遠山の居城でいかにも粗末。町屋なども茅葺きの家が百あるかないかの様子。城も形ばかりで城らしくなく、あさましいありさまであった」と回顧しているのである。もとよりこの「聞見集」を書いた万治三年当時、石川は既に八十七歳の老人で、七十年も前の話であるため、様々なバイアスがかかっている可能性も否定できない。しかし「乙骨太郎左衛門覚書」と違い「小田原落城後、会津に向かう途中の秀吉が、家康の居城として江戸を指定した」というその内容は、先に確認した「実像」とほぼ一致する。しかも徳川の時代になって久しい万治三年、親藩松井松平家の家老石川が、江戸を指定した秀吉の慧眼を讃えるというその姿勢はきわめて客観的で、そこに一定の信憑性は認められるように思われる。

もっとも当時の江戸が「寒漁村」ではなかったとする有力な反証もある。例えば戦国末期の北条氏直政権期、氏直の父で当時「御隠居様」と呼ばれた北条氏政は、江戸・岩槻・関宿・佐倉といった利根川・常陸川水系沿岸の諸地域に対し支配関係の文書を発給しており、特にそれら諸地域の基点に位置する江戸は、後北条氏による関東全域支配において、中核的拠点として位置づけられていたという（黒田一九九五）。また陸上交通においても、江戸を中核とする放射線状の交通路は戦国末期にはかなり整備され、物資や情報の多くが江戸を経由して小田原にもたらされていたことが指摘されている（山田二〇一四）。

こうした近年の研究成果を参看するならば、家康が関東入部に際して江戸を拠点としたことは、言わば当然の選択と言うことができ、いわゆる「葦原伝説」は、中世の江戸をことさら過小評価することで、家康の偉大さ・先見性を強調しようとした「家康神話」と見なせそうである（千代田区一九九八・岡野一九九九）。確か

に「芦原の時に後々末々迄繁昌の地たるべきと御下咨遊ばされし大神君の御賢慮のほど感じ奉ることも愚かなり」（大道寺友山『岩淵夜話』）といった、近世中期以降に現れるあからさまな家康賛美は、まさしくそうした「家康神話」の一種と言えるだろう。しかし先に述べた石川正西の回顧は、江戸の選定を史実通り秀吉の功績とした上で、その慧眼を讃えるなど、『岩淵夜話』や『落穂集』とは明らかに一線を画しており、一概に「虚像」とは片付け難い。また当時の江戸城に石垣がなく「掻き揚げ土居」であったとする『落穂集追加』（江戸史料叢書『落穂集』）の記事などは、むしろ当時の後北条氏城館の様子を正確に伝えているとすら言える（齋藤二〇二一）。

そもそも「栄えていた」か「寂れていた」かという評価はきわめて相対的なもので、二者択一の判断は難しい。たとえ戦国末期の江戸が関東地方の中核的拠点に成長しつつあったとしても、当時の鎌倉や小田原に比べれば「意外な選択」であったことは事実だろうし、当時の江戸城もまた、上方の石垣城郭を知る人々の眼には「いかにも粗相」に映ったことだろう。まして江戸開幕から半世紀以上も経た万治三年、天下の総城下町と化した江戸から見て、天正十八年当時の江戸が「あさましき」姿でないはずがない。『石川正西聞見集』に見える江戸の姿は、そのような解釈の上で「実像」に近いものと考えておきたい。

東国物流の拠点に成長しながら比較的寂れていた江戸。その矛盾を整合的に理解する鍵は「飲み水」にあると私は考えている。「水道の水で産湯を使う」のが江戸っ子の自慢とされるほど、近世の江戸の町には水道網が張り巡らされていたことがよく知られているが、これは裏を返すと、江戸という土地が、その臨海性と地質の関係により、良質の井戸水を容易に得がたかったことを示している。飲料水の自給自足ができない。それは常に「兵粮攻め」の危機管理を求められる「戦国」城下町としては、致命的な欠点であった。つまり戦国時代の江戸は、物流と軍事上の重要な拠点とはなり得ても、近世の平和が訪れるまでは、決して多くの住民が集住する「城下町」とはなり得なかったのである。

秀吉が家康に江戸入りを命じた「一次史料」とされる「氏名未詳書状」（浅野家文書）を見ても、秀吉はその後に行われる会津での奥羽仕置きを前提とした軍事動員体制の一環として家康を江戸に配置しているのであり（齋藤二〇二一）、それが家康の城下町としてふさわしいか否かなどは全く配慮していない。これを秀吉による「家康いじめ」と見做せないこともないが、そもそも天下人が大名に転封を命じるに当たり、その城下町建設にまで配慮するはずがない。これは家康が秀吉に臣従していた以上、当然のことであった。一方、秀吉にとっても、あくまでも眼前の課題は奥羽仕置きにあり、その軍事動員の一環として家康を江戸に配置したに過ぎないだろう。もとより関東に家康を転封した秀吉の意図については様々な議論があろうが、江戸をその居城として指定したことを以て、これを秀吉による「家康いじめ」とする解釈は、後世の「虚像」と断じてほぼ差し支えあるまい。

家康は江戸を「選んだ」のか

以上述べてきたとおり、家康の関東転封はもとより、江戸選定もまた秀吉の命によるものであり、家康はその命に従ったに過ぎない。しかも天正十八年七月の江戸入城後も、天正二十年三月には朝鮮出兵のため肥前名護屋に在陣。翌文禄二年（一五九三）九月には伏見に拠点を移し、秀吉没後の慶長四年（一五九九）九月には大坂城西丸に入城。関ヶ原合戦を経た慶長六年三月には大坂から伏見に移り、その後は伏見と江戸を往復する数年を経て、慶長十一年三月に駿府に入るとそこを退隠の地と定めている。そして慶長十九年から二十年にかけて大坂の陣のため二条城に入った後、同年（元和元年・一六一五）末には駿府に戻り、翌元和二年四月、駿府で没した（藤井二〇二〇）。このように家康は、江戸入城から没年に至る二十六年の間、江戸を居城としていた期間は通算して数年にも満たない。

さらに慶長八年（一六〇三）、家康が征夷大将軍に任官するまでの江戸は、あくまでも豊臣政権下における一大名の城下町に過ぎず、逆に同十年、家康が秀忠に将軍職を譲って以降の江戸城の主は秀忠で、しかもその間、駿府にいた家康が大御所として幕府の実権を握っていたことは周知の事実である。とすると、江戸が政権の中心地として確立されたのは、実は家康没後とすら言える（齋藤二〇二一）。いわゆる「天下普請」がいつ始められたのかという問題を含め、近世都市江戸建設に対する家康の関わり方は、かなり慎重かつ限定的に考え直すべきことがらであろう。

家康は本当に江戸を「選んだ」のか。ことによると巨大都市江戸・東京の起点を家康その人に求めるという言説そのものが、家康と江戸をめぐる最大の「虚像」なのかも知れない。

●参考文献

伊東多三郎「天正日記と仮名性理」（『日本歴史』一九六号、一九六四年）
岡野友彦『家康はなぜ江戸を選んだか』（教育出版、一九九九年）
川田貞夫「徳川家康の関東転封に関する諸問題」（『書陵部紀要』一四号、一九六二年）
黒田基樹『戦国大名北条氏の領国支配』（岩田書院、一九九五年）
齋藤慎一『江戸―平安時代から家康の建設へ』（中公新書、二〇二一年）
千代田区『新編千代田区史』通史編（東京都千代田区、一九九八年）
蓮沼啓介「校訂天正日記の資料価値」（日本大学法科大学院『法務研究』一五号、二〇一八年）
藤井讓治『徳川家康』（吉川弘文館、二〇二〇年）
二木謙一『武家儀礼格式の研究』（吉川弘文館、二〇〇三年）
山田邦明『鎌倉府と地域社会』（同成社、二〇一四年）

10 家康と江戸

虚像編

▼森　暁子

斎藤氏三代の労作『江戸名所図会』は、諸書の渉猟と現地取材による江戸と近郊の名所情報の集大成である。江戸時代後期のこの書物の中に、徳川初代将軍家康の諸相について、江戸っ子たちの間に語り伝えられていた物語を垣間見ることができる。

江戸っ子による江戸&近郊案内書

『江戸名所図会《えどめいしょずえ》』は、祖父幸雄《ゆきお》、父幸孝《ゆきたか》の遺稿を引き継ぎ、斎藤月岑《さいとうげっしん》（幸成《ゆきなり》）が出版にこぎつけた名所図会である。「探勝之癖《たんしょうのへき》（美しい風景を訪ね歩く趣味）」のあった幸雄の没後、幸孝がその志を継ぎ「再捜三索《さいそうさんさく》、蒐聚滋広《しゅうしゅうじこう》（捜索を重ね、ますます広く収集）」したがこれも世を去り、託された月岑がついに出版を果たしたという（池田冠山《いけだかんざん》による序）。七巻二十冊には江戸城を起点に江戸とその郊外の話題が広範に取り上げられており、「いかで今見るさま、つばらに書きしるしあつめてん（なんとしても現在目にする江戸の姿を、詳しく書き記して集成しよう）」（片岡寛光《かたおかひろみつ》による序）という幸雄の宿願のもと、実際に足を運び調査を重ねた成果の程がうかが

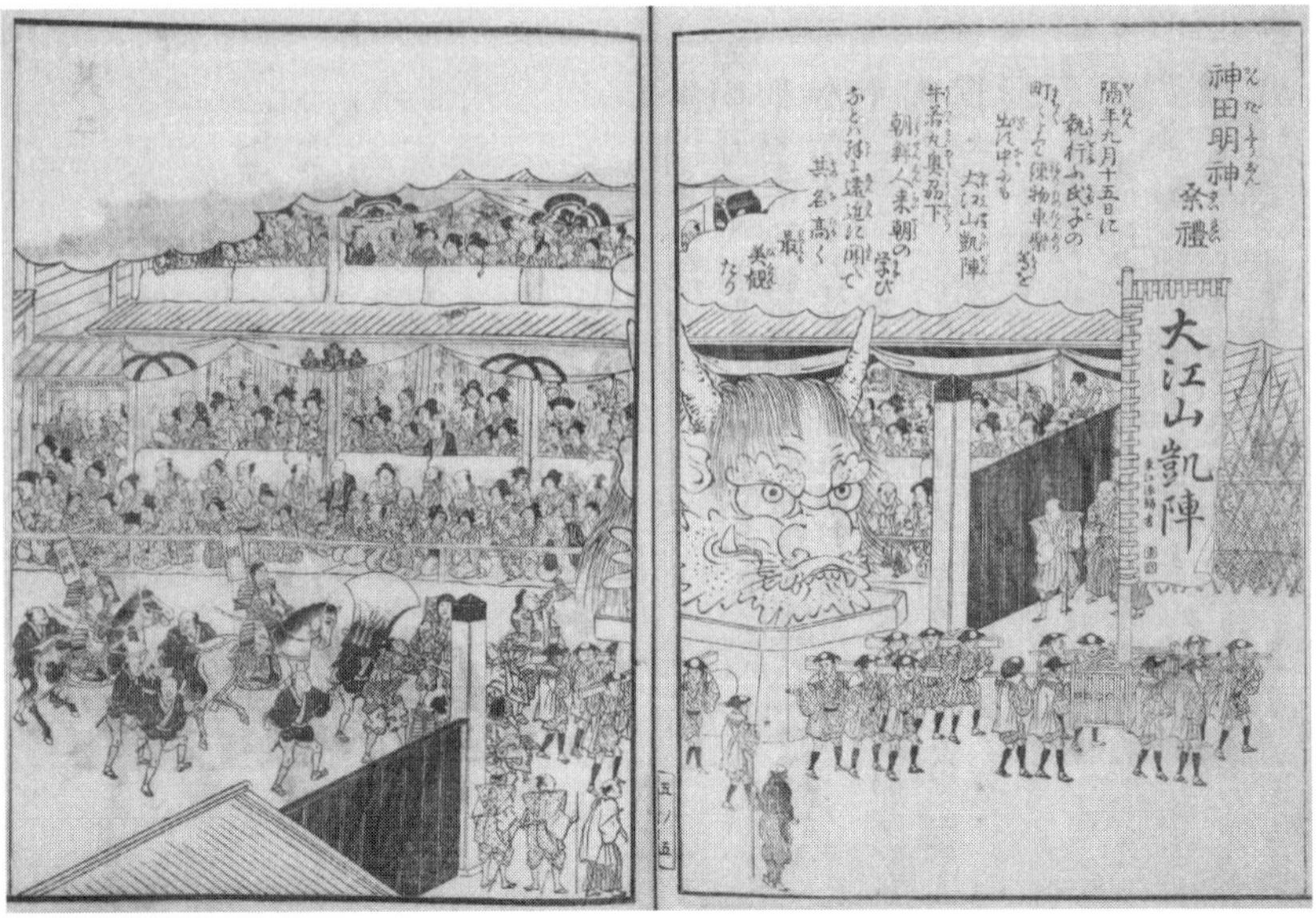

『江戸名所図会』巻之五より神田明神祭礼の図（早稲田大学図書館所蔵）
斎藤氏は神田明神の氏子町の名主を務めていた。この祭礼と徳川家との所縁も深い。

われる。神田雉子町《きじちょう》にあった斎藤家は江戸草創《くさわけ》名主（江戸開府に遡る古くからの名主）の家で、現在は神田司町《つかさまち》のその場所には、月岑の旧宅跡の碑も立つ。『江戸名所図会』はまさに、徳川将軍のおわす江戸城お膝元の、生粋の江戸っ子三代の尽力による当地の案内書なのである。

本書は天保五年（一八三四）、同七年（一八三六）の二回に分けて刊行された。天正十八年（一五九〇）の江戸入府から二百年以上隔たった時代の産物だが、「神祖」、「大神君」などとして随所に家康の名前を見出すことができる。

神祖の江戸《えど》入府《にゅうふ》

天正十八年（一五九〇）の八月一日（八朔《はっさく》）、家康は関東に入国し、江戸城の新たな城主となった。『江戸名所図会』では巻之一の最初に据えた「武蔵」の項目を、次のようにめでたく結ぶ。

東照宮様、当国に大城《おおき》をしめ、鴻業《こうぎょう》の基《もとい》を闢《ひら》きたまひしより、四海竟《つい》に干戈《かんか》の労を忘れ、万民長《とこしなえ》に太平の化《か》に浴するは、すなはちこれ天意のしからしむる所にして、国の号《な》も自ら昇平の御代に応じたるなるべし（家康様がこの武蔵国の大城の主となり、ご統治を開始してから、天下は合戦の辛さを忘れ、民はみな長く太平の恩恵に身を浴することとなったが、それは天意のさせたことであり、「武（器）を納める」という武蔵国の名称も、自然とこの平和な徳川の御代に呼応したものだろう）。

この一文は江戸在、しかも草創名主の身たる斎藤氏としては必須のご当家への配慮だろうが、江戸を題名に冠する本書の威儀を正し、近世の江戸の始まりを語るに、不可欠の話題でもある。江戸入府については続く江戸城の話題でも、「天正十八年庚寅秋、その家（小田原北条家）没落せしより已来《このかた》、永く御当家（徳川家）の御居城と定めさせられ、同年八月朔日、江戸の大城（江戸城）へ台駕《たいが》を移させたまふ」と年次を明記して取り上げられ、月岑著の江戸の年表『武江年表《ぶこうねんぴょう》』（嘉永二〈一八四九〉、三年〈一八五〇〉刊）も「今年（天正十八年）八月一日、台駕（家康）はじめて江戸の御城へ入らせ給へり」と起筆している。これが、少なくとも江戸っ子の斎藤氏にとっては、江戸の画期の出来事であったことは疑いがない。

この天正十八年の江戸入府（当国御打入《おうちいり》／御入国／関東御入城）に際しての家康の記事が、本書には目立つ。「天正十八年当国御打入の時、大神君当寺に入らせられ御止宿ありしにより、のち寺領を賜はりて朱章《しゅしょう》（朱印）を添へらる」（巻之二「鳳凰山天妙国寺」）といった調子で、その際の家康の行いの話題が他にもみえる。領地にちなみ姓を変更させていた地主の木原氏に四百四十石を与えた（同「木原山」）、神社が弱体化していたところ家康から由来についてお尋ねがあり、後に家光の代に社領と朱印が与えられた（巻之四「市谷八幡宮」）などとある。元は小田原にあった寺を天正十八年に当国に移した（巻之六「田島山誓願寺」）などと、入府に伴う都市計画の諸手配と思しい記録も散見される。

また「天正十八年の後、台命《たいめい》（将軍の命令）ありて八山《やつやま》の下より本芝《ほんしば》のあたりまで、道幅三十五丈に切り開かしめたまふとなり」（巻之二「品川駅」）というような、入府の頃のこととして示される話題も多い。江戸城から平川口の外へ神社を移した（巻之三「平川天満宮」）、戦乱で廃れていた神社の由来を忝くも神祖が知り美田山林等を与えた（巻之四「調神社」）、開山の上人の道徳殊勝の評判をもって江戸に召し寺領を与えた（巻之七「日照山法禅寺」）等々、家康は江戸と近郊で活動的だった様子である。翌十九年（一五九一）の話題も、忝くも大神君がおいでになり源家累代守護の霊神と知り（徳川家は源氏を名乗る）新たに神領を付した（巻之四「大宮八幡宮」）、北条家配下だった開基の子息が一説にこの年初めて家康に拝謁し以後お仕えした（同「雲居山宗参寺」）、神社の荒廃を歎いて社壇を修復した（同「大宮氷川神社」）、神領を付した（巻七「白髭明神社」）などと事欠かない。家康参詣の時に神官が御紋の軍配団扇に根引の若松を添えて奉ったところ、その二つを家紋とするよう上意があり、正月にはそれに由来した行事がある（同「意富日神社」）などと、この頃の家康の行いが後世に伝わる行事となった話も載る。

土地を整備する、有力な寺や古くからの氏族などと誼を通ずる、戦乱で荒廃した由緒正しい寺社を保護する、優秀な人物を呼び寄せるなど、江戸郊外へも精力的に行動範囲を広げつつ、当地との関係強化を図っていた様子が見て取れる。普請や援助などの同様の話題は他の年代の記事にも見られるものの、集中しているのは天正十八年の江戸入府周辺で、近世江戸草創期の気配があちこちに漂っている。浮かび上がってくるのは、家康が心機一転、新しい領国の経営と人心掌握に務めていた姿である。関東の雄、小田原北条氏の旧領だったとはいえ、入府当時は江戸城からして傷み果てていたといい（大道寺友山『落穂集』）、田舎めいた風景だった江戸を大都会に変えていったことは『武江年表』も記すところである。

戦国時代の残り香

『江戸名所図会』には、入国前後の家康の合戦にかかわる逸話もみえる。

東光山西福寺（巻之六）は、開山の上人の遠州犀が淵（犀ヶ崖《さいががけ》の誤り）の戦死者供養の功績を家康が讃え、松平の称号と山号を与えたものと記される。この寺は慶長の頃に家康の命で、三河国から江戸に移したという。犀ヶ崖の戦いは家康が大敗を喫した三方ヶ原《みかたがはら》の戦い（元亀三年〈一五七三〉、「6　三方ヶ原の戦い」参照）の直後、反撃により武田軍を転落死に追い込んだ一戦である。武田方の軍書で近世に読み物、また兵学書としても大いに流布した『甲陽軍鑑《こうようぐんかん》』はその事実を否定するが、よく知られた逸話である。

愛宕山権現社（現愛宕神社、出世の階段で有名）（巻之一）の項目には、本能寺の変（天正十年〈一五八二〉）勃発による家康の避難、いわゆる「神君伊賀越え」にまつわる逸話がある（「8　伊賀越えと天正壬午の乱」参照）。途上で多羅尾四郎右衛門から献上された将軍（勝軍）地蔵尊像を、家康はその後の東国攻めに持っていき、合戦の度に随伴した僧侶に勝利を祈念させたという。それが当社の本地仏《ほんじぶつ》（神として姿を現している仏）であると説明がある。以上は、もともと他所での逸話由縁のものが、入府に伴い江戸へ持ち込まれ、家康の物語を語り伝える新たな地を得た事例である。

家康の江戸入府後の合戦に関係のある話題もある。七仏薬師如来の項目（巻之三）は、慶長五年（一六〇〇）の関ヶ原の戦いの記憶を留める（「11　関ヶ原の戦い」参照）。家康の命で慈眼大師《じげんだいし》（天海《てんかい》）が戦勝を祈念し、巻数《かんじゅ》（僧が読誦した経文の題目などを記した目録の類）を献じたもので、この如来の由来と所在地の変遷を記した天海自筆の縁起があるという。また佃島の項目（巻之一）は、天正年間に佃村の漁夫が、家康が多田の御廟と住吉大社参詣に赴いた際の渡河に協力した縁で配下になった次第を述べるが、大坂冬の陣（慶長十九年〈一六一四〉）・夏の陣（同二十年〈一六一五〉）でも密使や魚の調達で怠りなく仕えたため、その後江戸へ召し寄せられた経緯も語る。世に知られた、近世前夜の家康の合戦譚と所縁のある江戸の諸所の物語を、『江戸名所図会』は伝えているのである。

江戸市中の仏閣

入国の話題でも示した通り、家康の寺社への頻繁な関与が『江戸名所図会』には天正年間を中心に多く見て取れる。その中には家康と寺院の特段の関わりを示す逸話も含まれる。

三縁山増上寺（巻之一）は家康がもともと信仰していた浄土宗の寺で、徳川家の菩提寺として名高い。この寺については、「関東浄家（浄土宗）の総本寺、十八檀林（関東における浄土宗の僧侶養成機関の十八の寺）の冠首（最上位）にして最大の仏域」で、徳川家の松平氏の松の字を分解すると「十八公」となることとの関連をはじめ、諸書を引いて格別の縁を説明する。

天正十八年、始めて江戸の大城へ入らせたまふとき、州民《しゅうみん》鼓腹《こふく》し、老幼相携へて、道路に拝迎し奉る。幸ひに寺門の前路を通御《つうぎょ》あるにより、観智国師もこれを拝せんとし、出でて寺前にあり（日比谷でのことという）。時に師の道貌雄毅《どうぼうゆうき》、尋常《よのつね》ならざるを見そなはしたまひ、その名を問はせられ、すなはち寺に入りて憩ひたまひ、そののち当寺をもつて植福の地となしたまひ、永く師檀の御契約あり（家康が初めて江戸城に入る時、土地の者が平和を喜び道端に歓迎に出た。増上寺の前を通ったので中興開山の観智国師も見物に出たが、強く並々でない風貌の僧であると目をとめた家康が名前を尋ね寺に入り休憩し、その後菩提寺と定めた）。

これも入国に伴い家康が縁を結んだ寺の一つだったと知れる。その後援助して建て替えたことで「最も宏壮の大梵刹（寺）」となり、浄土宗が大いに栄えたという。その他、門前に住む老翁の見た「増上寺の軒端の垂木繁るらん」という吉夢を観智国師が買い取ったことが、幕府の命による伽藍修復の瑞兆となった話や、慶長の頃に将軍へ献上された名馬が、結び付けた一反の布を地面に着けずに靡《なび》かせて走るほどの俊足だったのを、死後に増上寺境内に埋めた布引観世音菩薩の話など、家康、また徳川家絡みの逸話に富む。

普門山大慈寺（巻之四※現在廃寺）は刑部卿《ぎょうぶきょう》の局が開基の禅寺と記されるが、彼女は豊臣秀頼に嫁していた家康の孫娘、千姫の乳母である。この寺の本尊の葵正観世音菩薩《あおいしょうかんぜおんぼさつ》は家康が非常に崇敬したもので、京から江戸城に移して天下泰平の祈祷を毎月行わせ、徳川家の家紋にちなむ葵の一字も名前に加えたもので、天寿院《てんじゅいん》殿《どの》（千姫）も深く信仰したという。家康による大坂城落城と、それに伴う千姫の運命の転変を語るものではないが、読む者に、その後の千姫の生涯を思わせただろう話題である。

東本願寺（巻之六）の項目には、本願寺が東西に分かれた由来が記される。豊臣家の意図で弟の順如《じゅんにょ》上人が本寺の門跡に定められ、兄の教如《きょうにょ》上人が冷遇されていたのを家康が召し出し、開祖の上人の真影（絵姿）を寄附し寺院にすべき地を下してから、東西に分かれたという。これは先行する『古郷帰《こきょうがえり》の江戸咄《えどばなし》』（貞享四年〈一六八七〉刊、増補版『増補江戸咄』は元禄七年〈一六九四〉刊）の情報を採用したようだが、家康の行いの正当性を示すように、東の肩を持った書き方とみえる。一方で西本願寺の項目（巻之一）には、家康が京都西本願寺の末寺を江戸に立てて同派の者たちに勧めたという『江戸名所記』の記述を紹介する。家康が東西両派へ配慮していたように読める。

家康の時代劇でお馴染みの話題と関係のある寺が、江戸にはこのように多くあると知れる。引用元の書名も多く記されているが、斎藤氏が実際に足を運んで得た情報も反映されているため、右の内容の幾分かは各寺の縁起に取材したものと思しい。当時、公式に由来として参詣の人々に語られていたものである。家康、ひいては徳川家との由縁を強調していた寺も少なからずあったと推測される。江戸市中の身近なそこかしこに溢れていた家康の信仰、善行の物語を、『江戸名所図会』は拾い上げているようである。

逍遙する初代将軍

家康の出先での出来事の物語も、『江戸名所図会』に多い。

先行する戸田茂睡《とだもすい》の江戸案内『紫の一本《むらさきのひともと》』等にも同様の話が載るが、家康が好んだという放鷹《ほうよう》（鷹狩）に出かけた際の逸話が目立つ。雉子宮（巻之三）は慶長の頃の鷹狩の時に、この社へ雉が一羽飛び込んだので土地の者に神名を尋ねたところ、山の神の祠と答えたため、以後は雉子宮と称すように命じたという名称の起源説話を伝える。円勝寺の五石松（巻之五）も同様の説話で、慶長の頃だったか、将軍が鷹狩の際に松の木を褒めて五石の知行を与えたことによる名称だという。以上の話では誰のことか明記がないが、二代秀忠に将軍職を譲ったのは慶長十年（一六〇五）なので、家康の逸話の可能性がある。雉子宮は三代将軍家光の名付けと現在は伝わるが、慶長年間はまだ将軍職に就いていない。円勝寺の話は家康のこととされている。

また鷹狩での出来事ではないが、慶長元年に初めて訪れた地で名主の八郎右衛門に地名を尋ねたところ、自分以外に住む人もない荒広の地なので地名もないとの答えに、ではこの地を切り開き、姓の深川を地名とせよと厳命があったという深川の名称の起源も語られる（巻之七「神明宮」）。同じ慶長年間の話では、慶長十一年に家康がたまたま行き着いた先で池水の冷たく甘いのを称え、茶の湯に用いた（巻之四「井頭池」）という話もある。

このような逸話の中には、気軽な散策の折のものもあるだろうが、「天正十八年関東御入国の後、南総東金へ御遊猟の頃」と記される、製塩をする者をわざわざ御殿にまで呼び寄せて説明を聞き、今後も世の中のために続けるよう命じた逸話（巻之七「塩浜」）などをみると、武士の嗜みの鷹狩などにかこつけた、家康の領内の巡見の際の話も多く掬い取られているのではと推察される。本書のあちこちで、お出掛け中の将軍様の記事にばったり出会う。すると、江戸とその近辺をくまなく見回っていた、頼もしい家康の姿が想像されるのである。

江戸っ子の拝む東照宮

家康にはその生誕からして神々しい伝説が付きまとう。多聞山天現寺の毘沙門天の項目に載る縁起には、母の伝通院《でんつういん》（於大《おだい》の方）が三河国の鳳来寺峯薬師に祈ったところ、（薬師如来を守護する）十二神のうち寅神の霊夢の奇瑞があり、はたして家康が寅年に生まれたとある（ちなみに令和四年〈二〇二二〉は家康の生まれ年と同じ壬寅である）。母の言いつけで信心深く育った家康は、天現寺の毘沙門天像を深く信仰し（虎は毘沙門天の使いとされる）、天下を掌握したのもこの像の威徳ゆえという（巻之三）。

この家康の神格化（「14　家康の神格化」参照）を推し進めたのが天海《てんかい》（慈眼大師《じげんだいし》、南光坊《なんこうぼう》）であることも、『江戸名所図会』は伝えている。その経歴は巻之五「東叡山寛永寺」の項目に詳しいが、「神君薨去《しんくんこうきょ》の後、その遺命《ゆいめい》を奉じて葬を久能山《くのうざん》に営み、元和三年尊霊を日光山に遷座なし奉る。これ往古《むかし》の大織冠《たいしょくかん》（中臣鎌足）の例に倣《なら》ふ。すなはち山王習合《さんのうしゅうごう》の神《しん》に鎮りたてまつり、勅を奉じて東照大権現と号し奉る」と、没後すぐに家康を神とするよう動き出していたことが知れる。寛永寺の鐘にも、天海の発言により藤堂高虎が東照大神君原廟の普請を行った経緯が記されているという。家光が、将軍職が自分に譲られたのも祖父の家康のおかげと東照宮をとりわけ信仰し、江戸城内にも宮を建立していたことが背景にあるだろうが（『落穂集』巻之一「御城内鎮守の事」）、『江戸名所図会』で目に付くのは天海の手配の様子である。元和年間に東照大権現の御神影と秀忠の木像と日本武尊の神像を大宮司の息子が天海と一緒に勧請した（巻之七「意富日神社」）、寛永五年（一六二八）に幕府の命令で神君の像を別社に鎮座させた（巻之五「妻恋大明神社」）などの記述から、天海主導で始まり、幕府が進めていった東照宮普及の動きが透けて見える。

木下川薬師堂の東照大権現宮神影（神たる家康の絵姿）は、「神祖は御本地薬師如来」、つまり家康は薬師如来の化身なのだからこの堂と関連があると述べて、天海が所持していたのを当時の住僧に渡したという記述もある（巻之七）。家康は鳳来寺峯薬師の申し子という伝説による発想だろう。有名な生前の家康の薬好きも薬師如来のイメージに通じ、無病息災のご利益も唱えられていたかと推測される。三代将軍家光が重病の時、乳母の春日局が自分の命と引き換えに救いたまえ、この身に病苦を受けても医薬は用いないと祈っていたのも東照大権現の神前であるが（巻之五「天沢山麟祥院」）、そこにも家康＝薬師如来の観念があったかもしれない。

東照大権現宮は各地の寺社に付随する形で広められたようで、高田八幡宮にあったものは毎年四月十七日（家康命日）に参拝者が多かったと伝える（巻之四）。浅草の淡島明神社も東照大権現宮が火事で遷座した場所に建立したもので、その跡は人が踏まないよう垣を廻らしてあり、供えの水の井戸や社前の石橋も残っているという（巻之六）。家康自ら髭を植えたという像も伝わる（巻之四「筑波山護持院」権現山）。東照宮の神影も各所に納められており、東光山西福寺では家康、秀忠、良雲尼（家康側室）の三軸を、四月十七日の祭礼の際に拝観させたという（巻之六）。江戸っ子はあちこちにおわす神としての家康に、手を合わせることができたのである。

名所図会はガイドブックに近い存在だが、寺社の情報が豊かで、参拝には現在よりも行楽性があったとみえる。『江戸名所図会』にも寺社縁起の類が多く含まれるため、仏教説話的な奇瑞の話、怪異譚的、あるいは幻想文学的な様相を帯びた話が随所にあり、本書を読んでいると江戸のあちこちに不可思議な神秘の物語が息づいていたように思えてくる。家康自身もその中へ、東照宮という神として登場してくるのである。

市中に息づく家康譚

『江戸名所図会』は近世江戸の創業者、戦国大名、信心深い武将、領内を巡る将軍、そして神まで、家康の様々な姿を江戸の各地と絡めて伝えている。江戸の至る所に家康の気配がある。入府前後から家康がせっせと回っていた江戸とその近郊を、死後は東照宮の布教のために天海たちがせっせと回り、さらにそれらの足跡を、斎藤氏がせっせと現地取材する中で拾い集めた結果であろう。直接に見聞きした人の記憶や、いつからか各地で生じた伝説、幕府の史書編纂事業や兵学講義（『甲陽軍鑑』をはじめ、家康は合戦上手に描かれる）等でまとめられた書物を出処としたものなど、様々な家康の逸話が混然一体となって江戸市中で語り継がれていたと思しい。

「この書をひもとくことで、われわれは約二百年前の江戸という都市空間に空想しながら自在に遊ぶことができる」（『新訂江戸名所図会』後記）が、家康の物語が溢れる中で暮らしていた江戸の人々の姿をも、そこで目にすることができる。長谷川雪旦《はせがわせったん》描く挿絵の所々に見つけることのできる、取材中の雪旦と幸孝と思しき二人も、各地で家康の逸話と出くわしたことだろう。明治維新（御一新《ごいっしん》）以降も、今に至るまで根強い徳川贔屓の江戸っ子がいることも、そのような市井の様子から理解できるように思う。

祖父の代からの宿願を遂げ『江戸名所図会』を完成させた月岑は、その後江戸の歳時記『東都歳時記』（天保九年〈一八三八〉刊）も上梓し、徳川の世が過ぎた明治十一年（一八七八）に『武江年表』を増補した後に世を去った。東京のそこかしこの碑文は、彼のまとめ上げたような家康と江戸の物語を、今もひそやかに伝えている。

●参考文献

朝倉治彦『日本名所風俗図会』4江戸の巻Ⅱ解説（角川書店、一九八〇年）
市古夏生「〈江戸城〉斎藤月岑他『江戸名所図会』」（『国文学』第三五巻九号、一九九〇年）
市古夏生、鈴木健一『新訂　江戸名所図会』6後記（筑摩書房、一九九七年）
市古夏生、鈴木健一「『江戸名所図会』を読むために」（『江戸名所図会事典』筑摩書房、一九九七年）
藤川玲満「『江戸名所図会』と『都名所図会』」（『人間文化論叢』第九巻、二〇〇六年）
米田智子「『江戸名所図会』の世界」（『成蹊国文学』三一号、一九九八年）

11 関ヶ原の戦い

林晃弘×井上泰至

かつて「天下分け目」と呼ばれた関ヶ原の戦いも、東軍の主力たる徳川秀忠の遅参で徳川軍が少ないまま始まったことの、その後の政治的意味や、小山評定・問鉄砲など存否そのものが議論になっている事件もあり、見直しが進んでいる。虚像の上限も明らかになったことが大きく、その変遷も徳川史観と一口では言い難いいくつかの位相が明らかになってきている。小早川秀秋の寝返りが遅く爪を噛む家康像すら色々な描き方があることをむしろ楽しみたい。

11 関ヶ原の戦い

実像編

▼林　晃弘

関ヶ原の戦いは、「天下分け目の戦い」とも呼ばれ、江戸時代から家康の権力掌握の画期となる合戦として位置づけられてきた。編纂史料や軍記においてさまざまに脚色されてきたが、近年、同時代史料による再検討が進み、合戦や前後の政治史の理解は改められつつある。それらの成果を踏まえて秀吉没後から合戦後までの流れをみていきたい。

見直される関ヶ原の戦い

関ヶ原《せきがはら》の戦いは、一般的に徳川家康《とくがわいえやす》に属する「東軍」と、石田三成《いしだみつなり》・毛利輝元《もうりてるもと》に属する「西軍」の戦いであると説明される。小説やドラマでは、権力を奪取しようとする家康と、それにあらがう三成の対立の構図で描かれることが多い。徳川と豊臣の戦いという見方である。しかし、現在、研究者の多くは秀吉没後の豊臣政権内部における権力闘争としてとらえている。つまり、各勢力はそれぞれに思惑をめぐらせながらも、争いは秀吉の遺児秀頼を奉戴するかたちとなったということである。ここでもそのような理解を前提とする。

従来、慶長五年（一六〇〇）九月十五日の決戦とその前後の政治史は、軍記物や編纂史料にもとづき叙述されることが多かった。冒頭で用いた「東軍」「西軍」という呼称も、その一つである。しかし、この二十年ほどの研究で、書状などの同時代史料を用いた再検討が進んでいる。二〇〇〇年ごろの笠谷和比古の研究はその先鞭をつけるものであり、二〇〇九年の光成準治『関ヶ原前夜』は毛利・島津など「西軍」側の史料から新たな見方を示し、武功派対吏僚派、北政所派対淀殿派のような単純化した把握にも警鐘をならしている。

近年は、この流れをうけて関連する論文や書籍がつぎつぎに公表され、論争も盛んである。本章では、そこで実証的に明らかにされた成果を踏まえ、後世に脚色された部分がどこなのかを示しつつ、関ヶ原の戦いの実像に迫っていきたい。なお、合戦は全国各地で展開し、それらの研究も進んでいるが、ここでは家康の動向を中心にみていく。

秀吉没後の政争

慶長三年（一五九八）八月、伏見にて豊臣秀吉が死去すると、その構想にもとづき、五大老（徳川家康・前田利家・宇喜多秀家・上杉景勝・毛利輝元）・五奉行（前田玄以・浅野長政・増田長盛・石田三成・長束正家）による政権運営がはじまる。家康は、他の大老・奉行と交わした誓紙のもとで、五大老の筆頭として、朝鮮在陣中の諸将の引き揚げの指示や、五大老連署での領知宛行状の発給を行っている。

慶長四年正月十日に、秀頼は伏見から大坂へ移り、傅役《もりやく》の前田利家も同行する。家康は伏見に残り政務を行うことから、政治拠点は二元化した。

このころ家康は多くの有力者との関係強化を進めようとしており、そこで生じたのが私婚問題である。伊達・福島・蜂須賀と縁組を画策したというが、これは私的に婚姻を結ぶことを禁じた秀吉の遺命に背くものであった。そのため正月十九日に四大老・五奉行の詰問を受けることになる。軍事的な緊張も生じていたようである。この問題は、二月十二日の家康と四大老・五奉行の間の誓紙で沈静化し、その後、家康と前田利家は相互に屋敷を訪れ、関係を修復している。

しかし、家康に対抗しうる力量を持っていた利家は閏三月三日に没する。そして、その直後に石田三成を亡き者にしようとする計画が浮上したとされる。「七将襲撃事件」などと呼ばれ、首謀者は蜂須賀家政・黒田長政らの七将であり、背景は朝鮮出兵時の三成派の軍目付《いくさめつけ》による秀吉への報告に対する不満だと考えられている。ただし、水野伍貴の指摘によれば武装襲撃とする一次史料はなく、訴訟により三成の処分を求めるものだったようである。

三成は大坂から伏見へ向かい、伏見城内の自邸に立てこもる。この点について、三成があえて家康の屋敷に逃げ込んだという逸話が流布しているが、笠谷和比古が指摘したように、この話は明治期に参謀本部『日本戦史関原役』が採用したことで定着した事実とは異なる説である。光成準治・水野伍貴は、大坂が家康に近い者たちに押さえられたことから、三成は伏見にいる毛利輝元や他の奉行と合流し、対抗しようとしたと指摘している。最終的に家康が仲裁し、閏三月九日に、三成を佐和山に引退させることで決着がつけられた。

この出来事を契機に、三成と関係の深かった伊達・島津らが家康に接近し、増田らの三奉行や大谷吉継らも家康に協力的になっていく。閏三月十三日に、家康は伏見向島《むかいじま》の自邸から伏見城西丸へと居を移す。このことについて興福寺の僧英俊《えいしゅん》は、日記に「天下殿になられ候」と記している（『多聞院日記《たもんいんにっき》』）。家康が世間から天下人であるとみなされたことを示す事例としてしばしば言及されており、近年の藤井讓治の著書でもこの記述が重視されている。また、藤井は八月十四日の参内で家康は室町将軍や秀吉と同等の扱いを受けており、事実上、天皇からも天下人として処遇されたと評価する。

家康の権力掌握と会津出陣

慶長四年八月に上杉景勝が会津へ、前田利家の後を継いだ利長が加賀金沢へ帰国する。九月七日、家康は秀頼に重陽《ちょうよう》の賀を述べるため大坂に下る。そのなかで家康暗殺が計画されたという。一次史料からはよくわからない事件であるが、少なくともその風聞はあったようである。首謀者は前田利長とされ、五奉行のひとり浅野長政も謹慎することとなる。また、淀殿との密通の噂が立った大野治長も処罰される。

この流れのなかで、九月二十六日に秀吉の後室北政所が大坂城西丸を出て京都に移り、かわって家康が西丸へ入る。谷徹也や水野伍貴は、この大坂城西丸入城と、天下の仕置きを改めて定めたことで家康が実質的に天下人となったと評価する。こののち大老・奉行の合議はとられなくなり、家康が秀頼を補佐するかたちで政治を取り仕切り、その下で奉行の増田・長束・玄以らが働くようになる。また、家康単独の署名による領知加増もなされる。さらに西丸には天守も築造される。秀吉の死から関ヶ原合戦までの政治史を考える上で、大きな画期はここにあるといってよいだろう。

暗殺計画の首謀者とされた前田利長との間では緊張状態となる。家康は利長の上洛を阻止すべく、前田領周辺に牽制軍を派遣する。場合によっては加賀への出兵の可能性もあったようだが、慶長五年五月に利長の母芳春院《ほうしゅんいん》（松）が人質として江戸に下向することで終息する。前田氏は家康に屈服することとなった。

かわって会津の上杉景勝との関係が問題化する。上杉領周辺の領主から不穏な動きがあるとの報告があり、家康は四月十日に実否を糾明すべく使者を派遣し、景勝の上洛を要求する。しかし、景勝がこれに従わなかったことから、家康は会津への出兵を決断する。六月十五日に家康は秀頼に暇乞いをし、同日、増田ら三奉行は出陣する諸将に家康の下知に従うよう指示をしている（「兼松文書」）。会津征討は豊臣政権の軍事行動として行われたのである。家康は十六日に大坂城を出発する。

家康が上方を離れたことで、反家康方が挙兵する。笠谷和比古が指摘したように大きく分けて二つの段階があり、このことは後でみる家康の動向を考えるうえで重要である。

まず、一段階目として、七月十一日に石田三成・大谷吉継の反家康の動きが明白になる。また、大老のひとりである毛利輝元は七月十五日に広島を立ち、十六日夜に大坂に到着し、十九日に大坂城に入る。光成準治は、石田三成が単独で始動させたのではなく、毛利輝元も当初から積極的に関わっていたとみている。

二段階目として、当初は家康側にたって事態を注進していた増田長盛ら大坂の奉行衆が、七月十七日に反家康の立場を明らかにし、家康を弾劾する「内府《だいふ》ちがいの条々」を各所に送付するにいたる。その後、反家康方は七月十九日に家康の将鳥居元忠が守る伏見城を攻撃し、八月一日にそれを陥落させる。

小山評定はなかったのか

近年、研究者の間で論争となっているのが、小山評定《おやまひょうじょう》は歴史的事実か、それとも虚構かという問題である。まず、一般に知られる話の筋をおさらいしておこう。会津へ向けて進軍する家康は、七月二十一日に江戸城を発ち、二十四日に下野国の小山に着陣する。そこに石田三成挙兵の知らせが届く。翌二十五日、家康は諸将を集めて軍議を開き、このまま会津の上杉を討つべきか、上方に軍を返して石田を討つべきかを問う。真っ先に豊臣恩顧の代表格の福島正則が石田を討つべきだと発言したことで大勢が決する。そして、山内一豊が居城の掛川城を差し出すことを進言する。これにより「東軍」が結束し、関ヶ原の勝利をもたらした。おおよそこのような筋である。

しかし、福島や山内らの発言は同時代史料にはみえない。約四十年後の『寛永諸家系図伝』の山内家の系譜には、一豊について類似する逸話がみえることから、もとになる遣り取りはあったのかもしれない。しかし、やはり流布している話は脚色が強いとみられる。

さらに、小山評定そのものが全くの虚構であったとする説がある。最初に疑義を呈したのは光成準治で、その後、白峰旬が二〇一二年に論文「フィクションとしての小山評定」を公表し、以後、本多隆成・水野伍貴の批判に応答するかたちで、さらに小山評定否定論を展開する。しかし、本多・水野、さらに最近の藤井譲治の研究をみるならば、いくつか未解決の論点は残るものの、七月二十五日の小山における方針決定自体は歴史的事実だと考えるべきである。同時代史料によって経緯を明らかにした藤井の研究をもとに事実関係を整理すると以下の通りである。

家康は七月二日に江戸に至る。家康が留守となった上方では、既にみたように七月十一日に石田・大谷が蜂起する。その情報は、家康のもとに七月十九日、遅くとも二十日には届いていた。家康は二十一日に会津に向けて江戸を立つが、二十三日に進軍を止める。藤井は少なくとも二十五日から江戸へ戻るまでの間小山に在陣したとする。白峰は、家康は宇都宮にまで進んでいたとする新説を唱えているが、水野・藤井が批判するように、根拠の史料からそのことは確定できない。

二十五日に、家康は諸将を呼び寄せ、そこで会津進攻の延引と諸将の西上が決定する（「大関家文書」）。このことについて伊達政宗への書状のなかで、福島正則・田中吉政・池田輝政・長岡（細川）忠興らが上方を優先すべきであると再三進言したため、このような判断をしたのだとことわっている（『伊達家文書』）。そして二十六日に先手の衆が西上を開始する。

この時点で家康は、大坂の三奉行が七月十七日に反家康に転じたことを把握していなかったようである。藤井によれば、その報が届くのは早くても二十八日であるという。つまり、小山における方針決定時点では石田・大谷らの逆心と、毛利輝元の同調の噂程度の情報であったが、先手衆の西上開始後になって上方での挙兵は規模が大きく、秀頼の意思を代弁する大坂の三奉行の弾劾状により、家康の軍事指揮の正当性は失われたとみなされうる状況となったことを知ったのである。

家康の西上と関ヶ原の決戦

家康は八月五日に江戸に帰着する。その後、一ヵ月近く江戸を動かない。会津の上杉氏への警戒と、福島正則ら豊臣恩顧の大名たちの動向を見極める必要があったためである。そして江戸を出陣するまでの間に、各地に書状を送り、味方に付くよう働きかけている。

八月十三日に家臣の村越直吉を前線の尾張清須に派遣する。十九日に清須に着いた村越は諸将に戦いを進めるよう促し、それをうけて福島正則・池田輝政らは二十三日に敵方の重要拠点である岐阜城を攻略する。その報は二十七日に家康の元に届く。家康はそれを賞し、秀忠は中山道を、家康は東海道を進むので、到着を待つよう指示する。そして九月一日に出馬する。

ちなみに秀忠は宇都宮にて上杉勢に備えていた徳川直臣らを再編し、八月二十四日に同地を出立し、中山道へ進み、九月六日に信濃上田城下で真田氏と衝突する。近年の研究では、当初の秀忠の任務は上方への進軍ではなく、この方面の敵対勢力の制圧自体であったと考えられている。しかし、秀忠は上田城を攻めあぐね、九日に小諸に引き返し、そこに家康からの美濃への進軍を命じる使者が到着する。秀忠は翌日に出立し道を急ぐが、十五日の関ヶ原での決戦には間に合わなかった。家康は数日で使者が到着すると考えていたようだが、想定よりも時間を要し、決着も早くついたため秀忠は「遅参」することとなった。

岐阜城を落とした福島・池田らは美濃西部に進み、大垣城に立てこもる石田三成らと対峙する。秀頼を奉

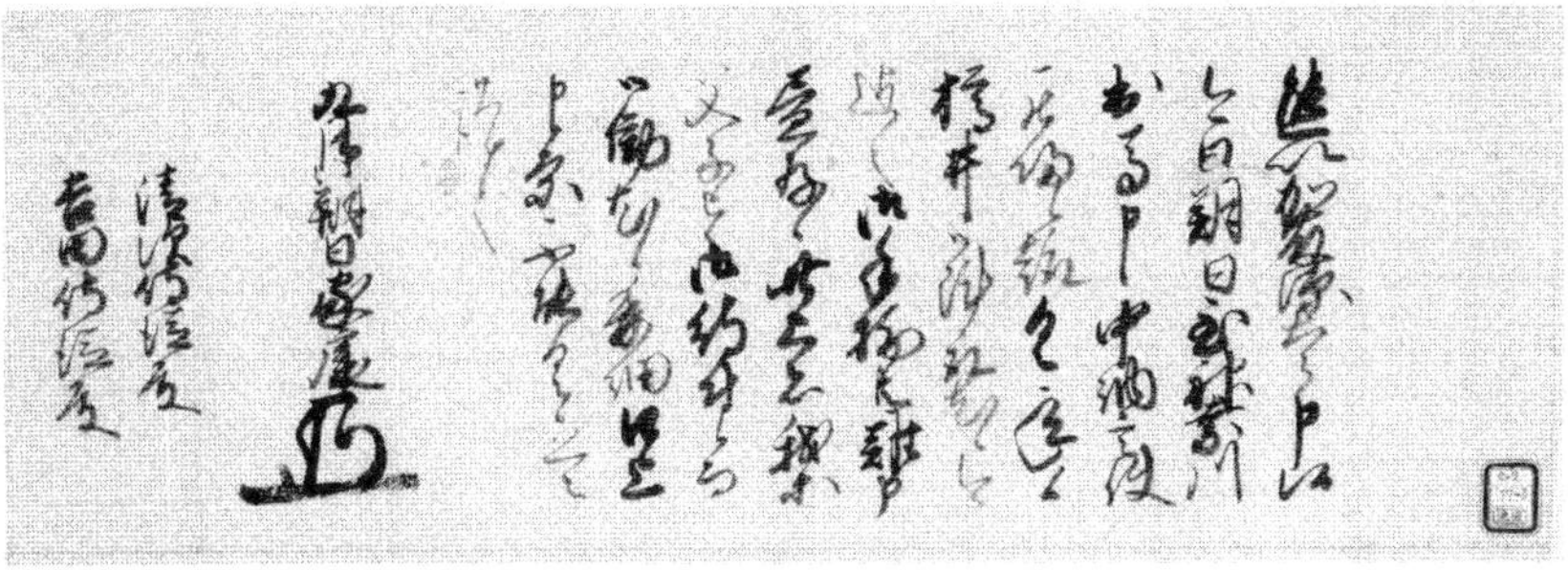

岡山大学附属図書館所蔵「池田家文庫」（慶長五年）九月朔日付徳川家康書状（C9-77-(3)）。福島正則（清須侍従）・池田輝政（吉田侍従）宛。二〜三行目に「今日朔日神奈川に至り出馬申候」、七〜九行目に「此上は、我等父子を御待付候て、御働き尤に候」とある。原本は折紙で縦37.0㎝、横54.1㎝。

戴した石田・毛利らは、自らが「公儀」であると称して味方を募ったが、結局、家康はほとんどの大名の支持を失わなかった。水野伍貴がいうように、「西軍」のもとで出された秀頼の命令を、家康が再び秀頼の命令としてくつがえす可能性があったためであろう。

家康は十四日に美濃赤坂に到着する。同日の夜、石田三成らは大垣城を出て関ヶ原に移動する。その戦略意図についてはさまざまな見方があるが、島津家臣の神戸久五郎の覚書によれば、家康が大垣城を攻めずに西進し、石田の本拠である佐和山を攻め、大坂方面に向かうとの情報を得たためだという（『旧記雑録』）。

翌十五日に、関ヶ原での合戦となる。周知のように小早川秀秋が家康側に加わり、その勝利を決定づけた。また、事前に吉川広家《きっかわひろいえ》が内通していたことで南宮山《なんぐうさん》に布陣した毛利秀元らが合戦に加わることはなかった。

合戦が具体的にどのようなものであったのかは、ほとんどわからない。合戦の説明の際に必ずといってよいほど示される「布陣図」も要注意である。白峰旬が指摘したように、一般に知られている布陣図は明治期に参謀本部編『日本戦史関原役』が作成した歴史的根拠の乏しいものである。江戸時代に作られはじめる布陣図もやはり創作である。白峰は、布陣図による先入観を排し、それ以外の各種の史料の検討により関ヶ原エリア・山中《やまなか》エリアの二段階で戦闘が行われたと推定している。これについて小池絵千花は、当初は戦闘があったのは山中だと考えられていたが、のちに関ヶ原であると改められた、つまり地名の認識の変化によるものだと指摘している。そして、翌年には作成されはじめる太田牛一《おおたうしかず》の『内府公軍記《だいふこうぐんき》』の記載を重視すべきだとする。

合戦の展開のなかでの有名な場面の一つが、家康が小早川秀秋の陣所に鉄砲を撃ちかけさせ、寝返りの判断を促した「問鉄砲」である。序盤は「西軍」が健闘していたが、これにより戦況が大きく動いたとされてきた。しかし、これも白峰が指摘するように虚構の物語である。このほかにも合戦をめぐる多くの逸話があるが、それらがどのように生み出され、変容しつつ定着していくのかは虚像編をご覧いただきたい。

なお、実像を知るうえでは、これまでの研究でも活用されているように、合戦に参加した当事者の記録類がある程度参考になる。同時代史料ではなく、徳川氏への配慮もみられ、軍功の誇張や記憶違いもあるが、相応の真実味をもっている。

合戦後の家康

関ヶ原での戦いののち、十八日には石田三成の居城の佐和山城が陥落する。家康は、二十日には大津まで進む。大坂城西丸にあった毛利輝元は、交渉の末、二十五日に退出し、福島正則がそれを接収する。二十七日に家康は秀頼に面会し、西丸に入る。これで家康と石田・毛利らの軍事衝突は終結する。慶長六年（一六〇一）七月に上杉景勝が、慶長七年（一六〇二）十二月に島津忠恒が上洛することで、全国的規模での戦乱も幕を下ろすことになる。

最初に触れたように、関ヶ原の戦いの構図は、いずれもが豊臣秀頼を奉戴し、豊臣政権内での主導権をめぐるものであった。そのため、関ヶ原の戦いで勝利をおさめた家康にとって、秀頼との関係は微妙なものとなった。例えば、戦後の論功行賞では、家康の考えにより大名の国替えを命じ、例えば、福島正則には備後・安芸、長岡（細川）忠興には豊前・豊後二郡、山内一豊には土佐を与える。しかし、そのことを公式に命じる文書が発給されることはなく、領知を与える主体は家康なのか、それとも秀頼なのかはあいまいにされたのである。

このように家康は合戦の勝利で権力を盤石なものとしたが、秀頼にも天下人として支配を行う可能性は残されていた。笠谷和比古の「二重公儀体制」という把握もあるように、切り取り方によっては家康と秀頼が並び立つようにもみえる状況となる。その実態がいかなるもので、大坂の陣までの間にどのように推移するのかは、さらに検討が加えられるべき論点である。

●参考文献
笠谷和比古『関ヶ原合戦と近世の国制』（思文閣出版、二〇〇〇年）
小池絵千花「関ヶ原合戦の布陣地に関する考察」（『地方史研究』四一一、二〇二一年）
参謀本部編『日本戦史関原役』（元真社、一八九三年）
白峰旬「フィクションとしての小山評定」（『別府大学大学院紀要』一四、二〇一二年）
白峰旬『関ヶ原合戦の真実』（宮帯出版社、二〇一四年）
白峰旬「いわゆる小山評定についての諸問題」（『別府大学大学院紀要』一九、二〇一七年）
谷徹也「秀吉死後の豊臣政権」（『日本史研究』六一七、二〇一四年）
藤井讓治「慶長五年の「小山評定」をめぐって」（『龍谷日本史研究』四二、二〇一九年）
藤井讓治『徳川家康』（吉川弘文館、二〇二〇年）
本多隆成「小山評定の再検討」（『織豊期研究』一四、二〇一二年）
本多隆成「「小山評定」と福島正則の動静」（『織豊期研究』二三、二〇二一年）
水野伍貴『関ヶ原への道』（東京堂出版、二〇二一年）
光成準治『関ヶ原前夜』（日本放送出版協会、二〇〇九年）

11. 関ヶ原の戦い × 実像編

11

関ヶ原の戦い

虚像編

▼井上泰至

江戸時代でも、関ヶ原の家康は、英傑・神君とばかり描かれたわけではない。伝えられる場や「器」によって、かなり幅がある。人間的な家康を描くイメージの重層性が、江戸時代から用意されていたことが、文学的資源となったのである。それを〈歴史〉として楽しんで受け取る読者は、今や観光の資源にさえなっている。

誰が家康に爪を噛ませたか？

裏切る約束の小早川秀秋《こばやかわひであき》は、昼を過ぎても松尾山を下りない。もし約の如く裏切りせざらんには、毛利氏もまたその意を変ずるやも知るべからず。家康大にこれを苦慮し頻りに指を嚙みながら、「倅《せがれ》めに計られて口惜や口惜や」といえり。敗軍の場合において指を嚙むは家康の癖なりき。彼はほとんど意外の敗軍に逢ふべしと思えり。

明治・大正に活躍した在野史学家、山路愛山《やまじあいざん》の『徳川家康』（大正四年）から引いた。石田三成の西軍構築は気宇壮大ながら、小身の悲哀で、西軍の分裂を防げなかったことを強調する点など、司馬遼太郎も小説『関ヶ原』（昭和三九年七月〜昭和四一年八月『週刊サンケイ』）の各所で本書を使ったと思われ、多くの連載を抱えていた司馬が、資料の多い関ヶ原の合戦を短期間で小説に仕立てるのに重宝したことは間違いない。

二〇一六年九月、本書の共編者堀新たちと、実際に松尾山に登ってみて、「問鉄砲」といわれる、小早川の寝がえりを決断させる砲撃威嚇というこのドラマチックな一件は、脚色に違いない、と感じた。四〇分余りも登り下りを繰り返して山頂にたどり着き、晴れ渡った関ヶ原古戦場を一望してみれば、果たして鉄砲の音が聞こえたのか、また聞き分けられたのか、それはまず無理であろう、と考えた。

二〇二〇年開館した岐阜関ヶ原古戦場記念館の館長の小和田哲男も、実地踏査の結果、松尾山山頂までの思いのほかの高低差に驚き、これまで通説に従ってきた立場を変更し、「問鉄砲」はフィクションであったという白峰旬（『関ヶ原合戦の真実』など）の見解に従う、と述べている（YouTube「戦国・小和田ちゃんねる」「関ヶ原合戦研究の現在パート2」二〇二一年四月一〇日）。

では、いつ誰が、砲撃威嚇の脚色をしたのか？　白峰は寛文一二年（一六七二）写『井伊家慶長記』が最も早いと言うが、拙共編著『関ヶ原軍記を読む――慶長軍記翻刻・解説』では、藤堂支藩久居藩の甲州流兵学者、植木悦の軍記『慶長軍記』（寛文三年序）がさらに早く、小山評定のようなポイントとなる説話をも揃え、秀吉の死から全国に波及した東軍・西軍の戦闘の経緯を集成した、最初の編纂物軍記であることを紹介した。

さて、その『慶長軍記』では、家康は、「左の指の爪を食切て血を出給へば、血沫をかみ給やうに見えたり。大に気をいらち給て」と、通説の小心なイメージとは異なり、劇画のような豪傑感さえ漂わせて、鉄砲威嚇を命じている。通説の倅めに云々と口走る、家康の小心な爪噛みについて、司馬は福岡藩編纂の『黒田家譜』の名を挙げて描いている。福岡藩御伽衆、長沼流兵学者宮川忍斎編の『関ヶ原軍記大成』（正徳三年〈一七一三〉成立）にも、同様の記述は確認できる。

結局、豪傑風にしろ、小心者風にしろ、家康の爪噛みは、藤堂や黒田といった外様の藩で編纂された書物によって描かれ、定着していったようである。

小心者か神君か？

幕府の編纂した記録類では、家康は爪など噛んでいない。五代将軍綱吉時代に編纂された『武徳大成記』巻一九では、家康は奥平貞治を派遣して小早川の裏切りを命じているに過ぎず、問鉄砲の一件そのものの記事すらない。

『徳川実紀（御実紀）』の史料集と言ってよい、天保一三年（一八四二）の『朝野旧聞裒藁《ちょうやきゅうぶんほうこう》』第三九六でも、本文は『武徳大成記』と同様で、問鉄砲も爪など噛む記事もない。異説として『関ヶ原軍記大成』の記事を挙げるにとどめている。

翌年完成した『徳川実紀』本編巻四でも、兼ねて味方に内通していた小早川秀秋をはじめ、西軍を裏切った諸将が若干でたので西軍は敗れた、と記しているだけである。これが、幕府の公式記録における位置づけであった。ただし、付編の巻一〇では、秀秋の旗色が疑わしい、と家康家臣の久留島孫兵衛が報告すると、倅めに欺かれたかと家康はしきりに指を噛み、秀秋の陣へ鉄砲を放って試してみよと命じた、という『天元実記』を出典とする異説を掲載してはいる。

笠谷和比古が説く（『関ヶ原合戦』）ように、信州で真田昌幸にてこずるうち、徳川秀忠率いる徳川本隊は関ヶ原に間に合わず、家康はやむなく外様大名の力を借りて、関ヶ原に臨まざるを得なかった。関ヶ原に布陣した徳川直属の主だった武将は、わずかに松平忠吉・井伊直政・本多忠勝の三名に過ぎない。江戸時代の政治体制が、諸藩の連合の上に徳川氏が立つという、不完全な非集権的構造となった起源は、ここにあった。結局、

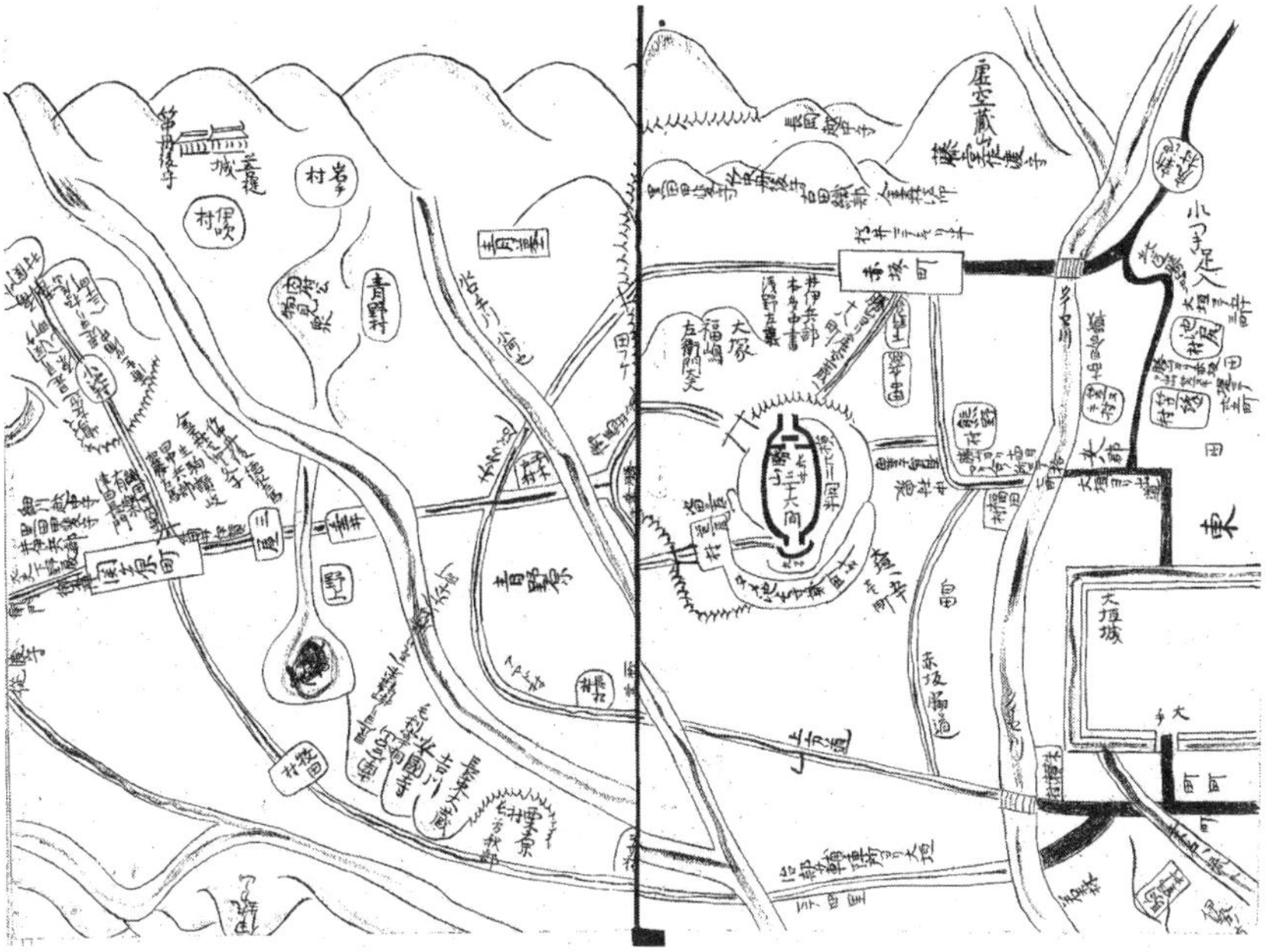

『慶長軍記』関ヶ原合戦図　左は、西軍の本拠大垣城と家康の本陣岡山の対峙、右は関ヶ原合戦を配する異時同図法。陣城岡山の設計を詳細に描くあたりに、甲州流兵学の反映がある。

家康像の分裂も、中央集権とはなりきらなかった、「徳川の平和」の実態を反映するものだった、と言えよう。

神君家康像を本気で信じる人々もいれば、やや卑小な家康のイメージを抱いた人々も一定数いた理由はそこにある。

野戦の名手家康像の成立

関ヶ原の家康をめぐっては、野戦の名手とのイメージが強調されてきた。司馬の『関ヶ原』でもそのことは強調されている。こういった家康のイメージはどのあたりから生まれたものだろうか？　先回りして結論を言えば、一八世紀あたりに盛んになる、親藩・譜代・旗本による家康顕彰が、このイメージ形成には大きかったと見るべきである。『四《し》戦《せん》紀《き》聞《ぶん》』（享保七年〈一七二二〉林退省序）という書物がある。版本だけでも、天明四年（一七八四）本、天保四年（一八三三）

本、弘化三年（一八四六）本が確認でき、佐賀の乱や西南戦争を扱った『近世四戦紀聞』（明治一一年刊、橋爪貫一編・近藤圭造〈瓶城、『史籍集覧』の編纂者〉閲）といったタイトルの本まで出されていることから見て、よく知られた本だったらしい。

編者の木村高敦《きむらたかあつ》（一六八〇～一七四二）は、幕臣。通称弥十郎、字《あざな》は世美、号毅斎。幕臣根岸直利の三男で、幕臣木村義久の養子となる。大番組士・新番組士・西丸賄頭・西丸広敷用人を務め、この間、家康の事跡に関する史料の収集と整理に努め、家康の一代記である『武徳編年集成』を著した。これは、天文一一年（一五四二）から元和二年（一六一六）までの家康の生誕から没年にいたる事跡のほか、巻九十三には家康死後、慶安三年（一六五〇）までの徳川幕府の動向をも記すものである。古文書も多く収載され、広く史料にあたっており、家康研究の先駆的な史書として今日も評価されている。八代将軍吉宗に、寛保元年（一八四一）献上された。木村は、この当時としては高い水準の歴史家だったと言ってよい。

『四戦紀聞』の「四戦」とは、姉川・三方ヶ原・長篠・小牧長久手の合戦を指す。確かにこれらは皆攻城戦でなく野戦である。姉川の合戦は、家康が三河統一を果たし、遠江にも侵攻し、浜松を居城とした上で、歴史の表舞台である畿内の戦場にデビューを飾った戦であり、長篠の合戦では戦国最強と言われた武田軍を破り宿敵よりも優位に立ち、小牧・長久手の合戦では秀吉を相手に「戦勝」して（実際のところは本書第9章「小牧・長久手の戦い」を参照）、ポスト秀吉の天下人に名乗りを上げたとされる。三方ヶ原の合戦は、武田信玄に完膚なきまでやられるが、それが家康の成長につながるという位置づけで、背景に甲州流兵学の存在が予想されるが、これについて今後の課題である。

今注目すべき問題は、『四戦紀聞』の根岸直利（木村の実父）の序文（宝永二年〈一七〇五〉）で、「神君」家康は「大会（戦）」たる「四戦」で、多くの敵を討ち取ったことを顕彰している点である。このあたりが、家康が野戦の名手だったというイメージの起源と目されるからである。さらに、根岸は、関ヶ原もその意味で取り上げるべきなのだが、この大規な戦は、小冊子にはとても収まらないので、後日を期したいとも述べている。一九世紀には、これに大坂の陣を加えて、「六戦」の合戦図が制作されるようになり、戦国合戦図屛風も、三方ヶ原を除いた「五戦」を多く主題とするのも、こうした家康像と対応するものだろう。会戦は、絵巻と異なり、大画面の屛風に相応しい題材である、という面も忘れてはならないが、江戸後期の旅行家で、紀行文作者だった古川古松軒《ふるかわこしょうけん》（一七二六～一八〇七）は、この六つの戦の絵図と戦の簡単な経緯を記した『御六戦記』を書き残している。

さらに、「野戦の名手」家康像は、近代に至っても引き継がれる。明治時代の陸軍参謀次長川上操六《かわかみそうろく》（一八四八～一八九九）による『日本戦史』の編纂が大きい。参謀本部はドイツの戦史を模範とし、初めてこのシリーズは「戦史」と称した。兵制がフランス式からドイツ式へと変更され、ドイツの戦史理論が本格的に流入したことによる。明治一八年にドイツから名参謀モルトケ門下のメッケルが招かれ、ドイツ兵学の源としての戦史を伝え、続いて川上操六らがドイツ留学から帰国し戦史編纂に着手し、最初に編纂されたのが『日本戦史関原役』（明治二六年刊）である。

『日本戦史』の特徴は、教育的価値を重視し、戦役の批判的研究による考察・叙述が試みられる一方で、戦史編纂の対象は「兵学を学ぶ人」とし、軍人だけでなく一般の読者も含めた、読み物をも志向した点にある。そのためわが国で最初の公刊戦史の編纂取組みとなり、大々的な予約販売システムを採用し、日本橋の丸善、神田の有斐閣など、全国四八の書店で一斉販売された。

『日本戦史』の最初が関ヶ原だった理由は、ここが陸軍大学校の演習地だったことと、江戸時代には幕府や大名家に秘されていた関ヶ原関連史料が公になる環境が整ったことも大きい。しかし、巨視的に見れば、そもそもドイツは国土が多く平坦地であり、対デンマーク・オーストリア・フランスの戦争において、全て会戦で決着をつける戦略を取ったことに遠因がある。

さらに、日本も、明治一八年から二〇年、対馬海峡の巨文島《こむんとう》を英国が占拠した一件を巡って、英・露両国が清国も巻き込んで紛争覚悟の駆け引きを演じ、軍事的背景の無かった日本には何の発言権もなかったことの反省から、山県有朋が朝鮮半島を日本の安全保障上の「利益線」と捉え、大陸での会戦を想定し始めたことが、背景として考えられる。川上こそは陸奥宗光と共同で、日清戦争を実質的に動かした人物である。『日本戦史』はこの後、姉川・三方ヶ原・長篠・小牧・大坂の残り五戦を全て取り上げている。

戦略家家康

編者未詳だが、関ヶ原で絶えた家の武将の伝を集めた写本『古今武家盛衰記』巻一（江戸中期成立か）の記事を挙げよう。関ヶ原の首魁三名が、京都の六条河原で斬首され、さらし首になった折の記事である。

此の時、洛中の貴賤老若男女、右三将（石田三成・増田長盛・安国寺恵瓊―引用者注）の首を見物し皆云ふ様は、「太閤御在世の時、此人々は大名と云ひ奉行職と云ひ、仮初《かりそめ》の往行の出仕にも、供人大勢あたりを払ひ、其上諸侯大夫頭を地に付けて、腕首をさすり、手を束ね尊敬する故に、我々如きの者、終に面を見る事なし。然るに今梟首せられ、面を見れども咎むる人なく、警固する供人もなし。況や尊敬する人もなく、世の転変とは云ひながら、誠に痛わしき事也」と評す。

六条河原で、関ヶ原の首魁三名が斬首され、さらし首になった記事を受けて、諸人の「評判」が始まる。ある者は三成の急激な出世を批判し、ある者は家康と天下分け目の戦いができただけで本望と言う。これらを受けて、この戦いの総括が披露される。

時に五十計《ばかり》の僧、耳語りしけるは、「御両人の物語今朝より承り、ご尤もの評と存じ候。然れども或人潜かに愚僧に語りけるは、今度関ヶ原大乱、石田殿一人の思案に非ず。家康公の為す所也」と云ふ。「内府公（家康―引用者注）は「乱して治む」と云ふ古語を含み、連々に謀事を廻らし玉ひ、石田殿いままでに謀反を起こす様に計り玉ひ、諸大将も石田殿を憎み嫉む様に仕掛けらる故に、忽《たちま》ち大乱興り、果たして逆徒悉《ことごと》く滅亡し、太平の御世となる。誠に有難き御賢慮也。今案ずるに、此の乱なくば、足利将軍十五代の如く世上再び乱れ、諸将亦た領々へ引き籠らば、何れの時か治世ならんに、早くも治まる。此の世界国民諸将の大悦、数ならぬ我々にまで安堵す。然れば尊むべきは家康公なり」と云ひければ、彼の者を初めとし之を聞く貴賤皆「尤も」と云ひしとかや。

評判とは、軍記の本文に評釈をする軍学者・軍談家の話法で、歴史的事件について評価をし、教訓を得るものである。三人の談話になっているのも、『太平記』（巻三五「宮方怨霊会六本杉事附医師評定の事」など）以来の講釈・講談の語り口と見てよい。そこで最後に密かに囁《ささや》かれるのが、家康の計略である。敵を挑発し、大乱に及ぶことで敵をあぶりだしこれを一掃して、天下の覇権を一気に掌握した、という。

歴史を後から評価する時、実は見事な謀略があったのだ、という見方も、歴史を彩る解釈の一つとして、娯楽の観点から見れば歓迎されよう。事実、司馬遼太郎もこの説を受けて、小説『関ヶ原』で、家康は慎重に、しかし天下を取るべく賭けに出た。その賭けの相手が三成だったのだ、という方向でこの乱の大枠を描いて見せている。本文で、『孫子』地形編の語（「乱して治む」）をさりげなく引用するのも、軍師の末裔を名乗ることの多かった兵学の徒の論理と言えるが、版本では制約が多くて書けない歴史の解釈を写本で面白く語る伝統が、司馬遼太郎にまで息づいていることが確認できる。

江戸の講釈・講談師は、歴史を語って、そこに異説を娯楽として見て来たように語ると同時に、歴史から世俗的教訓を抽出して聞く者を満足させた。読み（聞き）やすく、面白くて、ためになる江戸講釈の延長線上に、突如作者司馬自身が作中登場して、「余談ながら」とか「以下無用の事ながら」などと断り、座談の語り口で、歴史を叙述する世界が存在する。

卑小な人間心理のリアルさを追求したり、作者の身辺雑事を描いたりする近代小説の主流に敢えて距離を取り、「説話」の方法を時代小説に生かすことを狙った司馬は、初期の作品を同人雑誌『近代説話』に発表して、作家の道を歩み出した。

司馬の「史談」に惹かれる多くの読者は、「管理社会が生み出した大量の〈職についた知識層〉で」、「彼らは保守的でありながら、知的好奇心に燃え、〈実話〉や〈真相〉を好む層」でもあり、「真実それ自身よりも、それが警句やソフィスティケイトされた手続で暴露されることに快感を覚える」（大岡昇平『歴史小説の問題』）人々である。

冒頭に挙げた、山路愛山のような戦前の在野史学もまた、日清・日露の戦勝を経た帝国日本の安定期に大量に生まれた、新しい教養層を対象としていたはずだから、その意味でもこうした在野史学に学んだ高度経済成長期の司馬の歴史語りは、近代国家の成立（再生）・安定期の典型的現象と括ることも可能かも知れない。歴史語りの場が、当時の大衆を映し出す〈鏡〉として機能していたと捉えなおせばよかろうか。

家康のレガシーの再評価――明治歌舞伎

江戸時代には関ヶ原の戦いを直接劇化することは許されていなかったので，平安時代の河内源氏の興隆を描く『前太平記』の世界や、頼朝没後の鎌倉時代の出来事に仮託し、脚色して演劇で上演された。主要なものとしては，浄瑠璃に、享保四年（一七一九）大坂豊竹座の「頼光新跡目論《らいこうしんあとめろん》」、天明三年（一七八三）江戸肥前座の

「石田詰将棋軍配《いしだづめしょうぎのぐんばい》」、寛政二年（一七九〇）大坂竹本座の「恋伝授文武陣立《こいのでんじゅぶんぶのじんだて》」があり、歌舞伎には、寛政元年（一七八九）大坂市山座の「大振袖粧湖《おおふりそでけわいのみずうみ》」、同十一年（一七九九）大坂藤川座の「石畳嫩陣幕《いしだたみふたばのじんまく》」などがある。

明治に入って、家康その人を直接舞台にかけるタブーが無くなってからは、「関ヶ原東西軍記」（三代目河竹新七作）が、明治十四年九月市村座で、「関原神葵葉《せきがはらかみのあおいば》」（河竹黙阿弥作）が、明治二〇年六月新富座で初演となる。後者は、死を覚悟して捨て城伏見城を預かる鳥居元忠と、これを惜しむ家康の場面（「伏見城中大広間の場」）を眼目としており、七代目と九代目の市川団十郎による成田屋のお家芸「新歌舞伎十八番」の一つに数えられる。しかし、戦上手の家康像の復活は、もう少し後になる。

折しも明治二二年八月、上野公園不忍池畔の競馬場において、江戸開府三百年祭が天正十八年（一五九〇）八月一日の家康関東入国にちなんで行われた。提唱したのは旧幕臣等によって結成された「江戸会」で、会員には前島密・木村芥舟ら旧幕臣、元佐幕派諸藩の関係者、守田勘弥らの芸能関係者、渋沢栄一ら実業界の人々、福地桜痴ら東京府政の要人など、各界の有力者が名を連ねた。同会が創刊した『江戸会誌』第一号に載る趣旨書には、「三百年間の泰平」をもたらした徳川の治世を称揚し、明治新政府については、「理に泥《なず》みて情を軽んじ、古習旧慣を措きて唯だ法を外国より採り来りて、以て国家を経綸せんと欲するもの」と批判する。こうした動向の背景には、江戸開府の延長線上に東京の繁栄を位置づけるとともに、急速な近代化の過程で失われてきた江戸時代の価値観や文化を見直し、現状の改革・改善につなげようとする企図がうかがえる。家康のレガシーの再評価の時代が来たのである。

明治二〇年代は、憲法発布・国会開設と共に、先に述べたように、緊張する朝鮮半島情勢をにらみながら、国民統合が急がれた時期であった。上野戦争の後、彰義隊の遺体が放置されていたような記憶は、解消・清算されるべきであった。同様に、反乱の首魁であった西郷隆盛の上野の銅像の建設計画が、旧薩摩藩士の吉井友実らによって開始されるのも、明治二二年、憲法発布を機に西郷に大赦が施されたからでもあった。

こうした流れを受けて、「関ヶ原東西軍記」の改作「関ヶ原誉凱歌《せきがはらほまれのかちどき》」が、明治二五年一〇月、歌舞伎座で初演される。福地桜痴作の活歴物のこの芝居は、明治一五年、我自刊我本として活字化された『板坂卜斎覚書』などに基づき、宇喜多秀家の敗軍後の逃避行を軸にした筋書きだが、二幕目では、関ヶ原前夜の大垣城での西軍内での紛糾する軍議と、岡山本陣に構える家康の冷静沈着ぶりが対比的に描かれている。

家康の陽動にまんまと乗って、大垣城を出て関ヶ原の野戦に討って出ようと主張する石田三成に対し、主役の宇喜多秀家と大谷吉継がこれを諫める際、野戦を得意とする家康の計略だという発言がなされている点は注目に値する。

大政奉還の際には、徳川慶喜自らが大統領となり新政府の主導権を握るべしとの意見を小栗忠順は持っていたことを知るはずの旧幕臣福地桜痴の脳裏には、野戦の名将神君家康の像が揺曳していたのである。岡山の場では、福島正則を相手に、小早川・吉川への調略が済んでいることを披露する、意気軒高な家康が描かれている。問鉄砲や爪噛みの記事などあろうはずもない。

●参考文献

井上泰至編『関ヶ原はいかに語られたか』(勉誠出版、二〇一七年)
井上泰至・湯浅佳子編『関ヶ原合戦を読む　慶長軍記翻刻・解説』(勉誠出版、二〇一九年)
井上泰至「豊臣秀吉イメージの現在」(大石学・時代考証学会編『戦国時代劇メディアの見方・つくり方』勉誠出版、二〇二一年)
中根千絵・薄田大輔編『合戦図描かれた〈武〉』(勉誠出版、二〇二一年)
堀新・井上泰至編『秀吉の虚像と実像』(笠間書院、二〇一六年)
堀新・井上泰至編『信長徹底解読』(文学通信、二〇二〇年)

12 徳川家康と天皇

天下人となった時、家康の課題の一つに、朝廷の掣肘《せいちゅう》の問題があった。それは大坂の陣後完成するが、歴史の逆説は、天皇に忠誠を誓う家康像すら生みだし、維新の思想的背景の一源流となる。家康像の振幅は、天皇との関係について言えば、朝幕関係という日本史ならではの問題の、思想史上の見どころともなるのである。

松澤克行×井上泰至

12 徳川家康と天皇

実像編 ▼松澤克行

徳川家康は周知の通り、戦国大名、豊臣大名、天下人へと、その立場を変化させ成長していった。そして、その過程で家康は、三人の天皇と関係することとなる。家康はそれぞれの天皇とどのような交渉をもち、その関係はどのように変化したのか。具体的な事例を取り上げながらその変遷を追う。

家康と三人の天皇

徳川家康《とくがわいえやす》は天文十一年（一五四二）十二月二十六日に生まれ、元和二年（一六一六）四月十七日に没している。その七十三年余の生涯のうちに在位した天皇は、後奈良《ごなら》天皇、正親町《おおぎまち》天皇、後陽成《ごようぜい》天皇、後水尾《ごみずのお》天皇の四人である。もっとも、家康は天文十六年（一五四七）、六歳の時から織田家・今川家の人質として過ごしており、領主として自立するのは、永禄三年（一五六〇）五月十九日に今川義元《いまがわよしもと》が桶狭間《おけはざま》で戦死してからのことである。したがって、家康が自主的に関係を持ち得た天皇は、弘治三年（一五五七）十月二十七日に父後奈良天皇の崩御《ほうぎょ》にともない践祚《せんそ》した、正親町天皇以下の三天皇となってくる。

正親町天皇は、室町幕府の弱体や本能寺の変による織田信長《おだのぶなが》の頓死《とんし》などで、慣例となっていた生前譲位をすることができずにいたが、天正十四年（一五八六）十一月七日、豊臣秀吉《とよとみひでよし》の政権下でようやく皇孫の和仁《かずひと》親王（後陽成天皇）への譲位を果たし、文禄二年（一五九三）正月五日に崩御した。皇位を継承した後陽成天皇は、慶長十六年（一六一一）三月二十七日に十六歳の皇子政仁《ただひと》《ことひと》親王（後水尾天皇）に譲位し、家康が没した翌年の元和三年（一六一七）八月二十六日に崩御するまで院政をとっている。

一方の家康であるが、今川義元の戦死後、独立し一人の戦国大名として活発に活動をし始める。独立後、早い時期から織田信長と同盟関係を結ぶが、天正三年（一五七五）以降はその従属下に入る。天正十年（一五八二）六月二日の本能寺の変で信長が没すると再び独立した戦国大名となるが、同十四年（一五八六）十月二十七日には上洛して豊臣秀吉に臣従し、豊臣政権下での最有力大名となった。そして、慶長三年（一五九八）八月十八日に秀吉が没すると、家康は天下人《てんかびと》としての道を歩み始めることになる。

したがって、おおまかに区分すれば、正親町天皇は家康が戦国大名として信長とともにあった時期の天皇、後陽成天皇は彼が豊臣大名、次いで天下人として政治の中心にいた時期の天皇、後水尾天皇は家康最晩年の天皇ということになる。時々の立場の変化にともない、家康と天皇との関係にも濃淡や性格の違いが生じたはずである。特に、天下人の道を歩み始める以前と以後では大きな差があったと考えられる。以下、そのことを念頭におきながら、家康と天皇との関係を見てゆくことにしよう。

戦国大名時代の天皇との関係

戦国大名時代の家康と天皇との関係は、官位の叙任と、天皇からの財政的支援などの要請という形として確認することができる。

家康と天皇との最初の接点として確認できるのは、永禄九年（一五六六）十二月二十九日付けの従五位下・三河守叙任である。この叙任の背景としては、三河平定事業を進めるに際して、国内や今川氏・武田氏など隣国の名族に対抗するための高い政治的権威を必要としたからであるとする説もある。しかし、この年までに家康が三河国をほぼ統一したという状況をふまえれば、そうした立場にふさわしい官職を天皇から授かることで、その地位を公的なものにしたと評価する方が妥当であろう。

この時の叙任文書は翌永禄十年の正月三日に整えられるが、正親町天皇はその際、「おなしく女はう（房）のほうしよ（奉書）もいつ（出）る、としく〱（年々）四方はい（拝）申さた（沙汰）させまいるへきよし、こんゑくわんはく（近衛関白）より申さるゝ」（「お湯殿の上の日記」）というように、女房奉書も出し、官位叙任を取り次いだ関白の近衛前久《このえさきひさ》を通じて、天皇が元日に自ら執り行う行事である四方拝《しほうはい》の経費を毎年調達するようにと、家康に要請している。家康はこの二年後の永禄十一年（一五六八）には左京大夫《さきょうのだいぶ》にも叙任されているが、以後、応じたか否かは別として、次に掲げるような献金や朝廷縁《ゆかり》の寺院に関する対応を、正親町天皇から求められている。

①永禄十二年（一五六九）九月二日から催される後奈良天皇十三回忌懺法講《せんぽうこう》の経費拠出を要請され、五十貫を献金する。（「言継卿記《ときつぐきょうき》」永禄十二年八月十三日の条）

②元亀二年（一五七一）八月七日付の綸旨《りんじ》で、遠江国蓮華寺（文武《もんむ》天皇の勅願寺）への寺領還付を要請される。（「蓮華寺文書」）

③元亀二年八月二十八日付の綸旨で、東大寺大仏殿再興のための奉加《ほうが》を要請される。（「歴代残闕日記《れきだいざんけつにっき》」所収「晴豊公記《はれとよこうき》」）

④天正十年（一五八二）八月三日付の綸旨で、兵火に遭った駿河国臨済寺（後奈良天皇の勅願寺）の再建を要請される。（「臨済寺文書」）

⑤天正十三年（一五八五）九月十二日付の書状で、綸旨にて要請された比叡山再興への奉加について、
回答する。（「延暦寺文書」）

こうしたことは本来、室町幕府が対応すべき案件であったが、応仁の乱後における幕府の弱体化によりそれが望めなくなってしまった。そのため、天皇・朝廷は、各地の有力大名へ手当や対処を要請するようになる。家康もそうした対象の一人となったのである。

ところで、官位叙任の直後から献金などの要請が家康になされるようになったことから、両者の関連性を推測する向きもある。しかし、①で家康に白羽の矢が立ったのは、正親町天皇の近臣の一人である山科言継《やましなときつぐ》が、「御法事の儀につき、三川《（三河）》へ罷《まか》り下るべきの由《よし》存ずる」と申し出たことがきっかけとなっている（「言継卿記」永禄十二年六月八日の条）。この前年の九月、織田信長が足利義昭《あしかがよしあき》を奉じて入京したが、家康はその翌月、一族で重臣の松平親乗《まつだいらちかのり》を信長との連絡役として上京させている（「言継卿記」永禄十一年十月十日の条）。実は、言継はこの親乗と旧知の間柄であった。この時、親乗は樽代を持参してわざわざ山科邸を来訪しており、その彼と久し振りに面会したことが、三河へ下ればなんとかなるかもしれないと、言継に期待させるきっかけとなったのであろう。家康が官位を帯びた有力大名の一人となったことは間違いないが、家康に献金要請がなされた背景には右の様な偶然的事情の存在も認められる。献金要請の背景を官位の叙任に殊更関連づけて説くことには、慎重を要する必要があろう。

なお、この①の際、三河へ向う途中で岐阜に立ち寄った言継は、信長から、「三川《（三河）》へ下向の事、自分の用か、または御使か」と尋ねられている。言継が私用ではなく天皇の御使であると返答すると、信長は「仰天」し、家康は駿河との国境へ出陣しているので三河へ赴いても無駄である。自分が家康に献金するよう申し入れ、場合によっては自分が代わりに一、二万疋を進上することにするから、岐阜に逗留するように、と言継に伝

えている。つまり、この時の天皇から家康への献金要請は、信長の頭越しに行われたものであり、彼はその情報を把握していなかったことがわかる。そのため信長は、言継を足止めした上で、家康からの献金として二万疋を切符で手配し、自分から朝廷に献じてイニシアチブをとろうするが、家康は五十貫（五千疋）だけではあるものの、とり急ぎ領国で調達し、岐阜へ送って言継に渡している（「言継卿記」永禄十二年七月十一日・十二日・八月十三日の条）。天皇・朝廷へのバックアップは将軍足利義昭と自分の役割であると考え、天皇と家康との関係を自分の監督・統制下に置きたい信長に対して、同盟関係にあるとはいえ、独立した大名であることを示したいという家康の思惑が、窺えるのではなかろうか。そして、こうした要請に一度応じれば、②～⑤のように、その後はそれが当たり前のごとく繰り返されるようになるのである。

もっとも、天皇から要請があったからといって、家康はすべてに応じていたわけではない。⑤の際などは、前年に小牧・長久手の合戦で対峙《たいじ》した豊臣（羽柴《はしば》）秀吉との関係修復の最中でもあり、家康は、正親町天皇の意向は承知したと朝廷や天台座主《てんだいざす》へ伝える一方、「しかりといえども、関白（豊臣秀吉）御下知《げち》なくして御請《おうけ》、憚《はばか》り存じ候」と述べ、秀吉の指図《さしず》がなければお請けできないと、実行については留保（実質的な拒否）をしている。戦国大名時代の家康は基本的に自律的な関係を天皇との間にもち得た、と言うことができるであろう。

豊臣政権下の家康と天皇

天正十年（一五八二）六月の本能寺の変後、家康は豊臣（羽柴）秀吉と対立するが、天正十二年（一五八四）の小牧・長久手の戦いを経て和睦。天正十四年（一五八六）十月に上洛し、大坂城で秀吉に対面して臣従の礼をとった。

豊臣政権は、伝統的国制における最上位者という天皇の地位と権威を、管理・利用した権力であった。そのため、家康と天皇との関係は、政権を通じた間接的なものとなってゆく。天皇・朝廷は豊臣政権が丸抱えしたので、前代のように、家康が天皇から経済的援助などの要請を受けるということもなくなった。一方、官位叙任という接点は相変わらず存在し続けた。家康は秀吉への臣従直前の天正十四年（一五八六）五、六月頃、彼の執奏《しっそう》（推挙）で従三位・参議に叙任され、その後は同年十一月五日に正三位・権中納言、同十五年（一五八七）八月八日に従二位・権大納言、文禄五年（慶長元、一五九六）五月十一日には正二位・内大臣と昇進してゆく。ただし、いずれも秀吉の取り計らいによるものであり、初めて官位に叙任された時のような、家康自らの働きかけによるものではなくなっている。

他方で、豊臣政権下での家康は、前代にはなかった天皇との接触をもつことにもなる。それは、御所に参上して天皇に御礼（挨拶）をする参内である。そもそも、家康が初めて天皇のいる京都に足を踏み入れたのは、永禄十三年（元亀元、一五七〇）三月五日、信長に従ってのことであった。家康はこの年、信長による浅井・浅倉攻めに参加した関係で、京都に数度立ち寄っているが、それ以降は暫く入京することはなかった。彼が次に上洛し短期滞在したのは、本能寺の変の直前になる。このように、いずれも短期間の在京であり、またその身分もいまだ低かったことから、信長の時代に家康が参内するということはなかった。しかし、前述した天正十四年の正三位・権中納言叙任の際、家康は織田信雄《のぶかつ》・豊臣秀長《ひでなが》・豊臣秀次《ひでつぐ》とともに、秀吉に従って初めて参内をすることとなったのである。この時は御所で三献《さんこん》の儀も執り行われ、家康は交渉のあった正親町天皇に拝謁を果たしている（「兼見卿記《かねみきょうき》」天正十四年十一月五日の条）。なお、正親町天皇はこの二日後に譲位し、秀吉の存命中は後陽成天皇が在位することになる。豊臣大名となった家康は在京する機会が多くなり、この初参内の後も何度も参内をしている。また、天正十六年（一五八八）四月に秀吉が後陽成天皇を迎えた聚楽《じゅらく》第行幸《だいぎょうこう》にも出仕し、天皇をもてなす饗宴《きょうえん》や和歌会の席に連なっており、天皇との距離が近いものになっている。ただし、それらは秀吉や秀頼に付き従っての参内や、秀吉の執奏による官位叙任の御礼、豊臣政権下の有力大名としての務《つと》めなどであり、家康の意思によるものではなかった。

もっとも、天皇との私的な交流がまったくなくなったわけではない。天正十七年（一五八九）の暮れには、小田原攻めを前に秀吉の命で上洛した家康へ、後陽成天皇から薫物《たきもの》（練《ね》り香《こう》）が遣わされているし（「お湯殿《ゆどの》の上《うえ》の日記《にっき》」天正十七年十二月十二日の条）、天正十九年（一五九一）の二月、伊達政宗《だてまさむね》の初上洛に備えて事前に入京した際には、家康から後陽成天皇と正親町上皇へ白鳥や金を進上したりもしている（「晴豊公記」天正十九年二月四日の条）。このように、天皇との私的回路がなくなったわけではないが、右の「晴豊公記」の記事に「おんミつ《（隠密）》にて進上也」とも記されているように、こうした非公式の接触は秘して行わなくてはならないものであった。豊臣政権による天皇の管理の厳しさがうかがえよう。

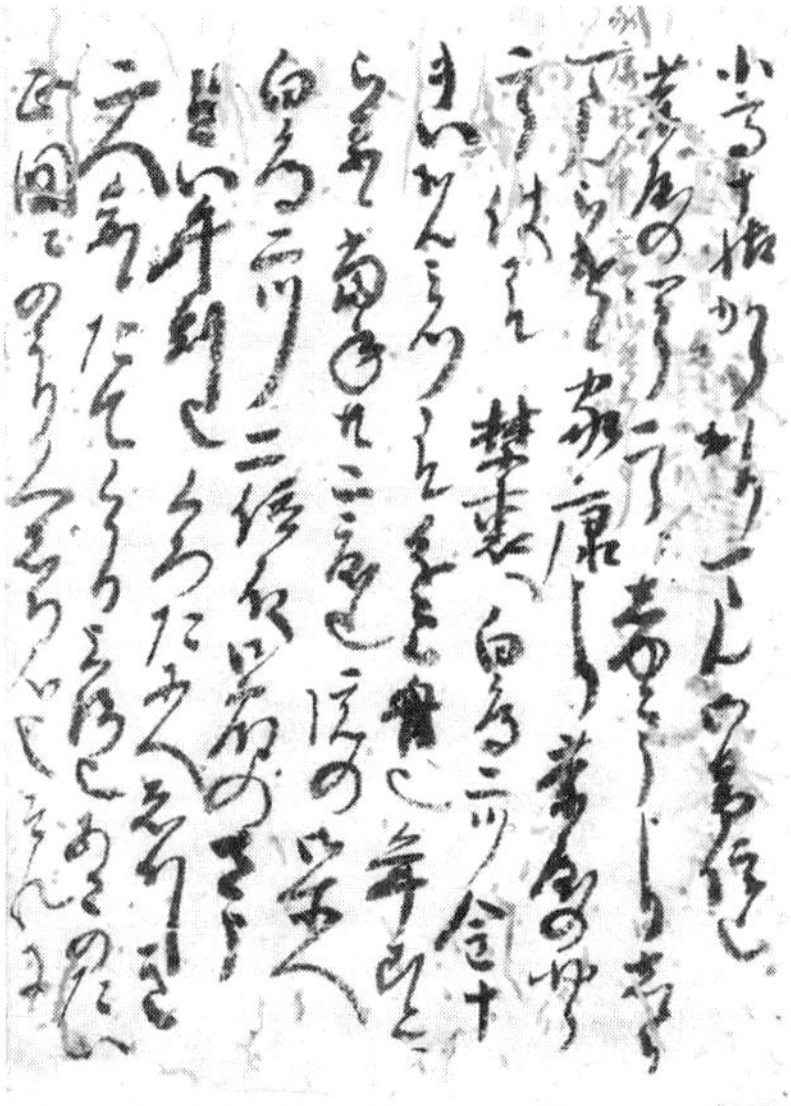

図　「晴豊公記」天正19年2月4日の条・部分（京都大学総合博物館所蔵）

後陽成天皇と格闘する

慶長三年（一五九八）八月十八日に秀吉が没すると、家康の立場は大きく変化する。天皇との関係について言えば、初めは豊臣政権の老臣筆頭として、後には秀吉に続く天下人として、天皇と直接、主体的に向き合う立場となったのである。

慶長五年（一六〇〇）九月十五日、家康は関ヶ原の合戦に勝利して政敵を排除したことにより、実質的な政治的第一人者となった。しかし、大坂にいまだ豊臣家が存在し、仕えていた秀吉の嗣子である秀頼《ひでより》がいる以上、家康の国家的地位はあくまでも、豊臣政権下の重臣筆頭というものにとどまらざるを得なかった。家康がそうした立場から脱して全国を統治する正当性を確保するためには、政治的に一飛躍をすることが必要であった。そこで利用されたのが、伝統的国制の最上位者として、武家の最有力者にしかるべき官位を与えてその地位を認定してきた、天皇であった。慶長八年（一六〇三）二月十二日、家康は後陽成天皇から征夷大将軍に任ぜられるという伝統的手続きをとることで、新たな武家の棟梁としての地位を獲得し、豊臣政権からの自立を果たしたのである。また、時間が前後するが、慶長五年十二月十九日、豊臣家と一体であった関白職に、摂関家の九条兼孝《くじょうかねたか》が補任《ぶにん》（再任）されるという事件が起きている。実は、ここに至る過程で家康は、兼孝の関白補任について後陽成天皇へ内々申し入れをしていた。そのため、天皇は躊躇《ちゅうちょ》する兼孝に強く就任を求め、公家関白が復活したのである（「兼孝公記別記《かねたかこうきべっき》」慶長五年十二月三日・八日の条、「舜旧記《しゅんきゅうき》」慶長五年十二月二十一日の条）。家康は、関白職を天皇・朝廷の手に取り戻して朝廷を再建するという大義名分のもと、豊臣家に政治的ダメージを与えたのである。

　秀吉の死により置かれた状況が変化したのは、後陽成天皇も同じであった。天皇を管理・利用していた秀吉がいなくなったことにより、後陽成天皇は自己主張を始めるようになる。その最初は、自身の後継者の変更であった。秀吉が没して間もない慶長三年十月十八日、天皇は病気を理由に譲位の意向を豊臣政権に示す。政権側は親王家・摂関家などの意見を確認し、批判的な意見もあったものの、病気が理由では致し方ないという結論に至った。ところが、その三日後に天皇が、秀吉が後継者と定めた第一皇子の良仁《かたひと》親王ではなく、弟の八条宮智仁《はちじょうのみやとしひと》親王に皇位を譲りたいと言い出したことにより、事態は複雑となる。政権内では、五大老の一人前田利家《まえだとしいえ》と所司代の前田玄以《まえだげんい》は秀吉の決めた通り良仁親王に譲るべきであるとしたが、家康は天皇の考え次第であると主張する。摂関家でも、九条兼孝は良仁親王、近衛信尹《このえのぶただ》は天皇次第とし、意見が割れてしまった。そこで、後継者問題の決着を棚上げするため、十一月十八日、譲位自体が無用であると、政権の筆頭である家康から天皇へ回答がなされている。しかしその後、慶長六年（一六〇一）になると、天皇は良仁親王を仁和寺に入れてしまい（三月五日）、皇嗣を第三皇子の政仁親王へ替えることに成功するのである。前年の関ヶ原の合戦により第一の実力者となり、かつて後継者は天皇の考え次第と主張した、家康の黙認、了解があったのではなかろうか。

後陽成天皇はこのほかにも、慶長三年（一五九八）十一月十日に五大老・五奉行から申し入れのあった（「お湯殿の上の日記」）改元を承認しなかったり、死後の秀吉に贈る神号を、彼の希望した「新八幡《しんはちまん》」「正八幡《しょうはちまん》」ではなく「豊国大明神《とよくにだいみょうじん》」とするなど、秀吉や豊臣政権の意向にとらわれない行動をとるようになっている。家康は、こうした自己主張を始めた天皇と向き合うことになるのである。天皇の伝統的権能を利用して政治的地位を確立させた家康であったが、自己の政権を樹立させた後は、自らの意思を強く主張するようになった天皇を統制し、政権に適合的な存在に引き戻すということが課題となったのである。家康は、慶長十年（一六〇五）四月十六日に将軍職を息子の秀忠《ひでただ》に譲り大御所となるが、それ以降も亡くなるまで、天皇・朝廷関係の案件には自らあたることとなる。

慶長十一年（一六〇六）四月二十八日、家康は、武家への官位叙任は自分の推挙があるものに限るよう、後陽成天皇に申し入れた。徳川家以外の武家と天皇との直接的なつながりを断ち、天皇がもつ武家への叙任権を統制・独占しようとしたのである。次いで、三年後の慶長十四年（一六〇九）七月、後陽成天皇の側近く仕える女官たちと若公家たちによる、密通事件が発覚した（猪熊事件《いのくまじけん》）。天皇は激怒し、関係者を極刑に処するよう幕府に求めたが、家康の裁定により、処刑は首謀者である猪熊教利《のりとし》と兼安備後《かねやすびんご》の二名のみとし、他は一等を減じて流罪とすることで、十一月に事件の幕は引かれた。

しかし、意に添わぬ結末となったことに強い不満を抱いた天皇は十二月、譲位する意向を表明した。家康は慰留したが最終的に了諾し、翌慶長十五年（一六一〇）の三月に譲位の儀式がとり行われることとなり、準備が進められていった。ところが、直前の閏二月に家康が、四歳の娘が急死するという不幸に見舞われたため、譲位は延期となってしまう。家康の悲しみをよそに、天皇は不満を露わにし、年内に譲位が実現できるようにと直ちに申し入れるが、家康から、自分や秀忠の馳走がなくてもよいならば勝手におやりくださいと、冷たく突き放され、年内譲位を断念するしかなかった。

また、天皇はこの時、平安時代の佳例により、後継者である政仁親王の元服と親王への譲位を、同日に行いたいと強く望んでいた。ところが、家康は元服を先行させるべきであると主張したため、両者の間の交渉は膠着《こうちゃく》状態となった。しかし、天皇へ異見するよう家康から厳しく申し付けられた摂関家などの説得により、天皇はこのことも断念せざるを得なくなる。結局、十二月二十三日にまずは親王の元服が行われ、譲位は翌慶長十六年（一六一一）の三月二十七日に挙行された。自身の意向をことごとく否定された天皇は、「たゝなき《（泣）》になき《（泣）》中候。なにとなりともにて候（ただただ泣くしかない。どうとでもなればいい）」（「三藐院記《さんみゃくいんき》」慶長十五年十一月二十二日の条）と言い捨てるしかなかった。家康は、自己主張する後陽成天皇を押さえ込み、代替わりという天皇にとって最も重要な案件をも、意のままとすることに成功したのである。なお、この時、家康が摂関家の存在を重視し、朝廷の意志形成のため天皇の意志に干渉し得るものへと位置付け直したことは、江戸幕府の朝廷統制の基本方針として引き継がれてゆく。後陽成天皇は譲位して上皇となるが実権はなく、以後は幕府との大きな衝突はみられなくなる。

晩年の家康と天皇

家康のスケジュールにより皇位を継承し、四月十二日に即位式を挙げた後水尾天皇は、当時まだ十六歳であった。家康は、譲位の月から造営の準備を始め慶長十八年（一六一三）の冬に完成した新造御所へ、新帝を入れた（『大日本史料』第十二編之八・十三）。家康はまた、秀吉が養女（近衛前子《さきこ》）を後陽成天皇に入内《じゅだい》させたのと同様、この徳川氏が初めて即位させた天皇へ孫娘（和子《まさこ》）を入内させることを計画し、勅許される（慶長十九年〈一六一四〉三月八日。実際に入内が行われるのは家康の没後、元和六年〈一六二〇〉六月十八日である）。また、後水尾天皇はこの時、家康を太政大臣に推任しようともしている。家康と後水尾天皇との関係は、天皇が若かったということもあり、確執もなく良好であったと言えよう。

家康は、慶長二十年（元和元年、一六一五）五月、大坂夏の陣で豊臣家を滅ぼすが、その直後の七月十七日、「禁中《きんちゅう》并《ならびに》公家《くげ》中諸法度《ちゅうしょはっと》」を制定する。この法度を制定するために家康は、前年から公家衆に記録類を提出させて朝廷の法や慣習を研究し、彼等から意見を徴収した。そして、法度には、家康・将軍秀忠と並び、関白への再任が予定されている二条昭実《にじょうあきざね》も、制定者の一人として署名をしている。「禁中并公家中諸法度」は、家康が一方的に定めたものではなく、朝廷側と共同で制定したものであったと言えよう。「天子《てんし》諸芸能《しょげいのう》之《の》事《こと》、第一《だいいち》御学問也《ごがくもんなり》」で始まる同法度の第一条は、日本史上初めて、武家が天皇の行動を規定した法文である。この条文は、天皇を政治的世界から切り離して、文化的領域に押し込めることを目的としたものであると言われてきた。しかし近年は、天皇に君主、治者としての教養を修め、王権の象徴である和歌を学ぶことを求めるものであったと評価されるようになっている。家康は、天皇の伝統的な地位を確認するとともに、その在り方を法度に載せることで、天皇を武家政権の管理・統制下に再度定置し直したのである。家康が没したのは奇しくも、こうして天皇の位置付けに一区切りをつけた翌年のことであった。

●参考文献

跡部信『豊臣政権の権力構造と天皇』(戎光祥出版、二〇一六年)
今谷明『戦国時代の貴族 『言継卿記』が描く京都』(講談社、二〇〇二年、初版は一九八〇年)
熊倉功夫『後水尾天皇』(中央公論新社、二〇一〇年、初版は一九八二年)
野村玄「徳川家康と朝廷」(笠谷和比古編『徳川家康 その政治と文化・芸能』宮帯出版社、二〇一六年)
橋本政宣「後陽成天皇の譲位をめぐって」(『近世公家社会の研究』吉川弘文館、二〇〇二年、初出は一九九五年)
藤井譲治『天皇の歴史5 天皇と天下人』(講談社、二〇一八年、初版は二〇一一年)
藤井譲治『徳川家康』(人物叢書、吉川弘文館、二〇二〇年)
松澤克行「近世の天皇と学芸—『禁中并公家中諸法度』第一条に関連して—」(国立歴史民俗博物館編『和歌と貴族の世界 うたのちから』塙書房、二〇〇七年)
山口和夫「近世の家職」(『近世日本政治史と朝廷』吉川弘文館、二〇一七年、初出は一九九五年)
山本博文「統一政権の登場と江戸幕府の成立」(歴史学研究会・日本史研究会編『日本史講座』第五巻 近世の形成、東京大学出版会、一九九四年)

12. 徳川家康と天皇 実像編

12

徳川家康と天皇

虚像編

▼井上泰至

日本の場合、権力は天皇という権威を尊重し、そこから歴史的な正当性や一種の超越性を付与されることで、統治を強化してきた長い歴史がある。忠誠もまた、そうした政治的演技や権威の一環として当初は行われる面がある。ただし、危機を迎えた時、忠誠の対象としての天皇が前面に出て、忠誠は演技ではなく赤心からのものへと転化する要素をはらんでいた。家康が苦心して基礎を築いた長期的平和が、武士の階層に弛緩をもたらし、真剣に忠誠の再構築を考える際、朝廷の権威を利用し、管理もした家康自身が、イノセントな忠誠の実行者として位置づけられるようになり、仮構された政権の付託が実態化していくところに、歴史の逆説がある。

家康の朝廷への接近

司馬遼太郎の小説『関ヶ原』の序盤では、秀吉の死期が見えて来た段階で、天下を密かに狙う家康に敵愾《てきがい》心《しん》を隠さない石田三成のエピソードを、二つ紹介している。

一つは、浅野長政が、三成に対し「家康公が大坂城に登城してくるから、頭巾を外して丁寧に接しろ」と忠告するが、暖をとっていた三成は、一向にその指示を聞こうとしない。ついに長政は怒って、三成の頭巾をとって火中に投げた、というものである。

今一つは、三成と家康がともに方広寺の大仏普請を視察した際、たまたま三成が手に持っていた杖を落とし、家康はすぐにこれを拾って三成に渡したが、三成は礼の一つも言わず黙ってこれを受け取った、というものである。

前者は『寛元聞書《かんげんききがき》』、後者は『淡海落穂集《たんかいおちぼしゅう》』が出典と伝えられるが、『寛元聞書』という書物は今日伝わらず、『淡海落穂集』は筑波大学図書館にのみ残るが、この記事は見られず、武家説話『落穂集』の本体に確認できる。

小説『関ヶ原』では、こうしたむき出しの敵意を諫める島左近に対し、三成は自分にも言い分はあるとして、次のように言い募る。

「家康という怪人は、ちかごろなにをしていると思う。聞いたか、あの男は、ひそかに朝廷に献金をしている」

事実であった。家康は、秀吉がまだ存命中というのに、その死を見越し、朝廷に白鳥ふたつ、黄金十枚を、一町人（茶屋四郎二郎）を通じて献上した。天下をとる下準備であった。この国では、武力をもって天下をとるにしても、朝廷を擁し、それを利用しなければ天下が落ちつかぬ、という慣習がある。そういう意味での朝廷への献金は、かつては信長もしてきたし、秀吉もした。

進物・献金の件は、『晴豊公記』天正一九年（一五九一）二月四日の条を出典とする。「をんみつにて進上也。年ごとに参らせられ候」と原文にはある。

司馬は、朝廷・天皇に関する記述を極力避ける作家であり、その意味で典型的な「戦後」を代表する歴史小説家だと思う。先輩歴史作家である大佛次郎が、遺作となった維新期の大河歴史小説のタイトルを『天皇の世紀』としたのとは、およそ対照的である。天皇を描いたケースで思い浮かぶのは、乃木希典を批判的に描いた『坂の上の雲』や『殉死』くらいであろうか。その意味で『関ヶ原』の一節は例外的事例と言える。

朝廷の問題を積極的に書いた戦前の在野史学の作家徳富蘇峰を意識しながら、自らの戦後作家としての立ち位置を自覚していたのが司馬だ、というのが私の見立てだが、蘇峰の『近世日本国民史』には『晴豊公記』のこの記事が載せられており、司馬はここから引用したと思われる。ただし、この日記の記事についての司馬の解釈は、なかなか興味深い。朝廷と武家権力は互いに利用しあう関係にあったとして、戦前信長や秀吉を勤皇の天下人と評価した流れとは明らかに一線を画している。その見方自体は、最近の歴史学の研究動向の文脈と大きく変わりない。家康は秀吉政権の一員になる以前の永禄九年（一五六六）、松平から徳川に改姓する際、叙任を申し出、後に朝廷から献金を請われ、これに応じている。秀吉生前の天正期には山科言経《やましなときつね》のような「昵懇衆《じっこんしゅう》」との人脈を形成し出している。

権力と権威

大坂の陣を終えて、豊臣家を滅ぼし、名実ともに天下を掌握した元和元年（一六一五）、幕府は、禁中並公家中諸法度を定め、天皇に学問を第一とするなどの心がまえを説くとともに、公家の席次や昇進にまで規制を加えた。天皇に残された権限は、年号・暦の制定と形式的な官位を授与することだけになり、これも幕府の承認が必要とされた。幕府は、京都所司代を置いて朝廷を監視し、摂関家と武家伝奏に任命された公家を通じて朝廷を統制した。

以上が、家康の朝廷政策の教科書的見解であろう。かといって、朝廷と徳川政権の関係は一方が他方を管理・支配したといった平面的な理解で済むものではない。今使用している「幕府」という歴史教科書にも一般的な呼称は、実は幕末の水戸学によってつけられたもので、大政奉還につながる明治王政復古政府のイデオロギーを保証するものに過ぎないから、江戸の現実を反映してはいない。

江戸の当時、徳川将軍とその権力機構は「公儀」と呼ばれ、家康は「天下様」と呼ばれた。宗教的世界観が、中世末の戦乱と統一権力の形成過程で世俗化し、軍事力による掣肘が、権力の源泉となった。家康の血を引く後継者は「公方様」と呼ばれ、対する京都の「天子」の朝廷は「禁裏」「禁中」と普通呼ばれた。天皇号も復古思想を首唱した一九世紀の光格天皇まで待たねばならない。「禁裏様」を「天下様」は「主上」と呼んだが、両者の関係は甚だ曖昧であった。

「禁裏」が付与した「征夷大将軍」「内大臣」「正二位」といった官位は、他の武家のそれをはるかにしのぐ高さにあって、確かにそれは眩いものではあったが、統治の実権を付与したわけではない。あくまで、軍事力によって日本を支配する「天下様」「公方様」の権力を、名目によって確認する「権威」に過ぎない。いいかえれば「禁裏」もまた「権威」付与の存在としてその価値を発揮していたに過ぎないのであって、禁中並公家中諸法度の意味はそこにある。禁裏の経済力も十万石程度が幕府から与えられていたのが実態である。

ただし、問題もある。形式上、徳川将軍も他の大名も、禁裏から官位を得ている以上、将軍と大名は天に照らして、臣下同士に見える関係とも解釈する余地を残していたのである（荻生徂徠『政談』）。

家康在世当時や、その余韻が残る時代が過ぎて、平和が定着してくると、幕府の軍事政権としての「御威光」は、戦争とは異なり儀礼の形で喧伝されることになる。特に重要なページェントは、諸外国（朝鮮・オランダ）から代替わりの新任将軍へ祝意を表する使節のパレードであった。完全な外国ではないが、異文化の近接領域たる異域に当たる、琉球の使節もこれに準じる。

朝鮮側の本来の目的は、秀吉の侵攻に懲りて二度とそういう事態が起きないよう情報を得るためであったし、オランダの場合は長崎での交易が、幕府にとってはオランダからの対外情報収集がその主たる内実ではあったが、将軍権威の保証のための儀礼を行ってみせることで、お互い様の関係にあったわけである。幕府にすれば、本格的軍備に金をかけるわけでもなく、この程度の儀礼外交のショーによって軍事的権威が保たれるならば安いものであった。逆にペリーの来航とその軍事的圧力による和親条約の締結は、幕府の権威を大いに下げることになってしまったわけである。

この時、歴史の記憶が呼び覚まされ、真の「朝廷」は京都にあり、「幕府」は一時的に統治を委任されたに過ぎないというイメージが創出され、挙国一致の象徴として「天皇の世紀」が本格的に始まるのであるが、江戸二六〇年の間にその下地たる認識が醸成されていたからこそ、「天皇」は政治的文化的資源として復活することになったはずである。これまでは一九世紀の対外的危機等から生じた国学や水戸学といったナショナリズムの原資としての思想が、大きな役割を果したと言われてきたし、大筋間違ってはいない。

しかし、一九世紀になって、対外的圧力の懸念が生じる以前から、天皇の存在がある程度認知されていなければ、その後の「転回」も生まれ得ない。ここでは、現実の「忠誠」の対象たる大名や将軍のその先に天皇の存在があると認知させるような、一八世紀における言説について考えておきたい。

古代から中世へ——時代区分への意識

一八世紀の尾張藩に仕えた兵学者に近松茂矩《ちかまつしげのり》（一六九七～一七七八）という人物がいる。今サンプルとしてこの人物が残した読書記録に注目してみたい。

周知のように尾張藩は、家康の九男義直に始まる御三家筆頭である。その兵学は神君家康の軍法を学ぶことに主眼が置かれ、数々の戦歴を誇る家康の戦いの中でも、小牧・長久手の戦いが焦点化された。徳川美術館にはこの合戦の立体模型まで配した合戦絵図が残っており、研究はかなり早い段階から行われていた。

書物によって歴史観が生成されるという観点から言えば、一七世紀の半ばに林家によって刊行される『将軍家譜』（明暦四年〈一六五八〉）の影響力は見逃せない。『鎌倉将軍家譜』『京都将軍家譜』『織田信長譜』『豊臣秀吉譜』という武家政権の歴史を編年体で記述したこの書物は類書や引用による軍書によって、中世という武家の世のイメージを一般化するのに決定的な役割を果たし、家康自身、『吾妻鏡』を愛読したほどで、源氏将軍としての徳川将軍の権威と歴史的必然を語る源氏将軍史観が、一七世紀後半以降、この林家の仕事によって一般化していくのである。歌舞伎や浄瑠璃は多く時代物であり、一般の歴史へのイメージを浸透させていく役割を果たしたが、その歴史的設定たる「世界」はこれら刊行軍書に拠っていた。

しかし、一八世紀に近くなってくると、それまで政権を担当していた朝廷から武家へ政権が移譲されていったのは何故か、という問いが生まれてくる。歴史とは端的に言ってしまえば、時代区分のことである。どの事件、どの時期を以て新しい時代の到来とするのか、その時代区分を象徴する事件の意味とは何かという問題意識である。

武家政権の由来を問うことは、現状の武家政権の拠って立つ歴史的根拠を求めることに他ならない。そこで、保元の乱に始まり承久の変で終わる源平合戦と武家台頭の時代に焦点があたることとなった。

また書物によって日本の歴史のみならず、中国の歴史が多くの人に読まれる出版の時代に在っては、日本の独自性とは何かという素朴な問いが必然的に生まれてくる。この時、王朝交代の歴史そのものである中国史と、連綿として続く天皇の歴史という対比が生まれるのもまた自然な流れであった。まして、一七世紀末は、将軍綱吉が率先したように、封建支配の世界観と倫理を高度に構築した儒教が浸透していく時代である。

世界を構築する、学問の中の学問と言ってよい儒教に照らして、武家政権の正統性とはどこにあるのか、また、日本独自の歴史そのものの存在である天皇の位置づけはどうあるべきものなのか。この一筋縄ではいかない難問が、一七世紀末の段階で、古代から中世への変革期の解釈を焦点化させることになったと言ってよい。

徳川安定期における「尊王」

徳川直系の尾張藩士が、儒教の教養を持ちつつ、日本の歴史を学ぼうとする時、ただ編年的記述に終始する書物だけでは飽き足らず、刊行された多くの歴史を語る書物の森を俯瞰しながら、古代末期の動乱をどう捉えれば、徳川日本の体制の一翼を担う自分とその周囲のものへの指針となるのかという問題意識への回答を求めていたと言ってよい。徳川政権の存在は彼らにとって自明だとしても、日本独自の歴史を体現する天皇と武家政権との関係をどう説明すればよいのか、これが課題として近松茂矩の前にあったと言える。

さて、近松の読書記録『倭書読範』（享保十一年〈一七二六〉序、防衛大学校図書館有馬文庫蔵）は、当時軍書と呼ばれる日本の合戦の歴史を記した軍記類の目録である。タイトルからも見て取れるように、近松自身の読書記録であると同時に、兵学者として藩内の武士に教育を行う際、読むべきテキストを列挙し、簡単なコメントをつけたものである。大半は出版された書物だが、写本も含まれ、いずれも書肆を通して入手しやすいものであったが、尾張徳川家の蔵書にしかないようなものも混じってはいた。

彼の兵学は、神武天皇の東征から対象となるので、それらの書物群は、まず記紀から起筆され、江戸時代初期の軍記・記録で筆をおくまで、対象とする時代順に配置されている。その中で目立ってコメントが長く、「未曾有の好著」と位置づけられるのが、栗山潜鋒《せんぽう》著『保建大記《ほうけんたいき》』（元禄元年〈一六八八〉成立、享保元年〈一七一六〉刊）と、その注釈書の谷秦山《じんざん》著『保建大記打聞《うちぎき》』（享保五年刊）である。前者は後西天皇の皇子八条宮尚仁親王に献上したもので、保元年間（一一五六～五九）から建久年間（九〇～九九）にいたる後白河天皇およびその

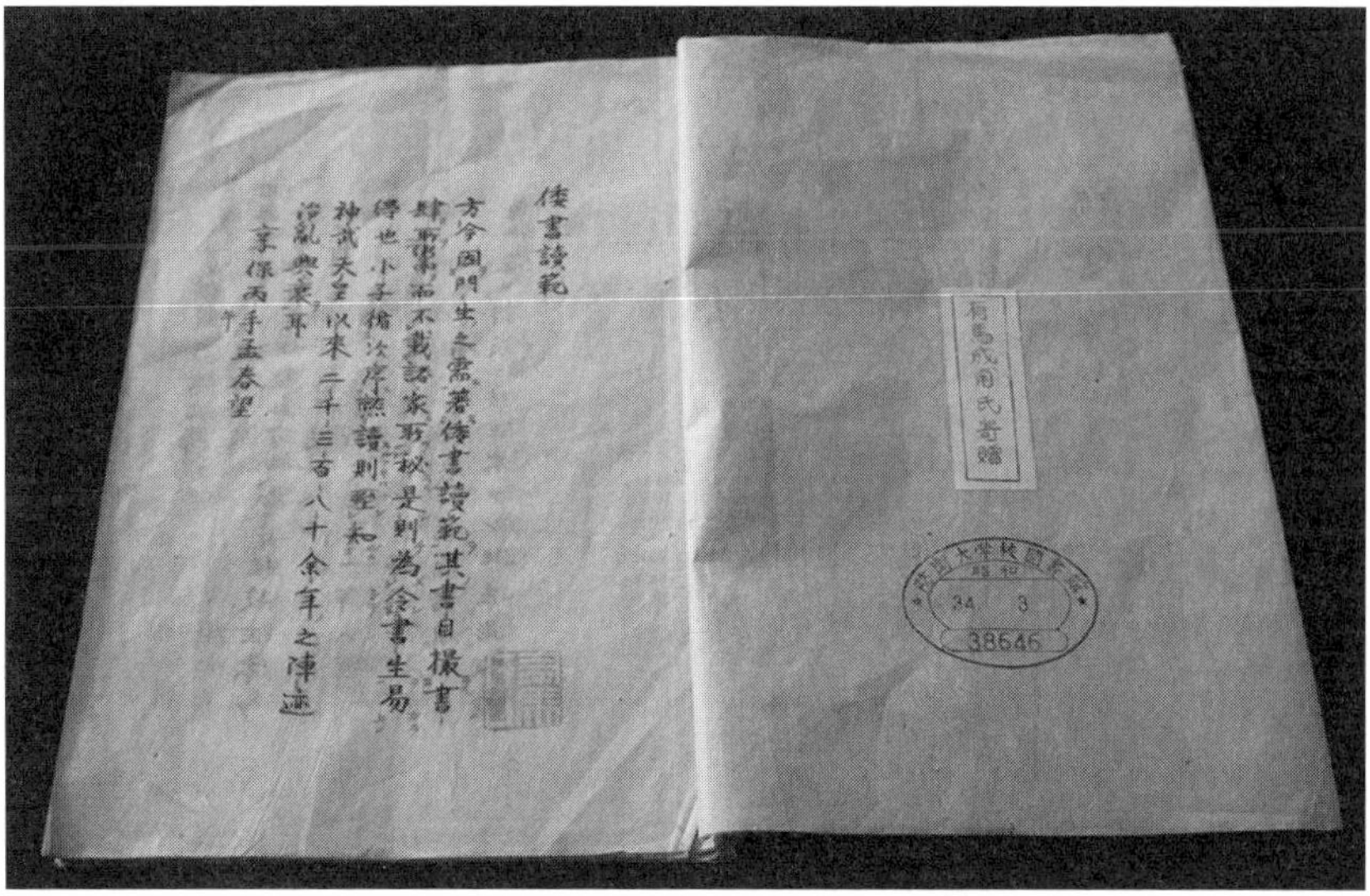

『倭書読範』（享保十一年（一七二六）序、防衛大学校図書館有馬文庫蔵）

院政時代を論評したものである。潜鋒は、山崎闇斎学派の流れを汲み、水戸史局に出仕後、これを改稿し、刊行はその死後となった。近松も『打聞』の著者秦山が、山崎闇斎・浅見絅斎に学び、渋川春海から神道も学んだことを記し、その注釈が「正道」に則り、名分を正して記したものである、と称揚している。

前期水戸学とは、寛文十二年（一六七二）以降、徳川光圀の主導のもと水戸藩の彰考館で行われた『大日本史』の編纂事業を核とする学問営為のことであり、潜鋒もまたこれに従事した一人であった。『大日本史』の三大特筆の一つは南朝正統論であるが、それは神器の在否によって皇統の正閏を決定するという神器正統論に拠っていた。

また、潜鋒が学んだ山崎闇斎学派では、『倭鑑』に端を発して、儒学的な南朝正統論と神器正統論に基づく神道的南朝正統論との間で議論が行われており、そのような闇斎学派の動向が彰考館に持ち込まれることともなった。潜鋒の神器正統論がもっとも

12. 徳川家康と天皇 × 虚像編

明確な形であらわれているのが、この『保建大記』である。彼は神器を倫理の象徴とする伝統的神器観に根差しつつ、皇統の正閏を判定するのに困難が生じた場合、神器の在否をもって決定すべきだとして、その宗教的権威をも重視していた。潜鋒は、朝廷衰退の原因は天皇の失徳にあるとする同時代の儒者の歴史観、それは特に後白河の存在に焦点化されるのだが、これを共有しつつ、皇族にも修養を行わせることで朝廷を復興することを企図していた。

こうした歴史観を持つ本書は、すぐに予想できるように、幕末の尊王思想流行の際、注目されていくことになるが、徳川政権が長期安定に入っている一八世紀初頭に、尾張藩士の近松が本書に注目した文脈は、「大政奉還」を促すようなものではない。彼はあくまで「神君」家康を崇拝する尾張徳川家の藩士であり、しかもその教育者であった。その彼の中で、朝幕の関係はどういう位置づけにあったのだろう。

忠誠論の逆説的展開

儒学の一派でありながら、尊王思想の源流ともなった闇斎学派における一大アポリアは、万世一系の天皇家の存在を、王朝交代の中国史を説明する史観を展開してきた儒学の正統論と、どうすり合わせるかという問題であった。儒学において、殷の悪王紂を放伐した周の武王は、その悪政により、一夫の紂として、天命と民の望みに従って、天命の革まるのを実行したのであって、忠義を道徳の柱に据える儒学にあっては、この「革命」の思想によって王朝交代は正当化される。これを日本の歴史にどう適応できるというのか。

神器による正統解釈の問題も、その一つの答えであったと言える。三種の神器は、天皇の徳の象徴としてのそれであるという中世以来の神器観に従えば、後白河法皇の即位から死までの歴史は、朝廷内の後宮の勢力争いや天皇自身の不徳として語られ、必然的に武家政権の成立は、朝廷自身の不徳の致すところであった、ということになる。しかも、神器は天皇の連綿たる継続を保証する神秘的宗教的な天皇の権威そのものであった。こうした両義的な神器への解釈が、儒教内の議論としてあった正統論と道統論をうまく抱合する鍵となっていたのである。

しかも、現実に三種の神器は、源平合戦の帰結である壇ノ浦の戦いで、一部が下関海峡の海底に失われている。武を象徴する宝剣であった。『保建大記打聞』では、『平家物語』剣巻の一系統のような沈んだ宝剣は贋物であったといったおざなりな言説は採用せず、失われた本物の宝剣に代わって「昼御座剣」を以てこれに擬し、それは後白河の徳が失われ、武家政権が誕生することを嘆く天の意志であったとしている。

本来儒学では、天に一つの太陽しかないように、天下は一人の王しかいないという王権論が根本にある（『礼記』曾子問など）。それが江戸時代後期に儒学が基礎教養として浸透するに従い、忠誠の対象が将軍・藩主・天皇のうち誰かという話になる時、天皇の存在が浮上してくるのは自然な流れであった。ただし、それでも波風が立たないのは、公儀が禁裏から統治を付託され、現実の権力はあっても、名目上禁裏を立てるという構造で大きな不都合は生じなかったからである。

天皇が神の子孫であるという伝えも、その神話を保障する神器が天皇の徳を象徴するとされたことも、それがそのまま天皇が直接政治的権力を持つべきであるというところに踏み込むまでには至らない。むしろ不徳の禁裏に対する天の意志として、武家政権の存在が、倫理的にも宗教的にも保障され、かつ現実の禁裏の伝統の存在を以て、日本の特質も保障されたのである。

闇斎学派の中で京都を地盤とし、谷秦山の師であった浅見《あさみ》絅斎《けいさい》も、家康について「朝廷ヲ敬ヒ正統を重ジ、天下ノ権ヲ御名代トシテ預リ分ニテ捌キ下知セラルレバ、君臣ノ名固ヨリ正クシテ、僭乱悖徳ノ体トハ雲泥ノ変リアリ」（『劄録』）として、忠義の体現者として位置づける論法をしている。

闇斎学派の人々は、平和によって弛緩しつつある、武家の忠誠の再構築を目指した。尾張藩士で武士の教育者として生きた近松も、その典型例である。彼は、自分を登用しながら早逝した藩主徳川吉通の遺言を晩年になってまとめ遺訓とした（『円覚院様御伝十五箇条』）。そこには、こうある。位官は全て朝廷から出されているもので、全ての武士は朝廷の臣であり、その旗頭に公方様がいる。不測の事態があって、保元・平治・承久・元弘のような戦乱が惹起した時は、必ず「官軍」に属するべきである、と。一門の好で仮にも朝廷に弓を引くようなことがあってはならない、ともあるが、これを近松が書き記した時、忠誠の旗頭たる公方様が朝敵となり、幕末佐幕派の重臣を斬首して朝廷に恭順する事態が、尾張藩に訪れようとは、全く予想もしなかったに違いない。

●参考文献
井上泰至「「いくさ」の時代のイメージ形成」（『文学』二〇一五年四月）
井上泰至編『近世日本の歴史叙述と対外意識』（勉誠出版、二〇一六年）
井上泰至「忠義の行方─楠木の「刀」」（松尾葦江編『軍記物語講座第三巻　平和の世は来るか　太平記』花鳥社、二〇一九年）
大川真『近世王権論と「正名」の転回史』（お茶ノ水書房、二〇一二年）
久保貴子「豊臣時代からじょじょに朝廷に食い込む家康」（神田裕理編『ここまでわかった戦国時代の天皇と公家衆たち』新装版、文学通信、二〇二〇年）
土田健次郎「皇統論覚書─浅見絅斎『靖献遺言』と朱子学」（伊東貴之編『東アジアの王権と秩序─思想・宗教・儀礼を中心として』汲古書院、二〇二一年）
藤田覚『幕末の天皇』（講談社、一九九四年）
堀新『織豊期王権論』（校倉書房、二〇一一年）
渡辺浩『日本政治思想史［十七～十九世紀］』（東京大学出版会、二〇一〇年）

13

方広寺鐘銘事件と大坂の陣

光成準治×湯浅佳子

大坂の陣は、豊臣家の滅亡という「悲劇」、徳川の「覇権」の完成と対比して見られがちだが、事はそう簡単ではない。家康は果たして本当に方広寺の鐘銘について「謀略」を行ったのか？　両者の間に挟まれた片桐且元は、悩める「忠臣」だったのか？　ドラマになりやすいイメージがどこから生まれたのかという視点が、この事件への新たな視角を生みだすのである。

13 方広寺鐘銘事件と大坂の陣

実像編

▼光成準治

慶長八年（一六〇三）に家康が将軍に就任した後においても、豊臣「公儀」復活の可能性は残されていた。家康はその可能性をどのようにして除去しようとしたのか。また、最終的にはどのようにして除去されたのか。方広寺鐘銘事件と大坂の陣をめぐる二つの虚実（①冬の陣における淀川堤防をめぐる攻防、②なぜ家康は秀頼を助命しなかったのか）に着目して、実像に迫ってみたい。

徳川「公儀」確立への道のり

関ヶ原合戦直後期の家康は、秀頼《ひでより》を名目上の頂点とする豊臣「公儀」における意思決定権を掌握したに過ぎなかった。その後、慶長八年（一六〇三）二月の将軍宣下《せんげ》によって、自らが「天下人《てんかびと》」であることを可視化することに成功し、官位の面でも、家康が従一位・右大臣、秀頼が正二位・内大臣で、秀頼の上位に位置した。しかし、家康の後継者秀忠は年少の秀頼よりも下位の従二位・権大納言《ごんだいなごん》に過ぎず、成人後に秀頼が関白職に就任して、豊臣「公儀」が復活する可能性もあった。

そのため、家康は慶長十年（一六〇五）四月、将軍職を秀忠へ譲り、徳川家による「天下人」の地位の世襲を示そうとしたが、同月に秀頼は右大臣《うだいじん》へ昇進しており、秀頼の後任として内大臣に任官した秀忠より秀頼の方が官位の面では引き続き上位にあった。したがって、秀忠将軍宣下後においても、秀頼が武家関白として「天下人」となる可能性は残っており、豊臣家が徳川政権に服属したとはいえなかった。

このような徳川政権の不安定性を解消するため、服属したことを示す象徴として、家康は秀頼を上洛させようとした。慶長十六年（一六一一）三月、ようやく秀頼は上洛して二条城において家康と対面したが、後水尾天皇の即位にあわせて行われたことにより、服属の象徴としての性格は薄められたうえ、会見後の家康から秀頼への進物に対する返礼は確認できず、片敬《かたけい》という非礼対応を採ったと考えられる（福田二〇一四）。つまり、秀頼は片敬によって、徳川政権に服属していないことを示した。

その結果、家康は豊臣家を服属させるための次の手段を講じる必要が生じ、慶長十九年（一六一四）の方広寺鐘銘《ほうこうじしょうめい》事件が引き起こされ、その後の大坂冬の陣、慶長二十年（一六一五）の大坂夏の陣を経て、豊臣家は滅亡し、徳川「公儀」が確立した。

以下では、方広寺鐘銘事件から豊臣家の滅亡までの一連の出来事のうち、筆者の関心に基づき、方広寺鐘銘事件をめぐる家康・秀忠の思惑、大坂の陣をめぐる二つの虚実（冬の陣における淀川堤防をめぐる攻防、なぜ家康は秀頼を助命しなかったのか）という点に絞って考察していく。考察に当たり、本稿では写しを含む古文書に拘《こだわ》りたい。この時期の根本史料の一つとされる『駿府記《すんぷき》』は、家康側近が記した日々の記録を材料の一つとして、さほど隔たらぬ時期に編纂叙述されたものであり、その史料的価値は高いとされる。一方で、徳川政権の公的な記録編纂である以上、徳川政権にとって都合の悪い内容は記されない蓋然性が高く、純然たる日記とはいえない。そこで、本稿では古文書に記された内容を中心にして実像に迫っていきたい。

方広寺鐘銘事件をめぐる家康と豊臣家との折衝

秀頼の父秀吉が豊臣「公儀」の象徴的存在として造立した方広寺大仏は、慶長七年（一六〇二）の火災によって焼失した。そこで、秀頼は慶長十四年（一六〇九）、大仏及び大仏殿の再興を企てた。慶長十五年（一六一〇）六月十二日、大仏殿の立柱《りっちゅう》が行われ、慶長十九年四月には大仏殿の鐘が完成したため、豊臣家家老片桐且元《かたぎりかつもと》は駿府へ赴き、家康と対面して、八月三日に大仏開眼供養《かいげんくよう》及び大仏鐘銘供養《くよう》が行われることとなった。

ところが、『駿府記』七月二十一日条に「大仏殿鐘銘、関東不吉の語あり、上棟《じょうとう》の日、吉日にあらず、御腹立ち」とあり、鐘銘が徳川家にとって不吉であること、上棟の日（八月一日）が吉日でないことに対して、家康が立腹したという（さらに棟札《むなふだ》の文言も問題視された）。片桐且元は七月二十三日付けで予定どおり供養を行いたいと申し入れたが、金地院崇伝《こんちいんすうでん》の記した「本光国師《ほんこうこくし》日記」所収の七月二十六日付け崇伝・本多正純《ほんだまさずみ》連署《れんしょ》状によると、家康は鐘銘・棟札の下書きをみたうえで「褒貶《ほうへん》無きように仰せ渡さるべき」として、上棟《じょうとう》・供養の延期を指示した。

事態を打開するため、且元は八月十三日、再び駿府へ向けて出立した（公家西洞院《にしのとういん》時慶の日記『時慶卿記《ときよしきょうき》』）。「本光国師日記」所収の八月二十二日付け京都所司代《しょしだい》板倉勝重《いたくらかつしげ》宛て崇伝書状によると、十九日晩に駿府へ到着した且元は、本多正純や崇伝から銘をすりつぶせばよいといった家康の意向を伝えられた一方で、家康との対面は実現していない。

この経緯について、通説では家康が対面を許さなかったと考えられてきたが、近年、交渉の難しさを淀殿《よどどの》（秀頼生母）ら豊臣家内部や世論に印象づけるために、且元があえて面会を求めなかったとする説が提起されている（曽根二〇〇一）。右にみたように鐘銘問題そのものはすりつぶせば解決することであり、家康の機嫌を損ねたにせよ、大きな問題となるものではなかった。一方で、「駿府記」八月十九日条には「諸牢人数多《ろうにんあまた》抱え置かれ、御不審の由、仰せ渡さる」とあり、家康は豊臣家による多くの牢人の召し抱えを問題視したとしている。

実際に、秀頼側近の大野治房《おおのはるふさ》（治長《はるなが》の弟）は七月四日付け書状（大阪城天守閣蔵）で、肥後国（加藤氏）から退去した「香雅楽《うた》」という武将との接触を図っている。この書状は慶長十九年に比定される可能性があり（曽根二〇一三）、それ以前のものとしても、豊臣家が徳川政権との断交以前から軍備増強を図っていたことを示す。つまり、真に問題視されたのは豊臣家の軍備増強路線であり、鐘銘・棟札の文言は豊臣家への圧迫の契機として利用されたのである。「国家安康」という鐘銘などに自らに対する呪詛・調伏の底意が隠されていると家康が確信していたとは考えられないが、家康は豊臣家の軍備増強路線を放棄させようと考え、軍備増強に反対の且元と示し合わせて、故意に対面を実現せず、軍備増強派に圧力を加えようとしたのではなかろうか。

軍備増強を図っていたとはいえ、秀頼や淀殿が当初から家康・秀忠との対決を決意していたとは考え難く、駿府へ赴いた且元からよい知らせがないことに焦った豊臣家は、淀殿の乳母で大野治長・治房兄弟の母大蔵《おおくら》卿局《きょうつぼね》を駿河へ下向させた。家康は八月二十九日に駿河へ到着した大蔵卿局とすぐに面会し、鐘銘などの問題に関して、秀頼・淀殿には責任無いとの認識を示したとされる。

一方で、九月八日付け片桐貞隆《さだたか》（且元弟）宛て崇伝書状案（「本光国師日記」所収）に「昨七日、上野《こうずけ》殿（本多正純）同道申し、御使いとして、市正《いちのかみ》殿（片桐且元）へ参り候、それより大蔵卿殿へも参り、市正殿一所に、上意共申し渡し候、まずもって御機嫌宜しく御座候間、御安堵と存じ候（昨日九月七日、本多正純殿に同道して、使者として、片桐且元殿のところへうかがいました。そこから大蔵卿局のところへもうかがい、片桐殿と一緒に、上意を申し渡しました。まずはご機嫌がよいので、ご安堵されたと思います）」とある。八月三十日に江戸へ派遣された本多正純が七日に駿河へ帰ると、すぐに崇伝とともに且元を訪問して、その後に訪問した大蔵卿局の宿所において且元・大蔵卿局の両名に上意が申し渡された。上意とは家康の意向を指し、その内容は同日付けの板倉勝重宛て崇伝書状案（「本光国師日記」所収）によると「市正何も罷り上られ、おのおの談合候て、江戸様と秀頼公と、以来疎意《そい》無きように、江戸様へ御意を得られ候（片桐且元も大坂へ帰って、豊臣家において談合のうえ、秀忠と秀頼が今後親しくすることを、秀忠へ申し入れるように）」というものであった。

つまり、大蔵卿局に伝えられた家康の意向は、正純を通じて秀忠の同意を得たうえで、且元も了解したものであったと考えられる。表面的には豊臣家の責任を追及するものでなかったことから、崇伝は貞隆に対して「御安堵」と伝えたのである。

家康・秀忠の思惑

一方、「毛利家文庫」（山口県文書館蔵）収録の九月十四日付け福原広俊《ふくばらひろとし》（毛利氏家臣）ほか連署状写には、これまでの研究で言及されていない情報が記されている。宛先を欠いているが、実質的には毛利輝元へ宛てたものである。方広寺鐘銘事件に関連する箇所を引用する（引用箇所は四・五条目）。

一、七日におのおの御誓帋《せいし》、九日に右の趣仰せ出され、又①大仏種々書付《かきつけ》の事などに付いて、町沙汰《さた》おのおの申し候、重ねて珍しき御事は、御座あるまじきと申す儀に候

一、②片桐市正殿も駿河参上と申し候、聞こし召し分けられ、異儀無きの由御沙汰、③土井大炊《おおい》殿大坂へ御使に御上りなどの由候、二三日已前駿河《いぜんするが》へ御参り候、この外《ほか》相かわる儀も御座無く候、珍事《ちんじ》ども承り候わば、申し上ぐべく候

傍線部①の「大仏種々書付（鐘銘や棟札の文言を指すと考えられる）」に関する情報は「町沙汰（巷の風聞）」であるが、「珍しき御事は、御座あるまじき（事態悪化にはつながらない）」との見解は、幕閣のものと推定される。引用しなかった二条目には、各大名の家臣一人が酒井忠世《ただよ》のもとに参上するようにという同月五日の指示によって福原が出頭して、起請文提出に至ったことが記されており、幕閣からの情報はその際に入手した可能性を指摘できる。同書状に記されたその他の情報をみると、家康・秀忠への忠誠を誓う西国諸大名の起請文提出（「七日におのおの御誓帋」のほか、三条目の里見忠義《さとみただよし》の安房《あわ》国収公《しゅうこう》に関する経緯など、福原が極めて正確な情報を入手していたことがわかる。このような情報の正確さは、酒井をはじめとした幕閣《ばっかく》との親密な関係に基づくものと考えられる。

片桐且元の駿河下向（傍線部②）については、『駿府記』においても叙述されているとおりであるが、傍線部③の土井利勝の動きに注目したい。『駿府記』九月十四日条には、土井が使者として江戸から到着し、家康に内密の言上をしたとある。「本光国師日記」によると、土井の到着は十三日。その後、土井は十六日に江戸へ帰っており（『駿府記』）、江戸・駿府間の移動日数を考えると、「二三日已前」に土井が江戸を出立したという情報も正確である。ところが、『駿府記』では駿府において家康に対面した後、すぐに江戸へ引き返したことになっている土井について、福原は大坂へ使者として赴くという情報を入手している。結果的には誤情報となったが、右記のとおり、福原が入手した情報は極めて正確であり、土井が江戸を出立した時点では、秀忠は土井を大坂へ派遣するつもりであったと考えられる。

土井の派遣に先立ち、秀忠は水野忠元《みずのただもと》を駿府へ派遣していた（八月二十八日に到着、『駿府記』）。八月二十四日付けで本多正純・崇伝が本多正信・酒井忠世へ発した書状（「本光国師日記」所収）には「今度大仏鐘の銘・棟札、法度《はっと》に相違候について、大御所様御機嫌悪しく御座候、その様子共、将軍様へ最前も仰せ入れらる儀

13. 方広寺鐘銘事件と大坂の陣 × 実像編

に候、一段と御尤もに思し召される旨、御使者御進上候て然るべく候や」とある。したがって、家康から秀忠に対して、方広寺大仏鐘銘・棟札を理由として豊臣家へ圧迫を加えることへの同意を求め、その返答の使者が水野だったとわかる。

続いて、先にみたように、本多正純が家康の使者として江戸を訪れ、秀忠は豊臣家へ伝える家康の上意に同意した。上意の表面的な内容は穏便なものであったが、且元は家康と示し合わせた問題解決のための腹案（Ⓐ豊臣家の大坂からの国替え、Ⓑ秀頼の参府、Ⓒ淀殿の江戸下向）を用意していたとされる。この腹案を一次史料において確認することはできないが、家康と且元の考えた解決の条件は、十月八日付け秀頼宛て福島正則《ふくしままさのり》書状（「大坪《おおつぼ》文書」）から推定できる。正則は淀殿の江戸下向を勧め、その後、秀頼も淀殿への見舞いのため江戸へ下向すれば、淀殿を同行して上洛できるとしている。したがって、その条件とは、淀殿を人質として江戸へ下向させること、秀頼も江戸へ参府することであったと考えられる。また、淀殿の江戸からの帰還を「上洛」と表現しており、大坂城からの退去も条件だったと推定される（福田二〇〇七、曽根二〇一三）。

このような条件を腹案として且元が提示することは正純から秀忠へ伝えられていたと考えられるが、同意したはずの秀忠が正純の駿府への帰還後、土井を大坂まで派遣しようとしたのはなぜなのか。土井の派遣から約一ヶ月後の十月八日、秀忠は再び土井を駿府へ派遣して、自ら大坂城攻撃に赴く予定であった家康に対して、秀忠勢の出撃と、家康の江戸駐留を要請したとされる（『駿府記』）。結局、家康はこの要請を拒否して、自ら出馬したのであるが、秀忠が対豊臣交渉・攻撃において中心的な役割を担おうとしていたことは事実と推定される（大坂冬の陣において、講和交渉が始まろうとしていた十二月初旬、秀忠は土井を使者として家康に対して大坂城への総攻撃を進言し、家康の機嫌を損ねたという（『駿府記』））。以上の考察から、秀忠は土井を大坂へ派遣して、家康よりも厳しい姿勢で交渉に臨ませようとしたと考えられる（以上の家康・秀忠の思惑に関する一連の動きは表

慶長十九年	8月28日	秀忠の使者水野忠元が駿府に到着。豊臣家へ圧迫を加えることに同意することを家康に伝える。
	8月30日	豊臣家に対する家康の上意案を秀忠に諮るため、本多正純を使者として江戸へ派遣。
	9月5日	江戸において、諸大名に対して酒井忠世のもとへ家臣一人を出頭させるように指示。
	9月7日	西国諸大名が起請文を提出。
	9月7日	駿府に帰った本多正純が崇伝とともに家康の上意を片桐且元・大蔵卿局に申し渡す。
	9月11日頃	秀忠が使者として土井利勝を駿府へ派遣（大坂へ赴くことを予定）。
	9月13日	土井が駿府に到着。
	9月16日	大坂への派遣を家康に止められた土井が江戸に帰る。
	10月1日	片桐且元が大坂から退去。
	10月8日	秀忠の使者土井利勝が駿府に到着。秀忠勢の出撃と家康の江戸駐留を要請したが、家康は拒否。
	12月初旬	大坂冬の陣の講和交渉中、秀忠は土井を使者として家康に対して大坂城への総攻撃を進言。

大坂冬の陣に関する家康、秀忠の使者などの動向

を参照）。

家康はⒶ～Ⓒのいずれかの条件を呑めば、豊臣家の徳川政権への服属が可視化されると考え、豊臣家の武力討伐を避ける道を望んでいた。一方、秀忠はそのような中途半端な処遇では、家康死没後に豊臣「公儀」が復活することを危惧して、より厳しい条件を突きつけようと考えた（例えば、Ⓐのみを条件とする）。家康は徳川・豊臣の東西分治による二重公儀体制を基本としてきたが、自らの死没後に二重公儀体制が破綻する（豊臣「公儀」のみの存続）ことを懸念して、鐘銘問題を利用したとされる（笠谷二〇〇七）。しかし、二重公儀体制がこの時点で現存していたとは評価できず、また、豊臣「公儀」の復活を強く危惧していたのは秀忠であった。家康は土井の大坂派遣を許さず、駿府に到着した土井は家康によってすぐに江戸へ追い返されており、家康が当初から武力討伐に積極的だったとは考えられない。

結局、腹案を提示した且元は叛逆の疑いがあるとみなされ、大野治長らによって命を狙われた。また、切腹を命じられるという風聞も流れた。このため、淀殿から登

13. 方広寺鐘銘事件と大坂の陣 × 実像編

城を促された且元は警戒して、貞隆とともに自邸に籠り、十月一日、大坂から退去した。片桐兄弟と相前後して織田常真《じょうしん》（信雄）らも大坂城から退去し、大坂城内は反家康派で占められた。

家康は且元と示し合わせて豊臣家に服従を迫り、豊臣家が服従を受け入れなかったとしても、腹案を提示した且元や且元と親密な豊臣家家中の親家康派が大坂から追い出され、それを口実に開戦できるという目算があった。ゆえに、秀忠のように当初から豊臣家に対して極めて強い姿勢で臨む必要はないと考えていた。そのため、関ヶ原における戦闘に参加できなかったことに負い目を感じていた秀忠が、豊臣家との戦闘による功を狙って、豊臣家に武装闘争以外の選択肢がなくなるような条件を突きつけることを家康は許さなかったのである。また、秀忠が対豊臣交渉・攻撃において中心的な役割を担うことを警戒した可能性もあろう。

淀川堤防をめぐる攻防

大坂冬の陣における豊臣方の戦略について、真田信繁《さなだのぶしげ》・後藤基次《ごとうもとつぐ》ら牢人衆は京都方面への進撃を主張したが、大野治長らの主張によって籠城策という愚策を選択してしまったという軍記類の叙述が通説化されてきた。しかし、籠城策は本当に愚策だったのだろうか。ここでは、籠城策の一環として豊臣方が実施したとされる淀川の溢水《いっすい》を用いた戦略と、それに対抗して家康が実施させた溢水対策について考察してみたい。

『慶長見聞録』などによると、豊臣方は淀川の堤防を切断して溢水させ、徳川方の行軍を妨害しようとしたが、徳川方がすみやかに修復や埋め立てを実施したため、効果的な戦略にならなかったとする。

しかし、十月中旬から十一月初頭における徳川方の行軍進路をみると、本多忠政が伏見（京都市伏見区）から河内《かわち》国枚方《ひらかた》（大阪府枚方市）を経て、同国交野《かたの》（大阪府交野市）、前田利光《としみつ》（のちの利常《としつね》）が山城国薪《まき》村（京都府京田辺《たなべ》市）から河内国砂《すな》村（大阪府四條畷《しじょうなわて》市）、さらに同国高安《たかやす》（大阪府八尾《やお》市）、石川忠総《ただふさ》が山城《やましろ》国内里《うちざと》（京都府八幡《やわた》市）から河内国津田《つだ》（枚方市）を経て、暗峠《くらがり》（大阪府東大阪市）というように、淀川下流域を迂回《うかい》している。

また、佐竹《さたけ》氏家臣梅津憲忠《うめづのりただ》が記した十二月四日付け書状に「今福と片原町との間は、一方は川、一方は夏中の洪水にて、海のごとくなる田にて候、堤一筋より外に道はこれなく候」とあり（片山二〇一八）、淀川下流域の今福《いまふく》（大阪市城東区《じょうとうく》）や片原《かたはら》（大阪市都島区《みやこじまく》）において溢水が発生していた。この年には再三大雨によって全国各地で洪水が発生しているが、夏に発生した溢水のみではなく、大雨によって決壊しやすくなっていた堤防を、豊臣方が人為的に堤防を切断した結果、大坂城に至る通路は分断され、容易に近づけない状況になっていたと考えられる。豊臣方は巨大な堀を作り出して、大坂城はより強固な要塞と化しており、籠城策は決して愚策ではなかった。

これに対して、家康は堤防の修復のほか、川関の構築によって溢水を干上がらせることで、行軍を可能にしようとした。例えば、毛利氏の場合、十一月二十二日付け毛利宗瑞《そうずい》（輝元の法名）書状写（山口県文書館蔵毛利家文庫「譜録《ふろく》」）に「江口川関仰せ付けられ、はや人数先手遣わし候」とあり、淀川と神崎川《かんざき》の分流地点である江口《えぐち》（大阪市東淀川区）における川関普請を命じられている。二十三日付け宗瑞書状写（『萩藩閥閲録《はぎはんばつえつろく》』）には「広家《ひろいえ》・志摩《しま》、今日江口川関のため越され候」とあり、毛利氏一族吉川広家や毛利元景《もとかげ》も普請に赴いた。また、十一月二十八日付け広家書状（『吉川家文書』）には「川関は止められ候て、当手の衆、舟橋を仰せ付けらるの由候」とあり、行軍のための舟橋の普請も行われている。

さらに、広家の嫡子吉川広正《ひろまさ》が十二月十八日付けで記した書状（『吉川家文書』別集「祖式《そしき》家旧蔵文書」）には「川関相調い候わば、近陣寄せられるべきの由候」とあり、川関の完成によって、大坂城近辺へ陣替えできると認識されている。一方で、十二月十五日頃から、豊臣家は徳川方との講和に積極的になっている。

したがって、通説とは異なり、豊臣方の溢水による要塞化作戦は十二月半ば頃まではある程度有効に機能していたが、家康の命じた堤防・川関・埋め立て普請によって行軍が可能になったことも大きな要因となって、豊臣家は講和へ動いたと考えられるのである。

家康はなぜ秀頼を助命しなかったのか

大坂冬の陣における講和条件は、大坂城の「惣構《そうがま》えの堀・二の丸の堀いずれも埋め候て、本丸ばかり」にする、「惣構え・二の丸堀構え、悉く平地に仕る」（「本光国師日記」所収崇伝書状案）、「二・三の丸まで破却」（慶長二十年（一六一五）一月八日付け毛利宗瑞書状写、山口県文書館蔵毛利家文庫「譜録」）であった。つまり、徳川方が強引に破却を実施したとする従来の通説は誤りで、豊臣家もそれを受諾していた（笠谷二〇一六、曽根二〇一三）。しかし、本丸のみとすることが事実上の武装解除を意味していたにもかかわらず、破却作業完了後の三月になっても、豊臣家が「去年より抱え置かれ候牢人以下、一人も相散らされず、その上種々弓箭《きゅうせん》の用意」（三月二十九日付け伊達政宗《だてまさむね》書状、「留守《るす》文書」）というように、武装解除しようとしないことを家康・秀忠は問題視した。

そこで、豊臣家に対して、Ⓐ大坂城から退去して大和《やまと》あるいは伊勢《いせ》への国替え、Ⓑ牢人衆すべてを退去させて大坂に留まる、のいずれかの受諾を迫った。しかし、牢人衆は関ヶ原の戦い後に所領を失った者（真田・長宗我部盛親《ちょうそかべもりちか》・毛利豊前守《ぶぜんのかみ》ら）、主君との不和によって出奔した者（後藤ら）で構成されており、大坂入城を所領回復の最後のチャンスと見定めていた。ゆえに、十分な所領を確保できる見込みが薄い国替え案に反発する牢人衆は、従来からの大坂衆と結び付いて数派のグループを形成し、秀頼や淀殿も彼らを制御できない状況になったと考えられる。結果として、牢人衆が大坂城から退去しないことを敵対行為とみなした家康は交渉を打ち切り、再び大坂城攻撃に向け出陣した。

家康は四月十八日に二条城へ入ったが、二十四日には常高院《じょうこういん》（淀殿妹、京極高次《きょうごくたかつぐ》妻）らを使者として大坂へ派遣して三箇条の書付を示したという（『駿府記』）。三箇条の内容は不明であるが、出陣後も家康が武力討伐の回避を模索していたことを示している。その後、二十六日の秀忠との会談で二十八日に大坂へ進軍することが決まった（藤井二〇二〇）。

ところが、四月二十八日付け細川忠興《ほそかわただおき》宛崇伝書状案（「本光国師日記」所収）に「上野殿・帯刀《たてわき》殿・隼人《はやと》殿は今日御出馬御延引候ようにとの御使に伏見へ御越し候事候」とあり、二十八日の進軍は直前になって延期された。続く五月一日付け忠興宛伝書状案（「本光国師日記」所収）には、「①大坂への御出陣、二十八日は雨故、相延べ申し候、その翌日も天気しかじかこれ無き故、相延べ申し候、②三日五日両日の内、御出馬たるべきの由に御座候」とある。傍線部①では、天候を理由に延期したとしているのであるが、傍線部②の進軍予定は天候に関係なく二十九日の家康・秀忠の密談によって決まったこと（『駿府記』）、三日の進軍予定もさらに五日に延期されたこと（『駿府記』）から推定すると、二十八日の延期が単に天候を理由としたものとは考え難い（『言緒卿記』『泰重卿記』といった公家の日記によると、二十七日は雨であったが、二十八日は朝に少々の雨があったもののその後は晴天であった。また、四月三十日から家康が出陣した五月五日まではずっと晴天であった）。

二十八日付け書状案によると、家康は側近の本多正純・安藤直次《あんどうなおつぐ》・成瀬正成《なるせまさなり》を伏見へ派遣して秀忠へ延期を伝えており、この延期が家康の意向によるものであったことをうかがわせる。家康は先に提示したⒶあるいはⒷの条件を豊臣家が受諾することを期待して、今少し待とうとしていたのではなかろうか。

結局、豊臣家からの受諾は示されず、五月五日、家康・秀忠は進軍を開始し、本格的な戦闘へと突入した。ところが、最終決戦が展開されようとしていた五月七日、大野治房は「真田・毛利申し合わせ、そつじのかっせん然るべからず候（真田信繁・毛利豊前守と打ち合わせて、軽率な合戦はしないように）」という指示を発している（個人蔵）。この指示について、豊臣家家臣浅井一政《あざいかずまさ》が後年に作成した記録（「浅井一政自記《じき》」）には、巳刻《みのこく》に真田からの使者が「敵が近くに居るので合戦を始めたい」と願い出たが、秀頼は大野治長を呼び寄せて、話し合った後、「以前に打ち合わせた（秀頼の）ご出馬を合図に合戦を始めるという約束を守るように」と命じたとある（堀二〇一七）。通説では、軽率な合戦を禁じた治房の指示は、秀頼の出馬を待って一斉に出撃しようという作戦に基づくものだったとされる。

しかし、真田ら牢人衆の出撃を禁じた理由はそれだけであろうか。開戦直前まで家康は大坂への進軍を避けようとしていた。また、大野治長は七日申刻《さるのこく》に使者を家康の本陣茶臼山《ちゃうすやま》へ派遣して秀頼・淀殿の助命を嘆願したとされ（『駿府記』）、実際に、秀頼が天守において自害しようとしたところ、治長は虚言をもって自害を妨げている（「浅井一政自記」）。さらに、秀頼は八日、常高院を通じた淀殿の助命嘆願も行おうとしていた（堀二〇一七）。つまり、治房が出撃禁止を指示した時点の前後を通じて、家康・秀忠と豊臣家の間の交渉ルートは維持されていたのである。そうすると、治房の指示は秀頼の出馬を待つという表面的な理由のほかに、牢人衆には秘密裡に降伏の交渉を行う間の交戦を避けるためであった可能性を指摘できる。六日の戦闘で後藤基次や木村重成《きむらしげなり》を失った豊臣方に逆転の可能性はほとんどなく、豊臣家存続のためには降伏以外の選択肢は残されていなかった。

換言すると、決戦の最終段階においても、家康は豊臣家の存続を排除していなかった可能性を指摘できる。しかし、出撃許可されなかったにもかかわらず、真田らは七日巳刻、戦闘に突入していた（『駿府記』）。家康が最終盤での降伏交渉を視野に入れていたとすると、この戦闘によって、豊臣家存続を受け入れる余地はなくなったと考えられる。その後の助命嘆願はもはや手遅れであり、豊臣家は滅亡した。

おわりに

本稿では、従来の研究では知られていなかった古文書や、解釈が不十分であった古文書について、関係史料と照合することによって通説とは異なる見解を提示した。

第一に、方広寺鐘銘事件について、家康が豊臣家を滅ぼすために仕組んだ罠ではなく、鐘銘問題を利用して豊臣家の徳川政権への服属の可視化を目的としたものであったとした。また、問題解決の交渉過程をみると、家康は武力討伐の回避を模索しているが、秀忠は武力討伐を望んでおり、家康・秀忠の思惑の相違を明らかにした。第二に、大坂冬の陣において豊臣方の実施した溢水による要塞化作戦はある程度有効に機能していたが、家康は堤防・川関・埋め立て普請によって要塞化作戦の効力を低下させ、豊臣方を講和に追い込んだ。第三に、大坂夏の陣における最終決戦段階においても、家康は豊臣家の存続を排除していなかったと推定される。しかし、秀頼の許可したものではないとはいえ、牢人衆が戦闘に突入してしまったため、豊臣家存続を受け入れる余地がなくなった家康は豊臣家を滅ぼしたと考えられる。

もっとも、断片的な史料からの推定による見解も少なくない。今後は文献史学の立場からの研究の深化に加え、本稿で論じた出来事が軍記類などにおいてどのように叙述され、また、その叙述がどのようにして成立していったのかといった学際的研究の深化も望まれる。

付記

本稿は、二〇二一年十二月三〇日初回放送のNHKBSプレミアム『決戦！大坂の陣』への制作協力の過程におけるNHK大阪放送局辻本和晃氏とのディスカッションから多くの着想を得ている。また、番組収録時には千田嘉博氏、フレデリック・クレインス氏から有益なご教示を賜った。この場を借りて、感謝申し上げたい。

●参考文献

笠谷和比古『関ヶ原合戦と大坂の陣』(吉川弘文館、二〇〇七年)

笠谷和比古『徳川家康——われ一人腹を切て、万民を助くべし』(ミネルヴァ書房、二〇一六年)

片山正彦「大坂冬の陣における堤防の役割—主に「文禄堤」と京街道を事例として—」(『交通史研究』九三、二〇一八年)

曽根勇二『片桐且元』(吉川弘文館、二〇〇一年)

曽根勇二『大坂の陣と豊臣秀頼』(吉川弘文館、二〇一三年)

福田千鶴『淀殿——われ太閤の妻となりて』(ミネルヴァ書房、二〇〇七年)

福田千鶴『豊臣秀頼』(吉川弘文館、二〇一四年)

藤井讓治『徳川家康』(吉川弘文館、二〇二〇年)

堀智博「豊臣家中からみた大坂の陣—大坂落人浅井一政の戦功覚書を題材として—」(『共立女子大学文芸学部紀要』六三、二〇一七年)

13 方広寺鐘銘事件と大坂の陣

虚像編

▼湯浅佳子

方広寺鐘銘事件は、慶長十九年（一六一四）・二十年（一六一五）の大坂冬・夏の陣の発端となった騒動である。その事件に大きく関わったのが豊臣秀頼の重臣の片桐且元である。この人物については、近世期以降の文芸書や史論において善悪の評価がさまざまになされている。本稿では、近世前期に成立し後続の大坂の陣関連軍記に大きな影響を与えた『難波戦記』に注目し、軍記における片桐且元の人物造形の様相を考察する。

はじめに

方広寺鐘銘事件《ほうこうじしょうめい》とは、豊臣秀頼方により記された鐘銘の文言をめぐり徳川家康よりクレームが付けられ、両家が対立し、大坂の陣開戦の発端となった一連の騒動のことである。この事件の経緯については、岡本良一や曽根勇二、渡邊大門等の歴史学方面からの研究が備わり、片桐且元や金地院崇伝・天海、林羅山の動向等から事件の真相が明らかにされている。

本稿では、事件に大きく関わったとされる片桐且元に注目し、『難波軍記』を中心とする軍記類が事件や人物をいかに虚構化していったかについて考察する。なお、本文引用の際の「～コマ目」は、所蔵元が公開する画像データのコマ数を示したものである。

『難波戦記』と周辺書

『難波《なんば》《なにわ》戦記《せんき》』は、大坂の陣の顛末を記した軍記である。写本、片仮名文または平仮名文で、一つ書き形式のものとそうでないものとがある。今回本文引用に使った内閣文庫本（二十七巻六冊、請求番号：一六八―二〇二）には寛文十二年（一六七二）六月の三宅可参の序文があることから、その頃までには成立したとも考えられる。なお序文には、編者の万年頼方《まんねんよりかた》と二階堂行憲《にかいどうゆきのり》が石谷《いしがや》翁（貞清《さだきよ》）と村越翁（道伴《どうはん》）に事実を確認しながら著したとも記されている。

本書は、諸本により序の有無、巻数や章題、本文に異同があり、諸本の分類・系統付けにはなお検討を要する。巻数には十巻本、十二巻本、二十七巻本、三十巻本など多種存在する。どの諸本も基本的に豊臣秀頼上洛のことから始まるが、最後部の異同が特に大きく、秀頼自害や大坂落人誅殺、または太田道灌のことや家康逝去で終わる本など様々である。おそらくは後続本で最後部分が増補されていったものと思われる。

『難波戦記』以前に成立の大坂の陣の記録には、『駿府記』をはじめ『義演准后日記《ぎえんじゅごうにっき》』『時慶卿記《ときよしきょうき》』『本光国師日記』『言緒卿記《ときおきょうき》』『孝亮宿禰日次記《たかすけすくねひなみき》』『大坂御陣山口休庵記』『当代記』等、信憑性の高い史料がある。また文芸書には仮名草子『大坂物語』が古活字版・整版で流布している。『難波戦記』は『駿府記』を基本的枠組みとし、『大坂物語』『豊内記』等をも利用し、軍記として虚実ない交ぜの世界を構築している。

なお『難波戦記』と同じく寛文期前後頃の成立と思われ、『難波戦記』との影響関係が考えられる軍記類に、次のようなものがある。

『片桐《かたぎり》家《け》秘《ひ》記《き》』（一巻、『大坂一乱起之条々』『片桐記』『大坂一乱起之覚書』とも）

一つ書きの覚書。漢文訓読文。慶長十九年（一六一四）八月一日、方広寺大仏堂供養の日程が整えられた件から方広寺鐘銘事件を経、大坂夏冬の陣に片桐兄弟が徳川方として参戦した件までの十五箇条がある。その後に「本多上野殿誓紙之写」一箇条と、秀吉・秀頼・家康と且元をめぐる七箇条の覚書を記す。

史籍集覧本の奥書には、著者について、片桐且元の甥で大和国小泉藩二代目藩主であり茶人の片桐石見守貞昌の作とある。これに基づくのであれば、本書は貞昌没年の延宝元年（一六七三）以前の成立となる。

『村越《むらこし》道伴《どうはん》物語《ものがたり》留書《とめがき》』（一巻、『村越道伴覚書』とも）

一つ書きの覚書。漢文訓読文、慶長十八年（一六一三）九月二十九日、家康江戸下向から大坂の陣を経、元和元年（一六一五）五月、秀頼息の国松処刑・女子出家までの経緯を、家康・秀忠の動向を中心に記したもの。作者村越道伴（吉勝）は家康側近の村越直吉（茂助）の男で、延宝九年（一六八一）年没（岩波書店『国書人名辞典』第四巻、五三九頁）。松林靖明によると、本書は道伴の語ったものを書き留めたものという。

『難波戦記』巻二十三「五月七日両御所御出陣ノ事」本文の評注には「村越長門守吉勝入道道伴翁覚書」（25コマ目）に拠って記したとあり、当書が『村越道伴物語留書』を見ていたことがわかる。なお同書巻一「大坂軍評定之事」の評注には『石谷自記』（66コマ目）の書名も記されている。前述のように、序文にも編者万年頼方・二階堂行憲と村越道伴・石谷貞清との関係が記されており、『難波戦記』成立圏を探る手がかりとなる。

『松原自休大坂軍記』（一冊、『松原自休大坂御陣記』『大坂軍記』とも）

漢文。慶長十九年の東山大仏殿完成、七月二十一日、供養の準備開始の件から、方広寺鐘銘事件、大坂の陣を経、元和元年（一六一五）五月八日、秀頼自害、九日、秀忠伏見帰参までを記す。内閣本に「寛文九年臘月十二日　寒梅軒源澹記」（34コマ目）の奥書があり、本書が藤堂高虎家人の松原自休（十右衛門）の筆記であり、同年秋に源澹が写した旨の記がある。

『大坂記』（上下二巻一冊）

一つ書きの覚書。片仮名文。各巻目録あり。源頼朝時代から大坂の陣開戦までの歴史に始まり、大仏殿再興、方広寺鐘銘事件、大坂の陣を経、元和三年（一六一七）四月十六日に家康霊棺を神正殿に移転するまでを記す。成立時代は不明だが、『難波戦記』とよく似た構成・内容を持つ。

『豊内記《ほうないき》』（三巻、『秀頼事記』『豊臣秀頼記』とも）

片仮名文。序・各巻目録あり。神代から徳川家康の代までの歴史を記し、秀吉死去から方広寺鐘銘事件を経、大坂冬の陣まで（上巻）。秀頼と宗夢の問答、淀の夢物語（中巻）、大坂夏の陣の顛末（下巻）の三部構成である。序文には、宗夢の物語を桑原求徳《ぐとく》が記録し、それを編集したとある。阿部一彦によると、寛永十六年（一六三九）成立の『渡辺水庵覚書』の利用があることから、『豊内記』はそれより後の成立という。

笹川祥生によると、本書は『難波戦記』や『大坂物語』に比べ秀頼に好意的で、その優れた資質を強調する傾向があるとする。また、佐藤陸によると、本書には近江と浅井氏の印象が強く、浅井氏関係者が制作に関与した可能性が指摘される。本書では淀を「賢キ御人」（上巻、16コマ目）と称するなど『難波戦記』等には見られない淀への好意的な描写がある。また、秀頼についても、片桐への信頼を保とうとする様子が描かれるなど、秀頼母子への親好的視点がうかがえる。これらのことも本書の成立圏を探る手がかりになるだろう。笹川祥生や阿部一彦、高橋圭一は、『豊内記』が『難波戦記』に影響を与えたとする。諸氏の指摘のように、『豊内記』は、話の筋立てや構成・表現の上で『難波戦記』との類似があり、影響関係が考えられる。

では、『難波戦記』は『豊内記』を利用し、虚実をどのように記しているのだろうか。次に、方広寺鐘銘事件から大坂冬の陣開戦までの記事について、特に事件をめぐる重要人物とされる片桐且元に注目し、主に『難波戦記』と『豊内記』との比較検討から『難波戦記』の叙述の特徴と意図について考察する。

『難波戦記』の片桐且元

『難波戦記』巻一「彗星出事」「大仏供養評定事」「片桐大野等下向駿州事」「市正大坂立退事」「石川伊豆守大坂退事」「大坂騒動事」「板倉関東江注進事」「茨城城加勢事」「中嶋一揆事」の、大仏殿供養の件から方広寺鐘銘事件、片桐且元の茨木城入り、大坂冬の陣開戦までの一連の内容は『豊内記』巻上「大坂城恠異事」「大仏供養評定事」「片桐駿河下向并大坂帰始末事」と対応関係にある。

『難波戦記』「彗星出事」と『豊内記』「大坂城恠異事」とには、慶長十九年（一六一四）二月五日申刻、大坂城天守閣より黒気が上り天を覆ったのを、李文長の占いに秀頼の命運傾く予兆と出たため人々は不安がったとある。『難波戦記』にはさらに、李文長が同年仲春の彗星出現から大坂の陣を予言した話と、比叡山覚林坊の二郎の奇話、家康が伊勢躍りを禁止した話が加わる。

また『難波戦記』「大仏供養評定之事」と『豊内記』「大仏供養評定事」とには、片桐且元を介し家康から秀頼へ、大仏供養執行のため上洛の命が伝えられるが、大野治長らの意見で延引と決まる。その時、織田信包が吐血急死する不吉があったとある。その後、板倉勝重を介して家康から片桐且元へ、家康からの大仏鐘銘へのクレームが付き、供養中止となる。

　両書には右のような話型の類似があること、また『難波戦記』のほうに長編化・具体化・説明化の傾向があることから、『難波戦記』は『豊内記』を利用して書かれたといえる。

では、『難波戦記』は、方広寺鐘銘事件の経緯をどのように記しているだろうか。片桐且元の動向を中心に、典拠『豊内記』をはじめとする軍記類と比較しながら次に考察したい。

　『難波戦記』における片桐且元の人物描写の特徴に、まず且元の忠義の是非が豊臣家臣らによって評されることがある。

　常真（織田信雄）・速水時之・木村重成・今木源右衛門（浅井一政）といった豊臣方の面々は、且元の忠義を認め擁護する人物等である。対して且元を敵視する同じ豊臣方の大野治長・渡辺糺らは、且元を逆臣と見な

「片桐且元像」玉林院蔵。『片桐且元　─豊臣家の命運を背負った武将─』長浜市長浜城歴史博物館、2015 年、11 頁より。

し、対立する。擁護側の常真は、豊臣が家康と争うのは存外のこととし、「且元ハ、故太閤御取立ノ侍、智有テ忠ヲ重シ、率爾ナキモノ者也」と、大野治長・木村重成・渡辺糺の且元殺害計画を制止する（巻一「市正大坂立退事」32コマ目）。この部分は『豊内記』巻上「片桐駿河下向」（17・18コマ目）に拠るが、『難波戦記』では、且元の忠義智謀を認め、これを擁護する常真の姿勢が強調される。

同じく且元擁護派の木村重成は、「本多等ノ智人、之ヲ計ラヒ、片桐ヲ秀頼卿ノ命ニ背カシメハ、城中心々ニ成テ、自ラ滅亡セント相議スヘシ」と、本多正信らが且元を利用して豊臣家を滅亡を図っていると家康側を批判し、「秀頼卿ノ長臣智謀ノ棟梁」の且元が、本多らの謀計によもや乗るはずがないと主張する（「市正大野立退事」36コマ目）。

また速水時之は、淀の関東下向案の真意を且元に問う。且元は「家康公ノ御年、既ニ七旬有余、幾年カ御存命タルヘキ、御他界ニ於テハ、必天下ニ変アラン、然ハ時分ヲ見合セ、謀何程モ有ヘシ」（同、35コマ目）と、家康没後を待って豊臣家再興を目指すための謀策であると答える。速水はこれに納得し、「市正カ申所、一々道理ニ相叶フカ、最忠臣為ルヘキ」（同）と且元を評価する。

留意すべきは、この且元の発言は、先に駿府で家康が且元に語った文言「家康齢《ヨハヒ》七旬ニ余リ、余命久カルヘカラス、（略）没後ニ於テハ、秀頼ト将軍家ト、父子ノ中、必不和ニ成テ、天下ノ兵乱、掌ヲサス、市正其レ深ク謀リ遠ク慮テ、後世ニ至ルマテ秀頼卿ト将軍家ト水魚ノ思ヲナサレ、泰平ノ化ヲ致ス計コトヲ仕ルヘシ」（「片桐大野等下向駿州事」28コマ目）との傍線部をそのまま用いていることである。『難波戦記』では、且元が以前に聞いた家康の文言を使って速水を説得したととれる。且元の機転の早さとともに、家康・秀頼の対立の中で微妙な立場にある且元の姿を描いた箇所ともいえるだろう。なおこの文言は『豊内記』に家康使者から且元に告げられた文言（巻上「片桐駿河下向」16コマ目）としてあるのに拠ったものである。

一方、『豊内記』の且元像は、『難波戦記』のそれとは異なる。「片桐兄弟ハ威儀ヲ刷テ日々出仕スト云ヘトモ、一文不通ノモノナレハ、幼主ヲ取立ヘキ様ヲシラス、太閤ノ遺命ニモ違テ、但己カ身ヲ立、人ニ崇敬セラル、ヲ手柄ノヤウニ思ヒケリ（略）故次第〻〻ニ仕方モ悪クナリテ」（巻上「秀頼公衰微事」10・11コマ目）と、やや芳しくない評価がなされる。それに対し、『難波戦記』では、豊臣の中で信頼を得ながらも、その忠義の立てどころに揺れる且元像が新たに描かれる。では、『難波戦記』がそのように且元像を改変した意図とは何であろうか。

『難波戦記』のもう一つの特徴に、家康と且元との密接な関係が記されるということがある。慶長十九年（一六一四）四月十六日に方広寺大仏の撞鐘が完成し、片桐且元をとおし家康から秀頼に、供養のため上洛するよう要請があったとする（巻一「大仏供養評定事」）。しかし『豊内記』には、且元が秀頼に上洛執行を勧めた、とあるだけで、そこに家康の意向は記されていない（巻上「大仏供養評定之事」）。

また、両書には、大仏供養中止後、且元が家康と秀頼との関係を取り持つため、駿州へ行き、家康との接触を試みたとある（『難波戦記』「片桐大野等駿州下向之事」・『豊内記』「大仏供養評定之事」）。しかし、家康から秀頼に提示された天下静謐のための三条件（秀頼大坂城明け渡し・秀頼関東下向・淀君関東下向）に、且元がいかに関与したかという点において、両書の書き方は異なる。『豊内記』では、駿府下向した且元に家康の使者が対面し、天下静謐のための案を且元に求める。そこでやむなく片桐自身が三条件を考案したという筋である。

曽根勇二によると、且元は家康と対面せず、三条件の考案者は且元であったという。この点、『豊内記』のほうが史実に近い。なお『片桐家秘記』は、家康使者（本多正純と金地院崇伝）が且元に秀忠・秀頼の融和策を求め、その後、且元自身が考案した三条件を大蔵卿らに語るという経緯である。『村越道伴物語留書』には、家康使者（本多正純・成瀬正成・安藤直次・金地院崇伝）をとおし、且元が家康に二条件（秀頼大坂城明け渡し・

淀と秀頼江戸屋敷隔番勤）を進上し、大坂帰参中に且元が大蔵卿へ語ったとされる。ただしこの二条件は加藤清正の論説をもとに且元が作ったとする。『松原自休大坂軍記』には、家康使者（金地院崇伝と本多正純）が且元に秀忠・秀頼融和策を求め、やむなく且元が二条件（淀の関東下向、秀頼大坂城明け渡し）を発案・進上するとある。『大坂記』には、家康使者の金地院崇伝と本多正純が且元に三条件を示したとあり、発案が且元ではない点でこちらは『難波戦記』に類似する。

『難波戦記』は、『豊内記』や『片桐家秘記』『村越道伴物語留書』『松原自休大坂軍記』の筋とは異なり、三条件は且元の考案ではないとする。また使者も本多正純・金地院崇伝等ではなく、本多正信と天海上人とあり、その二人が徳願寺の片桐且元を訪れ、且元に天下静謐のための案を出すよう求めたとする。躊躇した且元が逆に本多らに案を求めると、本多が「予カ心ニ欲スル所」（巻一「片桐大野等下向駿州事」26コマ目）として三案を且元に教える。その時且元は、「此ノ事ハ、本多カ私ノ謂ニ有ルヘカラス、定テ公ノ御内意ヲ受テ斯ハ申ヲ、此三ケ条、一ツモ承引無ケレハ忽事ノ破レナラン、須《スヘカラク》謀コト有ルヘシ、ト思ヒケレハ」（同）と、三条件は本多正信の私案ではなく家康の意向であることを察し、案を受け入れる。その後、家康と対面時に、且元のほうから家康に案を進上するという入り組んだ筋立てに作っている。三条件の考案者が且元ではなく家康であったとすることで、且元がなお豊臣の善臣であることが示される。その一方で、且元が次第に家康側に取り込まれていく状況も描かれるのである。さらに、家康と且元の仲介役に本多正信の存在を新たに記していることにも留意したい。三条件を要請した使者を本多正純ではなく本多正信とするのは、管見の限りでは『難波戦記』のみである。

『難波戦記』には、方広寺鐘銘事件で且元に関わる人物として本多正信がしばしば登場する。正信は家康の「無類寵臣」（巻一「大久保忠隣御改易之事」16コマ目）であり、また且元の縁者として且元に関わっている。「市正ハ、兼日本多佐渡守カ縁者ト成ル故ニ、彼ノ一族等ノ奔走、日比ノ儀ニ越タリ」（巻一「片桐大野等下向駿州事」29コマ目）と、且元は駿州で本多正信からの手厚い世話を受ける。そのため「本多佐渡守カ縁座タル故ニ、諸大名ノ賄賂奔走ヲ受、関東ニ一味シテ」（巻一「市正大坂立退事」32コマ目）と、且元に敵対する大野治長等からは、関東内通の疑惑をかけられる。『難波戦記』では、本多正信と且元との縁故を記すことで、且元と家康との関係の近さを示そうとしている。なお『寛政重修諸家譜』によると、且元の養女（且元弟貞隆の娘）が本多正信の三男忠純の妻であることから（巻三六〇）、『難波戦記』にいう且元と本多正信の縁故関係とはこのことを指すものと思われる。

　このほか、且元に密接に関わる家康側の人物に京都所司代の板倉勝重がいる。方広寺鐘銘の問題で供養中止を且元に告げたのは板倉勝重で、これは『豊内記』「大分供養評定之事」に拠る。勝重に関する『難波戦記』独自の話は、且元が駿州下向の途中で京都の勝重を訪れ談話したとする件（巻一「片桐大野等下向駿州事」31コマ目）、大野治長等に狙われた且元が勝重に援兵を求めたとする件（巻一「市正大坂立退事」38コマ目）、勝重が家康へ且元茨木城籠城の一報を届けた件（「板倉関東江注進事」52コマ目）などがあり、且元の援護者としての活躍が記される。『難波戦記』巻一「茨木ノ城加勢ノ事」は『豊内記』巻上「板倉伊賀守計略」に基づいた箇所で、勝重の計らいで村上頼清が茨木城の且元に加勢した件を記す。『難波戦記』における板倉勝重は、本多正信と同様、且元の協力者であり、且元を擁護し、且元と家康との連絡をつなぐ重要な役目を担っている。『難波戦記』では、この勝重の存在によっても且元と家康との密接な関係が示される。渡邊大門は、秀頼が「且元を討伐するということは、すなわち家康の家臣を討つのに等しい」（八二頁）とする。その点から考えると『難波戦記』が史実に近しい形で且元を描いていることがうかがえる。

『難波戦記』では、家康が且元を味方につけてこれを擁護し、豊臣方に揺さぶりをかけたと記している。

秀頼評議の場では、木村重成に「片桐ヲ秀頼卿ノ命ニ背カシメハ、城中心々ニ成テ、自ラ滅亡セント相議スヘシ」（巻一「市正大野立退事」36コマ目）と言わせている。忠義の徒の且元が秀頼から離反すれば、城内が動揺し内部対立の末自滅するであろうことを家康が狙っていると、木村に家康の計略を暴かせている。その後、且元の大坂城退去の一報を受けた家康は、「秀頼、老臣ノ諫ヲ用ヒス、剰片桐横死ニ逢ントスル所ニ、不慮ニ虎口ニ死ヲ遁レ、其後、中嶋一揆ノ刻、郎等共忠戦スルノ条、神妙ノ至リ也。家康公自身馳向テ、謀叛ノ子細ヲ糾明セント欲ス」（巻二「大野治長与渡辺糺ト口論ノ事」14コマ目）と述べる。忠義の老臣である且元の進言（三条件の要求）を容れようとしない秀頼は悪君となり、家康への謀叛人ともなる。『難波戦記』において、家康に秀頼討伐の大義名分を持たせるためには、且元を秀頼の忠臣として描く必要があったのである。家康にとって、天下掌握のためには、且元は不可欠の人物であったとする。よって家康に「片桐、横死ニ逢ントスル所ニ、不慮ニ虎口ニ死ヲ遁レ」と、その存命を幸いと語らせたのである。

大坂城退去後の且元に、秀頼への忠節の言動は描かれなくなり、家康とのより密接な関係が記される。家康は、吉田の宿で使者の且元家衆の小島庄兵衛に紋付きの小袖を与え、小島はそれを子孫代々の家宝としたとある（巻二「大野治長与渡辺糺ト口論ノ事」14コマ目）。冬の陣では、且元の仕寄場から城内へ大砲が放たれている（巻三「城中和睦相談事」23コマ目）。これにより、且元が完全に家康側の人物となったことが記される。

『難波戦記』において、且元は忠臣として称えられながらも、秀頼への忠義はついに貫かれることはなかった。しかし、方広寺鐘銘事件から大坂の陣開戦に至るまでの間、且元は家康の覇権を支えた重要人物として位置づけられる。

まとめにかえて――『難波戦記』からの文芸的展開

『難波戦記』以降の軍記・実録類における片桐且元の人物造形の変遷については、高橋圭一の論に詳しい。『厭蝕太平楽記《えんしょくたいへいらくき》』（三十巻）、『泰平真撰　難波秘録　本朝盛衰記』（七十六冊）等において且元の智勇忠臣としての印象は強調され、やがて坪内逍遙の史劇『桐一葉《きりひとは》』（明治三十七年（一九〇四年）東京初演）に至り、苦悩する秀頼忠臣としての人物像が完成する。

●引用資料

『難波戦記』―内閣文庫本、二十七巻六冊、請求番号：一六八―二〇二。

『片桐家秘記』―内閣文庫蔵『大坂一乱起《おおさかいちらんのおこり》之《の》覚書《おぼえがき》』一冊、請求番号：一六六―一三一。

『村越道伴物語留書』―内閣文庫蔵『村越道伴覚書』一冊、請求番号：一六六―一三六。

『松原自休大坂軍記』―内閣文庫本、一冊、請求番号：一六八―二三六。

『大坂記』―内閣文庫本、二巻二冊、請求番号：一六八―二一四。

『豊内記』―内閣文庫蔵『秀頼事記』三巻三冊、請求番号：一六八―二〇七。

●参考文献

阿部一彦「渡辺勘兵衛とその『覚書』」「『大坂物語』と『豊内記』」（『『太閤記』とその周辺』和泉書院、一九九七年）
岡本良一「家康の決意」（『大坂冬の陣夏の陣』創元新書、一九七二年）
笹川祥生「豊内記」（『日本古典文学大辞典』第五巻、岩波書店、一九八四年、四三六～三七頁）
佐藤陸「豊内記」、松林靖明「村越道伴物語留書」「片桐家秘記」、加美宏「大坂記」（『戦国軍記事典　天下統一篇』和泉書院、二〇一一年、五五七頁、五七八頁、五八四頁、五九五頁）

曽根勇二「大坂の陣」（『人物叢書　片桐且元』吉川弘文館、二〇〇一年、二三一頁〜二四二頁）
高橋圭一「苦悩する忠臣　片桐且元」（『大坂城の男たち——近世実録が描く英雄像』岩波書店、二〇一一年）
圭室文雄「崇伝と大坂の陣」（『政界の導者　天海・崇伝』吉川弘文館、二〇〇四年）
中村幸彦「難波戦記」（『日本古典文学大辞典』第四巻、岩波書店、一九八四年、五七六頁）
長浜市長浜城歴史博物館『片桐且元—豊臣家の命運を背負った武将—』（サンライズ出版、二〇一五年）
渡邊大門「大坂冬の陣勃発——仕組まれた戦い」（『大坂落城　戦国終焉の舞台』角川学芸出版、二〇一二年）

13. 方広寺鐘銘事件と大坂の陣×虚像編

一つの時代を創り上げた人物の死とその弔いは、極めて政治的な事象であると同時に、「神話」の問題を孕んでいる。前近代にあっては、その人物の政治的遺産が大きければ大きいほど、その人物を語ることは宗教的要素を帯びる。そのことの検討は、政治と宗教をめぐる問題を我々に問い直すことにもなるのである。

14

家康の神格化

曽根原 理×井上泰至

14 家康の神格化

実像編

▼曽根原　理

天皇の代替わりを背景に、一九九〇年代に盛んになった王権論は、徳川将軍の宗教性への注目をもたらした。それから三〇年ほどの間に、実証的な議論が積み重なる一方で、もう一度大きな視野が求められている。徳川家康が神になった出来事は、日本の歴史の何に起因し、何をもたらしたのだろうか？

神格化への助走

徳川家康《とくがわいえやす》は死後に神になることを、いつから意識し始めたのだろう？　実証的な回答は困難であるが、少なくともその問題に深く関わっている出来事が晩年にあった。学僧を集めて行われた、度重なる論義会の開催である。

論義とは、ある命題について二人の学僧が、何往復か問答を行い自らの主張を述べ、判定役の高僧が勝劣を決するのを基本とする。既にインド仏教の段階から行われ、日本仏教でも早くから取り入れられた。九世紀を過ぎると、論義会での活躍が学僧の昇進を左右するようになり、各宗派で研鑽が行われた。

家康は戦国武将には珍しく、素養があり仏教の教えに親しんだ。慶長十八年（一六一三）以降、家康が主催する論義会の開催頻度が急激に高まる。『駿府記《すんぷき》』の記録によると、そこには天台・真言をはじめとする諸宗の僧侶が入れ替わり立ち替わり招かれ、議論を交わしている。そして注目したいのは、しばしば死後の成仏や滅罪に関する主題が扱われたことである。さらに、時に世俗的な内容も見られた。たとえば「君臣の相、同一生か、多生に及ぶか」（慶長十九年六月六日）など、およそ学僧間の議論では見られないものも含まれていた。こうした場で家康は、論題に対し注文をつけ、実施形式についても希望を出していた。研究史では論義開催の目的が、密議の隠蔽《いんぺい》（辻善之助）、宗教勢力の統括（佐々木邦世、宇高良哲、ラポー・ガエトン）などと論じられたが、それは嘘ではないとしても全てではないだろう。家康本人が内容にまで踏み込んでいる点や、秀忠《ひでただ》以降の将軍には類例が見られない点から、この時期の課題、家康の個性との関係を重視すべきと思われる。

豊臣家を滅亡させることになる大坂の陣を控えた時期に、最晩年の家康が直面していた課題は、自らの死とその後の家門の繁栄であろう。解決策を模索する中で神格化に至ったことを考えるなら、論義会はその問題に本格的に向かい合う場であったのではないか。

秀忠の決断

元和二年（一六一六）四月十七日午前、駿府城（静岡市内）で家康が逝去した。遺体は予定通り、その日の夜に近くの久能山《くのうさん》上に移され、神としての祭祀が始まった。この前後の経緯は、当時の一次資料（崇伝・梵舜・慈性・壬生孝亮らの日記）で確認されている。

従来注目されたことの一つに、家康の神号をめぐる吉田神道（崇伝・梵舜）と山王《さんのう》神道（天海）の争いがあった。まず結論に至る経緯については、天海の一言「明神は悪い、子孫が滅んだ豊国大明神の例をみよ」で早々に決着したとする俗説を否定し、二次資料（胤海伝や明良洪範など）でなく一次資料に拠るなら、一ヶ月ほどの熟慮期間を経て将軍秀忠が自ら判断したことが、浦井正明により明らかにされている。個人の思いつきレベルでなく、政権の重い判断だったのである。

では何故「権現」号が選ばれたのか？　浦井や菅原信海、高藤晴俊らは、吉田神道と山王神道の教義の違いに注目した。豊国大明神を反面教師として、護国仏教（天台宗）の伝統にあり鎮護国家や現世利益の性格が強い「権現」が選ばれたというのである。

ところで近年、野村玄により、別の観点が提示された。従来は知られていない家康の遺言が存在し、「両部習合神道」による神格化が指示されていたという説である。典拠となる『東照神君年譜』（徳川義直編『御年譜』の草稿）や、補強材料である「徳川紀伊和歌山家譜」ともに二次資料であるが、『羅山林先生外集』の秀忠が両部神道を志向したという記事とも整合する内容であり、検討に値する。ただし「両部習合神道」の同時代的な内容や、天台系の山王（一実）神道との関係等については、なお検証が必要かもしれない。

いずれにしても、二代将軍秀忠によって、仏教的要素を含む「権現」が選択されたことを、天海《てんかい》（山王神道）と崇伝《すうでん》（吉田神道）の勝敗のみに矮小化すべきではないだろう。家康を大権現として祀るという政府方針の存在は、近代とは異なる、仏教や儒教を組み込んだ宗教的国家観の基盤の検討抜きに、近世国家の性格が論じられない事を示している。

画期としての寛永十三年（一六三六）

徳川家光《いえみつ》の将軍就任は元和九年（一六二三）であるが、寛永九年（一六三二）の大御所（父）秀忠の逝去後、東照権現信仰が目立ってくる。同十三年の家康二十一回忌は、最初の大規模な発露であった。この行事にあわせ、社殿は大規模な造替が行われ、現在のような色彩豊かで精緻《せいち》な彫刻を備えた華麗な姿となった（元の社殿は世良田東照宮に移築）。その莫大な経費は、すべて将軍家の支出である。

新たな信仰段階を表明したのが、『東照社縁起』（真名上巻）の奉納である。家光の命により天海が撰述して家康の霊に捧げられた、公式の編纂物と言える。しかし、祭神を主人公とする物語といった通常の縁起とは趣を異にし、仏教の教理書的性格が強い。家康の一生ではなく、晩年の一時期の仏教への傾倒や、それに応えた僧たちの教えが延々と記述される。

二十一回忌に際し、勅使（天皇の使い）が読み上げた宣命では、東照権現は征夷大将軍の神格化であり、あくまで臣下の分際で扱われた。それに対し将軍家側の意識を示す前掲「真名上巻」では、近世国家の運営は武家と公家が仏教の教えに沿って行うべきと示唆する。将軍家側の自意識としては、武家は公家に勝るとも劣らない存在と読み取れる。

さらに古谷清によると、中原（平田）職忠の記録等から神事に用いられる調度品などの定まる時期を考えるなら、山王（一実）神道の儀式が成立したのは中世以前ではなく、家康二十一回忌の時であるという（久保田収に同様の指摘あり、野村玄が詳細に検証している）。

家光期の展開

寛永十七年（一六四〇）の家康二十五回忌に向けて、新たな動きがあった。いわゆる「鎖国」政策が進行し、対外的な緊張感が増す中で、将軍家光は御三家や朝廷との結束を固める必要性を強く意識し、『東照社縁起』の追加作成・奉納を進めたといわれる。内容的には真名上巻で完結している『東照社縁起』に対し、追加作

図　東照社縁起：江戸城への東照宮勧請を祝い鶴が舞い降りる場面（日光東照宮所蔵）

成された真名中・下巻では、家康逝去後の動向を踏まえた記述が加えられた。江戸城内への勧請《かんじょう》や、日光の整備や繁栄を記すとともに、東照権現を組み込んだ神の体系が示されている。さらに仮名縁起には、天皇家（および天照大神）と将軍家、さらには国内の団結を説く論調が見られる。二十五回忌に日光に結集した西国大名たちは、「軍神」と称された東照権現（『天寛日記』）参拝の後に帰国を命じられ、沿岸防備体制をとったという。対外的緊張感のもとで、将軍を中心に団結することを説くテキストとして、『東照社縁起』追加分が存在したといわれる。

国家統合の阻害要因は、家光の体調や一族間の葛藤にもあった。二十一回忌儀礼の四か月後に日光山に奉納された『東照大権現祝詞《のりと》』には、家光乳母の春日局《かすがのつぼね》による東照権現への祈願が、神威による病気克服や子孫繁盛、天下静謐《せいひつ》などの形で記されていた。二年ほど続いた家光の体調不良や嫡男不在、さらに弟忠長との不和（改易・自殺に至る）や島原・天草一揆の勃発など、家光周辺が過大なストレスの中で信仰に救いを求めた面もあるだろう。

家光後継問題は、二十五回忌の翌年に竹千代（後の四代将軍家綱）が誕生したことでひとまず解消した。正保元年（一六四四）の明清交替など、海外の圧力はなお存在したが、国内政治が落ち着きを見せた慶安元年（一六四八）、一月の父（秀忠）十七回忌・三月の曾祖父（松平清康）百回忌・九月の母（崇源院）二十三回忌に挟まれて、家康三十三回忌が行われた。公家の存在を十分意識した上で、大規模な仏事（法華八講）を組み込み、「蓋国一統・四海太平」達成とも評された行事の実現には、公武の主宰者としての家光の自覚を読み取れる、とも論じられている。

東照宮と近世社会

神格化した家康は、第一に徳川将軍の祖先神であるが、次いで武家領主層の守護神でもあった。家康忌日に江戸城内東照宮に社参する慣例が、家光治世期から在府の大名たちに広がり、綱吉将軍期から吉宗期にかけて制度化されていった。しかしながら諸大名の中でも自領への東照宮の勧請については、譜代大名は臣下の分を弁《わきま》えて遠慮し、外様大名は将軍家との血縁関係などが前提であった。徳川将軍が近世前期から、全国支配貫徹のために東照宮を利用したという見方は成り立たない。

だが、「権現様」の権威がひとたび確立されれば、近世社会のさまざまな階層で利権獲得や地位保全を図る動機のもと、自らとの縁、その由緒が求められた。浄土宗（徳川氏は先祖代々の檀家）を統括した増上寺教団においては、家康を阿弥陀如来と一体視する神話が作られ、天海以来東照宮祭祀を独占している寛永寺教団（天台宗）への対抗が見られた。日光において、また会津などの地域においても、自らの寺院に東照権現を祀ることで、地域社会における格式や、領主からの財政援助などを獲得しようとする事例が存在した。領主層の中には、城下町の東照宮祭礼を通じ、領内秩序確立や再生産を図る動向も見られた。

一八〇〇年前後には、社会の変化と連動するかのように、より広い階層が東照宮と関わりを持つようになった。それまで東照宮を「拝見」するのみであったお目見え以下の御家人が、「参詣」を許されるようになった。

儒学者や各地の代官層で、家康の事績を発掘することが盛んになったのもこの時期である。

徳川家康が神となった事件は、近世日本がまだ宗教、特に仏教を必要とする宗教国家であったことを示している。その宗教の内実、中世や近代以降との連続・非連続面を明らかにすることは、私たちが深く現在を知るための一つの有力な方策にもなるのではないだろうか。

●参考文献

井澤潤「東照大権現祝詞にみる徳川家光の東照大権現崇拝心理」(『駒沢史学』七九、二〇一二年)

浦井正明『もうひとつの徳川物語』(誠文堂新光社、一九八三年)

曽根原理「徳川家康年忌行事にあらわれた神国意識」(『日本史研究』五一〇、二〇〇五年)

曽根原理『神君家康の誕生』(吉川弘文館、二〇〇八年)

野村玄『天下人の神格化と天皇』(思文閣出版、二〇一五年)

野村玄『徳川家康の神格化』(平凡社、二〇一九年)

古谷清「山王神道と東照宮(下)」(『歴史地理』四四—六、一九二四年)

14

家康の神格化

虚像編

▼井上泰至

カリスマというものは、イメージによって定位される。その時、過去に蓄積され、一般に浸透していった宗教的権威のイメージと二重写しにされることが、ままある。しかし、それがあからさまに行われるということは、カリスマ、あるいは宗教そのものの世俗化を意味する。現行の権力の成立に関わる戦争の絵画化において、勝者の背後に過去の宗教的イメージを利用するやり方は、神自身を荘厳に屹立させるというより、過去との「対話」から現行の権力を説明する「物語」を必要とするからだ。単身の画像のみならず、絵巻や屏風といった「物語」を孕む画像において、その世俗性は顕著に見て取れるのである。

家光の霊夢から生まれた「神君」

狩野守信《かのうもりのぶ》が「探幽《たんゆう》」と名乗り出した、その翌年の寛永十三年（一六三六）、彼は日光東照宮関係の大きな仕事を次々と任された。これらは同十七年に二十五回忌を迎える家康への、将軍家光の崇敬の意志が働いていた。その中には『東照宮縁起絵巻』（仮名本）がある。奉納は同十七年四月十七日である。探幽の工房が総動員され、入念に絵巻の全体が調整・統一されたこの作品は、詞書が後水尾院と二二名の門跡および公家により書かれ、日光造営のプランナーであった天海大僧正の跋がつく。内容は家康の生涯と没後に東照大権現として祀られる経緯、日光山の縁起、家光による東照社遷宮、日光の名勝を語る構成で、詞書・絵ともに二四段から成る。

この頃家光は、自身が夢想した東照大権現の姿を絵に描き留めさせること、数度に及んだ。「東照大権現霊夢像」と呼ばれる作品の一群の中で、年記が最も早いのは寛永十六年十二月十六日のものである。現存する作品は十点余りに及ぶが、その多くがやはり探幽の筆になる。家光は家康をカリスマ化することで、その崇敬の念を表すに留まらず、建築としてこれを実態化させ、日光社参というパレードをも創始することで、自らとその子孫の権威の永続を測り、これも合わせて祈ったのである。将軍の社参は合計十八回を数えるが、家光のそれは九回と圧倒的に多い。

家光と家綱の断層

これが四代家綱になると、「神君」家康への熱情は醒めてしまった感が否めない。日光社参も二回のみに留まる。むしろ、この時代は、特別に権威となってしまった家康を描くことより、神話時代から秀吉に至る日本の将軍・武将像を選びだし、これを一々絵画化して、絵巻や屏風でなく書物として作成させることに熱心であった。この時期、『日本王代一覧』や『本朝将軍家譜』など、日本の歴史の中に、徳川政権の成立を位置づける通史が林家によって編纂され、これが刊行されて一般に流布していった。家綱時代は、カリスマ化の時代ではなく、歴史を語る時代であった。歌仙・詩仙にならって、中国や日本の武人を選び出し、これに漢詩を付けて詠み、さらに画像を付す営みが、たびたびおこなわれるようになる。寛文五年正月二九日、家綱の命を受けた大久保忠朝が、林鵞峯《はやしがほう》を訪ねて将軍の要望を伝え、これを受けて狩野安信は本朝三六名の画を描いた。『本朝百将伝』『本朝武将伝』といった、「武仙」の抽出と編集、そして絵画化がなされ、やはり刊行されて一般化していくが、家康の姿はそこにない。

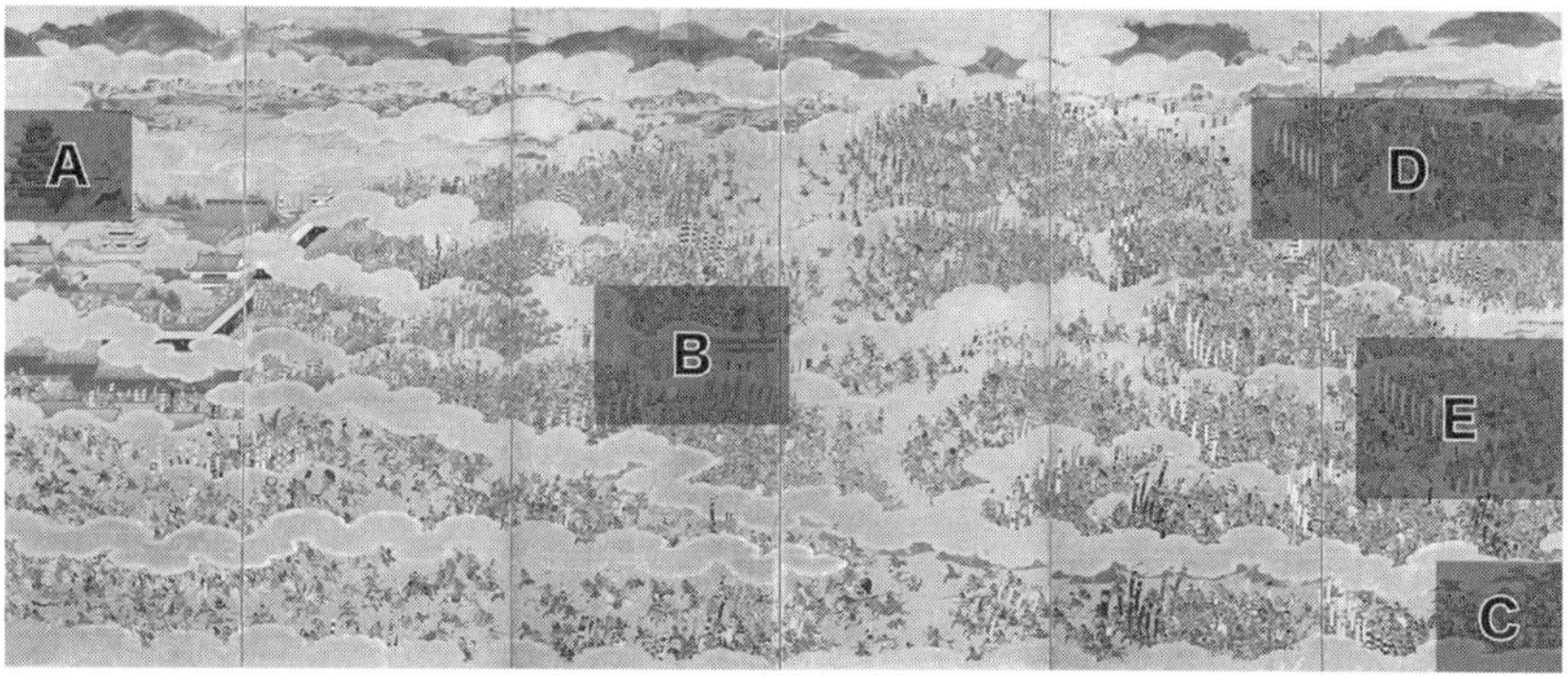

図1　大坂夏の陣図屛風
A 大坂城天守、B 四天王寺、C 住吉大社、D 徳川秀忠隊、E 徳川家康隊（吉岡由哲撮影）

四天王寺——大坂夏の陣の決戦地

戦国合戦屛風最大の名品は、大阪城天守閣蔵「大坂夏の陣図屛風」（重要文化財）である。その右隻は、右下に住吉大社、中央に四天王寺、左上に大坂城天守を配する構成となっている。戦国期を扱う合戦図に地図性が濃いことは既に指摘があるが、この屛風もご他聞に漏れない。自ずと視線が集中する中央の四天王寺下では、赤い旗幟の真田隊が切っ先鋭く徳川方に攻撃をしかけ、これに対して左上の徳川秀忠を擁する大軍が上からのしかかるように応戦している格好となっている（図1）。

四天王寺を示す鳥居は、一三世紀に建立の、今日も残る歴史的遺構だが、屛風では扁額の文字までが再現されており（図2）、大阪湾の夕陽を眺めるこの地が極楽の入口として信仰を集めたことを想起させるが、皮肉なことにこの屛風では、眦《まなじり》を決した真田隊が今まさに修羅を演じようとしている。

真田隊の右上には、鹿角立の兜に身を固めた武将がほぼ単騎で二十名余りの敵に取り囲まれている（図3）。大坂夏の陣における、徳川方最大の武功譚、本多忠朝の壮烈な討ち死にの場であることが知れるが、屛風では忠朝の兜の鹿角に胡粉を盛って上から着色してい

図２　四天王寺石鳥居と真田隊。扁額部分を拡大（吉岡由哲撮影）

図３　本多忠朝の奮戦（吉岡由哲撮影）

る。さらに、忠朝の乗る馬は連銭栗毛となっており、『難波戦記』の一系統の本文と対応する形で、忠朝像を詳細に描いてこの屏風の見せ場としていたことが確認できる。

黒駒に乗る家康・秀忠

こうして忠朝の念の入った描きようを確認すれば、自ずと他に注目すべく詳細に描かれているのが、左上の秀忠（図４）と左下の家康であることが見えてくる。両者の甲冑の風格もさることながら、共に黒駒に乗っているのが、四天王寺との絡みで注目される。忠朝のことをあれほど精細に描いたのであれば、おのずと家康・秀忠の騎乗する馬の描写も注目されよう。結論を先に言ってしまえば、これは、聖徳太子伝でよく知られる、甲斐の黒駒と重ね合わせる狙いがあっての意匠ではなかったか。

こう切り出せば、途端に以下のような反論が出てこよう。中世太子伝の基本テクストである『聖徳太子伝暦』において、太子が甲斐の国より献上された黒駒を神馬と見抜き、これに乗って富士山に登る説話は、太子二七歳、対する四天王寺建立の発願となる守屋合戦は、太子十六歳のこととして記されており、年立があわない、と。

図４　黒駒騎乗の秀忠（吉岡由哲撮影）

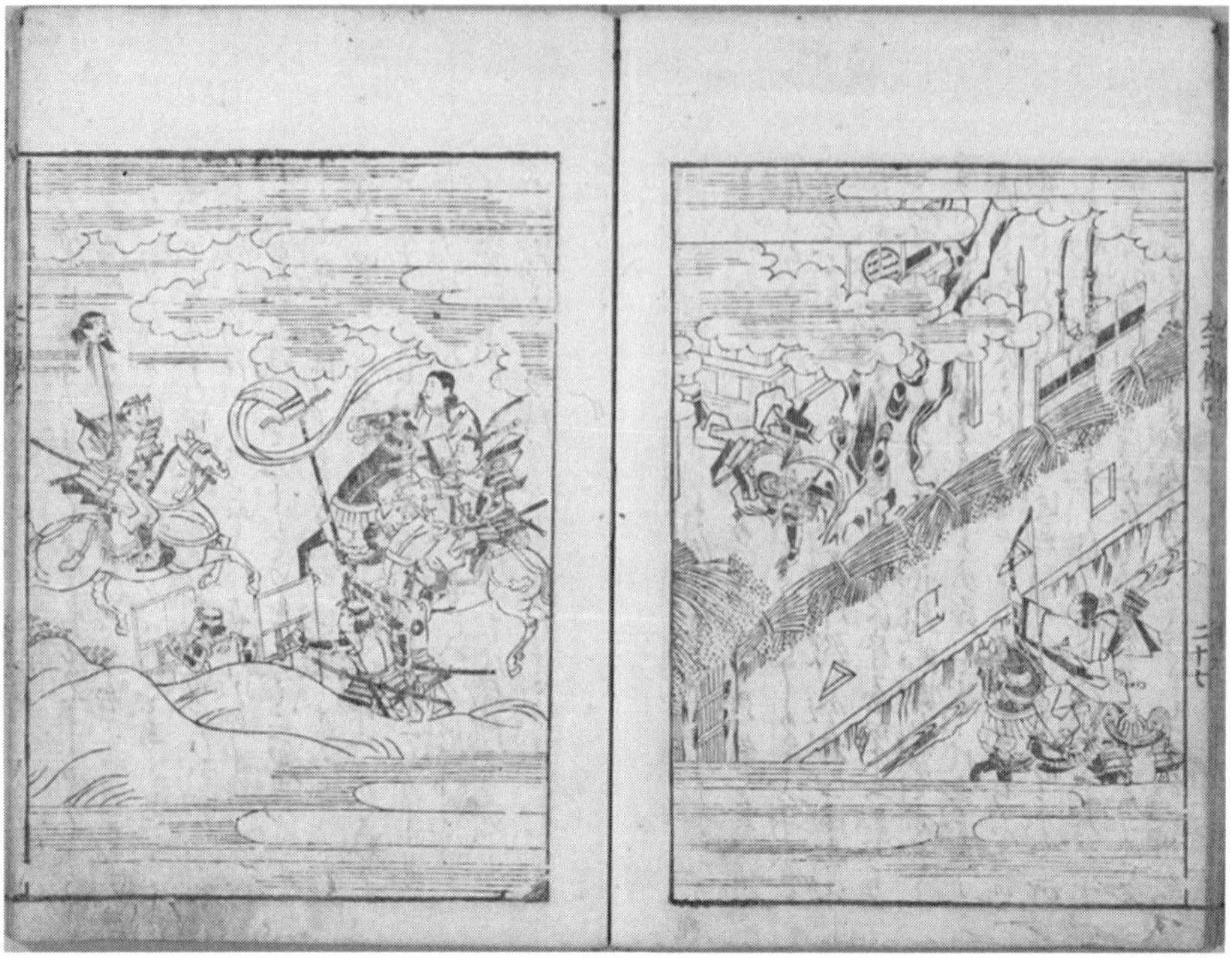

図５　絵入り版『聖徳太子伝』（寛文六年〈一六六六〉刊）における守屋合戦の太子

しかし、江戸期の代表的な絵入り太子伝たる寛文六年刊の『聖徳太子伝』では、太子は既に守屋合戦で黒駒に騎乗している（図５）。さらに、二〇二〇年一〇月から一二月に香雪美術館で開催された「聖徳太子――時空をつなぐ物語」展に出品された、徳川吉宗から田安家に伝来した『聖徳太子絵伝』（一四世紀、個人蔵）でも、守屋合戦の太子は黒駒に乗って戦っている。守屋合戦時の太子は黒駒に乗っていなかった、と言い切れないのである。

ここで想起されるのは寛永期に制作された『東照宮縁起絵巻』について、聖徳太子伝承との重ね合わせの指摘があることである。旧堂本家本『聖徳太子絵伝』（鎌倉時代後期、個人蔵）は、寛永十七年（一六四〇）の家康二十五回忌に際して徳川家光から日光東照宮に奉納された、徳川日本の創建神話の「正典」的位置にある『東照宮縁起絵巻』（狩野探幽筆）の有力な典拠とされる。王方・仏法を統合した至高の存在とされる聖徳太子は、中世政治思想たる王法仏法相依論の象徴であった。家康はたびたび黒駒に騎乗して描かれていたのである。

河添房江は、『源氏物語』「若紫」で、聖徳太子伝承を介在させることで、光源氏の持つ潜在的な王権のイメージをより明確化させたとし、それと軌を一にした藤原道長・頼通・鳥羽院・源頼朝・実朝・北条泰時らによる太子崇拝の系譜を指摘する。また、松本真輔は、兵法の奥義を受けた武神としての中世太子像を紹介する。後者は、神々を雑多に取りまとめて戦勝祈願をする、佐伯真一が指摘するところの、中世後期の「軍神《いくさがみ》」信仰の一種と捉えうるが、織豊期には、微妙な偏差が生じている。

天下人の「誕生」と夢告

黒田智は、『多聞院日記』天正一〇年三月二三日条に見える、僧可心が、聖徳太子がかつて源頼朝に手渡した熱田神社の太刀を織田信長に手渡すよう夢告を受けたとして対面を果たすと、信長も同じ夢を見たと告げる逸話を紹介し、日本武尊から源頼朝への宝刀継承という剣巻とのアナロジーを指摘して、信長の武威・正統性を保証するイデオロギーとして位置づける。こうなると、もはや太子は、必勝祈願の対象としての「軍神《いくさがみ》」から、新たな王権の権威を宗教的・政治的に支える存在へと変異しており、この点、『大坂夏の陣図屏風』における家康・秀忠と太子像とのオーバーラップと同じ文脈であることがわかる。堀新によれば、当時の人々にとって信長は、太子から特別な力を授かった存在として認識されていた、という。

注目すべきは、夢告をもたらした可心が、家康が三河の一向一揆との戦で避難した明眼寺の僧であり、信長に彼を紹介したのも家康その人であった点である。

こうした、太子像と家康・秀忠との重ね合わせの問題は、広く見れば、中世末から近世初頭に登場した世俗権力のカミ化の一端と捉え得よう。佐藤弘夫はこうした天下人の聖化の背景に、一五世紀のコスモロジーの転換、すなわち、他界のリアリティの衰退とそれに呼応する現世の浮上として捉えた。それは本地垂迹的枠組みからの逸脱や、現世秩序の保持者としての神仏の強調という点に特色がある、という。東照大権現にしても、その本地（神としての元の姿）は、薬師如来ということに一応なってはいるが、もはやそんなことを人々はあまり気に留めていない。生前の家康の「偉業」が、神の生まれ変わりとして神秘化され権威化されている色の方がはるかに濃厚なのである。

既に、秀吉が、豊国大明神として海外に武威をふるった軍神としてカミ化していった経緯については北川央が指摘をしている。家康が、天照大神・八幡大菩薩と一体化した「軍神《ぐんしん》」とされ、神国日本との一体化をとげた宗教的・政治的権威として、徳川家光に信じられ、日本的華夷秩序と自国意識の象徴的存在となっていったことについては、野村玄が紹介している。

後者については、冒頭述べた、家光による家康の神格化と、それに伴う画像の定位の背景となったであろうことは、論を待たない。以上を踏まえれば、「大坂夏の陣図屏風」の成立は、寛永あたりまで下るのかもしれない。特に、家康を聖徳太子と重ね合わせるカリスマ化は、そのことの有力な根拠となりうるのである。

●参考文献

井上泰至「軍記はいくさの何を描かないのか―大阪城天守閣蔵『大坂夏の陣図屏風』を例に―」（『説話文学研究』五七、二〇二二年九月）

門脇むつみ『巨匠　狩野探幽の誕生』（二〇一四年、朝日選書）

河添房江「北山の光源氏――王権の原像としての太子」（『国語と国文学』六七・九、一九九〇年九月）

北川央「14秀吉の神格化（実像編）」（井上泰至・堀新編『秀吉の虚像と実像』笠間書院、二〇一六年）

黒田智「信長夢合せ譚と武威の系譜」（『史学雑誌』一一一—六、二〇〇二年六月）
佐伯真一「「軍神」（いくさがみ）考」（『国立歴史民俗博物館研究報告』一八二、二〇一四年一月）
佐藤弘夫『ヒトガミ信仰の系譜』（岩田書院、二〇一二年）
野村玄『徳川家光』（ミネルヴァ書房、二〇一三年）
堀新「織豊期王権論——「日本国王」から「中華皇帝」へ」（『人民の歴史学』一四五、二〇〇〇年九月）
同「織豊期の王権をめぐって」（『歴史評論』六四九、二〇〇四年五月）
松島仁『徳川将軍権力と狩野派絵画——徳川王権の樹立と王朝絵画の創生』（ブリュッケ、二〇一一年）
松本真輔「中世聖徳太子伝と油日神社の縁起—聖徳太子の兵法伝授譚と武人としての太子像」（『日本文学』五三・六、二〇〇四年六月）

14. 家康の神格化×虚像編

付録

家康関連作品目録（軍記・軍書・史書・実録・史論・図会・随筆・小説）

●井上泰至・竹内洪介編

この目録は、本書で言及された家康関連の作品を時代順に掲出したものである。成立年が不明の作品は最後に纏めて示した。文書や日記、絵図・屏風の類、および家康が直接登場しないと判断した作品については原則として採用しなかった。また、信長や秀吉その他の伝記にも家康が登場（関係）することがあるため、それらについても目録に加えた。掲出した作品のうち、家康が中心的な役割を果たす（あるいは特に家康に関係する）と判断したものについては、書名の頭に○を付した。本書で言及されていない家康関連の作品については、本書の姉妹編『秀吉の虚像と実像』『信長徹底解読』、および『戦国軍記事典 天下統一編』（和泉書院、二〇一一年一二月）を併せて参照されたい。なお、膨大な数の演劇作品については、別途原田真澄が目録を作成し、本目録に続いて掲載した。

この目録は、活字本がある場合、それを挙げ、それに加えてデジタル画像で見られるものは、そのデータベースを挙げ、デジタル画像がないものは主な所蔵先を掲げた。以下はそのデータベースの出典と対応する目録上の略称である。

国＝国文学研究資料館（新）日本古典籍総合目録データベース
内閣文庫＝国立公文書館デジタルアーカイブ
国会＝国立国会図書館オンラインデータベース

書名	作者名	成立	活字本	デジタル画像他／備考
家忠日記	松平家忠	天正五年（一五七七）～文禄三年（一五九四）頃	臨川書店、続史料大成、『現代語訳家忠日記』（ゆいぽおと）	国・内閣文庫・国会／近世に入って大幅に増補される。
日本史	ルイス・フロイス	天正十一年（一五八三）～文禄三年（一五九四）頃か	『完訳フロイス日本史』（中公文庫）	
信長公記（信長記）	太田牛一	慶長三年（一六〇〇）以前成立か	『信長公記』（角川ソフィア文庫）、改定史籍集覧19、戦国史料叢書	牛一自筆本である岡山大学附属図書館池田家文庫本（重要文化財）が岡山大学附属図書館デジタルアーカイブ古文献ギャラリーで公開／池田家文庫本以外にも、牛一自筆本として建勲神社本（重要文化財）、尊経閣文庫本がある（詳細は『信長徹底解読』所収コラム「太田牛一と信長公記」を参照されたい）
○内府公軍記	太田牛一	慶長六年（一六〇一）以前	伊藤敏子「太田和泉守自筆本内府公軍記」（『大和文化研究』第13巻第7号、一九六八）、大澤泉「杤山斉氏所蔵「内府公軍記」について」（『大阪城天守閣紀要』第37号、二〇〇九）	国
信長記	小瀬甫庵	慶長十六年（一六一一）～慶長十七年五月以前刊行	日本歴史文庫、古典文庫58～59（現代思潮社）	国・国会・早稲田大学図書館

書名	作者名	成立	活字本	デジタル画像他／備考
○駿府記	後藤光次か	慶長十六年（一六一一）～慶長二〇年（一六一五）頃	史籍雑纂2、戦国史料叢書『家康史料集』、新訂増補史籍集覧10、三河文献集成近世編上	国・内閣文庫・国会
大坂物語		慶長二〇年（一六一五）	続国民文庫雑史集、日本歴史文庫2、新日本古典文学大系、假名草子集成9・11	国・内閣文庫・国会
○三河物語	大久保忠教	元和八年（一六二二）～寛永三年（一六二六）頃	日本戦史材料2、文科大学史誌叢書、三州閣、続国民文庫雑史集、武士道全書8、戦国史料叢書『家康史料集』、日本思想大系26、教育社新書、富士出版、徳間書店、ちくま学芸文庫	国・内閣文庫・国会／自筆本は穂久邇文庫所蔵
豊鑑	竹中重門	寛永八年（一六三一）	校注日本文学大系13、群書類従20	国・内閣文庫・国会（鶯宿雑記所収）
太閤記	小瀬甫庵	寛永十一年（一六三四）～寛永十四年（一六三七）刊	新日本古典文学大系60	国・内閣文庫・国会
○三川記	堀正意	寛永年間（一六二四～四四）		国・内閣文庫／「三河記」の書名を有する別本が複数存する。堀正意自筆本は徳川林政史研究所現蔵。
○当代記	松平忠明か	寛永年間（一六二四～四四）か	史籍雑纂2	国・内閣文庫・国会
豊内記（秀頼事記）		寛永十六年（一六三九）以降	日本歴史文庫2、続群書類従20輯下、改定史籍集覧13	国・国会

○東照社縁起／東照宮縁起絵巻	天海（詞書）・狩野探幽（画）	寛永十三年（一六三六）〜寛永十七年（一六四〇）	続々群書類従1（詞書）、慈眼大師全集上（詞書）、続々日本絵巻大成8	国
○将軍家譜	林羅山	寛永十八年（一六四一）〜寛永十九年（一六四〇）自跋		国・内閣文庫
寛永諸家系図伝	太田資宗・林羅山ら	寛永二〇年（一六四三）	続群書類従完成会	国・内閣文庫
○泰政録	徳川義直	正保三年（一六四六）		内閣文庫
○三河後風土記		正保年間（一六四四〜八）以降		国
○成功記	徳川義直	慶安三年（一六五〇）以前		内閣文庫
日本王代一覧	林鵞峰	慶安五年（一六五二）跋		国・内閣文庫・国会
甲陽軍鑑	高坂昌信・春日惣次郎か	明暦二年（一六五六）刊	『甲陽軍鑑大成』（全7巻、汲古書院）、『改訂甲陽軍鑑』（人物往来社）、ちくま学芸文庫、古典資料類従20〜23、甲斐志料集成9	国・内閣文庫・国会／成立は元和七年（一六二一）以前か
石川正西聞見集	石川正西	万治三年（一六六〇）	埼玉県史料集1、鷲宮町史史料4、騎西町史、柳川の歴史3	国・内閣文庫
増補信長記	松平忠房	寛文二年（一六六二）自序		国・内閣文庫
○慶長軍記	植木悦	寛文三年（一六六三）自序	勉誠出版（『関ヶ原合戦を読む』）	国・内閣文庫・国会

書名	作者名	成立	活字本	デジタル画像他／備考
○御当家紀年録	榊原忠次	寛文四年（一六六四）		内閣文庫
○松原自休大坂軍記	松原自休	寛文九年（一六六九）以前		内閣文庫
乙夜之書物	関屋政春	寛文九年（一六六九）	八木書店（『異聞本能寺の変』）	加越能文庫所蔵（自筆本）
本朝通鑑	林羅山・鵞峰	寛文一〇年（一六七〇）刊	国書刊行会	国・内閣文庫・国会
井伊家慶長記		寛文一二年（一六七二）以前		内閣文庫
○難波戦記	万年頼方、二階堂行憲か	寛文十二年（一六七二）序	日本歴史文庫17～18、通俗日本全史11	国・内閣文庫・国会・難波戦記（なにわせんき）は別書。
片桐家秘記		延宝元年（一六七三）以前	改定史籍集覧16、新訂増補史籍集覧10	内閣文庫・国会（攝津徴書のうち）
武家事紀	山鹿素行	延宝元年（一六七三）自序	山鹿素行全集、明示百年史叢書思想編13	内閣文庫・国会
武辺咄聞書	国枝清軒	延宝八年（一六八〇）	和泉古典文庫5	国・国会
村越道伴物語留書	村越道伴	延宝九年（一六八一）以前	日本歴史文庫13	国会
○浜松御在城記	永井随庵	延宝末～天和年間（一六八〇～一六八〇）頃	浜松市史史料編1、金谷町史資料編1、浜岡町史資料編古代中世	国・内閣文庫

織田軍記（総見記）	遠山信春	貞享二年（一六八五）奥書、正徳四年（一七一四）刊	物語日本史大系7、通俗日本全史7、史籍集覧通記類12	国・国会・内閣文庫
○武徳大成記	林信篤ら	貞享三年（一六八六）		国・内閣文庫
譜牒余録（貞享書上）		貞享年間（一六八四～八八）		内閣文庫・『内閣文庫影印叢刊』
岡崎東泉記（三河東泉記）	東泉坊教山	元禄年間（一六八〇～一七〇九）以前	岡崎市立中央図書館古文書翻刻ボランティア会編『岡崎・三河東泉記：翻刻と校合による考察』	
武功雑記	松浦鎮信	元禄九年（一六九六）頃	改定史籍集覧10、続史籍集覧7、新訂増補史籍集覧14	内閣文庫・国会
四戦紀聞	根岸直利編・木村高敦校正	宝永二年（一七〇五）自序、享保七年（一七二二）林信智序、弘化三年（一八四六）刊	日本歴史文庫2	国・内閣文庫・国会
姉川合戦前後略譜	有沢永貞	宝永二年（一七〇五）跋		国
○関ヶ原軍記大成	宮川忍斎	正徳三年（一七一三）	国史叢書	国・内閣文庫
武将感状記（砕玉話・近代正説砕玉話）	熊沢淡庵	正徳六年（一七一六）刊	武士道全書8、帝国文庫3、博文館文庫208、精文館、甲斐志料集成7、金園社、人物往来社	国・内閣文庫・国会
岩淵夜話	大道寺友山	享保初年（一七一六～）頃	岡崎市立中央図書館古文書翻刻ボランティア会編『岩淵夜話集』	国・内閣文庫

書名	作者名	成立	活字本	デジタル画像他／備考
兵家茶話	日夏繁高	享保六年（一七二一）序	高橋圭一「翻刻・京都大学附属図書館蔵（大惣本）『兵家茶話』（上～下）」（『大坂大谷大学紀要』第四十二号および『大阪大谷大学紀要』第四十七・第四十八号、二〇一二～二〇一四年）	国・内閣文庫
○落穂集	大道寺友山	享保十三（一七二八）頃	改定史籍集覧10、大日本思想全集3、江戸史料叢書	国・内閣文庫・国会
○武徳編年集成	木村高敦	元文五年（一七四〇）	名著出版	国・内閣文庫
○大三川志	松平頼寛	宝暦十三年（一七六三）序跋		国・内閣文庫
○厭蝕太平楽記		明和年間（一七六四～一七七二）以前	近世実録翻刻集	国・内閣文庫
常山紀談	湯浅常山	明和七年（一七七〇）	国民文庫刊行会、学生文庫、有朋堂文庫、帝国文庫3、岩波文庫、武士道全書9、甲斐志料集成7、岩波書店、新人物往来社、角川文庫、勉誠出版（『戦国武将逸話集』）	国・内閣文庫・国会
翁草	神沢貞幹（杜口）	安永五年（一七七六）序、寛政三年（一七八一）成立	校訂翁草、続帝国文庫名家漫筆集、存採叢書131、日本随筆全集15、近世史料叢書、教育社新書、日本随筆大成三期11～13	国・内閣文庫・国会
逸史	中井竹山	寛政十一年（一七八九～九一）	近世社会経済学説大系8、日本経済叢書33、日本経済大典51、近世儒家資料集成3～4	国・内閣文庫・国会
御六戦記	古川古松軒	文化四年（一八〇七）		国・国会

日本外史	頼山陽	文政十二年（一八二九）刊	山本文友堂、内外出版協会、有朋堂文庫、大日本文庫、いてふ本刊行会、頼山陽選集6、岩波文庫	国・内閣文庫・国会
江戸名所図会	斎藤月岑	文政一二年（一八二九）自序、天保五〜七年（一八三四〜六）刊	有朋堂文庫、日本図会全集一期1〜4、大日本名所図会2、人物往来社、角川文庫、ちくま学芸文庫	国・内閣文庫・国会
○披沙揀金	林述斎	天保七年（一八三六）〜天保八年（一八三七）頃	昌平叢書43、全国東照宮連合会	内閣文庫
○改正三河後風土記	成島司直	天保八年（一八三七）	秋田書店（『改正三河後風土記』）、通俗日本全史9〜11、新人物往来社（『三河後風土記正説大全』）	国・内閣文庫・国会
朝野旧聞裒藁	林述斎・戸田氏栄ら	天保十二年（一八四一）	東洋書籍出版協会、雄松堂、内閣文庫所蔵史籍叢刊特刊第1	内閣文庫
○徳川実紀（御実記）	林述斎・成島司直ら	天保十五年（一八四四）	新訂増補国史大系38〜47	内閣文庫
徳川幕府家譜		嘉永五年（一八五二）以降	徳川諸家系譜1、日本古文書学講座6（近世編1）	早稲田大学古典籍総合データベース
名将言行録	岡谷繁実	明治二年（一八六九）	牧野書房、岩波文庫、文成社、帝国青年教育会、致道館、非凡閣、歴史選書、新人物往来社、教育社新書、大空社、ＰＨＰ研究所	国・内閣文庫・国会
○徳川十五代記	中井豊亭	明治九年（一八七六）刊		国会

書名	作者名	成立	活字本	デジタル画像他／備考
日本戦史	参謀本部	明治二六年（一八九三）〜明治四四年（一九一一）	村田書店、元眞社、博文社	国会
豊太閤	山路愛山	明治四一年（一九〇八）	文泉堂、山路愛山選集2、山路愛山伝記選集3〜4、岩波文庫（『豊臣秀吉』）	国会
○徳川家康	山路愛山	大正四年（一九一五）	独立評論社、改造社、岩波文庫、山路愛山伝記選集5	国会
近世日本国民史織田氏時代・豊臣氏時代・家康時代	徳富蘇峰	大正七年（一九一八）〜大正十一年（一九二二）	民友社、明治書院、時事通信社、近世日本国民史刊行会、講談社学術文庫	国会
新書太閤記	吉川英治	昭和十四年（一九三九）〜昭和二〇年（一九四五）	読売新聞、講談社吉川英治歴史時代文庫、吉川英治全集（講談社新版）19〜23巻	
○徳川家康	山岡荘八	昭和二五年（一九五〇）〜昭和四二年（一九六七）	北海道新聞、大日本雄弁会講談社、講談社、山岡荘八全集、山岡荘八歴史文庫（講談社）	
○関ヶ原	司馬遼太郎	昭和三九年（一九六四）〜昭和四一（一九六六）	新潮社、新潮文庫、司馬遼太郎集（新潮日本文学60）、司馬遼太郎全集14〜15	
新史太閤記	司馬遼太郎	昭和四一年（一九六六）〜昭和四三（一九六八）	新潮社、新潮文庫、司馬遼太郎全集17	

○覇王の家	司馬遼太郎	昭和四五年（一九七〇）	新潮社、新潮文庫、司馬遼太郎全集34	
○月を吐く	諸田玲子	平成十三年（二〇〇一）	集英社、集英社文庫	
○松平記	阿部定次		三河文献集成中世編、徳川合戦史料大成	国・内閣文庫・国会
○参河徳川歴代	大須賀康高・忠政			国・内閣文庫
○小牧御陣長湫御合戦記	渡辺守綱		長久手町史資料編6	内閣文庫
○尾州小牧軍記	山中忠兵衛		長久手町史資料編6	国
岡崎領主古記	本間重豊			国
伊東法師物語	伊東法師		岡崎市立中央図書館古文書翻刻ボランティア会編『伊東（東）法師物語』	国
○三河記				国
天正日記	内藤清成		続々群書類従5	
故老諸談				内閣文庫
鳥居家譜				内閣文庫（明治一四年〈一八八一〉写）
○長久手記			長久手町史資料編六	内閣文庫（正徳三年〈一七一三〉書写本）／別名「長久手合戦初終之事」
○小牧陣始末記	神谷存心（直政）		日本戦史材料1	国会

書名	作者名	成立	活字本	デジタル画像他／備考
松平氏由緒書			松平村誌（一八八一年）、松平町誌（一九七六年）、新編岡崎市史2、松平親氏公顕彰会	
○大坂記				内閣文庫
古今武家盛衰記			国史叢書	国・内閣文庫・国会
泰平真撰難波秘録本朝盛衰記				国

付録

家康関連演劇作品初演年表（人形浄瑠璃・歌舞伎）

●原田真澄編

本表は、徳川家康に相当する人物が劇中に登場することが正本・台帳などから確認できる近世演劇（人形浄瑠璃・歌舞伎）の初演年表である。番付など家康らしき人物が確認できたとしても、台帳が現存していない作品は省き、また基本的には作品の初演のみを挙げ、同外題の再演（人形浄瑠璃から歌舞伎への移植も含む）は省いている。人形浄瑠璃と歌舞伎の別を「浄／歌」の欄に示し、「活字本など」欄には翻刻や備考を記載した。

主要参考文献：伊原敏郎著、河竹繁俊・吉田暎二編集校訂『歌舞伎年表　第1～8巻』（岩波書店）、義太夫年表近世篇刊行会『義太夫年表　近世篇1～8』（八木書店）、土田衛「「歌舞伎年表補訂考証　元禄篇1～7、宝永編1・2、正徳編1・2、享保編1～5、元文編、寛保編、延享編、寛延編、宝暦編、明和編」（『演劇研究会会報』27～44ほか所収）

浄／歌	初演年	西暦	月	上演劇場	作品名	主要作者	活字本など
浄	享保四	一七一九	一月	大坂　豊竹座	義経新高舘	紀海音	『紀海音全集』四（関ヶ原物）
浄	享保四	一七一九	八月	大坂　豊竹座	頼光新跡目論	紀海音	『紀海音全集』五（関ヶ原物）
浄	享保二十	一七三五	二月	大坂　豊竹座	南蛮鉄後藤目貫	並木宗輔ヵ	帝国文庫第十篇『紀海音並木宗輔浄瑠璃集』、改題「義経腰越状」など（大坂軍記物）
浄	宝暦十一	一七六一	十一月	大坂　竹本座	古戦場鐘懸の松	近松半二	（大坂軍記物）
浄	明和六	一七六九	十二月	大坂　竹本座	近江源氏先陣館	近松半二	日本古典全書『近松半二集』（大坂軍記物）
浄	明和七	一七七〇	五月	大坂　竹本座	太平頭鍪飾	近松半二	日本古典文学大系五二『浄瑠璃集下』、改題「鎌倉三代記」など（大坂軍記物）
歌	安永一	一七七二	三月	大坂　中の芝居	近江源氏☆講釈	並木正三	『歌舞伎台帳集成』二七（大坂軍記物）
浄	安永七	一七七六	二月	京　大西芝居	佐々木高綱武勇日記	近松半二	（大坂軍記物）
浄	天明三	一七八三	一月	江戸　肥前座	石田詰将棊軍配	万象亭・し葉叟	続帝国文庫九『江戸作者浄瑠璃集』（関ヶ原物）
歌	寛政一	一七八九	三月	大坂　中の芝居	大振袖粧湖	辰岡万作・奈川七五三助	（関ヶ原物）
浄	寛政二	一七九〇	十一月	大坂　筑後芝居	恋伝授文武陣立	菊水軒・奈川七五三助	（関ヶ原物）

浄	寛政六	一七九四	十月	大坂　北堀江市の側芝居	日本賢女鑑	近松柳・近松松助	日本音曲全集十三『義太夫全集続』ほか※十冊目片岡忠義の段のみ（大坂軍記物）
歌	寛政九	一七九七	一月	大坂　中の芝居	けいせい遊山桜	二代目並木正三・辰岡万作	
歌	寛政十一	一七九九	三月	大坂　藤川勝次郎座	石畳嫩陣幕	近松徳三	（関ヶ原物）
浄	寛政十二	一八〇〇	十二月	大坂　東芝居	鳰湖高名硯	添削近松柳・近松湖水軒・近松梅枝軒	（大坂軍記物）
浄	文化四	一八〇七	九月	大坂　大西芝居	八陣守護城	中村漁岸・佐川藤太	未翻刻戯曲集六『八陣守護城』
歌	明治二	一八六九	八月	東京　市村座	桃山譚	河竹黙阿弥	『黙阿弥全集』九
歌	明治六	一八七三	三月	東京　村山座	太鼓音智勇三略	河竹黙阿弥	『黙阿弥全集』十
歌	明治八	一八七五	十月	東京　新堀座	実成稲清正伝記	河竹黙阿弥	改題「清正誠忠録」
歌	明治十一	一八七八	六月	東京　新富座	松栄千代田神徳	河竹黙阿弥	『黙阿弥全集』二七
歌	明治十三	一八八〇	十一月	東京　新富座	茶臼山凱歌陣立	河竹黙阿弥	『黙阿弥全集』二六（大坂軍記物）
歌	明治十四	一八八一	九月	東京　市村座	関ヶ原東西軍記	三代目河竹新七	（関ヶ原物）
歌	明治二十	一八八七	六月	東京　新富座	関原神葵葉	河竹黙阿弥	『黙阿弥全集』十七（関ヶ原物）
歌	明治二四	一八八八	五月	東京　歌舞伎座	春日局	福知桜痴	
歌	明治二五	一八九二	十月	東京　歌舞伎座	関原誉凱歌	福地桜痴	『桜痴全集』上他（関ヶ原物）

浄／歌	初演年	西暦	月	上演劇場	作品名	主要作者	活字本など
歌	明治二六	一八九二	八月	大阪　浪花座	木村長門守	勝歌女助	別名題「血判取」など（大坂軍記物）
歌	明治三七	一九〇四	三月	東京　東京座	桐一葉	坪内逍遙	『逍遥選集』一他（大坂軍記物）
歌	明治三八	一九〇五	五月	大阪　角座	沓手鳥孤城落月	坪内逍遙	『逍遥選集』一他（大坂軍記物）
歌	大正八	一九一九	五月	東京　歌舞伎座	浜松の家康公	岡村柿紅	
歌	大正十	一九二一	九月	東京　市村座	坂崎出羽守	山本有三	『山本有三戯曲集』他（大坂軍記物）
歌	昭和十三	一九三八	七月	東京　東京劇場	阪崎出羽守	松居松翁	『松翁戯曲集』他（大坂軍記物）
歌	昭和二八	一九五三	十月	東京　歌舞伎座	築山殿始末	大佛次郎	『時代小説自選集』十五他
歌	昭和三八	一九六三	二月	東京　歌舞伎座	徳川家康	山岡荘八原作	※原作は山岡荘八『徳川家康』（講談社ほか）
歌	昭和三九	一九六四	二月	東京　歌舞伎座	続徳川家康	山岡荘八原作	※原作は山岡荘八『徳川家康』（講談社ほか）

あとがき

織田信長・豊臣秀吉・徳川家康の三人を、名古屋方面では「三英傑」という。既に信長・秀吉の虚像と実像を追究する書籍を上梓していたから、次は家康の番となるのは必然だった。著名な人物や出来事であればあるほど、虚像と実像の境界が曖昧になっている。徳川家康も同様であろう。その境界線を明確にするには実像だけ追究しても不十分であり、虚像をも追究して初めて全体像が浮き彫りになるのではないか。

こうした考えから、前二書と同じく歴史研究者が実像、文学研究者が虚像をそれぞれの立場から解明するというのが本書の趣旨である。歴史学の基盤は史料にあり、ふつう一次史料と二次史料に分けられる。その区分基準はおおむね同時代性と当事者性にあり、古文書や古記録（日記など）が一次史料に類別される。虚像編がおもに扱う文学作品や絵画資料は二次史料である。歴史学では「二次史料を使ってはいけない」と言われるが、一次史料だけでは実像を明らかにすることは難しい。そこで必要に応じて、細心の注意を払って、「仕方なく」二次史料を使うことになる。しかし、ふだん二次史料に見向きもしない歴史研究者が、二次史料を正しく使えるはずがない。

このことを多くの歴史研究者は自覚していたからであろうか、前著『信長徹底解読』の虚像編が歴史研究者に好評だった。もちろん実像編も素晴らしかったのだが、虚像編で展開される軍記物語の内容や虚像形成のあり方が、歴史研究者には新鮮だったのであろう。二次史料は歴史研究者にとっても「仕方なく」使うべきものではない。二次史料は一次史料とは違って「いつ、どこで、誰が」という部分で誤りが多いのは事実である。しかし一次史料と二次史料を同じ土俵でその優劣を論じるべきではない。例えば当時の常識・習慣や認識など、一次史料には表れにくいものが二次史料には比較的に表れやすいのではないだろうか。本書の実像編と虚像編をあわせて読むことで、このことを実感していただきたい。

井上泰至さんと本書の企画を練り上げた頃、ＮＨＫの二〇二三年度大河ドラマの主人公が徳川家康に決定したというニュースが飛び込んできた。ちなみに大河の時代考証を務める平山優さんと柴裕之さんが執筆メンバーなのは全くの偶然である。そして原稿締切が気になり始めた頃、執筆予定者であった谷口克廣さん、鎌田純子さんと突然のお別れがあった。悲しみを乗り越えて完成した本書を御二人の墓前に捧げたいと思う。

末筆になるが、文学通信の岡田圭介氏・渡辺哲史氏に前著に引き続いて大変お世話になった。あつく御礼申し上げる。

本書は二〇二〇〜二〇二三年度科学研究費補助金・基盤研究（A）（一般）「戦国軍記・合戦図の史料学的研究」（研究代表者・堀新）における研究成果の一部である。

堀　新

執筆者プロフィール（執筆順）

堀　新［編者］（ほり・しん）→奥付参照のこと。

井上泰至［編者］（いのうえ・やすし）→奥付参照のこと。

山田邦明（やまだ・くにあき）
愛知大学教授。専門は日本中世史。
『中世東海の大名・国衆と地域社会』（戎光祥出版、二〇二二年）、『上杉謙信』（吉川弘文館、二〇二〇年）、『戦国の活力』（小学館、二〇〇八年）など。

平野仁也（ひらの・じんや）
蒲郡市博物館学芸員。専門は日本近世史。
『江戸幕府の歴史編纂事業と創業史』（清文堂、二〇二〇年）、「『寛永諸家系図伝』の編纂と武家の歴史」（『日本史研究』六九〇号、二〇二〇年）、『愛知県史 資料編22 近世8』（共著、愛知県、二〇一五年）など。

糟谷幸裕（かすや・ゆきひろ）
一般財団法人歴史科学協議会事務書記。専門は日本中世史。
「国衆の本領・家中と戦国大名」（戦国史研究会編『戦国時代の大名と国衆』戎光祥出版、二〇一八年）、「領主―地域神社間相論と戦国大名権力」（中村只吾・渡辺尚志編『生きるための地域史』勉誠出版、二〇二〇年）など。

丸井貴史（まるい・たかふみ）
専修大学准教授。専門は日本近世文学。
『白話小説の時代―日本近世中期文学の研究―』（汲古書院、二〇一九年）、『読まなければなにもはじまらない―いまから古典を〈読む〉ために―』（共編、文学通信、二〇二一年）など。

和田裕弘（わだ・やすひろ）
戦国史研究家。
『信長公記―戦国覇者の一級史料』（中央公論新社、二〇一八年）、『織田信忠―天下人の嫡男』（中央公論新社、二〇一九年）、『天正伊賀の乱―信長を本気にさせた伊賀衆の意地』（中央公論新社、二〇二一年）など。

菊池庸介（きくち・ようすけ）
福岡教育大学教授。専門は日本近世文学。
『近世実録の研究―成長と展開』（汲古書院、二〇〇八年）、『信長徹底解読　ここまでわかった本当の姿』（共著、文学通信、二〇二〇年）、『城郭の怪異』（共著、三弥井書店、二〇二一年）など。

竹間芳明（たけま・ほうみん）
都立高校教諭。専門は北陸及び周辺地域の戦国史。
「織田政権と越前一向一揆の攻防」（『若越郷土研究』六七‐一、二〇二二年）、『戦国時代と一向一揆』（文学通信、二〇二一年）、『北陸の戦国時代と一揆』（高志書院、二〇一二年）など。

塩谷菊美（えんや・きくみ）
同朋大学仏教文化研究所客員所員。専門は真宗史。
『石山合戦を読み直す―軍記で読み解く日本史』（法蔵館、二〇二一年）、『語られた親鸞』（法蔵館、二〇一一年）など。

桐野作人（きりの・さくじん）
歴史作家、武蔵野大学政治経済研究所客員研究員。専門は織豊時代史。
『織田信長―戦国最強の軍事カリスマ』（ＫＡＤＯＫＡＷＡ、二〇一四年）、『明智光秀と斎藤利三』（宝島新書、二〇二〇年）、『本能寺の変の首謀者はだれか』（吉川弘文館、二〇二〇年）など。

原田真澄（はらだ・ますみ）
早稲田大学坪内博士記念演劇博物館助教。専門は人形浄瑠璃文楽。

『近松半二―奇才の浄瑠璃作者』（編著、春陽堂、二〇二二年）、「古典演劇と近代の戦争劇―前衛から古典へ」（『新派SHIMPA―アヴァンギャルド演劇の水脈』演劇博物館、二〇二一年）、「明智光秀と本能寺の変 虚像編」（堀新・井上泰至編『信長徹底解読　ここまでわかった本当の姿』文学通信、二〇二〇年）など。

原 史彦（はら・ふみひこ）

名古屋城調査研究センター主査。専門は日本近世史（尾張徳川家史）。

「長篠・長久手合戦図屏風の製作背景」（『金鯱叢書』徳川美術館、二〇一〇年）、「「刀 銘 村正」の伝来と妖刀村正伝説」（『金鯱叢書』徳川美術館、二〇一八年）、「尾張領内御殿の存亡と機能」（『徳川林政史研究所紀要』、二〇二一〜二二年）など。

湯浅佳子（ゆあさ・よしこ）

東京学芸大学教授。専門は日本近世文学。

「『川角太閤記』と『太閤記』」（『合戦図―描かれた〈武〉』勉誠出版、二〇二一年）、「甫庵『信長記』とその周辺―『太平記秘伝理尽鈔』との関わり―」（『アジア遊学　資料がひらく軍記・合戦図の世界』勉誠出版、二〇二一年）、『近世小説の研究―啓蒙的文芸の展開―』（汲古書院、二〇一七年）など。

柴 裕之（しば・ひろゆき）

東洋大学非常勤講師。専門は日本中世史。

『青年家康―松平元康の実像』（ＫＡＤＯＫＡＷＡ、二〇二〇年）、『徳川家康―境界の領主から天下人へ』（平凡社〈中世から近世へ〉、二〇一七年）、『戦国・織豊期大名徳川氏の領国支配』（岩田書院、二〇一四年）など。

小口康仁（こぐち・やすひと）

一橋大学大学院社会学研究科博士後期課程。専門は日本近世絵画史。

「「曾我物語図屏風」の展開―富士巻狩・夜討図から富士巻狩図へ―」（國華編輯委員会編『國華』一四九六号、國華社、二〇二〇年）、「「長篠合戦図屏風」の展開」（中根千絵・薄田大輔編『合戦図 描かれた〈武〉』勉誠出版、二〇二一年）、「渡辺美術館本「曾我物語図屏風」の人物描写に関する一考察」（佐野みどり教授退職記念特集『哲学会誌』四十六号、学習院大学哲学会、二〇二二年）など。

平山　優（ひらやま・ゆう）

歴史学者・山梨県立中央高等学校教諭。専門は日本中世史。

『新説 家康と三方原合戦　生涯唯一の大敗を読み解く』（ＮＨＫ新書、二〇二二年）、『天正壬午の乱　本能寺の変と東国戦国史 増補改訂版』（戎光祥出版、二〇一五年）、『武田氏滅亡』（角川選書、二〇一七年）など。

網野可苗（あみの・かなえ）

専門は日本近世文学。

「化け物としての分福茶釜」（木越治・勝又基編『怪異を読む・書く』国書刊行会、二〇一八年）、「物くさ太郎の一代記―『物種真考記』にみる手法としての「実録」―」（『近世文藝』一〇四号、二〇一六年）など。

竹内洪介（たけうち・こうすけ）

就実大学講師。専門は日本近世文学。

「幕末の出版検閲と『絵本太閤記』の再版――幕末絵本読本の人名表記をめぐって――」（『国語国文研究』第一五八号、二〇二二年）、「『聚楽行幸記』の写本学」（『アジア遊学』第二六二号、二〇二一年）、「太閤記物実録三種考――『真書太閤記』『太閤真顕記』『重修真書太閤記』の成立を辿って――」（『近世文藝』第一一三号、二〇二一年）など。

黒田　智（くろだ・さとし）

金沢大学教授。専門は中近世日本文化史。

「苗加次郎右衛門の怪力譚」（『砺波散村地域文化研究所研究紀要』三九号、二〇二二年）、『たたかう神仏の図像学』（吉川弘文館、二〇二一年）、『草の根歴史学の未来をどう作るか』（共編、文学通信、二〇二〇年）など。

岡野友彦（おかの・ともひこ）

皇學館大学教授。専門は日本中世史。

『中世伊勢神宮の信仰と社会』（皇學館大学出版部、二〇二一年）、『源氏長者―武家政権の系譜―』（吉川弘文館、二〇一八年）、『戦国貴族の生き残り戦略』（吉川弘文館、二〇一五年）など。

執筆者プロフィール

森 暁子（もり・あきこ）
十文字学園女子大学、駒澤大学非常勤講師。専門は日本近世文学（仮名草子、武家文学）。
『信長徹底解読　ここまでわかった本当の姿』（共著、文学通信、二〇二〇年）、「松田秀任と加賀―『武者物語』・『武者物語之抄』の記述をめぐって―」（国文学研究資料館『歴史叙述と文学』研究成果報告、二〇一七年）、「下る物の品々―斎藤徳元『尤之双紙』の遊び心―」（『比較日本学教育研究部門研究年報』一七、二〇二一年）など。

林 晃弘（はやし・あきひろ）
東京大学史料編纂所助教。専門は日本近世史。
「慶長期における徳川家康の寺院政策」（『史林』九五五、二〇一二年）、「幕府寺社奉行の成立と寺院政策の展開」（『日本史研究』六九〇、二〇二〇年）

松澤克行（まつざわ・よしゆき）
東京大学史料編纂所准教授。専門は日本近世史。
「山科頼言の議奏罷免と宝暦事件」（朝幕研究会編『論集 近世の天皇と朝廷』岩田書院、二〇一九年）、『天皇の歴史10　天皇と芸能』（共著、講談社、二〇一八年）、「近世の公家社会」（『岩波講座日本歴史第12巻 近世3』岩波書店、二〇一四年）など。

光成準治（みつなり・じゅんじ）
九州大学大学院比較社会文化研究院特別研究者。専門は日本中・近世移行期政治史。
『毛利氏の御家騒動―折れた三本の矢』（平凡社、二〇二二年）、『天下人の誕生と戦国の終焉』（吉川弘文館、二〇二〇年）、『本能寺前夜―西国をめぐる攻防』（角川選書、二〇二〇年）など。

曽根原 理（そねはら・さとし）
東北大学学術資源研究公開センター（史料館）助教。専門は日本近世思想史。
『徳川家康神格化への道』（吉川弘文館、一九九六年）、『徳川時代の異端的宗教』（岩田書院、二〇一八年）、「東照宮祭祀から見る日本近世宗教」（『史潮』八三、二〇一八年）など。

家康徹底解読

編者

堀　新

（ほり・しん）

1961年生まれ。共立女子大学教授。著書に『信長公記を読む』（吉川弘文館、2009年）、『天下統一から鎖国へ　日本中世の歴史 7』（吉川弘文館、2010年）、『織豊期王権論』（校倉書房、2011年）、『戦国軍記・合戦図と古文書・古記録の学際的研究』（科研報告書、2019年）、共編著に『近世国家　展望日本の歴史 13』（共編、東京堂出版、2000年）、『消された秀吉の真実　徳川史観を越えて』（共編、柏書房、2011年）、『岩波講座 日本歴史 第 10巻　近世 1』（共著、岩波書店、2014年）、『秀吉の虚像と実像』（共編、笠間書院、2016年）、『信長徹底解読　ここまでわかった本当の姿』（共編、文学通信、2020年）など。

井上泰至

（いのうえ・やすし）

1961年生まれ。防衛大学校教授。著書に、『サムライの書斎　江戸武家文人列伝』（ぺりかん社、2007年）、『江戸の発禁本』（角川選書、2013年）、『近世刊行軍書論　教訓・娯楽・考証』（笠間書院、2014年）、共編著に、『秀吉の対外戦争　変容する語りとイメージ　前近代日朝の言説空間』（共著、笠間書院、2011年）、『秀吉の虚像と実像』（共編、笠間書院、2016年）、『関ヶ原はいかに語られたか』（編著、勉誠出版、2017年）、『関ヶ原合戦を読む　慶長軍記翻刻・解説』（共編、勉誠出版、2019年）、『信長徹底解読　ここまでわかった本当の姿』（共編、文学通信、2020年）など。

執筆者

堀　新／井上泰至／山田邦明／平野仁也／糟谷幸裕／丸井貴史／和田裕弘／菊池庸介／竹間芳明／塩谷菊美／桐野作人／原田真澄／原 史彦／湯浅佳子／柴 裕之／小口康仁／平山 優／網野可苗／竹内洪介／黒田 智／岡野友彦／森 暁子／林 晃弘／松澤克行／光成準治／曽根原 理

（執筆順）

2023（令和 5）年 2 月 10 日　初版第一刷発行

ISBN978-4-909658-95-1 C0021

発行所　株式会社 **文学通信**

〒 114-0001　東京都北区東十条 1-18-1 東十条ビル 1-101

電話 03-5939-9027　Fax 03-5939-9094

メール info@bungaku-report.com

ウェブ https://bungaku-report.com

ご意見・ご感想はこちらからも送れます。上記のQRコードを読み取ってください。

発行人　岡田圭介

印刷・製本　モリモト印刷

※乱丁・落丁本はお取り替えいたしますので、ご一報ください。書影は自由にお使いください。